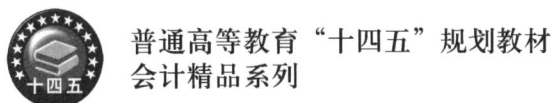

普通高等教育"十四五"规划教材
会计精品系列

内部审计理论与实务

王颖◎主编

立信会计出版社
LIXIN ACCOUNTING PUBLISHING HOUSE

图书在版编目(CIP)数据

内部审计理论与实务 / 王颖主编.—上海：立信会计出版社，2022.12
ISBN 978-7-5429-7096-1

Ⅰ.①内… Ⅱ.①王… Ⅲ.①内部审计—教材 Ⅳ.①F239.45

中国国家版本馆 CIP 数据核字(2023)第 000627 号

策划编辑　　张巧玲　汪玉玲
责任编辑　　张巧玲

内部审计理论与实务

NEIBU SHENJI LILUN YU SHIWU

出版发行	立信会计出版社		
地　址	上海市中山西路 2230 号	邮政编码	200235
电　话	(021)64411389	传　真	(021)64411325
网　址	www.lixinph.com	电子邮箱	lixinaph2019@126.com
网上书店	http://lixin.jd.com		http://lxkjcbs.tmall.com
经　销	各地新华书店		
印　刷	上海万卷印刷股份有限公司		
开　本	787 毫米×1092 毫米　　1/16		
印　张	20		
字　数	475 千字		
版　次	2022 年 12 月第 1 版		
印　次	2022 年 12 月第 1 次		
书　号	ISBN 978-7-5429-7096-1/F		
定　价	56.00 元		

如有印订差错，请与本社联系调换

前言

内部审计作为公司治理必不可少的组成部分,可以为组织实现价值增值。与会计、内部控制及其他风险管理的教材相比,内部审计理论方面的教材较多,但是将内部审计理论与实务结合起来的教材相对匮乏。作为长期在审计教学一线从事内部审计教学工作的专业教师,编者深刻感受到编写《内部审计理论与实务》教材的迫切性和必要性。本教材对于组织防范风险、增加价值等方面发挥其独特的作用和应有的价值。

内部审计按照业务范围和独立性划分,其所能发挥的作用各不相同。每个单位的规模、发展阶段和业务性质不同,内部审计的机构设置、人员配备、职责范围和作用发挥也不尽相同。《中国内部审计基本准则》《内部审计具体准则》《审计署关于内部审计工作的规定》(审计署11号令)等对指导和推动内部审计工作具有十分重要的意义。本教材具有以下特色。

1. 时代性

本教材融入国家最新发布的内部审计准则的基本准则、具体准则、实务指南以及相关的制度、政策及法规等,充分体现了新时代国家对内部审计理论与实践的新要求,更加具有时代性。本教材结合不同知识点及各章节内容,将思政元素融入教材。

2. 实用性

为了帮助更多的内部审计实务界和理论界的有识之士更好掌握和理解内部审计理论前沿与实务操作,本教材在深入的理论探讨和案例分析中使用了轻松生动的表达方式。每章都设有学习目标、基于思维导图的知识结构、本章小结、核心知识点、每章一练等内容。这些内容让教材使用者能够清楚所学知识的要点和脉络,及时巩固知识,不断提高学习效率和学习效果。

3. 规范性

本教材主要依据2022年1月1日最新实施的《中华人民共和国审计法》及《中华人民共和国审计法实施条例》,根据国际内部审计师协会(IIA)发布的《国际内部审计专业实务标准》和中国内部审计师协会发布的《中国内部审计基本准则》《内部审计具体准则》以及《中国内部审计实务指南》编写而成。内容涵盖了内部审计基本理论、内部审计程序方法、内部审计业务、内部审计管理以及内部审计实务。本教材既符合内部审计国际标准,也符合我国内部审计基本准则、具体准则和内部审计规定(审计署11号令)。同时,本教材立足于内部审计工作实际,根据广大内部审计工作者的迫切需要,对教材内容进行了全面系统的设计和规范,通俗易懂。

4. 新颖性

本教材将国际、国内关于内部审计发展的新理念、新方法、新技术、新标准、新实践融入教材内容，充分阐释现代内部审计的防错纠弊、咨询建议和价值增值的功能。在内部审计的对象方面，本教材突破了只关注财务报表的真实性、合规性等传统认识，更加强调风险导向内部审计、内部控制审计、信息系统审计、经济责任审计、舞弊行为审计等内容。在内部审计技术方法方面，本教材与时俱进，顺应新时代数字经济发展对内部审计的新要求。

本教材编写团队拥有扎实的理论功底和丰富的实践经验，既有审计专业教学一线的骨干教师，也有企业内部审计实务界的精英。本教材由西京学院高级审计师王颖副教授担任主编。编写团队具体分工如下：西京学院王颖高级审计师负责全书的基本框架搭建、审阅校对，并编写第五章内部审计业务、第六章内部审计管理、第七章内部审计报告和附录一内部审计热点研究选题；西京学院注册会计师王亚丹担任副主编，编写第二章内部审计准则与职业道德规范和第八章国际内部审计；中国电力财务有限公司河南分公司总经理畅诚担任副主编负责编写第四章内部审计技术方法；长江工程监理咨询有限公司（湖北）的吴玲玲负责编写第三章内部审计程序和附录二内部审计政策法规；西京学院国际注册内部审计师赵慧丽负责编写第一章内部审计概述，西京学院审计专业硕士研究生苟勇、闫璐、涂滨泉、郭银娟、李成梁、吴静文、佟明昌、李伶俐、顾颖等同学也为教材编写进行资料收集整理、文字录入和编校工作，付出了辛勤的劳动。本教材获西京学院研究生教材建设项目资助。

本教材既可以作为高等学校审计、会计等相关专业的教材，也可以作为从事内部审计实务工作者、内部审计风险管理咨询专家等从业者的参考书目。由于编者学识水平及时间有限，书中若有疏漏之处，恳请广大读者批评指正。

王颖

2022 年 12 月 26 日

目 录

第一章 内部审计概述 ... 1
　思维导图 ... 1
　思政元素 ... 1
　第一节　内部审计发展历程 ... 2
　第二节　内部审计概念演进 ... 11
　第三节　内部审计主要特征 ... 13
　第四节　内部审计职能与作用 ... 15
　思考与启发 ... 17

第二章 内部审计准则与职业道德规范 ... 18
　思维导图 ... 18
　思政元素 ... 18
　第一节　内部审计准则 ... 19
　第二节　内部审计职业道德规范 ... 21
　思考与启发 ... 26

第三章 内部审计程序 ... 27
　思维导图 ... 27
　思政元素 ... 27
　第一节　审计准备阶段 ... 28
　第二节　审计实施阶段 ... 44
　第三节　审计终结阶段 ... 51
　第四节　后续审计阶段 ... 65
　思考与启发 ... 68

第四章 内部审计技术方法 … 69

 思维导图 … 69

 思政元素 … 69

 第一节 内部审计证据与方法 … 70

 第二节 内部审计抽样技术 … 76

 第三节 分析性程序 … 86

 第四节 其他审计技术 … 93

 思考与启发 … 95

第五章 内部审计业务 … 97

 思维导图 … 97

 思政元素 … 98

 第一节 内部绩效审计 … 99

 第二节 内部控制审计 … 121

 第三节 舞弊行为审计 … 136

 第四节 信息系统审计 … 142

 第五节 经济责任审计 … 153

 第六节 风险管理审计 … 167

 第七节 合同管理审计 … 182

 第八节 工程项目审计 … 201

 思考与启发 … 222

第六章 内部审计管理 … 224

 思维导图 … 224

 思政元素 … 224

 第一节 内部审计机构和人员管理 … 225

 第二节 内部审计关系管理 … 228

 第三节 内部审计与外部审计协调管理 … 232

 第四节 内部审计的质量控制与管理 … 234

 第五节 内部审计项目管理 … 240

 思考与启发 … 241

第七章　内部审计报告 ········· 243
　思维导图 ········· 243
　思政元素 ········· 243
　第一节　内部审计报告概述 ········· 243
　第二节　内部审计报告的内容与格式 ········· 245
　第三节　内部审计报告的编制与复核 ········· 253
　第四节　内部审计报告的报送 ········· 254
　思考与启发 ········· 255

第八章　国际内部审计 ········· 256
　思维导图 ········· 256
　思政元素 ········· 256
　第一节　国际内部审计概述 ········· 257
　第二节　国际内部审计行业组织——国际内部审计师协会 ········· 257
　第三节　国际内部审计执业准则 ········· 258
　第四节　新三线模型 ········· 273
　思考与启发 ········· 279

附录一　内部审计热点选题 ········· 280

附录二　内部审计政策法规 ········· 287
　附录1　审计署关于内部审计工作的规定 ········· 287
　附录2　关于印发《关于深化中央企业内部审计监督工作的实施意见》的通知 ········· 291
　附录3　教育系统内部审计工作规定 ········· 297
　附录4　教育部关于加强直属高等学校内部审计工作的意见 ········· 301
　附录5　卫生计生系统内部审计工作规定 ········· 305
　附录6　审计署办公厅关于印发2019年度内部审计工作指导意见的通知 ········· 309

第一章

内部审计概述

◉ 思维导图

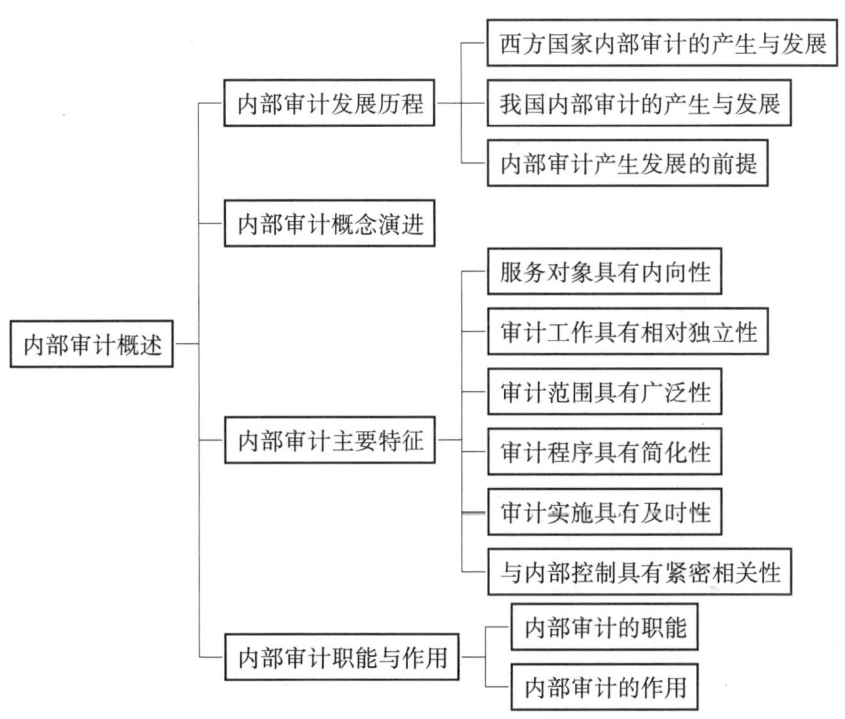

◉ 思政元素

本章通过讲解内部审计发展历程,以史明鉴,深刻阐述加强党对审计工作的领导是做好审计工作的根本保证,体现了审计是在党的集中统一领导下开展工作的特点。

本章着重培养学生的审计职业素养,使学生深刻理解审计在维护经济活动秩序、实现国家治理能力现代化方面发挥的作用;培养学生的审计职业操守和正确的价值观,树立大局意识和责任观。

在内部审计的发展历程部分,本章通过讲解古代先贤们智慧的结晶和中华文化博大精深,在中国共产党的领导下我国国家治理能力逐步提升,以及审计在其中发挥的监督作用,鼓励学生以先贤为榜样,肩负时代的使命,激励和增强青年学生的使命感和社会责任感。

本章通过对内部审计的发展历程的概括,让学生认识到内部审计工作对组织治理、风险防范和帮助组织实现价值增值的重要性。

第一节 内部审计发展历程

一、西方国家内部审计的产生与发展

(一) 内部审计萌芽阶段(奴隶社会至18世纪60年代)

内部审计活动的萌芽最早出现在奴隶社会。进入奴隶社会以后,奴隶主建立大庄园,使用大批奴隶种植葡萄、谷物、橄榄和开展畜牧业方面的生产,并将产品在市场上出售。奴隶主为了坐享其成,往往将自己的私有财产委托给精明能干的代理人去经营管理;同时,委派亲信审查财产经营管理者是否切实地为奴隶主的利益诚实经营,这些亲信实际上就充当了内部审计的角色。这时的内部审计不仅有了服务的对象——奴隶主,也有了审计的对象——内部委托责任,同时表明了内部审计的服务是向内的,只不过除了审计业务,这些亲信还要负责其他管理事务,这就是最早的内部审计雏形。但此时,专业化水平尚未达到一定程度,内部审计并非由独立的人员承担,审计只是这些人员的多种责任之一。在古罗马,人们采用"听证账目"的方式来检查负责财务的官员有无欺诈、舞弊行为。审计(audit)一词就源于拉丁文"听账人"(auditus)。这一时期的内部审计伴随财产所有权和经营管理权分离及由此导致的受托经济责任,是一种自发性的简单思想和行为。但是由于分权的程度和范围并不深入,内部审计活动尚未与其他管理职责分开,内部审计行为也并非由独立的人员承担,且内部审计活动仅限于监督和验证。

在中世纪的欧洲,随着分权思想不断深化和分工的出现,独立内部审计人开始出现,同时复式记账基本原理产生并逐渐系统化也促进了内部审计的发展。这一时期的内部审计在整个内部审计发展史上处于承上启下的阶段,一方面继承了奴隶社会内部审计的思想,另一方面也为将来内部审计快速发展奠定了坚实的基础,但此时的内部审计仍然并非一项独立的活动。内部审计人员在整个管理体系中承担着非常有限的责任(Sridhar,2003)。这时内部审计充当着会计部门的附属角色,内部审计活动在很大程度上还是独立审计业务的延伸。此时的内部审计主要表现为寺院审计、行会审计,以及庄园审计等形式。

1. 寺院审计

寺院审计的产生是由于西欧很多寺院兴办了各种类型的手工作坊,拥有大量的财产,交易十分频繁。为了加强管理,减少和防止管理人员舞弊,寺院配备了专职管理人员来监督检查管理人员经济责任的履行情况,同时还配备了具有专业会计知识的人充当审计人员,负责对财务收支和会计账目进行检查。

2. 行会审计

行会审计产生于英国,早在11世纪至12世纪,行会就出现了。行会是由生产者和商人出于共同的商业目的,按产区或地区结合在一起形成的组织,主要作用是使会员间在产品或商业贸易方面互相优惠,并对经济纠纷进行仲裁。每个行会一年要召开1~4次会议,议事内容是选举产生理事和审计人员。理事是行会的执行机构,主要负责征收会费和罚款、记录反映行会经济业务的会计事项、调查行会的财产状况和仲裁会员间的经济纠纷等事务。审计人员从行会成员中选举产生,是行会成员的代表,主要职责是定期检查理事报送的会计账簿,并在大会上向全体成员报告审查的结果。

3. 庄园审计

中世纪的庄园审计被认为是现代内部审计的先驱,庄园既是封建社会的政治单位,也是独立的经济单位。与奴隶制庄园相比,封建庄园的等级制度更加严密,分工更为细化。当时,庄园主不再亲自参与庄园的管理,而是将直接管理庄园的责任委托给数名庄园管理者去执行。庄园主配备了审计人员负责对庄园财务总管编制的反映庄园经济事项的会计账簿定期进行检查,审计人员根据审查的结果,提出审计意见并呈送给庄园主或向其作口头汇报。

综上可以看出,在封建时代出现了独立的内部审计人员,其审计目的仍然是查错防弊,审查单位内部承担经济责任者的诚实性。

在14世纪的威尼斯,由城市议会开设的造船厂已经在复式记账的基础上试行了成本控制,要求严格进行资金、材料和人力消耗的核算,每隔一段时间由议会派人员对厂长进行审计,厂长也会派人员对会计随时进行查账。复式记账使内部审计对象由资产、资金以及简单的账目转向建立在科学的核算原理基础上的会计账簿,使内部审计技术由简单的验证、核对转向了对账簿的审查。

这一时期的内部审计更多关注的是财产、资金保管的合法性以及账目的正确性,此时的内部审计思想、内部审计活动和相关的内部审计技术已经初步成型,而复式记账的使用和独立内部审计人员的出现则标志着内部审计正在逐步成长。

(二) 内部审计快速发展阶段(18世纪60年代后期至20世纪80年代)

从18世纪60年代后期开始,内部审计迎来了快速发展的时期。这一时期,从工业革命到垄断的出现再到世界性的经济危机,西方的资本主义市场不断发生新的变化。为适应市场的变化,内部审计所涉及的业务事项和总体目标也在进行调整,使其更符合市场和企业的需要。具体变化体现在以下三个方面。

1. 财务导向内部审计

18世纪60年代至19世纪初,英国工业革命爆发,英国演变为机器大工业占统治地位的国家,出现了由股东融资的股份公司。股份公司的股东和债权人为了维护自己的利益,客观上需要由审计人员对企业的会计资料进行审查,并陈述审计意见。1844年,英国国会颁布的《合股公司法》明确规定公司董事会负有登记账簿的义务,必须每年向股东提供详细、真实的资产负债表。为了保证所提供资料的真实性,该法律还要求由董事会以外的第三者(监事)对资产负债表和账务处理的准确性和合理性作出报告,从而确立了内部审计制度。

19世纪中叶至20世纪初,资本主义进入垄断阶段,托拉斯、康采恩等垄断组织迅速发展。这些垄断企业经营规模庞大、经营地点分散、经营业务复杂,高层管理人员再也不能像以前那样亲自观察和控制所有的经营活动，只有实行分权管理和多级控制。管理职责的履行状况如何、各部门的经营活动是否合规合理、各分支机构的经营目标能否实现，又在客观上需要有一个专门的职能部门去进行审查、评价和报告。这个时期，外部审计已经取得了很大发展，但是由于职业的限制，外部审计人员不可能像企业期望的那样，经常性地对经营管理和财务状况进行深入的检查，并提出切实可行的建议和方案，同时审计费用也比较高。因此，外部审计无法满足企业管理的需要。在这种情况下，企业管理者便将目光转向企业内部，从职工中挑选具有经营管理知识和能力的特殊人才，让他们从企业的利益出发，对分支机构或分公司进行经常性的监督，这就形成了一个与业务控制并列的相对独立的系统——内部审计。这些特殊人才就是内部审计人员，由他们组成的机构就是内部审计机构。

1845年，英国修订的《公司法》从法律上确认了特许会计师（内部审计师）承担审计业务的地位，独立审计由此发展起来，独立审计的正式确立从审计对象、方法、技术上直接影响了内部审计实践的发展。1875年，德国集采煤、冶金、机器和军火生产于一体的康采恩公司开始设置内部审计部门开展财务合规性审计。19世纪中叶，美国具有显著规模经济性的铁路行业开始配备内部审计人员，巡视各路站，他们被冠以"旅行审计师"的头衔，不仅检查公司财务制度的遵守情况和有关会计记录的真实性及正确性，还开展经营审计。

20世纪初，美国通用电气公司成立了独立的内部审计部门，有效控制了由于企业规模和组织结构的迅速变化而产生的资产不清、损失浪费甚至盗用公款与会计文书混乱等日益突出的问题。1934年，美国证券交易委员会（SEC）要求上市公司必须提供经过内部审计师审查的财务报表，促使公司设立内部审计机构来协助内部审计师的工作。从此，独立审计进入财务报表审计的新阶段。

在这一时期，内部审计有两个里程碑式的重要发展。第一个里程碑是1941年，美国学者维克托·Z. 布林克（Victor. Z. Brink）出版了世界上第一部内部审计专著《内部审计：性质、职能和程序方法》（*Internal Auditing——Nature, Functions and Methods of Procedure*）。布林克阐述了包括内部审计性质和范围在内的内部审计突破性的研究成果，宣告内部审计学的诞生，成为内部审计学科的"开山鼻祖"。布林克指出，内部审计应该作为公司管理层的服务者，而不是作为外部审计的助手。第二个里程碑是1941年年底，约翰·B. 瑟斯顿（John B. Thurston）在美国倡导成立了世界上第一个内部审计师协会——国际内部审计师协会（Institute of Internal Auditors，IIA）。瑟斯顿被尊称为"内部审计师协会之父"，内部审计开始成为引人注目的职业。这两个里程碑标志着内部审计发展取得了质的飞跃，一方面，内部审计第一次从实践上升为理论，从而有力地确立了内部审计学科；另一方面，内部审计师走向组织化，成为深受社会欢迎的专业队伍。

在国际内部审计师协会（IIA）成立后的十年中，内部审计理论的发展是以财务导向内部审计为基础的。1947年，国际内部审计师协会首次公布《内部审计职责说明书》，首次对内部审计进行定义。《内部审计职责说明书》（SRIA NO.1）认为，内部审计是组织内部检查会计、财务及其他业务的独立性评价活动，以便向管理部门提供防护性和建设性服务。它主要涉及会计和财务事项,但也可以适当涉及业务性质的事项。此时的内部审计职责说明书(SRIA)反映了财务导向内部审计的主要对象是会计和财务事项,但也适当涉及业务性质的事项,这为财务导向内部审计朝业务导向内部审计发展提供了条件。但此时内部审计职责说明书(SRIA)还是认为业务审计是作为财务审计的附属存在的,认为内部审计的总体目标是帮助管理者有效管理组织的业务活动,以保护公司利益。这说明内部审计除了以财务审计为核心内容,逐渐尝试向业务审计领域延伸。

2. 业务导向内部审计

以业务活动为关注点的内部审计在20世纪40年代末才开始出现,并于20世纪60年代发展到了顶峰。1948年,内部审计人员对梅迪希银行伦敦支行的管理当局及其所从事的业务活动进行审计,并出具了详细的业务审计报告。20世纪60年代,美国工业委员会以及国际内部审计师协会(IIA)对内部审计实务的调查充分说明了内部审计人员已大量从事业务审计。美国工业委员会调查了177家公司的内部审计目标,调查结果显示:确定内部控制制度的恰当性、调查公司方针和规程的符合性、协助开展有利于增加盈利的活动、为管理当局提供全面服务、协助制定新的程序等业务审计的内容都已在公司内部审计目标中得到体现。1964年,国际内部审计师协会(IIA)出版了协会创始人之一布拉德福德·卡德默斯(Bradford Cadmus)编著的《业务审计手册》(Operational Audit Handbook),这本书详细讨论了业务审计的具体内容和操作方法,因而被专家们称为是继布林克的《内部审计:性质、职能和程序方法》之后,第二部具有划时代意义的杰作。1968年,国际内部审计师协会(IIA)的调查结果显示:内部审计实务已大量涉及采购、库存规划与控制、保险计划、基建、运输、管理信息系统、广告、生产、组织控制等具体业务领域,其中,75%的受访公司的内部审计重点是财务审计与业务审计兼而有之。同时,内部审计机构的地位也日益提高,大部分受访公司内部审计负责人的报告对象是主计长以上的管理人员,内部审计人员与企业管理者的关系更为密切。而在内部审计的人员专业结构方面,41%的内部审计人员来自非会计专业。

国际内部审计师协会(IIA)于1957年出台的《内部审计职责说明书》(SRIA NO.2)认为,内部审计是组织内部检查会计、财务及其他业务,向管理当局提供服务的独立性评价活动。虽然此定义中仍保留了会计和财务活动,但已将对业务的检查与对财务、会计的检查等同视之。国际内部审计师协会(IIA)于1971年颁布的《内部审计职责说明书》(SRIA NO.3)认为,内部审计作为一种对管理部门的帮助,是组织内部审核经营业务的独立评价活动,它是一种管理控制,其作用是衡量和评价其他控制的有效性。在这一阶段,内部审计关注的受托责任内容是受托管理责任,目标是揭露公司经营管理的缺陷并提出建议,帮助管理人员有效履行其职责,通过提高业务活动、管理控制的效率而实现兴利。同时,业务导向内部审计采用访谈式审计技术,注重了解公司经营管理的意识和理念。可见,内部审计由财务导向转向业务导向后,拓展了范围,提高了地位,其目标由查错防弊走向兴利,由防护性走向建设性。

3. 管理导向内部审计

20世纪中后期,世界性经济危机爆发等外部经济环境的急剧变化对企业的内部管理产生了深远的影响,同时也促使人们对内部管理体系进行重新思考,管理理论和实践都要求更加关注外部环境的影响,用一种动态的、系统的眼光来看待现代管理。新的环境对内部审计提出了新要求:内部审计需要充分考虑外部多方利益相关者的影响,审计的关注点也需要从低层次的经营业务和内部控制转向高层次的决策和外部受托责任。公司治理理论及实践的逐步成熟,特别是审计委员会制度的建立赋予了内部审计更高的地位,也为内部审计对高层受托管理责任的审查提供了保证。从 20 世纪 70 年代开始,内部审计进入以管理为核心的管理导向审计阶段。

日本的九保田音二郎教授将内部审计划分为三种形态:第一种是以揭露经济业务和会计记录中发生的工作差错和舞弊行为等为目的;第二种是以会计事项为中心,对工作差错和舞弊行为进行审计;第三种是不仅针对会计事项,而且针对全部经营活动,其目的在于找出妨碍经济效益的问题所在,并采取改进措施。可见,管理导向内部审计是传统内部审计发展的更高级别。

管理审计是区别于传统的财务审计的一种审计模式。根据内部审计的两个职能——验证性和建设性服务,传统的财务审计偏重验证性服务,而管理审计偏重建设性服务,但仍然是建立在验证性服务基础上的。只有企业的信息是可靠的,才谈得上进行建设性服务,即管理审计通过验证性服务促进企业有序运行,通过建设性服务促进企业有效运行。

从企业内部审计的产生和发展,我们能够清楚地看到:内部审计随着经济的发展、企业内部管理层次的增多和控制范围的扩大,基于企业内部经济管理与监督的需要而产生,并随着管理需求的提升而不断发展,是企业管理体制的重要组成部分。

(三) 内部审计趋于成熟阶段(20 世纪 90 年代至今)

围绕内部管理功能建立的内部审计体系并非内部审计的最终形式,宏观和微观环境的变化使管理导向内部审计的缺陷逐步暴露出来。由于审计工作的领导主体是企业的管理者,内部审计的范围受到了严格的制约,内部管理审计的治理功能受到了限制。因此,现实的需求推动着内部审计继续前进,并将内部审计带到以公司治理为导向的新时代。

20 世纪 90 年代以后,世界经济呈多元化发展,新技术产业革命的加快,特别是信息技术和电子商务的发展、企业产品的多元化战略、企业国际化发展的思想、新兴业务的不断涌现,导致企业多元化经营,对组织的控制更加困难。组织分权的加大促使越来越多的评估和保证的出现,如何在防范和控制企业经营风险上发挥积极作用,成为内部审计面临的新的挑战。外部环境的变化使内部审计不断接受新的挑战,在企业内部,组织也同样发生着重大的转变。在外部环境的推动下,仅局限于传统的对内部控制的再控制已经不能满足企业发展的需要。为适应环境的变化,首先,企业积极实施战略经营,对外部威胁与机会进行分析,制定高标准的战略目标,不断整合组织结构、文化资源以及生产过程,内部审计部门需要更多关注组织的战略目标,在战略管理中发挥作用。其次,战略重组成为企业谋求发展的重要途径。企业为了降低成本,增强竞争力,纷纷进行内部组织结构的重构与调整,将一些非核心、不能为组织实现价值增值的职能外包给专业公司来承担。这也对内部审计机构的生存和发展造成了巨大的影响。为此,内部审计部门必须重新思考其职能定位,立足于为组织总体目标服务。面对外部经济环境的剧烈变化，管理层需要积极做出反应，包括主动提高质量和管理风险，进行结构与流程再造，即承担更大的受托责任。在这种趋势下，内部审计部门被视为帮助改善治理、支持关键治理程序的职业团体就成为了必然。

21世纪初，安然、世通等公司财务丑闻催生了内部审计的一部重要法案——《萨班斯-奥克斯利法案》。而此时的社会大环境同样为内部审计提供了新的机遇，这一时期的内部审计被提升到公司治理层面，并对整个公司治理产生作用，内部审计活动也不再是低层次的管理活动，而是更高层次的治理活动，内部审计被纳入了公司价值链的轨道。关注公司治理、协助公司治理的完善、促进整个公司治理的有效性并为企业价值增值和利益的合理分配提供支持成为新型内部审计的使命。总之，为了适应不同的内外部经济、社会、法律环境，内部审计必须寻求生存和发展的道路，在公司治理中发挥更大的作用，这是新世纪赋予内部审计的新职责。

纵观西方国家内部审计的发展历史，内部审计从最初的会计查错防弊、执行控制制度，演进到了评价控制流程和改进风险管理、内部控制和公司治理过程的最高阶段。在这个过程中，内部审计职业的关注点也逐步从财务导向、业务导向、管理导向演进到以治理为导向，其服务的对象也逐步从财务部门、管理部门演进到董事会和利益相关者。

二、我国内部审计的产生与发展

我国内部审计真正开始于改革开放以后，1983年，我国成立了审计署，国务院批准执行审计署《关于开展审计工作几个问题的请示》，首次提出建立内部审计监督制度的问题，这标志着我国现代内部审计正式启动。此后，我国内部审计迅速发展，逐渐向着规范化、法治化的目标前进。加入国际内部审计师协会（IIA）更是让我国的内部审计开始与国际趋同。相比较西方国家而言，我国内部审计起步较晚，其发展历程大致可分为起步、发展、繁荣三个阶段。

（一）起步阶段

西方国家的内部审计因组织的需求和受托责任的要求而产生，具有内生性特点。我国的内部审计首先缘起于国有企业，在国家审计的推动下产生并随着组织内外环境的变化而发展，体现了外生力量推动的特点。1983年，国务院转发执行审计署的指示精神，对建立单位内部审计问题明确指出："对下属单位可根据工作需要，建立内部审计机构或配备审计人员，实行内部审计监督。在审计业务上，要受同级审计机关的指导。"同年9月，中国石化率先成立了审计部，开展了内部审计监督活动。此后，在审计署的组织、推动和指导下，许多部门、单位根据国家的要求，相继成立了内部审计机构。

1985年8月，国务院颁布了《国务院关于审计工作的暂行规定》，初步确立了内部审计价值的外向定位，要求政府部门和大中型企业、事业单位组织建立内部审计监督制度；根据审计业务需要，分别设立审计机构，配备审计人员，在本部门主要负责人的领导下，负责所属单位和本行业的财务收支及其经济效益审计；审计业务受同级或上一级国家审计机关的指导，向本部门同级或上一级国家审计机关报告工作，即向企业以外的国家审计机关报告工作,这一规定将内部审计的管辖权下放给了审计署。同年12月,审计署首次颁布了《审计署关于内部审计工作的若干规定》,具体规定了内部审计的机构、任务、职权以及其他有关事项。1987年4月,中国内部审计学会成立,并于同年加入了国际内部审计师协会(IIA)。1988年11月,国务院发布了《中华人民共和国审计条例》,对内部审计的机构设置、职责、工作范围和领导关系做出了进一步明确规定。内部审计开始在国家各级行政机关、大中型企业事业单位全面展开,并成为我国审计监督制度的重要组成部分。

1994年,我国颁布了第一部《中华人民共和国审计法》,明确规定国务院各部门和地方人民政府各部门、国有的金融机构和企业事业组织,应当按照国家有关规定建立健全内部审计制度。各部门、国有的金融机构和企业事业组织的内部审计,应当接受审计机关的业务指导和监督。在《中华人民共和国审计法》的推动下,交通运输部等国务院组成部门,以及广东等地方人民政府先后发布了内部审计规章,推动了本部门、本单位和本地区内部审计工作的进一步发展。这一时期我国主要通过行政立法确定了内部审计的基本制度,促使我国内部审计走上了依法审计的轨道。

这个阶段是我国现代内部审计的起步阶段,内部审计业务主要针对财务收支及其有关经济活动开展,其主要职责是监督控制,通过对单位的财务状况和经营成果进行稽核审计,评价内部控制的效果,履行监督职能,维护单位合法经济效益的同时维护国家经济利益。这一阶段内部审计也开展经济效益审计,但目的是防止国有资产流失而非促进企业管理。

(二) 发展阶段

20世纪90年代以后,随着我国市场经济体制改革进程的加快,内部审计得到了较快发展。为了适应环境的变化,我国内部审计开始由消极防弊向积极兴利发展过渡。

1995年7月,审计署颁布了《关于内部审计工作的规定》,对内部审计做了全面而具体的规定,涉及内部审计定义、内部审计机构设置、职业道德及审计程序等内容。其中"非国有经济组织展开内部审计工作,可参照本规定的有关条款执行"这一规定意义重大,说明当时非国有经济组织也开始重视内部审计,内部审计不再仅仅作为国家审计的辅助力量,而是成为真正意义上的内部审计,即对单位内部的活动进行监管并提出建议。1999年10月,全国人民代表大会常务委员会颁布了修订后的《中华人民共和国会计法》,规定对会计资料定期进行内部审计的办法和程序应当明确,细化的内部审计办法和程序让企业有迹可循,增强了单位内部审计的可操作性和规范程度。这一时期,内部审计机构除了开展一般的财务收支审计,继续深化经济效益审计,加强经济责任审计,探索内部控制审计等内容,还将计算机辅助审计等技术方法应用到了审计实务中。

2002年5月,中国内部审计学会正式更名为中国内部审计协会,成为对各种组织的内部审计机构进行行业自律管理的全国性社会团体组织。中国内部审计协会的成立标志着我国内部审计开始实行国际通行的行业自律管理,这是我国内部审计走向职业化的开端。这一阶段的内部审计已由财务审计逐步扩展为包括财务事项和非财务事项在内的业务审计。内部审计虽然还是国家审计的从属,但其从属关系逐渐变淡。

(三) 繁荣阶段

2003年3月,审计署发布了修订后的《审计署关于内部审计工作的规定》,要求"国家机关、金融机构、企业事业组织、社会团体以及其他单位,应当按照国家规定建立健全内部审计制度。法律、行政法规规定设立内部审计机构的单位,必须设立独立的内部审计机构。法律、行政法规没有明确规定设立内部审计机构的单位,可以根据需要设立内部审计机构,配备内部审计人员"。2018年又再次进行修订,修订后的规定与原来的规定相比,发生了本质的变化。首先,要求设置内部审计机构的领域扩展到了任何组织。其次,审计机关对内部审计的直接指导和监督转变成了内部审计协会进行间接的指导、监督和管理。再次,内部审计的职责拓宽到企业经营的方方面面,包括事前、事中、事后的全过程审计。最后,内部审计的目标不再仅仅是积极兴利,而是促进加强经济管理和实现经济目标,增加企业价值。

2003—2005年,中国内部审计协会陆续颁布了《内部审计基本准则》、20项具体准则和2个《内部审计实务指南》,为我国内部审计实务的有效运行提供了一套完整、科学、权威的准则体系。准则的发布标志着我国内部审计准则体系的基本框架初步建立。2008年5月,财政部等五部委共同制定了《企业内部控制基本规范》,这一规范是中国内部审计发展的另一重要里程碑,2010年,《企业内部控制配套指引》相应发布。内部控制规范的制定对我国内部审计的独立性和客观性产生了积极的影响。

为了适应新的社会经济环境,中国内部审计协会对内部审计准则进行了全面系统的修订,包括对具体准则进行分类、编号等修订工作,增强了准则体系的系统性、逻辑性和科学性,新修订的《中国内部审计准则》于2013年发布,自2014年1月1日起开始执行。2014年,审计署开始修订《内部审计工作规定》并面向全社会公开征求意见。《内部审计工作规定征求意见稿》从实际出发,考虑单位性质、实际审计需求、内部治理结构和经营规模等因素,对不同组织内部审计机构的设置做出了规定。这一阶段是我国内部审计全面振兴发展的新阶段,内部审计目标更加多元,法律法规体系也更加完善,修订后的《审计署关于内部审计工作规定》于2018年3月1日正式实施。

三、内部审计产生发展的前提

(一) 受托责任关系和组织需求是内部审计产生发展的基础和动因

受托责任关系是指资产所有者和资产经营者之间形成的受托经营管理关系。受托责任关系存在于组织与组织之间、组织与大人之间、大人与大人之间。在资产的所有权和经营权分离的情况下,为了对经营者的经营管理情况进行有效监督和控制,需要独立的第三方对其进行检查评价。在组织中,内部审计接受董事会的委托,对经营管理者受托责任的履行情况进行审查和评价,满足资源所有者的所有权与资源经营管理者的经营权相分离的需要。受托责任关系是内部审计产生和发展的基础。

受托责任关系是内部审计存在的必要条件,其存在并不表明内部审计一定存在。单位性质、组织规模、内部治理结构和实际审计需求也决定着内部审计的产生和存在形式。在组织规模小、业务单一、外部环境稳定、市场竞争小的情况下，资产所有者可以直接对经营管理者履行受托责任的情况进行监督，或者委托社会审计组织对经营管理情况进行定期审计；在组织内部，上级经营管理者也可以直接观察到下级的日常行为，直接对下级履行受托责任的情况进行控制。这些情况下，就没有必要在组织内部实行内部审计制度了。现代内部审计与市场经济的发展是密不可分的。内部审计是市场经济发展的产物，其科学发展也会促进市场经济的健康发展。经济发展导致组织规模的不断扩大和外部环境的变化，使组织面临的适应环境变化、加强经营管理、提高效率、有效应对风险的挑战更为艰难，组织对内部审计的需求会更为迫切。可以说，组织的内在需求决定了内部审计的产生和发展方向。

（二）法律法规建设是内部审计发展的重要外部推动力

内部审计的发展离不开内部审计相关法律法规的强制性要求的推动。除了组织的内在需求等内生性原因，外部条件也是内部审计产生和发展的重要因素。例如，我国的内部审计首先是源于对国有企业的审计。

目前，世界范围内不同国家和地区都制定了与内部审计相关的法律法规，其内部审计立法形式不完全相同，主要包括两种立法形式：一是制定专门的内部审计法，对内部审计制度做出专门规定，如美国1978年发布的《监察长法》，韩国2010年发布的《公共部门内部审计法案》等；二是通过公司法、证券法、商法等国家重要经济管理方面的法律对内部审计制度做出规定，不制定专门的内部审计法，如法国、德国、加拿大等国家就是如此。西方国家内部审计近百年来一直走在前列，尽管有其经济快速发展的原因，但与其内部审计立法的持续推进和强制性规定是密不可分的。我国近四十年来内部审计的快速发展也充分表明，有关内部审计的法律法规是推动内部审计发展的重要力量。

（三）审计职业化是内部审计健康发展的保障

内部审计是专业性较强的工作。内部审计人员必须具备较强的专业胜任能力，掌握相关专业知识，对组织业务、风险及其偏好、控制系统进行深入了解，才能满足不同组织对内部审计的需求。内部审计的专业性决定了内部审计的组织建设、内部审计人员的专业胜任能力和职业道德要求，以及审计程序的执行、审计证据的搜集、审计评价意见的发表等一系列工作都应当有其自身的特点。而内部审计工作的特点决定了内部审计必须走职业化道路，现代内部审计的发展历程也表明内部审计的健康发展需要职业化作保证。没有职业化，内部审计就无法在组织中提供有效服务、实现其自身存在的价值并产生组织效用。

经济合作与发展组织（OECD）认为，一个行业要成为职业，必须具备三要素：一是这个行业有自身体系，二是这个行业具有职业道德规范，三是这个行业具有实务标准。在现代内部审计的发展过程中，从世界范围来看，内部审计普遍采取了通过职业组织进行管理的方式。其中，国际内部审计师协会（IIA）通过发挥职业组织的引领作用，促进了内部审计行业自身体系的完善、职业道德规范的形成和实务标准的发展，推动了内部审计的健康发展。实践表明，通过职业组织管理内部审计组织是一种成功的管理方式。

作为国际性的内部审计职业组织，80余年来，国际内部审计师协会（IIA）通过制定《内部审计实务标准》《道德准则》等来规范审计人员的职业行为，提供了多种服务，包括在国际范围内开展全面的专业开发活动，制定内部审计实务标准和颁发内部审计师证书；为会员和全世界的公众提供研究、传播和发展内部审计（包括内部控制、风险管理与治理以及有关课题）的知识和信息；加强各国内部审计师之间的联系，交流内部审计的信息和各国内部审计经验，促进内部审计教育事业的发展。国际内部审计师协会（IIA）的这一系列工作，引领现代内部审计理念的发展，使内部审计能够适应经济社会的发展及组织的需要；不断推动内部审计的组织建设，使内部审计机构成为组织治理体系的重要组成部分；不断更新、修订内部审计定义和实务标准，使内部审计在标准化、规范化的道路上稳步前进。

我国自内部审计产生以来，很长一段时间一直采用国家行政部门管理的方法，这一做法有一定的局限性。正因为如此，我国把内部审计由行政部门管理改为由内部审计的行业组织进行管理，将中国内部审计学会改组为中国内部审计的行业组织——中国内部审计协会。中国内部审计协会按照《中华人民共和国审计法》及《中华人民共和国审计法实施条例》的规定，坚持"服务、管理、宣传、交流"的宗旨，依法对内部审计进行职业自律管理，向会员单位提供了丰富多彩的服务，大大促进了我国内部审计事业的职业化、专业化和制度化建设。

国际内部审计师协会和中国内部审计协会的发展表明，内部审计的健康发展，必须走职业化道路，以保障内部审计人员不断提高专业胜任能力。

第二节　内部审计概念演进

从内部审计的发展历程可以看出，内部审计源于经营权与所有权的分离，财产所有权人为了了解受托人的经营管理责任的履行情况，委派第三方对其经营管理活动进行审计。早期内部审计主要是用来查错和防止舞弊，虽然不具备内部审计的完整形态，但是已经具有了内部审计的思想。现代股份有限公司的出现、经济的不断发展，使得各个公司的经营规模不断扩大。因此，许多大公司开始在公司内部设立专门的审计部门，对本公司的财务报告的合理性、真实性发表意见。内部审计更多地承担着对本单位经营管理活动的合规性、效率效果发表意见的职责。所以，当内部审计的职责越来越重大，内部审计对一个现代公司越来越重要时，了解和学习内部审计是非常有必要的。

1941年，国际内部审计师协会（IIA）的前身美国内部审计师协会在纽约成立，约翰·B.瑟斯顿为第一任主席。同年，维克托·Z.布林克出版了《内部审计：性质、职能和程序方法》一书，把内部审计上升到理论的高度，标志着内部审计学的诞生，该书的出版也推动了国际内部审计师协会（IIA）的成立。1947年，该协会发布《内部审计师职责说明书》，对内部审计的定义做出了描述："内部审计是建立在审查财务、会计和其他经营活动基础上的独立评价活动。它为管理提供保护性和建设性的服务，处理财务与会计问题，有时也涉及经营管理中的问题。"从该定义也可以看出，内部审计的主要职能还是处理财务与会计问题，对经营管理活动进行评价是内部审计的次要职责。从1947年开始，国际内部审计师协会(IIA)对内部审计的定义不断做出完善和修订，到2001年，国际内部审计师协会(IIA)将内部审计定义为："内部审计是一种独立、客观的保证和咨询活动。其目的是为组织增加价值和提高组织的运作效率。它通过系统化和规范化的方法，评价和改进风险管理、控制和治理过程的效果，帮助组织实现其目标。"从上述定义可以看出，国际内部审计师协会(IIA)对内部审计的认识是逐步升华的，经过多次修订的定义比最先发布的定义更加精练简洁，也更加科学。同时，内部审计已不再局限于对财务会计的审计，而是作为公司内部治理的一部分，是对一个公司具有增值职能的服务。在内部审计后续发展期间，国际内部审计师协会(IIA)虽然也对内部审计相关的准则进行了修订，但是其定义就未再进行太大的改变。

对我国而言，1985年8月，国务院发布了《国务院关于审计工作的暂行规定》，要求国务院和县级以上地方各级人民政府各部门、大中型企业事业单位建立内部审计监督制度，根据审计业务需要，分别设立审计机构或审计人员，在本部门、本单位主要负责人领导下，负责本部门、本单位的财务收支及其经济效益的审计。1985年12月5日，审计署发布《关于内部审计工作的若干规定》，我国审计署第一次提出了关于内部审计的定义："内部审计是部门单位加强财务监督的重要手段，是国家审计体系的组成部分。国家行政机关、国有企业事业组织应建立内部审计监督制度，以健全内部控制，严肃财政纪律，改善管理，提高效益。"从上述定义可以看出，内部审计主要是针对国家行政机关和国有企事业单位，主要职责是财务监督。1995年，审计署1号令《关于内部审计工作的规定》，再一次将内部审计定义为："内部审计是部门、单位实施内部监督，依法检查会计账目及其相关资产，监督财政收支和财务收支真实、合法、效益的活动，以及法律、法规、规章规定的其他单位，依法实行内部审计制度，以加强内部管理和监督，遵循国家财经法规，促进廉政建设，维护单位合法权益，改善经营管理，提高经济效益。"审计署这一定义，提出了内部审计执行的主体，丰富了内部审计的职责，强化了其对于公司治理、国家治理的作用。2003年，中国内部审计协会颁布了《中国内部审计准则》，该准则定义内部审计为："内部审计，是指组织内部的一种独立客观的监督和评价活动，它通过审查和评价经营活动及内部控制的适当性、合法性和有效性来促进组织目标的实现。"2013年，中国内部审计协会发布了《第1101号——内部审计基本准则》，其中对内部审计的定义为："内部审计是一种独立、客观的确认和咨询活动，它通过运用系统、规范的方法，审查和评价组织的业务活动、内部控制和风险管理的适当性和有效性，以促进组织完善治理、增加价值和实现目标。"

国内外对内部审计概念的逐步演化，体现出内部审计概念界定是随着内部审计理论与实践的不断发展而发展的。早期内部审计的功能局限于查错防弊，这是和当时的经济发展水平相一致的，随着经济的发展、公司规模的不断扩大，内部审计不再仅仅为处理财务与会计问题服务，而更多地承担着提高公司经营管理水平的职责，内部审计的职能不断丰富，是符合公司发展需要的。从国内外关于内部审计职能的表述可以发现，我国对内部审计的定义已经与国际内部审计师协会(IIA)定义趋同,即内部审计是为促进组织完善治理、增加组织价值,帮助组织实现目标服务;内部审计必须保持独立性和客观性;内部审计是一种确认和咨询活动;内部审计采用系统和规范的方法;内部审计的主要任务是对组织的业务活动、内部控制和风险管理进行评估和改善。

综上分析,内部审计是各个组织内部进行的一种独立的确认和咨询活动,旨在保障各个组织的各项经营管理活动的真实性、合法性、效率性和效益性,是能够提高组织的经营管理水平的增值服务。该定义体现了执行内部审计的主体是各个组织内部的相关机构,同时也强调执行主体的独立性,只有保障了主体的独立性,才能保证确认活动的真实有效。内部审计实质是一种确认和咨询活动,并且对组织具有增值作用。内部审计的目标是保障组织经营管理活动的真实性、合法性、效率性和效益性。

第三节　内部审计主要特征

通过对内部审计概念的分析我们可以发现,内部审计有着它固有的特点,现归纳内部审计主要特征如下。

一、服务对象具有内向性

审计服务的对象由受托责任关系决定。国家审计是国家治理机制的组成部分,是代表国家或政府对国家的财政收支及有关经济活动的真实、合法、效益情况实施的审计,其服务对象是代表公共利益的国家或政府。社会审计是受财产所有者的委托,对受托管理财产的管理者履行受托责任情况实施的审计,其服务对象是财产所有者及审计对象外部的其他利益相关方。可见,国家审计和社会审计都是服务于审计对象以外的主体的,具有外向性。

而企业内部审计机构作为企业管理机构之一,根据企业的自身需要和目标而建立,在企业的董事会或者高级管理层的领导下工作,为本企业服务,是促进企业目标实现的机构。与国家审计、社会审计相比,现代企业内部审计只为组织内部服务,不接受来自组织之外的委托或代理。内部审计与组织董事会或最高管理层这种受托(委托)关系,决定了内部审计是在组织内部向组织董事会或最高管理层提供的一种服务,这种服务具有内向性的特征,是内部审计区别于外部审计(国家审计和社会审计)的基本特征。

二、审计工作具有相对独立性

内部审计同外部审计一样,都必须具有独立性,在审计过程中必须根据国家法律法规及有关财务会计制度,独立地检查、评价本部门、本单位及所属各部门、各单位的财务收支及与此相关的经营管理活动,维护国家利益。同时,由于内部审计机构是部门、单位内设的机构,内部审计人员是本单位的职工,内部审计的独立性会受到很大的制约。特别是在国家利益与部门、单位利益冲突的情况下,内部审计机构的独立决策可能会受到本单位利益的限制,这个时候,内部审计要做国家利益的维护者。

三、审计范围具有广泛性

现代企业内部审计涉及企业经济活动的所有领域,范围很广。与政府审计、社会审计比较,现代企业内部审计的种类更多,涉及的业务更广,包括财务收支、经营管理、内部控制、企业战略管理、人力资源管理、企业信息系统安全性等诸多方面。国家审计职责的法定性决定了国家审计必须按照法律法规规定的职责开展工作,审计业务范围受法律法规的限制。社会审计的业务范围也是由法律法规规定的,社会审计组织也不能超出法定业务范围承接审计业务。

内部审计的目的是促进和帮助组织治理层和管理层有效履行其受托责任以实现组织目标,而受托责任包括对组织内部的各个领域、各项活动都实施有效管理。内部审计只有对组织内部各个领域的管理活动及有关的具体业务活动进行审计,才能够对这些领域履行受托责任的情况进行评价,进而肯定成绩,指出缺陷与潜在的风险,提出纠正或预防风险、激励与推动优良行为等方面的建议,促使相应的管理层有效地履行其受托管理责任。因此,在组织内部,内部审计的审计领域可以涵盖与组织经营管理相关的各个领域和环节。

四、审计程序具有简化性

国家审计和社会审计的审计程序是法定的、具有强制性的,一般由法律、法规、规章或审计准则做出明确规定,审计人员进行审计活动时必须按照法定程序执行。内部审计是企业内部的一种活动,是企业自身的行为,是为企业的董事会或最高管理层服务的,这一特点决定了国家一般不以法律、法规、规章的形式对其业务过程做出强制性的、统一的规定。当然,为规范内部审计行为,保障内部审计质量,提升内部审计的专业水平,内部审计职业组织也都通过发布内部审计准则的方式对内部审计过程和采用的方法进行规定,但这种规定不具有法律约束力,没有强制性,实质上是一种最佳实务的推介。各个企业的内部审计机构可以根据本企业的实际情况,遵循成本效益原则,参照职业组织颁布的内部审计准则对本组织的内部审计程序做出灵活的规定。

目前,内部审计的程序主要包括准备、实施、终结和后续审计四个阶段。由于内部审计机构对本部门、本单位的情况比较熟悉,在具体实施审计过程中,各个阶段的工作都大为简化。一是准备阶段的许多工作,往往可以结合日常工作进行,从而使规划工作量得以减少,时间也大为缩短。审计项目计划通常由内部审计机构根据上级部门和本部门、单位的具体情况拟定,并报本部门、单位领导批准后实施。二是内部审计的实施过程针对性比较强,许多资料和调查都依赖内部审计人员的平时积累。三是内部审计机构提出审计报告后,通常由所在部门和单位出具审计意见书或做出审计决定。四是被审计单位对审计意见书和审计决定如有异议,可以向内部审计机构所在部门、单位负责人提出。

五、审计实施具有及时性

现代企业时刻面对市场竞争,内部审计必须及时把有关的审计成果信息传输到有关权力机构或高级管理层,以便有效地做出决定。与政府审计、社会审计等外部审计的成果相比,内部审计的成果体现出的价值更取决于它的时效性。

内部审计机构本身是企业的一个专职部门,内部审计人员是企业的职工,因而可根据需要随时对企业的问题进行审查。一是可以根据需要,简化审计程序,及时开展审计;二是可以通过日常了解,及时发现管理中存在的问题或产生问题的苗头,并且可以迅速与有关职能部门沟通或向公司最高管理者反映,以便采取措施,纠正已经出现和可能出现的问题。一旦出现漏洞、弊端,内部审计机构可以及时组织力量进行审计,并将内部审计经常化、制度化。

六、与内部控制具有紧密相关性

内部审计是内部控制的重要组成部分,内部控制又是内部审计的主要内容。通过对本部门、本单位的内部控制制度及经营管理情况进行检查,总结经验,找出差距,为本部门、本单位改进经营管理、完善内部控制制度服务,是内部审计的基本职能。

第四节 内部审计职能与作用

一、内部审计的职能

内部审计的职能是指内部审计本身所固有的内在功能。内部审计的职能随着审计目标的变化而变化,并为实现审计目标服务。内部审计职能的定位是由委托人的需求决定的,在内部审计不同发展时期,内部审计职能有所不同。传统的内部审计以查错纠弊为目标,主要针对组织的财务收支及有关经济活动进行审查和评价,其基本职能是监督、检查、评价组织内部的经济活动,促进组织整体效益提高。随着时代的进步,现代企业制度的建立对内部审计提出了新的要求,内部审计的职能必须与其相适应才能发挥作用,因而客观情况要求内部审计进行职能的转换。社会经济环境和企业特征的变化导致内部审计职能从最初的查错防弊演变成现在的评价、建议、咨询。但发展到今天,监督仍是内部审计的本质职能。

就现代内部审计而言,目前中国内部审计协会将内部审计的职能定位为确认与咨询,标志着内部审计的职能除了传统的监督、检查和评价,还要在业务活动、内部控制和风险管理方面发挥不可替代的作用,内部审计通过履行确认和咨询职能,帮助管理层有效履行其受托管理责任,以减少代理成本,改善管理绩效,增加组织价值。

(一) 确认

确认职能是内部审计较早显现出来的职能，表现为内部审计人员对管理层履行受托管理责任的过程或结果进行监督、检查并做出评价。在现阶段，确认的内容包括一个组织的业务活动、内部控制和风险管理。为保证确认职能的有效履行，内部审计人员要对全部或一部分业务活动、内部控制和风险管理情况进行定期或不定期的监督检查，包括检查各种记录经济活动的凭证、文件、报表资料，询证或直接与当事人及有关人员交谈，到有关业务活动现场进行实地调查，甚至要了解、核实组织外部的有关信息，取得必要的审计证据，以评价业务活动、内部控制和风险管理的合规性、合法性、适当性和有效性。

另外，确认是一种为了组织的风险管理、控制或治理过程进行独立评价而客观地审查证据的行为，包括对财务、绩效、合规性、系统安全和应尽责任的审查等。

(二) 咨询

咨询职能是现代内部审计的重要职能，是传统内部审计转变为现代内部审计的重要标志，它要求内部审计在履行确认职能的基础上，针对审计发现的问题分析原因，帮助组织提出改善管理、健全制度、提高经济效益的建议，从而协助委托人实现对管理层履行受托管理责任行为的有效约束和有效激励，直接促进和帮助其有效履行受托责任。为有效履行咨询职能，内部审计除了应促进和帮助组织管理层纠正错弊、防范风险，还可以通过培训、座谈交流等形式提供咨询建议，起到顾问服务作用。

另外，咨询是提供建议以及为相关的客户提供服务的活动，这种服务的性质与范围是与客户协商确定的，目的是在内部审计师不承担管理层职责的前提下，适当参与增加价值并改进组织的治理、风险管理以及控制过程，如顾问、建议、协调、培训等。其可能的类别包括正式的咨询服务、非正式的咨询服务、特别咨询服务、紧急咨询服务等。

二、内部审计的作用

内部审计的作用是随着内部审计的内容、范围、职能的发展而逐步发挥出来的。我国内部审计具有双重作用：一方面，要对部门、单位的经营活动进行监督，促使其合法合规；另一方面，要对部门、单位的领导负责，促进经营管理状况的改善和经济效益的提高。具体来说，内部审计的作用主要包括以下五个方面。

(一) 监督各项制度、计划的贯彻情况，为组织经营决策提供依据

现代内部审计已经从一般的查错防弊，发展到了对内部控制和经营管理情况的审计，涉及生产、经营和管理的各个环节。内部审计不仅可以确定本部门、本单位的活动是否符合国家的经济方针、政策和有关法令，而且可以确定部门内部的各项制度、计划的执行是否得到落实，是否已达到预期的目标和要求。通过内部审计所搜集到的包括生产规模、产品品种、质量、销售市场等方面的信息，或发现的某些具有倾向性、苗头性、普遍性的问题，都是领导做出经营决策的重要依据。

(二) 揭示经营管理薄弱环节，促进组织健全自我约束机制

我国各部门、单位的活动不仅要受到国家财经政策、财政制度和法律的制约，而且要遵守本部门、本单位内部控制制度的规定。内部审计机构可以相对独立地对本部门、单位内部控制情况进行监督、检查，客观地反映实际情况，并通过这种自我约束性的检查，促进本部门、本单位建立、健全内部控制制度。

(三) 促进组织改进工作或生产方式，提高经济效益

内部审计通过对经济活动全过程的审查和对有关经济指标的对比分析，揭示差异，分析差异形成的因素，评价经营业绩，总结经济活动的规律，从中揭示未被充分利用的人、财、物的内部潜力，并提出改进措施，可以极大地促进经济效益的提高。

(四) 监督受托经济责任的履行情况，以维护组织的合法经济权益

同外部审计一样，所有权与经营权的分离是内部审计产生的前提，确定各个受托责任者经济责任履行情况是审计的主要任务。内部审计通过查明各责任者是否完成了应负经济责任的各项指标(如利润、产值、品种、质量等)、这些指标是否真实可靠、有无不利于国家经济建设和企业发展长远利益的短期行为等，既可以对责任者的工作进行正确评价，也能够揭示责任人与整个部门、单位的正当权益，有利于维护有关各方的合法经济权益。

(五) 监控财产的安全，促进组织财产物资的保值增值

财产物资是部门、单位进行各种活动的基础。内部审计通过对财产物资的经常性监督、检查，可以及时地发现问题，指出财产物资管理中存在的漏洞，并提出意见和建议，以促进或提醒有关部门加强财产物资管理，努力保证财产物资的安全完整并实现其保值、增值的目标。

思考与启发

1. 内部审计的产生与发展经历了几个阶段？每一阶段都有什么特点？
2. 如何理解内部审计的产生动因？
3. 如何理解内部审计的定义？
4. 内部审计的特征有哪些？
5. 如何理解内部审计的职能？其作用有哪些？
6. 内部审计发展如何影响其职能的演变？
7. 内部审计发展几个重要的里程碑是什么？有何影响？
8. 内部审计发展可以划分为哪几个阶段？
9. 内部审计与外部审计的主要区别是什么？
10. 内部审计在现代企业治理中扮演的角色是什么？

第二章

内部审计准则与职业道德规范

◎ 思维导图

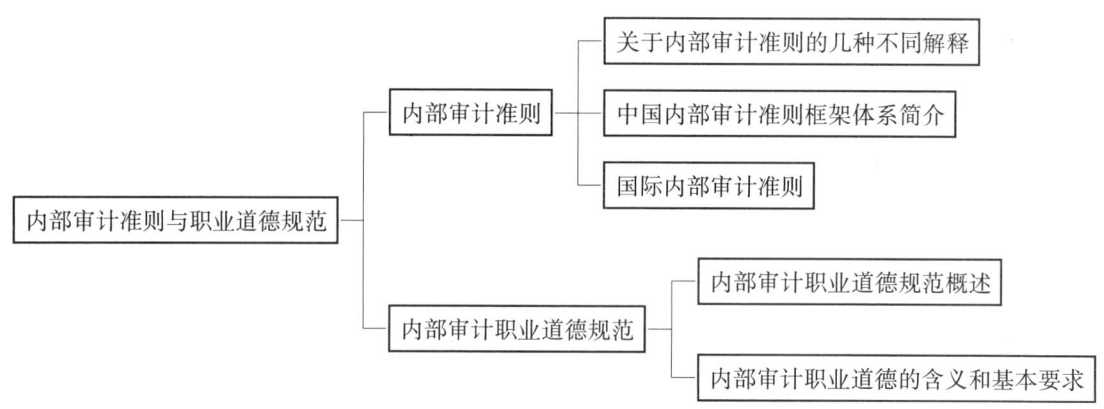

◎ 思政元素

深化学生职业理想和职业道德教育,将内部审计准则与职业道德规范融入课堂教学,教育引导学生深刻理解并自觉践行审计职业精神和职业规范,增强职业责任感,培养学生爱岗敬业、无私奉献、诚实守信、公道办事、开拓创新的职业品格和行为习惯。

(1) 通过讲解内部审计准则体系,让学生认识到随着市场经济和政治经济体制改革的不断深入,审计的职责更加宽泛,任务更加繁重,审计工作的难度也有所增加。要全面提升审计工作质量,就必须要求审计专业学生有使命担当。

(2) 通过讲解内部审计具体准则,让学生理解审计文化制度产生和发展的重要意义,有助于我们进一步了解内部审计的实质,对内部审计人员提高思想认识,进行自律约束、开展审计工作具有重要的启示。

(3) 通过讲解内部审计人员职业道德规范,让学生理解现代审计工作需要一支既懂审计专业知识又懂信息应用技术、既有综合分析能力又有良好语言表达能力、既有开拓进取精神又有清正廉洁作风的复合型审计人才。把清正廉洁贯穿于审计教学中。

(4) 通过学习内部审计职业道德,培养学生高尚的审计职业观念,遵守审计职业道德:爱岗敬业,诚实守信,廉洁自律,客观公正,坚持准则的审计精神、国家精神。帮助学生理解习近平总书记提出的以审计精神立身、以创新规范立业、以自身建设立信的"三立"要求;培养学生清正廉洁、勤勉尽责、客观公正、诚信正直、保守秘密的职业道德。教育学生坚持法治思维、系统思维。

第一节 内部审计准则

一、关于内部审计准则的几种不同解释

对内部审计准则含义的界定至今仍然众说纷纭,人们从不同的角度对内部审计准则进行了定义,总结如下。

(一)美国国家审计署的观点

内部审计准则是审计师对其进行的内部审计工作的质量和充分性的总的衡量。它与审计师的专业资格有关。

(二)美国内部审计师协会的观点

内部审计准则是用以评价和衡量内部审计部门工作和作用的内部审计实务的准绳或标准。

(三)国际内部审计师协会(IIA)的观点

内部审计准则应包括三个方面:一是内部审计的职责说明,二是内部审计职业道德标准,三是内部审计实务准则,这是内部审计的核心内容。

(四)中国国家审计署的观点

内部审计准则是内部审计人员在执行内部审计业务过程中必须遵循的行为规范,是内部审计人员对审计工作质量的权威性判断标准。

内部审计准则是由专职机构或组织负责制定颁布的,用以规范和约束组织内的内部审计机构及其审计人员的执业资格条件和执业行为,是衡量和评价内部审计工作质量的具有权威性的原则或标准。

二、中国内部审计准则框架体系简介

中国内部审计准则是中国内部审计工作规范体系的重要组成部分,由内部审计基本准则和内部审计人员职业道德规范、内部审计具体准则,以及内部审计实务指南三个层次构成。这说明内部审计准则并非一个单一的概念,有着完整的架构和丰富的内涵。

第一层次:内部审计基本准则和内部审计人员职业道德规范

《内部审计基本准则》是内部审计准则的总纲,是内部审计机构和人员进行内部审计时应当遵守的基本规范,是指导和制定内部审计人员职业道德规范和内部审计具体准则的基本依据。2014年起,《内部审计基本准则》由原来的27条调整为33条,内容包括一般准则、作业准则、报告准则和管理准则四部分。

《内部审计人员职业道德规范》是内部审计职业规范体系的重要组成内容。它从职业

道德行为的角度对内部审计人员的职业素质、品质、专业能力等各方面提出严格的要求,以保证内部审计人员能够独立、客观地进行内部审计活动,确保内部审计作用的发挥,促使组织目标的实现。其内容主要包括一般原则、诚信正直、客观性、专业胜任能力、保密等具体原则。

第二层次:内部审计具体准则

《内部审计具体准则》是根据《内部审计基本准则》制定的,是内部审计机构和人员在进行内部审计时应当遵循的具体规范。《内部审计具体准则》包括23项准则,涉及审计计划、审计通知书、审计证据、审计工作底稿、结果沟通、审计报告、后续审计、审计抽样、分析程序、内部控制审计、经济责任审计、绩效审计、信息系统审计、对舞弊行为进行检查和报告、内部审计机构的管理、与董事会或最高管理层的关系、内部审计与外部审计的协调、利用外部专家服务、人际关系、内部审计质量控制等内容。

第三层次:内部审计实务指南

中国内部审计实务指南是对内部审计实务工作的指导依据,但不具有强制性。我国曾经发布过5个内部审计实务指南,分别是:《内部审计实务指南第1号——建设项目内部审计》《内部审计实务指南第2号——物资采购审计》《内部审计实务指南第3号——审计报告》《内部审计实务指南第4号——高校内部审计》《内部审计实务指南第5号——企业内部经济责任审计指南》。随着内部审计理论与实务的不断发展,中国内部审计协会对内部审计实务指南不断进行修订,其中,2021年3月1日实施修订后的有《第3101号内部审计实务指南——内部审计报告》《第3205号内部审计实务指南——信息系统审计》,2022年5月1日正式实施的有《第3204号内部审计实务指南——经济责任审计》,其余内部审计实务指南还在修订中。

三、国际内部审计准则

1978年,国际内部审计师协会(IIA)正式颁布了《内部审计实务准则》,这是内部审计准则的雏形。1978年是国际内部审计发展历史过程中的第二个历史性转折点。此准则颁布后被世界各国的审计领域普遍认可。

1999年,国际内部审计师协会(IIA)及其下属的内部审计研究基金会正式颁布了《内部审计实务框架》。正如财务会计准则框架一样,《内部审计实务框架》是内部审计准则的核心,所以,1999年6月是国际内部审计发展历史过程中第三个历史性转折点。

鉴于全球内部审计职业的快速发展,国际内部审计师协会(IIA)于2006年组建了筹划指导委员会和专门小组,着手修订2001年版的《内部审计专业实务框架》,经过近三年的努力,形成了新的《国际内部审计专业实务框架》(International Professional Practice Framework,IPPF),于2009年1月1日颁布实施。这时的国际内部审计专业实务框架包括强制性指南和强力推荐指南,其中强制性指南包括内部审计定义、职业道德规范、标准和释义,强力推荐指南包括立场公告、实务公告和实务指南。2013年1月国际内部审计师协会(IIA)修订了《国际内部审计专业实务框架》(IPPF)。这时的国际内部审计专业实务框架中强制性指南包括内部审计定义、职业道德规范和内部审计实务标准,强力推荐指南包括立场公告、实务公告和实务指南,强力推荐指南结构并没有发生变化。

国际内部审计准则中的《职业道德规范》延展了内部审计的定义,包括两个部分:

第一部分是与内部审计职业和实务相关的原则,共有四条原则:诚信、客观、保密、胜任。其中诚信是指内部审计师的诚信确立信用,从而为人们信任其判断提供基础;客观是指内部审计师在收集、评价和沟通有关被检查活动或过程的信息时,要显示出最高程度的职业客观性,在作出判断时,内部审计师不受其个人喜好或他人的不适当影响,对所有相关环境作出公正的评价;保密是指内部审计师尊重所获取信息的价值和所有权,没有适当授权不得披露信息,除非是在有法律或职业义务的情况下;胜任是指内部审计师在执行内部审计业务时能够使用所需要的知识、技能和经验。

第二部分是描述内部审计师预期行为规范的行为规则,在上述四条原则下共有十二条行为规则。这些规则有助于将上述原则运用于实践中,目的在于指导内部审计师的行为。

《国际内部审计专业实务标准》既是内部审计专业的基础,也是《国际内部审计专业实务框架》(IPPF)的核心。其目标包括:描述反映内部审计实务的基本原则,为开展和推动各类具有增值效应的内部审计业务提供框架,建立评估内部审计业绩的依据,促进组织流程和运营的改善。

《国际内部审计专业实务标准》包括属性标准、工作标准和实施标准。其中,属性标准(1000序列)说明内部审计部门特点和对人员的要求,主要描述了执行内部审计活动的组织和个人的特征,共有四条一般准则。工作标准(2000序列)描述内部审计工作的性质,并提供了衡量内部审计活动质量的准绳,从总体上说明内部审计服务,共有七条一般准则。实施标准(实务公告NNNN、XN)是前两者在特定审计活动中的具体体现,可以更具体地指导内部审计人员将属性标准和工作标准应用于特定的内部审计活动中,分为针对确认活动和咨询活动两种主要的内部审计活动类型。其中,确认服务指内部审计师为了对机构、业务、流程、系统或其他对象提供独立意见或结论而做出的客观评价。确认服务的性质和范围由内部审计师确定。咨询服务本质上是一种顾问服务,一般应客户的具体要求而开展。咨询服务的性质和范围需与客户协商确定。在开展咨询业务时,内部审计师应保持客观性,不承担管理责任。

第二节 内部审计职业道德规范

一、内部审计职业道德规范概述

(一)制定内部审计职业道德的必要性

内部审计人员从事内部审计活动时,应当遵守规范,认真履行职责,不得损害国家利益、组织利益和内部审计职业声誉。内部审计职业道德规范是对内部审计人员职业道德行为的标准规范。

内部审计是组织内部一种独立、客观的监督和评价活动,它的目的是通过对组织的经营活动及内部控制的适当性、合法性和有效性进行审查、评价,促进组织目标的实现。内部审计是专业性较强的职业,这一职业的复杂性,使外部人员难以对内部审计过程及内部审计人员的工作做出评价。因此,有必要针对内部审计人员制定职业道德规范,对他们在工作中的操守、品质进行约束,促使他们认真工作。同时,职业道德规范的建立是内部审计职业取得外界理解与支持、增加外界对内部审计职业信赖的必然要求。

(二) 制定内部审计职业道德的目的

制定内部审计人员职业道德规范的目的,具体概括为以下三个方面。

1. 确立衡量内部审计人员行为的道德标准

约束内部审计人员职业行为,促使内部审计人员恪守独立、客观、正直、勤勉的原则,以应有的职业谨慎态度提供各种专业服务,有效发挥内部审计的监督、评价、确认与咨询等服务作用。

2. 明确内部审计人员的职业要求和职业纪律

促使内部审计机构和内部审计人员遵守内部审计准则及相关的职业准则,不断提高审计专业技术技能和道德水准,维护和提高内部审计人员的职业形象;增加外界对内部审计职业的理解、支持和信赖。

3. 明确内部审计人员的职业责任

维护内部审计人员的正当权益,维护国家利益、组织利益、员工利益,保护投资者和其他利害关系人的合法权益,促进社会主义市场经济的健康发展。

(三) 内部审计人员的立场

内部审计工作范围广泛,因此,内部审计人员在办理审计事项时,应坚持如下立场。

1. 以组织整体利益为依据

不论是什么样的企业、组织和单位,也不论是处于什么样的审计地位,只要从事内部审计工作,不管审计环境如何变化,内部审计人员都应该具备"综合审计"的观念。因此,在实施审计或提出建议和报告时,内部审计人员要全面衡量企业的整体利益,站在维护整体利益的立场。

2. 争取超然独立的审计地位,保持客观态度

为了保持超然的审计地位,内部审计人员不能参与被审计单位任何实际活动,包括记录登记和报表编制以及其他任何可能损害其独立性的活动。在客观态度方面,内部审计人员从事观察、分析、考虑、决策、建议时,应该摒弃个人的任何偏见。

3. 在审计工作中与有关方面保持良好的关系

首先需要明确,随着内部审计范围的日益扩展和审计内容的不断延伸,内部审计单位与外界的接触面也日趋扩大。当前内部审计的目标是帮助企业增进效能,提高其附加价值,因此,内部审计人员必须将以往的消极"监察管制"观念转变为"经营管理伙伴"观念,否则,就无法圆满完成审计任务。

二、内部审计职业道德的含义和基本要求

(一)内部审计职业道德的含义

道德是一定社会为了调整人们之间以及个人和社会之间的关系所提倡的行为规范的总和,它通过各种形式的教育和社会舆论的力量,使人们得以遵守。职业道德是某一职业组织以公约、守则等形式公布的,从业人员自愿接受的职业行为标准。内部审计人员职业道德是内部审计人员在开展内部审计工作中应当具有的职业道德、应当遵守的职业纪律和应当承担的职业责任的总称。

1. 职业道德

职业品德是指内部审计人员应当具备的职业品格和道德行为。它是职业道德体系的核心部分,其基本要求是独立、客观、正直、勤勉。

2. 职业纪律

职业纪律是指约束内部审计人员职业行为的法纪和戒律,尤其指内部审计人员应当遵循职业准则及国家其他相关法规。

3. 职业责任

内部审计人员在开展内部审计工作中应当承担的责任。

(二)内部审计职业道德的基本要求

内部审计职业道德的基本要求包括两个方面:一是严格遵守中国内部审计准则及中国内部审计协会制定的其他规定;二是不得从事损害国家利益、组织利益和内部审计职业荣誉的活动。

(1)内部审计人员在履行职责时,应当严格遵守中国内部审计准则及中国内部审计协会制定的其他规定。我国内部审计准则的制定是在参考了国际内部审计师协会(IIA)所颁布的内部审计实务标准的基础上,结合我国的经济情况及内部审计工作的实际情况制定的,具有一定的科学性、现实性和前瞻性。

内部审计基本准则和内部审计具体准则针对内部审计工作各个环节的重大问题提出了原则性的指导,具有操作性,又有一定的灵活性,它是内部审计人员在实施内部审计时必须遵循的执业标准,内部审计人员应认真遵守内部审计准则等规定。

(2)内部审计人员不得从事损害国家利益、组织利益和内部审计职业荣誉的活动,这项禁止性规定内部审计人员必须遵守。

内部审计人员作为组织经营活动和内部控制的评价者和监督者,应保持自身的诚实、正直,忠于国家,忠于组织,维护职业荣誉,不能从事有损国家利益、组织利益和内部审计职业荣誉的活动。

(三)内部审计职业道德的一般原则

1. 诚信正直

根据《内部审计准则第1201号——内部审计人员职业道德规范》第二章《一般原则》的

有关规定,内部审计人员在从事内部审计活动时,应当保持诚信正直,即诚实守信、廉洁正直。

诚信正直原则指内部审计人员应当将国家、组织、员工利益至于个人利益之上,正直、诚实,能明辨是非,坚持正确的行为、观点,不屈服于压力,按照法律及职业要求,遵循法律,不偏不倚地对待有关利益各方,不以牺牲一方利益为条件而使另一方受益。

内部审计人员在实施具体内部审计业务时,诚信正直表现为不应有下列行为:

(1) 歪曲事实。

(2) 隐瞒审计发现的问题。

(3) 进行缺少证据支持的判断。

(4) 做误导性或者含糊的陈述。

内部审计人员在实施具体内部审计业务时,廉洁正直表现为不应有下列行为:

(1) 利用职权谋取私利。

(2) 屈从于外部压力,违反原则。

2. 客观性原则

根据《内部审计准则第 1201 号——内部审计人员职业道德规范》第二章《一般原则》的有关规定,内部审计人员应当遵循客观性原则,公正、不偏不倚地做出审计职业判断。它是审计人员在进行内部审计活动时应当坚持的一种精神状态。

1) 实施内部审计业务前,内部审计人员对客观性的评估

内部审计人员实施内部审计业务前,应当采取下列步骤对客观性进行评估:

(1) 识别可能影响客观性的因素。

(2) 评估可能影响客观性因素的严重程度。

(3) 向审计项目负责人或者内部审计机构负责人报告客观性受损可能造成的影响。

2) 可能影响客观性的因素

可能影响客观性的因素有自我评价,经济利益关系,密切私人关系和外在压力等,主要包括:

(1) 与被审计单位管理层有密切的私人关系。

(2) 与被审计单位存在直接利益关系。

(3) 与被审计单位存在长期合作关系。

(4) 遭受来自组织内部和外部的压力。

(5) 审计本人曾经参与过的业务活动。

(6) 内部审计范围受到限制。

(7) 其他。

3) 为保障内部审计客观性的措施

内部审计机构负责人应当采取下列措施保障内部审计的客观性:

(1) 提高内部审计人员的职业道德水准。

(2) 选派适当的内部审计人员参加审计项目,并进行适当分工。

(3) 采用工作轮换的方式安排审计项目及审计组。

(4) 建立适当、有效的激励机制。

(5) 制定并实施系统、有效的内部审计质量控制制度、程序和方法。

(6) 当内部审计人员的客观性受到严重影响,且无法采取适当措施降低影响时,停止实施有关业务,并及时向董事会或者最高管理层报告。

3. 专业胜任能力

内部审计人员应当具备下列履行职责所需的专业知识、职业技能和实践经验。

1) 内部审计人员的专业胜任能力的要求

(1) 审计、会计、财务、税务、经济、金融、统计、管理、内部控制、风险管理、法律和信息技术等专业知识,以及与组织业务活动相关的专业知识。

(2) 语言文字表达、问题分析、审计技术应用、人际沟通、组织管理等职业技能。

(3) 必要的实践经验及相关职业经历。

内部审计人员应当通过后续教育和职业实践等途径,了解、学习和掌握相关法律法规、专业知识、技术方法和审计实务的发展变化,保持和提升专业胜任能力。内部审计人员实施内部审计业务时,应当保持职业谨慎,合理运用职业判断。

2) 对内部审计人员禁止性规定

(1) 不得从事不能胜任的业务。

(2) 内部审计人员不得宣称自己具有本不具备的专业知识、技能或经验。

3) 利用外部专家服务

内部审计人员并非所有领域的专家,可能并不具备完成特定局部业务的专业知识、技能或经验,所具有的专业知识并不能保证对审查的所有事项都能做出合理的判断。《内部审计准则》指出内部审计机构和内部审计人员可以利用外部专家的服务,在聘请有关专家时,内部审计机构应当对有关专家的独立性和专业胜任能力进行评价;内部审计人员要对专家的工作结果负责。

4. 保密性原则

内部审计工作的性质决定了内部审计人员经常会接触到组织内部的一些机密信息,内部审计人员对于执行业务过程中知悉的商业秘密、所掌握的被审计单位的资料和情况,应当严格保守秘密,这一责任不因审计业务结束而终止。

内部审计人员在内部审计机构及外勤工作处所以外的任何地点和场所,均不应谈论可能涉及被审计单位机密的情况;除非得到被审计单位的书面允许或法律、法规要求公布者,不得提供或泄露相关信息给第三方,也不能用于私人目的;要防止因为这些信息与资料的泄露给组织带来的损失;还应当采取措施确保协助其工作的业务助理人员和专家信守保密原则。当然保密责任不能成为内部审计人员拒绝按专业标准要求揭示有关信息、拒绝出庭作证的借口。

保密性原则要求:

(1) 内部审计人员应当对实施内部审计业务所获取的信息保密,非因有效授权、法律规定或其他合法事由不得披露。

(2) 内部审计人员在社会交往中，应当履行保密义务，警惕非故意泄密的可能性。

(3) 内部审计人员不得利用其在实施内部审计业务时获取的信息牟取不正当利益，或者以有悖于法律法规、组织规定及职业道德的方式使用信息。

思考与启发

1. 我国内部审计准则框架结构如何？
2. 内部审计职业道德规范要求是什么？
3. 国际内部审计准则与中国内部审计准则有哪些区别与联系？
4. 内部审计人员专业能力要求有哪些？
5. 内部审计师的职业胜任能力的途径是什么？
6. 专业知识、职业技能、工作经验三者间的关系是什么？
7. 我国内部审计准则有几个层次？分别是什么？
8. 内部审计具体准则分为几类？每类都包括哪些具体准则？
9. 内部审计基本准则、具体准则和实务指南三者之间关系是什么？

第三章 内部审计程序

🌟 思维导图 🌟

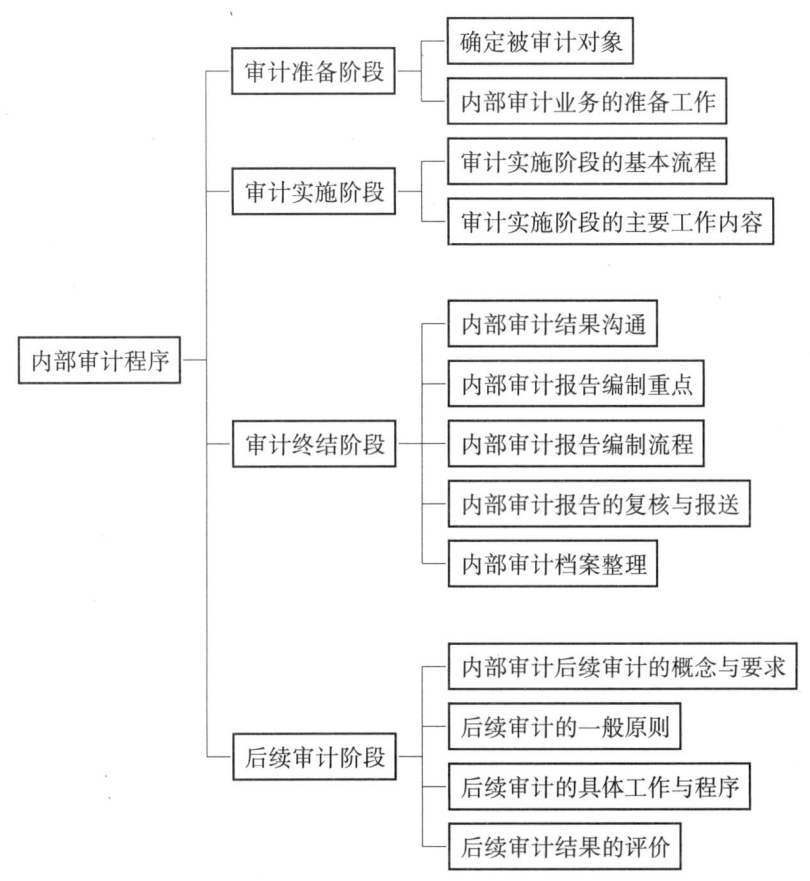

🌟 思政元素 🌟

（1）本章注重培养学生良好的系统性思维方式，使他们养成严谨的治学态度，尊重规律，遵守规则，培养学生系统性思维习惯。审计是国家治理的重要基石。

（2）要提高审计工作质量必须按照审计程序开展审计工作。审计在党的集中统一领导下开展工作，采取行政、立法等手段来调控、管理公共事务，以确保国家良好运转，处于可持续发展的状态。

（3）审计程序的四个阶段是实践的总结，是科学的、高效的，是符合开展审计工作规律的，必须遵守。本章将马克思主义基本理论、依法依规情怀、人文素养及创新思维融入教学。

(4)《孟子·娄章句上》中讲到"不以规矩,不能成方圆",原意为:如果不用圆规和曲尺,也不能准确地画出方形和圆形,现多比喻为做事要遵循一定的法则和程序。本章的学习可以让学生认识到,内部审计人员在实施审计过程中要遵循内部审计程序,以及要遵循相应的法律法规,从而培养审计人员的责任意识、程序意识和法治意识。

第一节　审计准备阶段

一、确定被审计对象

开展内部审计业务的前提条件是企业管理层或治理层委托内部审计部门确立审计任务并取得检查和监督授权,即确定被审计对象。这也是开展内部审计活动和进行审计程序的重要基础,是进入内部审计准备阶段的前提。

内部审计部门确定被审计对象主要包括如下工作:首先是进行审计立项,其次是需要经过主管部门的批准,再次才是取得审计任务的正式授权。

(一) 审计立项

审计立项是指确定具体的内部审计项目,即被审计的对象。被审计对象包括组织机构下属的各子公司以及组织机构内部的各职能部门、各项经营活动或项目、系统等。

被审计对象的选择一般由以下三种方式决定:

(1) 内部审计部门通过对组织的经营活动进行系统的风险分析来制订年度内部审计工作计划,经批准后逐项实施。

(2) 组织机构负责人或董事会下达计划外专项审计任务。

(3) 被审计者提出审计要求,经批准实施审计业务。

(二) 审计批准与授权

对于已立项的审计项目,审计部门应在审计实施前以正式报告的形式报董事会审核并批准,一般情况下必须取得书面授权,才算得上是正式确定了被审计对象或审计项目。

二、内部审计业务的准备工作

内部审计业务的准备工作主要包括:确定审计目标与范围、获取被审计对象的背景信息、确定审计主体和审计时间、编制审计计划、进行初步调查和下达审计通知书六个方面。

(一) 确定审计目标与范围

在确定被审计对象(审计事项)之后,内部审计人员便开始内部审计业务的准备工作。在这一阶段,首要工作便是确定本次审计工作需要达成的预期目标,并根据审计预期目标来确定适当的审计范围,以便更合理、更经济地执行内部审计工作,完成审计委托任务。

1. 确定审计目标

确定审计目标是指明确说明该项审计所要达到的最终目的,同时明确为达到该目标需要采取的审计方法。通常审计目标包括总体审计目标与具体审计目标。

内部审计的总体目标是审查和评价集团各项经营管理活动,协助集团组织的成员有效地履行他们的职责。具体审计目标是指内部审计人员为了实现总体审计目标而制定的针对具体项目或具体事项进行检查与监督所需要达到的预期结果。

2. 确定审计范围

内部审计的范围应围绕审计目标来确定,它更加详细地界定了内部审计的广度与深度,其范围大小,可以直接影响审计工作的效率、工作量和检查强度的高低。在具体审计实务中,确定内部审计范围必须要以《中国内部审计准则》关于确定具体审计事项的审计工作范围的要求为基本依据。比如,需要审计的范围是单一经营系统还是多个经营系统,是单一信息系统还是多个信息系统等。企业组织的内部审计范围一般应包括以下五个方面的内容:

(1) 评价组织内部控制系统的恰当性与有效性。

(2) 评析财务会计信息和资料的准确性、完整性和可靠性。

(3) 评估经营活动的效率和效果。

(4) 评价资产管理安全性状况。

(5) 评判部门、高管和职员对国家法律、法规及政策、计划和内部规章的遵守执行情况。

(二) 获取被审计对象的背景信息

在确定审计目标与范围之后,需要准备的第二项审计工作就是获取和研究与本次审计事项相关的背景信息或资料,以便为后续编制审计计划打好基础。

(1) 如果审计对象为单位整体项目与系统(集团子公司、职能部门),内部审计人员应收集、研究审计对象的背景资料。这些资料主要包括:单位的组织结构、经营管理情况、管理人员相关资料、定期的财务报告、有关的政策法规和单位的年度预算资料、前期审计工作底稿、可能出现重要审计问题的有关档案资料、其他审计的工作成果等。

(2) 如果审计对象为某一项目或系统,则审计人员需要收集与研究的背景资料与上述内容有所不同。这些资料主要包括:有关即将进行审计项目的立项、预算资料、合同及相关责任人资料等信息。

(3) 如果审计对象是在以前年度实施过内部审计的其他部门或审计项目,审计人员需要收集与研究的背景资料主要包括:以前的审计文件、以前的审计发现,以及审计对象对审计建议的态度等信息。

(三) 确定审计主体和审计时间

内部审计部门确定审计事项、审计目标、审计范围和获取相关审计背景信息之后,内部审计机构负责人就知道了内部审计的工作量,接下来的工作就是确定执行本次审计任务的主体,选择适当的内部审计人员。因为不同的审计项目要求审计人员具备不同的知识和技能,根据实际业务的需要,审计部门应安排合适的审计人员,指定审计项目负责人,并对审计工作进行具体的安排,这是提高审计效率和审计质量的重要条件。此外,除了成立内部审计小组,内部审计负责人还应初步确定审计时间,包括审计开始的时间、外勤工作时间、审计结束及审计报告的时间。

(四) 编制审计计划

根据《第2101号内部审计具体准则——审计计划》规定,审计计划是指内部审计机构和内部审计人员为完成审计业务,达到预期的审计目的,对审计工作或者具体审计项目做出的安排。

1. 内部审计计划的作用

任何内部审计活动都必须在严密规范的计划框架下实施,缺乏良好计划的内部审计工作很难实现其为组织增加价值的职能定位。内部审计计划可以促进内部审计机构和人员采取有效率、有效果的方式完成内部审计业务,合理、科学的内部审计计划能够促进内部审计工作及时、有效进行。

(1) 内部审计计划是指导内部审计机构和人员以合理的成本,收集充分、适当的审计证据的有效方式。

通过科学的规划,内部审计机构和人员可以以最低的成本,对重点审计领域实施有针对性的审计,实施重要的审计程序,收集形成审计结论所必需的充分、适当的审计证据。

(2) 内部审计计划是保证内部审计机构和人员及时有效地执行审计业务、提高审计效率的有效工具。

通过内部审计计划,内部审计人员能够更容易地理解自己在内部审计业务中应当完成的具体工作,知晓完成这些具体工作的适当方式,同时严格的时间预算也可以帮助内部审计人员确保完成审计工作的进度。通过内部审计计划,项目负责人能够集中精力处理内部审计过程中遇到的重大问题,全面了解内部审计工作的整体安排和各项具体工作的时间安排,合理调配内部审计小组的人员,保证内部审计工作进度。

(3) 内部审计计划是协调内部审计机构和人员与被审计单位关系的有效方法。

通过内部审计计划,内部审计机构和人员可以就内部审计报告的提交日期,各项内部审计项目的阶段性进度安排,被审计单位应当提供的资料和人力、物力协助,各重要审计程序的执行日期等方面,与被审计单位充分协调、沟通,避免可能由此产生的误解和矛盾。

(4) 内部审计计划是考核内部审计机构和内部审计人员工作质量的有效手段。

通过内部审计计划,内部审计机构的管理人员可以对内部审计人员的工作绩效进行横向和纵向的比较,从而为其晋职、晋级、加薪等提供最具说服力的证据。同时,内部审计机构的主管部门或主管领导通过内部审计计划的完成情况,也可以对内部审计机构的质量和绩效进行考核和评价。

审计项目负责人可以根据被审计单位的经营规模、业务复杂程度及审计工作的复杂程度来确定审计计划阶段工作的繁简程度,灵活地合并或省略某些步骤或采用以前审计工作的成果。此外,在被审计单位背景资料不全或实施突击性检查等情况下,审计人员也可以在审计过程中制订和完善审计方案。

内部审计机构应当在本年度编制下年度审计计划,并报经组织董事会或者最高管理层批准;审计项目负责人应当在审计项目实施前编制项目审计方案,并报经内部审计机构负责人批准。内部审计机构应当根据批准后的审计计划组织开展内部审计活动。在审计计划执行过程中,如有必要,应当按照规定的程序对审计计划进行调整。内部审计机构负责人应当定期检查审计计划的执行情况。

审计计划一般包括审计机构编制年度审计计划、审计人员按照年度审计计划编制项目审计方案两个层次。关于不同层次内部审计计划的相关内容如表3-1所示。

表3-1 不同层次内部审计计划的相关内容

层次	定义	编制程序	风险评估依据	主要内容
年度审计计划	是对年度审计任务所做的事先规划,是组织年度工作计划的重要组成部分(计划书+计划表)	①自上而下逐级下达审计工作要求; ②自下而上逐级编报审计工作计划草案; ③自上而下逐级核定下达审计工作计划	①组织目标及年度工作重点; ②严重影响相关经营活动的法规、政策、计划和合同; ③相关内部控制质量情况; ④相关经营活动复杂性及其近期变化情况; ⑤相关人员能力、品质及岗位的近期变化情况; ⑥其他与审计有关重要情况	①内部审计年度工作目标; ②需要执行的具体审计项目及其先后顺序; ③各审计项目所分配的审计资源; ④后续审计安排
项目审计方案	是对具体审计项目的审计程序及时间等所做出的详细安排	①细化具体计划编制审计方案; ②编制项目审计方案。 注意事项: ①程序要具体、明确,不能模棱两可; ②程序要简单,不能重复; ③程序要具有可操作性	①具体审计目标。对总体审计目标的细化,直接用以指导具体审计方法和程序。可通过对被审计对象的初步了解,结合管理当局的要求,汇总以前年度的审计发现与改正措施,列示重要风险及次要风险;再按风险高低进行排列,最后确定被审对象的主要风险,即具体审计目标; ②具体审计方法和程序。内部审计人员为实现审计目标而采取的一系列方法与步骤的综合。即通过一系列询问、观察、检查、测试等步骤,以证明审计目标的实现程度; ③执行人员及日期预算。如结合管理层要求、经验和能力合理配备审计项目小组成员和助理人员;根据项目复杂性与审计程序多少确定审计时间预算

2. 年度审计计划

年度审计计划是对年度预期要完成的审计任务所做的工作安排,是组织年度工作计划的重要组成部分。内部审计机构负责人负责年度审计计划的编制工作。编制年度审计计划应当结合内部审计中长期规划,以风险评估为基础,根据组织的风险状况、管理需要和审计资源的配置情况,确定具体审计项目及其时间安排。

年度审计计划应当包括下列基本内容。

1) 年度审计工作目标

内部审计年度工作目标应当根据组织战略、组织年度运营目标,并考虑内部审计工作的需要而确定。内部审计年度工作目标必须与组织所制定的内部审计工作手册的相关内容保持一致。

2) 具体审计项目及其实施时间优先顺序

由于组织的经营活动和内部控制涉及的范围较为广泛,需要执行审计的内容较多,而内部审计机构和人员所占有的资源却是有限的,在一年之内要求内部审计活动覆盖组织的所有审计领域是不现实的,因此,内部审计机构和人员在制定年度审计计划时,需要首先确定计划年度的具体审计项目以及这些项目的实施顺序。

3) 各审计项目需要的审计资源

内部审计机构所占有的审计资源通常是有限的,如何将有限的审计资源分配到组织内部最需要实施审计的领域必然是内部审计机构在制定年度审计计划时的重要决策。年度审计计划应当将有限的审计资源在计划年度的所有审计项目中进行分配,包括每个审计项目所需要的审计人员数量和预计耗费的审计工时。

4) 后续审计安排

内部审计的重点并不仅限于发现组织在经营管理和内部控制中存在的问题,更重要的是提出改进和完善的建议,并确保这些建议能够得到有效的贯彻和执行。为了督促和检查内部审计报告所提出意见和建议的后续实施情况,内部审计机构需要执行相应的后续审计。因此,内部审计机构在制定年度审计计划时,需要为后续审计预留必要的审计资源,并列入年度审计计划。

内部审计机构在编制年度审计计划前,应当重点调查了解下列情况,以评价具体审计项目的风险:

(1) 组织的战略目标、年度目标及业务活动重点。

目标是组织运营活动的指针,战略则是组织管理层为实现运营目标采用的总体层面的策略和方法。为了实现某一既定的运营目标,组织可能有多个可行战略。例如,如果目标是在某一特定期间内进入一个新的市场,那么可行的战略可能包括收购该市场内的现有企业、与该市场内的其他企业合资经营或自行开发进入该市场。随着外部环境的变化,组织的目标和战略应做出适应性的调整和变化。经营风险就源于对组织实现目标和实施战略产生不利影响的重大情况、事项、环境和行动,或源于不恰当的目标和战略。不能因环境的变化而做出适应性调整固然可能产生经营风险,但是在目标变化的过程中也可能导致产生风险。例如,为应对消费者需求的变化,企业开发了新产品,但是,开发的新产品可能会产生开发失败的风险;即使开发成功,市场需求也可能没有充分开发,而导致产品营销风险;产品的缺陷还可能导致企业遭受声誉风险和承担产品赔偿责任的风险。因此,内部审计机构在制定年度审计计划之前,应当充分了解组织的战略目标、年度目标及业务活动重点,确定对组织战略目标、年度目标及重点业务活动具有重要影响的风险领域,以在年度审计计划中安排必要的审计项目。

(2) 对相关业务活动有重大影响的法律、法规、政策、计划和合同。

任何组织在其运营过程中都需要密切关注并严格遵守国家颁布的相关法律和法规、各项政策和计划,以及签订的合同等。某些法规或监管要求可能对组织的经营活动具有重大的影响,如不遵守将导致停业等严重后果。某些法规或监管要求,如环保法规等,以及组织签订的合同规定了组织的责任和义务。某些法规或监管要求还决定组织需要遵循的行业惯例和核算要求。因此,内部审计机构在制定年度审计计划之前,应当充分了解组织所处的法律环境及监管环境,主要包括:适用的会计准则、会计制度和行业特定惯例;对经营活动产生重大影响的法律法规及监管活动;对开展业务产生重大影响的政府政策,包括货币、财政、税收和贸易等政策;与组织所处行业和所从事经营活动相关的环保要求;组织已经签订的各项合同和协议等。应分析这些法律、法规、政策、计划和合同可能对组织相关业务活动的重要影响,以确定对年度审计计划具体审计项目的合理安排。

(3) 相关内部控制的有效性和风险管理水平。

内部审计机构在制定年度审计计划之前,应当充分了解组织内部控制在设计和执行层面的有效性。设计层面的有效性是指一项控制单独或连同其他控制是否能够有效防止或发现并纠正重大缺陷或舞弊。执行层面的有效性是指某项控制存在且在组织内部得到了一贯运用。

任何组织在运营活动中都会面临各种各样的风险,并对其生存和竞争力产生影响。很多风险的产生并不能为组织所控制,但管理层应当确定可以承受的风险水平,识别这些风险并采取一定的应对措施。组织进行的风险管理过程就是识别、评估和管理影响其运营目标实现能力的各种风险。内部审计机构在制定年度审计计划之前,应当充分了解组织对风险评估过程的设计和执行,确定管理层是如何识别经营风险,如何评估风险的重要性,如何评估风险发生的可能性,以及如何采取措施管理这些风险等。

(4) 相关业务活动的复杂程度及其近期变化。

业务活动的复杂程度是影响差错和舞弊发生率的重要因素,一般情况下,业务活动的复杂程度越高,出现错误和导致舞弊的可能性越大。因此,内部审计机构在制定年度审计计划之前,应当充分了解组织相关业务活动的复杂程度,分析出现错误和导致舞弊的可能性,并在年度审计计划中对复杂业务的审计做出合理的安排。与此同时,内部审计机构还应当密切关注相关业务活动的近期变化,相对稳定的业务活动出现错误和导致舞弊的可能性通常较小,而近期发生变化的业务活动出现错误和导致舞弊的可能性将会比较大,内部审计机构在制定年度审计计划中也应当充分考虑。

(5) 相关人员的能力及其岗位的近期变动。

组织在经营管理和内部控制中是否会出现问题以及出现问题的类型与相关人员的能力密切相关,具有较高道德素质和专业胜任能力的人员能够更好地确保经营管理和内部控制的有效运行。为此,内部审计机构在制定年度审计计划之前,应当充分了解与组织业务活动和内部控制相关人员的能力。如果重要业务活动的重要岗位在近期发生变动,内部审计机构更需要重点关注,这可能预示着接替工作的人员由于不够熟练而出现错误,甚至可能是存在舞弊的迹象。

内部审计机构应该根据上述了解的情况确定具体审计项目。在确定具体审计项目时,需要注意以下几个方面:第一,审计计划最终必须经过董事会或者高级管理层的批准,应进行事前的充分沟通,最终确定具体审计项目。第二,在资源的分配上,必须考虑管理层临时安排的审计任务,这可能是在审计计划之外的。第三,应该考虑被审计单位具体有什么审计项目要求,当然这不是主要的,但对于举报的审计项目还是应该保持应有的职业谨慎,评估其风险及可能带来的影响。

实务1:内部审计年度审计计划的参考格式如表3-2所示。

表3-2 内部审计年度审计计划模板

审计项目	项目目标与内容	审计时间安排	所需时间（小时数）	负责人与参加人	备注
一、重点审计项目					
1.××审计					
2.××审计					
二、常规性审计项目					
1.××审计					
2.××审计					
3.××审计					
4.××审计					
三、其他事项					

3. 项目审计方案

项目审计方案是对实施具体审计项目所需要的审计内容、审计程序、人员分工、审计时间等做出的安排。

内部审计机构应当根据年度审计计划确定的具体审计项目和时间安排,选派合适的内部审计人员开展每项审计工作。在具体实施每一项审计业务之前,审计项目负责人应当充分了解被审计项目的相关情况,并制定详细的项目审计方案。

审计项目负责人应当根据被审计单位的下列情况编制项目审计方案。项目审计方案编制应考虑下列内容:业务活动概况;内部控制、风险管理体系的设计及运行情况;财务、会计资料;重要的合同、协议及会议记录;上次审计结论、建议及后续审计情况;上次外部审计的审计意见;其他与项目审计方案有关的重要情况。

依据具体如下:

1) 业务活动概况

审计项目负责人应当了解组织的业务活动的目标、性质、复杂程度、经营环境、市场竞争状况,以及业务活动开展的效果、效率等基本情况,以便对审计项目形成总体的了解。

2) 内部控制、风险管理体系的设计及运行情况

审计项目负责人应当了解组织内部控制和风险管理体系的设计是否健全、合理,运行是否有效,据此对审计重点进行初步判断。内部控制和风险管理体系设计不健全或者运行无效的领域通常就是审计风险较大的地方,需要在审计中特别予以关注。

3) 财务、会计资料

审计项目负责人应当取得组织有关财务、会计资料,对组织的财务状况及经营成果做

出判断，了解组织财务方面的基本情况，尤其对重大投资等资本性支出，重大重组、并购等保持应有的关注。

4）重要的合同、协议及会议记录

审计项目负责人应当获取重要的合同、协议及会议记录，并通过对这些重要文件的审阅了解组织在计划年度或相关年度的重要经营活动。

5）上次审计结论、建议及后续审计情况

通常情况下，大多数审计项目并非初次审计。虽然本次审计的目的、范围以及所涉及的经营活动的内容与上次审计会有所不同，但审计项目负责人应当关注上次实施审计项目时所做出的结论及建议，了解上次审计中发现的经营活动及内部控制存在的问题，了解是否执行后续审计及其执行情况。如果上次审计提出的问题未得到纠正，那么本次审计就要特别关注这些问题的影响以及组织管理层对审计的态度。如果未执行后续审计，那么本次审计就需要检查组织是否已经采取纠正措施及其效果如何。

6）上次外部审计的审计意见

审计项目负责人应当取得与该审计项目相关的外部审计的审计报告，了解外部审计意见的类型及其提出的相关建议，考察组织是否还存在外部审计提出的问题。另外，由于外部审计与内部审计在范围和内容上可能存在重复之处，为了提高审计效率，内部审计可以在和外部审计做好协调工作的基础上利用外部审计工作成果，在外部审计的审计意见基础上考虑重点审计内容与一般审计内容。如果某些领域已经经过外部审计测试，并取得充分、适当的审计证据，审计意见较为满意，那么内部审计可以考虑进行一般性的审计测试或者直接利用外部审计工作成果。

7）其他与项目审计方案有关的重要情况

除了考虑上述情况，审计项目负责人还要根据审计项目的特点了解相关重要情况，以制定科学、合理的项目审计计划。

项目审计方案应当包括下列基本内容：被审计单位、项目的名称；审计目标和范围；审计内容和重点；审计程序和方法；审计组成员的组成及分工；审计起止日期；对专家和外部审计工作结果的利用；其他有关内容。

具体来说，项目审计方案的基本内容有：

1）被审计单位、项目的名称

项目审计方案需要首先注明被审计单位和具体审计项目的名称。

2）审计目标和范围

内部审计的总目标是帮助管理者提高组织的运作效率，为组织增加价值。项目审计方案应当说明审计项目的总体审计目标。项目审计的目标就是在总目标的指导下，内部审计项目小组进行某个项目审计行动将要重点揭示和解决的详细工作要求。例如，审查和评价经营活动及内部控制的适当性、合法性和有效性，确定组织对特定政策、法规、合同等的遵循情况等。项目审计方案还应当说明审计范围，包括审计对象的范围和审计活动的范围。审计对象的范围说明了要审计什么的问题，具体是针对内部控制还是风险管理体系，是人力资源部门的管理还是业务部门市场营销管理。审计活动的范围则说明了我们要干什么的问题,具体是指针对哪些时间范围内、哪些活动、哪些具体的账册。

3) 审计内容和重点

项目审计方案应当说明审计项目主要涉及的审计内容和重点的审计领域。审计项目负责人应当对具体审计项目的重要性和审计风险进行评估,并根据评估结果合理确定审计内容和重点审计领域。重要性是指组织经营活动和内部控制中可能存在的差异和漏洞的严重程度。审计风险是指内部审计人员的审计结论偏离事实的可能性。审计项目负责人应当将重要的业务活动或者内部控制,以及审计风险较高的审计领域确定为重要的审计内容和审计重点。

4) 审计程序和方法

项目审计方案应当说明内部审计人员在实施具体审计项目时需要采取的具体审计程序和方法,以对内部审计项目的具体执行提供必要的指导。此时的程序和方法往往是与具体的审计目标相联系的。如果审计的目标侧重于预防性,则审计程序和方法应该侧重于控制的节点测试,侧重于事中审计,侧重于观察流程的有效运行。如果审计是为了发现舞弊,则审计程序和方法应该侧重于重大疑点的查找,侧重于基础作业流程中合规的问题,并查找其中存在的重大舞弊风险。

5) 审计组成员的组成和分工

项目审计方案应当说明为具体审计项目配备的内部审计人员和具体的分工,以及对分配的审计时间的预算安排。项目负责人需要考虑审计项目的性质及特点,以配备相应学识、能力及经验的内部审计人员。

组建审计组没有固定的模式和标准,但是必须保证审计组成员的综合素质和能力能够最大限度地完成审计任务,满足审计质量管理要求。审计组的人员数量和构成应视审计项目的规模和性质而定,并且审计小组内部要有合理的分工。

因此,首先要确定一名审计主管,负责审计项目的全面策划,包括确定审计目标和审计范围。审计主管通常由内部审计机构负责人担任,不需要亲临审计现场实施外勤工作,但要对审计结果负责。其次要委派一名审计人员负责协调各项审计工作。协调工作包括任命审计组其他人员,协调好审计项目和审计部门的其他工作,处理审计过程中出现的问题,以及复核记录审计工作的文件。这些工作通常由内部审计机构的部门经理担任。他们是否亲临被审计单位现场,要依据审计项目的规模和性质而定。再次要确定一名外勤审计工作组长,称为项目负责人或审计组组长,负责指挥和协调审计外勤工作。这类人员通常由高级职称审计人员担任。最后确定由高级职称审计人员和初级、中级审计人员组成的参与审计项目的审计组其他成员,他们负责大部分的例行性审计工作。当然,这里所说的审计组的组成及分工一般针对的是审计部门人员较多、项目较多的情况,如果人员较少则不存在这种细化。在审计人员较少的情况下,审计人员可能要同时负责多项工作。

6) 审计起止日期

项目审计方案应当说明具体审计项目的实施起止日期,并对实施期间的时间资源做好合理的规划,以确保审计工作按时完成。一个有经验的内部审计项目负责人对要完成的审计项目所需的小时数会有一个合理的评估。这个估计应该是理想的,但它不可能是准确的,因为可能会有许多无法预期的拖延业务的事件发生。一般情况下,评估误差应该控制在10%的范围内。

7) 对专家和外部审计工作结果的利用

某些审计项目可能涉及特殊的专业领域,内部审计机构就需要聘请专家协助,审计项目负责人应当考虑专家的独立性及专业胜任能力,并在项目审计计划中对专家的工作做出合理的安排。如果审计项目中特定范围与外部审计工作重复,在评价外部审计质量符合既定要求的基础上,内部审计可以利用外部审计工作结果,以减少重复审计,提高审计效率。项目审计方案应当说明对专家和外部审计工作结果的利用的具体安排和规划。

8) 其他有关内容

项目审计方案中还应当根据具体审计项目的实际需要,考虑应当予以说明的其他有关内容,例如需要组织提供的资料和协助等。

实务2:项目审计方案的参考格式如表3-3所示。

表3-3 项目审计方案参考格式

(××项目)审计方案			
项目编号:	编制日期:		
被审计部门		审核人	
编制人		审批人	
一、审计目标 (1) ××××× (2) ××××× (3) ×××××			
二、审计范围 (1) ××××× (2) ××××× (3) ×××××			
三、审计期间			
四、审计内容及重点 1. ×××××(审计责任人:×××) 审计程序与方法 (1) ××××× (2) ××××× 2. ×××××(审计责任人:×××) 审计程序与方法 (1) ××××× (2) ××××× (3) ×××××			
五、审计组成员及分工			
六、审计进度及费用安排			
七、对专家及外部审计工作结果的利用			
八、其他			

4. 规划内部审计计划事项的考虑因素

内部审计机构负责人应当根据具体审计项目的性质、复杂程度及时间要求，合理安排审计资源。

内部审计机构和人员可以将有限的审计资源配置在最需要进行审计的领域，即存在较为严重的内部审计风险的领域，从而实现有限的内部审计资源的最有效和最高效的配置。因此，内部审计机构的负责人必须以风险为基础制定审计计划，并在制定审计计划时充分考虑组织的风险管理框架，包括管理层针对不同的业务或部门确定的风险偏好水平。如果组织尚未建立风险管理框架，内部审计机构负责人应当与组织的高级管理层和董事会进行沟通并自行做出风险判断。

任何组织都将面临各种各样可能带来不利或有利影响的不确定性和风险。风险可以通过很多方式进行管理，包括接受、避免、转嫁或者控制。内部控制就是降低风险和不确定性所导致潜在不利影响的通常方法。内部审计机构的审计计划应当基于对各种可能影响组织的风险的评估予以设计。最关键的审计目标就是向管理层提供信息以减少与实现组织目标相关的不利后果，同时也是对管理层风险管理活动有效性的评价。

内部审计的计划领域应当涵盖组织战略计划的各个方面。通过将内部审计计划与组织战略计划的各个方面进行整合，内部审计的计划领域将考虑和反映组织的整体经营目标战略计划，还可以反映组织对风险的态度以及实现计划目标的困难程度。

5. 内部审计的计划要求

内部审计计划必须在审计工作开始前编制完毕，只有这样，审计计划的指导作用才能得到有效发挥。年度审计计划一般针对下一年度审计任务进行规划，因此应在下年度开始前编制完成。年度审计计划一般由内部审计机构负责人制订，并且必须报送对内部审计机构具有领导职责的组织适当管理层批准。项目审计方案是针对具体审计项目进行的事先安排，因此应当在项目审计实施前编制完成。项目审计方案一般由审计项目负责人制定，并报经内部审计机构负责人批准。

内部审计机构应当根据批准后的审计计划组织开展内部审计活动。但是，内部审计计划并不是机械的、一成不变的，在审计计划执行过程中，内部审计机构负责人应当定期检查审计计划的执行情况，内部审计项目负责人也必须密切关注审计计划的执行情况和审计环境发生的各种改变，如有必要，应当按照规定的程序对审计计划进行调整。

6. 风险导向审计计划的编制

1) 风险导向审计计划编制的动因及适用范围

为什么要编制风险导向的内部审计计划呢？我们在这里将原有的审计计划编制称为传统审计计划的编制，风险导向审计计划的编制则称为现代内部审计计划的编制。传统审计计划的编制过多依赖审计人员的主观判断，并且这种计划的制定是定性的、被动的，其采用的方式是自下而上。这种方式下确定的审计项目大多具有主观臆断性，难以覆盖到所有的审计范围，难免出现挂一漏万的现象。加之这种定性的分析没有与企业的发展战略相结合，没有与企业的风险管理体系相结合，使得内部审计计划的制定缺乏科学性。目前来看，世界上更多的管理成熟度较高的集团公司开始采用以风险评估为主要方法的风险导向审计计划,以完善传统审计计划的编制。与传统审计计划的生成机制相比,风险导向审计计划的制定克服了"凭空想象"计划的不科学性,并将审计计划的内容与高级管理层的战略目标相统一。此外,传统的内部审计范围确定过多采用自下而上的方式,风险导向内部审计计划的制定则采用自下而上、自上而下相互结合的方式,通过量化的风险评估按照风险值大小进行排序,在考虑可分配的审计资源的前提下,确定审计项目计划,从而增强了审计计划编制的科学性。

虽然风险导向审计计划的编制有其优势,但是并非所有的企业都必须采用并执行。这主要是因为风险导向审计计划的编制与企业的风险管理成熟度密切相关。从我国目前大多数企业的现实来看,这种方法的运用还具有很大的局限性。

对此,英国内部审计人员协会曾经提出过风险管理成熟度(risk maturity)的概念,将风险管理水平划分为5个层次,即初始级、发展级、成熟级、管理级、优化级。它不仅指出了各个层次机构的主要特征和详细判断参考,也为处于较低层次的机构指明了内部审计方法和提高风险管理能力的努力方向。开展风险导向审计计划的编制,第一步应对被审计单位的风险管理成熟度进行评估,针对评估结果选择相应的内部审计计划编制方法,这样才能得出符合被审计单位实际的审计结论。

如果被审计单位的风险管理成熟度处于初始级和发展级,就不能使用风险评估技术来制定内部审计计划,内部审计部门应将评估结果报告给治理层,并在审计报告中提出提高风险管理成熟度的建议,推动建立风险管理框架。在此过程中,内部审计发挥的是咨询作用,可以帮助管理层识别出风险,建立起风险管理系统。但是不能通过内部控制审计对风险的分析来确定是否实施风险导向审计,这不仅是因为内部审计人员不可能识别出所有的风险,更重要的是,它会让管理层认为风险管理是内部审计部门的责任。当然,内部审计部门有责任通过发挥咨询作用,帮助管理层识别风险,建立风险管理系统。对于成熟级及以上的被审计单位,内部审计部门应在确定风险管理评估的流程及其结果有效的前提下,确定是否应该将风险管理系统评估的结果作为初步确定审计范围的基础。因此,内部审计部门应先得到经过修正的企业风险清单为制定审计计划打下基础。

可见,风险导向审计计划的编制前提是企业已经建立完善的风险管理流程,并适时按照监管方的要求及企业自身管理的需求出具风险管理评估报告。风险管理评估的结果是内部审计人员确定审计范围的重要依据,同时也是避免内部审计计划重复的重要参考。当然,内部审计人员依赖风险管理评估结果的前提是:风险管理评估的流程及结果必须是有效的。因此,内部审计人员需要与风险管理评估的实施者讨论企业的战略目标、识别威胁组织目标实现的风险清单、固有的风险和剩余风险评分系统的风险偏好、企业的风险成熟度等风险管理报告的内容。

2) 风险导向审计计划的生成步骤与具体方法

一个完整、系统的风险导向审计计划的生成包括以下步骤。

(1) 初步确定审计范围。

审计范围为识别潜在的审计对象奠定了基础,其来源与我们前面所讲述的审计计划编制应该考虑的因素没有什么区别,例如,董事会和管理层关注的审计重点及需求、与企业发展战略相联系确定的审计范围、外部审计中反映的问题、上年度审计出的问题等因素。但其重点放在了通过风险评估报告的结果识别相关风险领域从而确定的审计范围。审计人员在这一步需要对已经列入风险评估报告中的风险进行筛选,来确定审计的范围。其中,没有超过企业风险容忍度、不需要采取进一步行动的风险不需要审计;由于风险的性质,企业决定承受的风险也无须审计;以前审计已证实被控制在风险容忍范围之内的风险无须审计。剔除上述风险后,剩下的风险就是需要通过审计活动进行确认的风险,并构成了审计对象选择的基础。

(2) 初步确定审计对象。

根据以上审计线索,审计人员可以通过重要性原则、有影响力原则、可能出成果原则、胜任原则来初步确定审计对象。

所谓重要性,就是关系公司大局的事项,一旦出现问题将会给公司利益造成重大损失的经营项目。不同的公司,同一个公司在不同的时间里,重要的项目是不一样的,这需要我们的职业判断。如果不会判断,可以遵循以下建议:一般来说,领导经常提起的事,都是重要的;各中层管理人员经常抱怨的事,都是重要的;以前出过大问题的项目,都是重要的。

所谓有影响力,就是一旦发生,就会对公司的经营产生重大影响,就会对公司的其他事务产生连锁反应的事项。什么样的项目有影响力,这也需要我们的职业判断,判断的标准同上。

所谓可能出成果,是指提出的建议有操作性,公司如果想做,就会做到,而且不会引起重大的负面影响。每个公司都有很多问题,这些问题中,有很多是大家都知道的,但都没有可行的解决办法。我们在选择审计项目时,就应该选择那些有可能提出可行的解决办法的项目。这样,我们更容易为公司创造高的效益,更容易得到领导的重视和同事的尊重。

所谓胜任,是指内部审计资源总是有限的,如何利用可使用的审计技术、方法和人才等方面的内部审计资源,是内部审计部门在选择审计对象时需要考虑的一个重要问题。许多重要的审计对象可能因为缺乏合格的审计人员或时间不够用而无法开展审计,内部审计部门倘若不量力而为,勉强开展审计,很有可能会虎头蛇尾,最后不了了之,结果是既浪费了审计资源,又丧失了审计权威。

初步确定的审计对象可能在分类上具有一定的混乱性和模糊性,只有将审计对象划分为具有可操作性的具体对象,才能给审计对象的选择留下较大的余地。实际工作中,审计对象可以按照一定的标准划分为不同的审计单元。审计单元可以按职能部门、业务循环、地理位置、专业板块、贡献大小、具体项目等不同标准进行划分。例如,按照职能部门可以划分为营销、采购、生产、财务、人力资源等;按照业务循环可以划分为销售与收款、采购与付款、生产、人事与薪酬、投资与融资等;按照项目可以划分为基建项目、基础研究项目、产品开发项目、设备更新项目等;按照决策中心可以划分为成本中心、利润中心、投资中心等;

按照价值(资产总额或销售额)可以划分为不同等级,并按照不同的等级划分为不同的审计频率;按专业板块划分主要适用于大型跨行业的集团企业,例如,石油行业的勘探与生产、炼油与化工、销售、天然气与管道、国际油气业务、国际贸易、工程技术服务、石油工程建设、石油装备制造、科技创新、新能源等板块。

将初步确定的审计对象与专业板块相互联系,可以形成审计单元矩阵。审计单元矩阵汇总后,可以形成年度审计计划内容的初步方案。该方案可以根据审计计划线索的来源赋予不同的量化值(例如:5,4,3,2,1 或者 10,9,8,7,6,5,4,3,2,1)来体现优先考虑的顺序。例如,公司治理层与高级管理层提出的审计对象(赋值为5),内部审计人员根据风险评估报告披露的结果确定的审计对象(赋值为4),根据举报确定的审计对象(赋值为3),被审计单位提出的审计范围(赋值为1)。赋值既可以采用专家打分赋值法,也可以采用科学的层次分析法,无论采用哪种方法,其目标都是体现出初步确定的审计对象的先后次序。

(五)初步调查

在编制内部审计计划之前,还有一项不可忽视的重要工作,那就是内部审计人员应尽可能初步收集一些与审计项目有关的资料,比如,与审计事项有关的法律、法规、政策及其他文件资料等。审计组对曾经审计过的部门,应当注意查阅了解过去审计的情况,利用原有的审计档案资料。除此之外,审计组还需调查了解被审计部门的基本情况,收集资料时注意了解被审计部门对审计项目的反应和看法。该阶段收集的资料是内部审计实施阶段工作的主要依据,因此,必须予以足够的关注与重视。这个步骤的工作主要包括五个方面的内容,如表3-4所示。

表3-4 内部审计人员进行初步调查的主要工作

步骤	工作	内容说明
1	召开会议	内部审计人员应与被审计单位负责人、财务负责人及其他相关人员包括审计小组成员一起召开审计座谈会,向被审计者的管理部门介绍拟开展的审计工作,进一步了解被审计事项的具体情况、说明审计的目标和范围以及审计中需要提供的各种资料和需要协助的范围等
2	实地察看	内部审计人员应实地观察、实地考察与查看,即需要仔细查看被审计者的经营场所,感受被审计部门的工作内容、工作环境、工作流程、工作质量、工作设备和工作人员等相关内容;并通过实地考察而有机会与被审计部门的员工进行直接接触,以获得第一手真实的资料,取得对被审计单位的业务活动的感性认识
3	研究资料	内部审计人员需要对上述被审计单位提供的及实地考察过程中得到的文件资料及其他信息进行整理归档,并进行查阅和深入研究,以明确资料本身是否真实、是否完整,资料所反映的内容是否与组织的章程要求相一致,资料的保管与存放是否安全等
4	分析程序	内部审计人员通过分析比较数据间的关系或比率来取证的一种方法,即分析性审计程序。实施分析性审计程序,有助于内部审计人员更好地理解被审计者的情况,有助于保证审计程序的适当性,有助于及时发现问题和偏差,以降低审计成本,提高审计效率。所以,分析性审计程序具有较大的实用性
5	编写说明	内部审计人员对被审计对象有了一个完整认识后,应以书面形式(包括文字叙述、图形表示、表格等)对被审计者的情况(信息系统和经营活动)进行描述,即编写初步调查说明书,以便有效评价内部控制系统恰当性

(六)发出审计通知书

根据《第2102号内部审计具体准则——审计通知书》第二条规定:审计通知书,是指内部审计机构在实施审计之前,告知被审计单位或者人员接受审计的书面文件。审计通知书是内部审计机构与被审计单位或被审计人员之间相互沟通的媒介之一,是执行具体审计项目的依据性文件。审计通知书的编制主体是内部审计机构,审计通知书的送达时间是实施审计之前,审计通知书的内容是告知被审计单位或者被审计人员接受审计的相关信息,审计通知书的作用是协调与被审计单位或被审计人员的工作关系、明确权利义务、促进合作、保证审计项目顺利进行。

1. 审计通知书的作用及下发要求

1)审计通知书的作用

(1)审计通知书是内部审计部门与其他部门进行沟通的必备形式之一。审计通知书既是内部审计部门对被审计单位的一种正式的书面告知单,也是内部审计执业工作的一种正式形式。

(2)审计通知书有利于消除被审计单位的误解。送达审计通知书,即告知被审计单位,审计活动是按照年度审计计划开展的,其目的是通过审计工作发现被审计单位管理方面可能存在的问题,并为被审计单位提供一些可行的建议。如果审计没有发现问题,则可将被审计单位成功的管理经验向上级领导汇报,并向其他部门推广。

(3)审计通知书有利于强化审计师与被审计单位的配合。通过预先告知,被审计单位可以为审计工作做好准备,提供与审计相关的文件资料与必要的工作安排,并提前通知受审计影响最大的那一部分职员。被审计单位也可以通过审计通知书,要求审计部门在实施审计程序时尽量不影响被审计单位正常经营业务的开展,必要时也可以请求审计部门推迟本次审计工作的时间。

2)审计通知书编制及下发要求

根据《第2102号内部审计具体准则——审计通知书》的要求,内部审计机构应根据经过批准的审计计划编制审计通知书;内部审计机构应在实施审计前,向被审计单位送达审计通知书,特殊业务可在实施时送达。在某些情况下,审计人员可能认为突击审计是必要的。其原因在于如果预先通知被审计单位,管理层和职员可能会有意隐瞒一些真相。在这种情况下,审计人员会预先通知高级管理层和审计委员会,但不会预先通知被审计单位。

2. 审计通知书的内容与送达

根据《第2102号内部审计具体准则——审计通知书》,审计通知书的主要内容包括:

(1)审计项目名称。如××建设项目审计、××内部控制审计等。

(2)被审计单位名称或者被审计人员姓名。

(3)审计范围和审计内容。即审计项目所涉及的地区、部门、单位、领域、所属期间以及具体审计内容。

(4)审计时间。即审计起始的具体时间。

(5)需要被审计单位提供的资料及其他必要的协助要求。

审计人员可以结合审计项目实际情况,要求被审计单位提供与审计相关的、按照法律法规该单位应当向社会公布或向有关部门报送的文档材料,如被审计单位公布的财务报表、业务报告、重要的档案材料、相关制度规范、重要合同、协议、会议记录等材料;也可以向被审计单位提出必要的时间安排和相关工作条件的保障要求等。

(6) 审计组组长及审计组成员名单。为便于工作,保证审计的公开性,审计通知书中应当列明审计组组长及成员的名单。

(7) 内部审计机构的印章和签发日期。作为正式的书面文件,审计通知书还应当履行组织内的签字审批程序,附有内部审计机构的印章和签发日期。如要求被审计单位提前进行自查,应在审计通知书中写明自查的内容、要求和事件,并适当提前发出审计通知书。内部审计通知书是内部审计机构用于通知被审计单位相关事项的载体,应当在实施审计3日前向被审计单位或者被审计人员送达审计通知书。但是,在某些特殊情况下,当内部审计人员认为有必要进行突击审计,例如出现突发事件或对舞弊进行查证等,事先向被审计单位送交审计通知书会使被审计单位的管理层或职员有时间为隐瞒真相做准备时,内部审计人员可以在到达审计现场时再将审计通知书送交被审计单位。另外,特殊审计业务的审计通知书也可以在实施审计时送达。

审计通知书送达被审计单位,如果审计项目可能涉及其他相关部门,或者需要其他部门的协助,也可以在必要时抄送组织内部相关部门。经济责任审计项目的审计通知书送达被审计人员及其所在单位,并抄送有关部门。

实务3:审计通知书的参考格式如表3-5所示。

表3-5 审计通知书参考格式

关于对×××公司××同志任期经济责任审计的通知

××公司(被审计单位名称):

  根据 有关规定,受组织部门、董事会(或审计委员会、纪检监察部门)的委托,我部门决定派出审计组,自 年 月 日起,对 同志自 年 月至 年 月在任职期间的经济责任进行审计,请予积极配合,提供必要的资料与工作条件。

  请你单位于审计开始日提供与经济责任审计有关资料,并请通知 同志于审计开始日5日内向审计组提交述职报告。

审计组长: 联系电话: 电子邮箱:
成员:
附件1:领导干部经济责任审计提供资料清单
附件2:被审计领导干部述职报告内容要求

              公司审计部(盖章)
                年 月 日

主送部门:
抄送部门:
附件1:领导干部经济责任审计提供资料清单
1. 公司内部制定的财务规章制度和内部控制制度;
2. 任期内被审计单位在银行和非银行机构设立的全部账户的情况,包括已注销的账户;

(续表)

3. 企业章程、有关内部机构设置、职责分工情况；
4. 任期内历年资产经营计划和经济指标完成情况；
5. 任期内历年财务报表、账簿、凭证等会计资料；
6. 任期内重大投资项目及实施结果、对外投资项目明细表；
7. 任期内全部协议书及经济合同；
8. 任期内各种财产物资盘点表、债权债务清理明细表；
9. 任期内重大经济事项的决策材料及相关会议记录；
10. 任职前后有关经济遗留问题的专门材料；
11. 任期内有关经济监督部门及检测机构做出的重大项目检查结果、处理意见及纠正情况资料；
12. 任期内上级内部审计机构或外部审计机构出具的审计报告、验资报告、资产评估报告及办理企业合并、分立等事项出具的有关报告等；
13. 个人述职报告；
14. 审计组认为需要的其他资料。

附件2：被审计领导干部述职报告内容要求

1. 任职期限（包括在何单位、任何职及任职起止时间）；
2. 管理或经营理念及任期经济工作目标；
3. 单位的管理结构及财务收支情况和资产负债、损益情况；
4. 任期履行经济责任情况；
5. 经济方面存在的主要问题（包括遗留问题）；
6. 个人廉洁自律情况。

第二节 审计实施阶段

一、审计实施阶段的基本流程

内部审计实施阶段就是指内部审计计划的实施阶段，是内部审计小组按照上级管理层的安排和内部审计工作计划的要求，正式进驻被审计单位，将计划阶段拟定的审计工作方案开始付诸实施、化为实际行动的阶段，是内部审计全过程的最主要阶段。该阶段的关键工作主要包括：进驻被审计单位深入了解其内部控制状况、描述审计对象的内部控制制度状况、测试审计对象的内部控制制度、评价审计对象的内部控制情况、收集与判断相关审计证据、编制审计工作底稿六个相关工作环节。基本流程如图3-1所示。

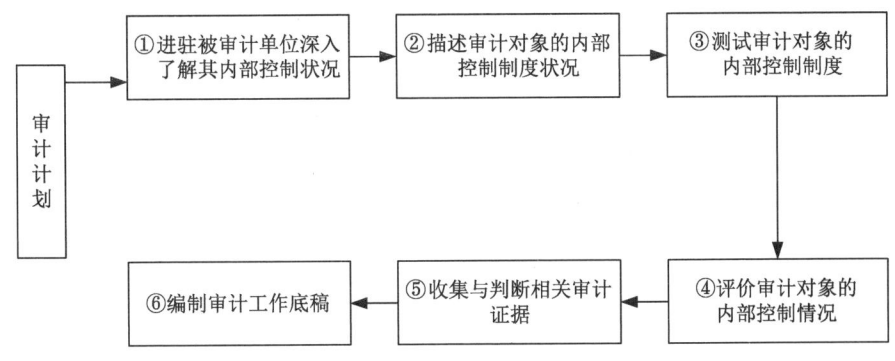

图 3-1 内部审计实施阶段的主要工作流程图

二、审计实施阶段的主要工作内容

(一) 进驻被审计单位深入了解其内部控制状况

审计组实施审计时,首先应深入了解被审计单位的管理体制、机构设置、职责或经营范围、业务规模、资产状况等。其次对内部控制制度进行评估,根据评估结果,确定审计范围和采用的方法。必要时,修改原来制订的审计方案。其主要步骤如下。

1. 进驻被审计单位实地了解经营状况

内部审计项目组按照审计计划的安排,前往并进驻被审计单位后,首先应与被审计单位领导取得联系,说明本次审计的范围内容与目的要求,争取他们的支持;其次约请被审计单位领导和有关部门负责人共同研究布置,确定与审计组的联系人和提供必要的资料等问题,听取被审计单位负责人及有关职能部门对单位情况的介绍;最后采用适当方式,使单位职工了解审计目的、内容以取得支持和协助。

2. 获取必要且与审计相关的资料

审计组应当根据情况介绍和审计工作需要,向被审计单位索取有关资料,常规审计一般需要索取、收集的资料主要有:被审计单位有关的规章、制度、文件、计划、合同文本;被查期间的各种审计资料、分析资料、上年财务报表、分析资料及以往接受各种检查、审计的资料;各种自制原始凭证的存根,未粘附在记账凭证上的各种支票、发票、收据等存根,以及银行账户、银行进账单、备查簿等相关的经济信息资料。在索取、收集资料时,审计组一定要做好登记、清点移交工作。收集的资料要当面清点,注意残缺页码并列表登记,注明资料来源。移交与接收双方,都要在移交表或调阅单上签名。

3. 深入调查研究并全面了解内部控制状况

为了全面深入地了解被审计单位业务活动的一些具体规定、手续以及内部控制制度的执行情况,审计组在收集资料以后,应当通过查阅资料、观察、咨询等方式了解被审计单位的有关情况。特别是了解被审计单位的各项业务处理手续、有关财务会计业务处理和现金、物资管理方面的内部控制制度的建立完善情况和实际贯彻执行情况。

4. 如果与审计计划存在明显差异,需要技术调整原审计方案

在深入调查研究、初步评价被审计单位内部控制制度的基础上,审计组应当重新检查原拟订的审计方案,如发现原方案确定的审计范围、重点具体实施步骤和方法等与实际情况相差太远,必须修改审计方案时,应按规定的程序进行修改,经派出审计组的审计部门主管领导同意后组织实施。

(二) 描述审计对象的内部控制制度状况

1. 了解被审计对象内部控制的方式

内部审计人员可通过调查问卷、个别走访和召开座谈会等多种方式来了解与被审计业务相关的内部控制情况,了解组织内的业务循环及分类,并通过业务流程图、风险矩阵图或文字表达的方式加以描述。不同类型的企业,其业务循环的划分也有所不同。现以制造业为例,说明业务循环及其分类。制造业业务的内部控制,可按下列四类业务循环划分进行研究和评价:销售与收款循环,采购与付款循环,生产循环,筹资与投资循环。

如何划分业务循环,应视企业业务性质和规模而定。同时,不同的审计人员在检查内部控制过程中,也可以按照自己的判断去划分特定的业务循环。但不论如何划分,审计人员在检查中,应将主要精力集中在那些影响会计报表反映的内部控制环节上。

2. 了解被审计对象内部控制的程序

(1) 询问被审计单位有关人员,并查阅相关内部控制文件。

(2) 检查内部控制生成的文件和记录。

(3) 观察被审计单位的业务活动和内部控制的运行情况。

内部审计人员了解内部控制所执行程序的性质、时间和范围,主要取决于以下因素:

① 被审计者经营规模及业务复杂程度。

② 被审计者数据处理系统类型及复杂程度。

③ 审计重要性。

④ 相关内部控制类型。

⑤ 相关内部控制的记录方式。

⑥ 固有风险的评估结果。

在上述工作的基础上,内部审计人员可以采用流程图、内部控制问卷和文字描述三种方式来描述内部控制制度的健全性情况,通过这一过程,审计人员能够对组织的内部控制有一个完整的了解与认识,并通过分析进一步明确原有的内部控制制度是否适当,有无必要进行修改与完善。

(三) 测试审计对象的内部控制制度

在全面描述和初步分析的基础上,内部审计人员实施符合性测试程序,证实有关内部控制的设计和执行的效果。在这项工作中,内部审计人员应先选择若干具有代表性的交易和事项进行"穿行测试",而后进行小样本测试以了解经营系统内部控制的实施情况,同时进一步对信息系统进行测试,以检查被审计者在其经营过程中所依赖的信息系统是否可靠,信息本身是否真实完整。

内部控制测试主要包括运行测试与效果分析两个过程。运行测试,一是要测定内部控制各组成部分是否按原计划工作运行,二是检查正式的组织机构是否正常运行以及相互间是否协调配合。效果分析是在运行测试的基础上进行的,即分析内部控制的优缺点,充分估计它们的影响,尤其要考虑资源在使用中是否有效这个基本问题。

(四)评价审计对象的内部控制情况

完成了对上述内部控制制度的描述和测试之后,审计人员立即对审计项目的内部控制情况进行评价,进而内部审计人员应决定是否需要调整审计方案,同时在做结论、提出建议之前决定是否应扩大测试范围。与初步调查、评估内部控制相比,扩大测试范围意味着需要对被审计事项的深入调查。对内部控制的评估分析如果显示可能的控制强点和弱点,扩大测试可以帮助发现控制强点和弱点的影响程度等更深入的问题。扩大测试范围可作为内部审计人员做结论与提建议的基础。如果通过风险重估,内部审计人员觉得有必要进行扩大测试范围的话,则需要进行如下工作:

第一,及时调整审计方案。扩大测试范围是相对于原来的审计方案而言的,即测试内容将超过原定方案的范围,在这样的情况下,内部审计人员需要对原有审计方案进行调整和补充并取得管理层的批准,同时配备与之相适应的审计人员,并做好时间上的安排。

第二,编写书面审计报告的初步框架。审计报告的初步框架应包括审计报告的基本内容、审计报告所反映的主要问题以及报告的篇幅、格式等相应内容。

第三,实施扩大性测试。扩大性测试与一般的内部控制测试要求基本一致,主要包括以下三项内容:①经营活动的范围以及为保证这些经营活动有效开展的内部控制制度的建立情况。②对内部控制制度的执行情况进行测试,以评价其符合性程度。③评价内部控制设计及其执行的有效性程度。完成扩大性测试为审计人员得出审计结论和提出审计建议打下了基础,它是提高内部审计质量、降低内部审计风险的主要途径之一。

一般内部审计与评价工作基本完成后,内部审计人员立即准备汇总其发现并考虑改进建议。内部审计人员基于掌握的信息,客观描述审计发现的事实,对所审计内容做出判断并初步考虑审计建议,是出具审计报告的基础。

(五)收集与判断相关审计证据

在审计过程中,收集与判断审计证明材料始终是一项重要工作,特别是在审计实施阶段,如何收集并鉴别审计证据更是影响审计质量的关键。我国《第 2103 号内部审计具体准则——审计证据》第二条规定:审计证据是指内部审计人员在实施内部审计业务中,通过实施审计程序所获取的,用以证实审计事项,支持审计结论、意见和建议的各种事实依据。

内部审计人员应当依据不同的审计事项及其审计目标,获取不同种类的审计证据。

1. 审计证据的种类

审计证据主要包括下列种类:

(1)书面证据。

(2)实物证据。

(3)视听证据。

(4)电子证据。

(5)口头证据。

(6)环境证据。

2. 内部审计证据的特征

内部审计人员获取的审计证据应当具备充分性、相关性和可靠性。

(1)充分性是指证据数量足以证实审计事项,足以支撑内部审计人员做出审计结论和建议。

(2)相关性是指证据和审计目标相关联,所反映的内容能够支持审计结论和建议。

(3)可靠性是指证据能够反映审计事项的客观事实。

审计项目的各级复核人应在各自责任范围内对审计证据的充分性、相关性和可靠性予以复核。

3. 内部审计人员获取证据时应该考虑的因素

内部审计人员在获取审计证据时,应当考虑下列基本因素:

(1)具体审计事项的重要性。内部审计人员应当从数量和性质两个方面判断审计事项的重要性,以做出获取审计证据的决策。

(2)可以接受的审计风险水平。证据的充分性与审计风险水平密切相关。可以接受的审计风险水平越低,所需证据的数量越多。

(3)成本与效益的合理程度。获取审计证据应当考虑成本与效益的对比,但对于重要审计事项,不应将审计成本的高低作为减少必要审计程序的理由。

(4)适当的抽样方法。

4. 审计证据的获取与处理

内部审计人员向有关单位和个人获取审计证据时,可以采用(但不限于)下列方法:审核、观察、监盘、询问、函证、计算、分析性复核等。

5. 内部审计人员获取证据的主要工作环节

审计人员通过审查会计凭证、会计账簿、会计报表、查阅与审计事项有关的文件、资料、检查现金、实物、有价证券,向有关单位和个人调查等方式取得证明材料。为此,审计人员应做以下各项工作:

(1)审计人员需要认真审计并分析会计资料。对会计资料的审计分析包括对会计凭证、账簿和报表的分析,主要包含以下内容:

① 审计分析财务报表。一是要对其外观形式进行审计,看被审计单位所编制的各种财务报表是否符合规定和要求,表页、表内项目、指标是否齐全;二是要审阅各报表之间勾稽关系;三是要审计各报表内相关数字间的勾稽关系。

② 审计分析各类账户。一是判断容易发生差错和易于弄虚作假的账户;二是审计分析账户记录的增减变动情况,判断业务的真实性和数据的真实性,如果材料账户的记录长期无变动,则应考察材料是否确实存在或是否利用;三是核实账户余额,包括总账和明细账,特别是结算类账户和跨期摊提账户。

③ 抽查有关凭证。抽查有关凭证以确定账簿记录的真实性,以及数据所反映的经济业务是否合理、合法。

④ 复算。审计人员要对被审计单位所计算的结果进行复算,以确定是否有故意歪曲计算结果的弊端或无意造成的计算差错。

⑤ 询证。审计人员在审计中,发现有疑点时,可向有关单位和个人以函询或面询的方式进行调查。审计人员向有关单位和个人进行调查时,应当出示审计人员的工作证件和审计通知书副本,审计人员不少于两人。

(2) 对审计的实物进行盘点与资产清查。

审计人员在审计分析有关书面资料后,还应对有关盘存的账户所记录的内容进行实物盘点,以取得实物证据,如库存现金盘点、库存材料盘点、低值易耗品盘点、在产品盘点、产成品盘点、固定资产盘点等。如实物较多,审计人员应按可能性、必要性、重要性的原则,有选择地进行重点盘点。

审计人员实施实质性测试时,应当按照下列规定办理:

① 搜集、取证能够证明审计事项的原始资料、有关文件和实物等,不能取得原始资料、有关文件和实物的,可以采取复制、拍照等方法取得证明材料。

② 对与审计事项有关的会议和谈话内容要做记录,或者根据审计工作需要,要求提供会议记录。

③ 审计人员向有关单位和个人调查取得的证明材料,应当有提供者的签名或者盖章。未取得提供者签名或者盖章的,审计人员应当注明原因。

内部审计人员应当将获取的审计证据名称、来源、内容、时间等完整、清晰地记录于审计工作底稿中。采集被审计单位电子数据作为审计证据的,内部审计人员应当记录电子数据的采集和处理过程。

内部审计机构可以聘请其他专业机构或者人员对审计项目的某些特殊问题进行鉴定,并将鉴定结论作为审计证据。内部审计人员应当对所引用鉴定结论的可靠性负责。对于被审计单位有异议的审计证据,内部审计人员应当进一步核实。内部审计人员获取的审计证据,如有必要,应当有证据提供者的签名或者盖章。如果证据提供者拒绝签名或者盖章,内部审计人员应当注明原因和日期。内部审计人员应当对获取的审计证据进行分类、筛选和汇总,保证审计证据的相关性、可靠性和充分性。在评价审计证据时,应当考虑审计证据之间的相互印证关系及证据来源的可靠程度。

(六) 编制审计工作底稿

审计人员对审计中发现的问题,做详细、准确的记录并注明资料来源。在审计过程中,审计人员必须有详细的工作记录,以便反映出审计工作的全部过程。这些记录,有些可以直接作为正式的审计工作底稿,有些则要重新编写。审计工作底稿是审计证明材料的汇集,在汇集证明材料时,应注明证明材料的来源。审计工作底稿是撰写审计报告的基础,是检查审计工作质量的依据,也是行政复议乃至再度审计时需要审阅的重要资料。我国《第2104号内部审计具体准则——审计工作底稿》第二条规定,审计工作底稿是指内部审计人员在审计过程中所形成的工作记录。

1. 编制审计工作底稿的目的

内部审计人员在审计工作中编制审计工作底稿,应达到以下目的:

(1) 为编制审计报告提供依据。

(2) 说明审计目标的实现程度。

(3) 为检查和评价内部审计工作质量提供依据。

(4) 证明内部审计机构和内部审计人员是否遵循内部审计准则。

(5) 为以后的审计工作提供参考。

(6) 提高内部审计人员的专业素质。

2. 编制审计工作底稿的要求和形式

审计工作底稿应内容完整、记录清晰、结论明确,客观反映项目审计计划与审计方案的制定及实施情况,并包括与形成审计结论和建议有关的所有重要事项。审计工作底稿的形式可以是纸质、磁带、磁盘、胶片或其他有效的信息载体。无纸化的工作底稿应制作备份。

3. 审计工作底稿内容与格式要求

审计工作底稿主要包括以下记录:内部审计通知书、项目审计计划、审计方案及其调整的记录;审计程序执行过程和结果的记录;获取的各种类型审计证据的记录;其他与审计事项有关的记录。

审计工作底稿应载明下列事项:被审计单位的名称;审计事项及其期间或截止日期;审计程序执行过程和执行结果记录;审计结论;执行人员姓名和执行日期;复核人员姓名、复核日期和复核意见;索引号及页次;审计标识与其他符号及说明等。

4. 审计工作底稿质量控制

(1) 内部审计机构应当建立审计工作底稿的分级复核制度,明确规定各级复核的要求和责任。内部审计机构负责人对审计工作底稿的复核负完全责任。

(2) 内部审计人员在审计项目完成后,应及时对审计工作底稿进行分类整理,按相关法规的要求归档、管理和使用。

(3) 审计工作底稿归组织所有,由内部审计机构或组织内部有关部门保管。

(4) 内部审计机构应建立工作底稿保密制度。如果内部审计机构以外的组织或个人要求查阅工作底稿,必须由内部审计机构负责人或其主管领导批准。但法院、检察院和其他有权部门依法进行查阅的除外。

对审计结果进行测试时,分析性复核可作为一种实质性测试方法,收集与账户余额及各类交易相关的数据作为认定的证据。例如,审计年度的存货周转率与预先确定的存货周转率基本相符,可据此判断期末存货成本和本期销货成本从总体上讲是合理的。如果运用细节测试,取得相同结论要耗费大量的时间。值得注意的是,测试时,分析性复核提供的证据多数只是一些佐证证据,其证明力相对弱,必须与其他证据结合才能证实对某一事项的具体认定。但是,这并不影响内部审计师利用这一程序,因为使用分析性复核可节省人力和时间。特别是对一些不重要项目,执行分析性复核程序即可实现对该项目的具体审计目标,符合经济性原则。

第三节 审计终结阶段

一、内部审计结果沟通

(一) 内部审计结果沟通概念

内部审计机构应当在审计报告正式提交之前进行审计结果的沟通。《第2105号内部审计具体准则——结果沟通》规定,结果沟通是指内部审计机构与被审计单位、组织适当管理层就审计概况、审计依据、审计发现、审计结论、审计意见和审计建议进行的讨论和交流。

(二) 内部审计结果沟通的一般原则

(1) 结果沟通的目的,是提高审计结果的客观性、公正性,并取得被审计单位、组织适当管理层的理解和认同。

(2) 内部审计机构应当建立审计结果沟通制度,明确各级人员的责任,进行积极有效的沟通。

(3) 内部审计机构应当与被审计单位、组织适当管理层进行认真、充分沟通,听取其意见。

(4) 结果沟通一般采取书面或者口头方式。

(5) 内部审计机构应当在审计报告正式提交之前进行审计结果的沟通。

(6) 内部审计机构应当将结果沟通的有关书面材料作为审计工作底稿归档保存。

结果沟通有利于内部审计机构与被审计单位之间建立良好的人际关系,推动内部审计工作顺利进行。内部审计机构通过与被审计单位的有效结果沟通,可以确保审计结果的客观和公正,促进审计结论和建议得到最终落实和贯彻。内部审计机构应当与被审计单位进行审计结果沟通,听取被审计单位对审计发现问题的解释,并了解他们对于审计结论和审计意见的看法。如果被审计单位对审计结果持有异议,审计项目负责人及相关人员应当进行核实和答复。如果能够得到被审计单位的理解和支持,也更加有助于审计结论和建议的最终落实和贯彻。组织适当管理层通常能够对审计过程中发现的问题采取纠正措施或者确保纠正措施得到执行,因此,取得组织适当管理层的理解和支持是促进内部审计工作有效开展的保证。

(三) 内部审计结果沟通的内容

内部审计结果沟通主要围绕内部审计报告的正文内容展开,包括审计概况、审计依据、审计发现、审计结论、审计意见、审计建议等内容[见本节"二、内部审计报告编制"—"(六)内部审计报告的构成要素"]。

如果被审计单位对审计结果有异议,审计项目负责人及相关人员应当进行核实和答复。

内部审计机构负责人应当与组织适当管理层就审计过程中发现的重大问题及时进行沟通。

内部审计机构与被审计单位进行结果沟通时,应当注意沟通技巧,进行平等、诚恳、恰当、充分的交流。沟通包括双向的交流,即表达的技巧和倾听的技巧。进行结果沟通的内部审计人员应当能够清晰、完全地表达自己的想法,让对方充分理解自己所要传递的信息。同时,内部审计人员也应当认真听取对方的想法和意见,充分接受对方所传达的信息。在沟通之前,内部审计人员应当做好充分的准备,确定所要传达的信息内容,并考虑需要从对方获取哪些信息。同时,内部审计人员还应当选择适当的时间和地点,并根据沟通对象的特点,采取适当的沟通方式,以保证良好的沟通效果。

二、内部审计报告编制重点

内部审计人员在实施必要的审计程序,获取相关、可靠和充分的审计证据后,依据适用的法律法规、组织的有关规定或其他相关标准,做出审计结论,提出审计意见和审计建议,出具审计报告。

根据《第2106号内部审计具体准则——审计报告》第二条规定:审计报告是指内部审计人员根据审计计划对被审计单位实施必要的审计程序后,就被审计单位经营活动和内部控制的适当性、合法性和有效性出具的书面文件。

(一)内部审计中期报告编制

一般情况下,内部审计人员应当在审计实施结束,即审计项目终结后,以经过核实的审计证据为依据,形成审计结论、意见和建议,出具审计报告。

审计项目终结后应当编制审计报告,如果存在下列情形之一,内部审计人员可以在审计过程中提交中期审计报告,以便及时采取有效措施改善业务活动、内部控制和风险管理。

(1) 审计周期过长。
(2) 审计项目内容复杂。
(3) 突发事件导致对审计的特殊要求。
(4) 组织适当管理层需要掌握审计项目进展信息。
(5) 其他需要提供中期审计报告的情形。

内部审计人员编制中期审计报告时可以根据具体情况适当简化审计报告的要素或内容。

(二)内部审计报告编制要求

根据《第2106号内部审计具体准则——审计报告》第五条规定:审计报告的编制应当符合下列要求。

(1) 实事求是、不偏不倚地反映被审计事项的事实。

实事求是地反映被审计事项,不歪曲事实真相,不遗漏、不隐瞒审计发现的问题;不偏不倚地评价被审计事项,客观公正地发表审计意见。

(2) 要素齐全、格式规范,完整反映审计中发现的重要问题。

内容要素齐全,行文格式规范,完整反映审计中发现的所有重要问题。

(3) 逻辑清晰、用词准确、简明扼要、易于理解。

报告逻辑清晰、脉络贯通、主次分明、重点突出,用词准确、简洁明了、易于理解。内部审计人员也可以适当运用图表描述事实、归类问题、分析原因,更直观地传递审计信息。

(4) 充分考虑审计项目的重要性和风险水平,对于重要事项应当重点说明。

根据所确定的审计重要性水平,对于重要事项和重大风险作重点说明。

(5) 充分考虑被审计单位的问题提出建议。

针对被审计单位业务活动、内部控制和风险管理中存在的主要问题,深入分析原因,提出可行的改进意见和建议;或者针对审计发现问题之外的其他情形提出完善提高的建议,以促进组织实现目标。

(三) 内部审计报告复核制度

内部审计报告编制完成后,内部审计机构应当建立健全审计报告的分级复核制度,明确规定审计报告的复核层级、复核重点、复核要求和复核责任,并与审计工作底稿的分级复核制度相结合。

审计报告经审核无误后,应当以内部审计机构的名义送达被审计单位,并报送组织适当管理层,必要时可以抄送其他相关单位。

《第3101号内部审计实务指南——审计报告》第四条规定:内部审计报告应当体现内部审计项目目标的要求,并有助于组织增加价值。内部审计项目目标的要求主要包括但不限于对以下方面的评价。

(1) 经营活动合法性。

(2) 经营活动的经济性、效果性和效率性。

(3) 组织内部控制的健全性和有效性。

(4) 组织负责人的经济责任履行状况。

(5) 组织财务状况与会计核算状况。

(6) 组织的风险管理状况。

(四) 内部审计报告的类型

《第3101号内部审计实务指南——审计报告》第五条规定:正式立项的审计项目应当在终结审计后编制审计报告;如果存在下述情况之一,应当根据组织适当管理层的要求和内部审计工作的需要编制并报送中期审计报告:

(1) 审计周期过长。

(2) 被审计项目内容特别庞杂。

(3) 被审计期间比较长。

(4) 突发事件引起特殊要求。

(5) 组织适当管理层需要审计项目进展情况的信息。

(6) 其他需要提供中期审计报告的情况。

中期审计报告不能取代终结审计报告,但中期审计报告能够作为终结审计报告的编制依据。中期审计报告不具有终结审计报告的效力。

(五) 审计报告的编制原则

《内部审计实务指南第 3 号——审计报告》第六条规定:编制审计报告应当遵循以下原则。

1. 客观性

审计报告应以可靠的证据为依据,实事求是地反映审计事项,做出客观、公正的审计结论。

2. 完整性

审计报告应当做到要素齐全、内容完整,不遗漏审计发现的重大事项。

3. 清晰性

审计报告应当做到逻辑性强、突出重点,简明扼要地阐明事实和结论。避免使用不必要的过于专业性和技术性的复杂语言。文字应当通顺流畅,用词准确,避免使用"几个、少数、大量"等模糊字眼说明情况。

4. 及时性

审计报告应当及时编制,以便组织适当管理层适时采取有效纠正措施。在保证审计报告质量的前提下,审计报告应当在完成现场审计后尽快编制,经过征求意见和补充修改后分别送达各有关方面。

5. 实用性

审计报告所提供的信息,应当有利于解决经营管理中存在的重要问题,并有助于组织实现预定的目标。

6. 建设性

审计报告不仅应当发现问题和评价过去,而且还应能解决问题和指导未来,应当针对被审计单位经营活动和内部控制的缺陷提出适当的改进建议。

7. 重要性

在形成审计结论与建议时,内部审计人员应充分考虑审计项目相关的风险水平和重要性,被审计单位经营活动和内部控制中存在的严重差异和漏洞,以及审计风险高的领域应当在审计报告中有重点地详细说明。同时,内部审计人员还要考虑被审计单位接受审计建议、采取相应措施的成本与效益关系。

(六) 内部审计报告的构成要素

内部审计报告因审计项目预定目的不同而存在差异,一般的内部审计报告应包括以下基本要素。

1. 标题

审计报告标题应当说明审计工作的内容,应能反映审计的性质,力求言简意赅并有利于归档和索引。标题一般应当主要包括以下内容：①被审计单位（或项目）名称。②审计事项（含事项涉及的时间范围）。③审计期间。④其他。

内部审计报告发文字号由发文组织代字、发文年份和文件顺序号三个部分组成。内部审计机构可以根据《中华人民共和国保守国家秘密法》《关于禁止侵犯商业秘密行为的若干规定》等有关法律法规和组织的保密制度要求，评估被审计项目的重要程度和保密性，设置审计报告密级和保密期限，并报相关部门审核、备案。

2. 收件人

内部审计报告收件人可以根据组织的治理结构、内部审计领导体制、审计类型与审计方式确定，应当是与审计项目有管理和监督责任的机构或个人。一般应当包括：①组织的权力机构或主要负责人。②董事会或其下设的审计委员会。③组织最高管理当局或被审计单位适当管理层。④上级主管部门的机构或人员。⑤委托审计的单位（部门）。⑥其他相关单位（部门）或人员。考虑到各个组织的法人治理结构、管理方式差异，审计报告的送达单位或个人应当根据具体情况确定。

3. 正文

内部审计报告的正文是审计报告的核心内容。正文一般应当包括以下内容：①审计概况。②审计依据。③审计发现。④审计结论。⑤审计建议。⑥其他方面。

审计报告正文的主要内容如下：

1）审计概况

审计概况是对审计项目总体情况的介绍和说明，包括立项依据、背景介绍、整改情况、审计目标与范围、审计内容及重点等内容；

（1）立项依据。审计报告应当根据实际情况说明审计项目的来源，包括审计计划安排的项目、有关单位（部门）委托的项目、根据工作需要临时安排的项目、其他项目。如有必要，可进一步说明选择审计项目的目的和理由。

（2）背景介绍。审计报告应当简要介绍有助于理解审计项目立项的审计对象的基本背景情况，包括：被审计单位（或项目）的规模、性质、职责范围或经营范围、业务活动及其目标，组织结构、管理方式、员工数量、管理人员等情况；与审计项目相关的环境情况，如相关财政财务管理体制和业务管理体制、内部控制及信息系统情况；以往接受内外部审计及其他监督检查情况；其他情况。

（3）整改情况。审计报告中应当说明上次审计后的整改情况。

（4）审计目标与范围。审计报告应当明确说明本次审计目标与审计范围（审计项目涉及的单位、时间和事项范围）。如果存在未审计过的领域，要在审计报告中指出，特别是某些受到限制无法进行审计的事项，应当说明原因。

（5）审计内容及重点。审计报告应当对审计的主要内容、重点、难点作出必要的说明，并适当说明针对这些方面采取了何种措施（主要审计方法、审计程序等）及其产生的效果。

2）审计依据

审计依据是指实施审计所依据的相关法律法规、内部审计准则、组织内部规章制度等规定。如存在未遵循内部审计准则的情形,应当在审计报告中作出解释和说明。

3) 审计发现

审计发现,即对被审计单位的业务活动、内部控制和风险管理实施审计过程中所发现的主要问题的事实、定性、原因、后果或影响等。一般包括:

(1) 审计发现问题的事实。主要是指业务活动、内部控制和风险管理在适当性和有效性等方面存在的违规、缺陷或损害的主要问题和具体情节。如经济活动存在违反法律法规和内部管理制度、造假和舞弊等行为;财政财务收支及其会计记录、财务报告存在不合规、不真实或不完整的情形;内部控制、风险管理或信息系统存在的缺陷、漏洞;绩效方面存在的问题等。

(2) 审计发现问题的定性。主要是指审计发现问题的定性依据、定性标准、定性结论。必要时可包括责任认定。

(3) 审计发现问题的原因。即针对审计发现的事实真相,分析研究导致其产生的内部原因和外部原因。

(4) 审计发现问题的后果或影响。即从定量和定性两方面评估审计发现问题已经或可能造成的后果或影响。

4) 审计结论

审计结论,即根据已查明的事实,对被审计单位业务活动、内部控制和风险管理所做的评价。审计结论应当围绕审计事项做总体及有重点的评价,既包括正面评价,概述取得的主要业绩和经验做法等,也包括对审计发现的主要问题的简要概括。主要包括:

(1) 业务活动评价。是内部审计人员根据已审计的业务查明的事实,运用恰当的标准,对其适当性和有效性进行评价。主要包括对财政财务收支和有关经济活动进行的评价。

(2) 内部控制评价。是对内部控制设计的合理性和运行的有效性进行评价。既包括对组织层面的内部环境、风险评估、控制活动、信息与沟通、内部监督五个要素进行的评价;也包括根据管理需求和业务活动的特点,对某项业务活动内部控制进行的评价。

(3) 风险管理评价。是对风险管理的适当性和有效性进行评价。主要包括:对风险管理机制进行评价、对风险识别过程是否遵循了重要性原则进行评价、对风险评估方法的适当性进行评价、对风险应对措施的适当性及有效性进行评价等。

5) 审计意见

审计意见,即针对审计发现的被审计单位在业务活动、内部控制和风险管理等方面存在的违反国家或组织规定的行为,在组织授权的范围内,提出审计处理意见;或者建议组织适当管理层和相关部门做出的处理意见。

审计意见一般包括:纠正、处理违法违规行为的意见,对违法违规和造成损失浪费的被审计单位和相关人员给予通报批评或者追究责任的意见。

6) 审计建议

审计建议,即针对审计中发现的被审计单位业务活动、内部控制和风险管理等方面存在的主要问题,以及其他需要进一步完善提高的事项,在分析原因和影响的基础上,提出的有价值的建议。

4. 附件

内部审计报告的附件是指对审计报告正文进行补充说明的文字和数字等支撑性材料。内部审计报告的附件应当包括针对审计过程、审计中发现问题所作出的具体说明,以及被审计单位的反馈意见等内容。

附件一般应当包括:

(1) 相关问题的计算及分析性复核审计过程。

(2) 审计发现问题的详细说明。

(3) 被审计单位及被审计责任人的反馈意见。

(4) 记录审计人员修改意见、明确审计责任、体现审计报告版本的审计清单。

(5) 需要提供解释和说明的其他内容。

5. 签章

审计报告征求意见稿应当由审计组组长签字,最终出具的审计报告应当有内部审计机构负责人的签名或内部审计机构的公章。

内部审计报告应当由主管的内部审计机构盖章,并由以下人员签字:

(1) 审计机构负责人。

(2) 审计项目负责人。

(3) 其他经授权的人员。

6. 报告日期

审计报告日期一般以内部审计机构负责人签发日为报告日期。以下情况使用相关的日期:

(1) 因采纳组织主管负责人的某些修改意见时。

(2) 内部审计人员在本机构负责人审批之后又发现被审计单位存在新的重大问题时。

(3) 内部审计报告存在重要疏忽时。

(七) 内部审计报告的格式要求

内部审计报告的一般格式包括:

1. 标题

标题在版头分一行或多行居中排布,回行时,要词意完整、排列对称、长短适宜、间距恰当,标题排列可以使用梯形或菱形排列。有文头的审计报告,标题编排在红色分隔线下空二行位置;没有文头的审计报告,标题编排在分隔线上空二行位置。

2. 发文字号

发文字号由发文组织代字、发文年份和文件顺序号三个部分组成。年份、发文顺序号用阿拉伯数字标注;年份应当标全称,用六角括号"〔〕"括入;发文顺序号不加"第"字,不编虚位(即1不编为01),在阿拉伯数字后加"号"字。例如,"×审〔20××〕×号"。有文头的审计报告,发文字号在文头标志下空二行、红色分隔线上居中排布;没有文头的审计报告,发文字号在分隔线下右角排布。

3. 密级和保密期限

如需标注密级和保密期限，顶格编排在版心左上角第二行；保密期限中的数字用阿拉伯数字标注，自标明的制发日算起。密级一般分为绝密、机密、秘密三级。保密期限在1年以上的，以年计，如秘密5年；在1年以内的，以月计，如秘密6个月。

4. 收件人

有文头的审计报告，收件人编排于标题下空一行位置；没有文头的审计报告，收件人编排于发文字号下空一行位置。收件人居左顶格，回行时仍顶格，最后一个收件人名称后标全角冒号。

5. 正文

正文编排于收件人名称下一行，每个自然段左空二字，回行顶格。文中结构层次序数依次可以用"一、""（一）""1.""（1）"标注；一般第一层用黑体字、第二层用楷体字、第三层和第四层用仿宋体字标注。

6. 附件

如有附件，在正文下空一行，左空二字编排"附件"二字，后标全角冒号和附件名称。如有多个附件，使用阿拉伯数字标注附件顺序号，如"附件：1.××××"；附件名称后不加标点符号。附件名称较长需回行时，应当与上一行附件名称的首字对齐。

7. 内部审计机构署名或盖章

内部审计机构署名或盖章一般在报告日期之上，以报告日期为准居中编排内部审计机构署名，如使用机构印章，加盖印章应当端正、居中下压内部审计机构署名和报告日期，使内部审计机构署名和报告日期居印章中心偏下位置，印章顶端应当上距正文或附件一行之内。如不使用机构印章，一般在正文之下空一行编排内部审计机构署名及其负责人签名（主要用于征求意见阶段的审计报告），并以报告日期为准居中编排。

8. 报告日期

报告日期使用阿拉伯数字将年、月、日标全，年份应当标全称，月、日不编虚位（即1不编为01）。报告日期一般右空四个字编排。

（八）审计报告参考格式

实务4：中期审计报告参考格式

关于"出纳付款程序"的中期审计报告（标题）

公司总经理：(收件人)

从正在进行的公司　　年度财务收支审计中，我们发现公司财务部付款内部控制程序存在严重缺陷。出纳员　　保管着公司财务专用章及财务经理私章，可随时支取公司款项，在我们的初步核中，已经发现未经审批的付款　　笔，共计　　万元，如果不采取紧急措施，将可能导致更大的舞弊风险。（审计发现）根据上述情况，我们建议财务经理收回相关印鉴，对每一笔公司款项的支付严格审核后才能签发，同时责成出纳员说清　　万元款项的去向，采取各种手段追回款项，并建议临时停止出纳员的职务工作。（审计建议）

(续表)

附件：
1.
2.
3.（附件）

审计项目负责人：
审计小组成员：
审计机构(签章)

年　　月　　日(报告日期)

实务5：审计报告征求意见函参考格式

审计报告征求意见函

　　　　　　　　　　　　　　　　　　　　　　　　　　　　＊＊审征〔20＊＊〕＊＊号
＊＊＊＊［收件人］：

　　我部［内部审计机构自称］派出审计组于＊＊＊＊年＊＊月＊＊日至＊＊月＊＊日，对你单位＊＊＊＊［审计期间］＊＊＊＊［审计事项］进行了审计。根据＊＊＊＊［组织的内部审计章程或者有关规定］的规定，现将审计组的审计报告送你单位征求意见。请自接到审计报告之日起＊＊个工作日内［根据组织的内部审计章程或者有关规定确定］将书面意见送交审计组。如在此期限内未提出书面意见，视同无异议。

　　附件：审计报告(征求意见稿)

内部审计机构(盖章)

＊＊＊＊年＊＊月＊＊日

实务 6：终结审计报告参考格式（通用）

关于＊＊＊＊[被审计单位]＊＊＊＊[审计事项]审计的报告

＊＊审报〔20＊＊〕＊＊号

＊＊＊＊[收件人]：

根据＊＊＊＊年度审计计划安排[项目来源]，我部[内部审计机构自称]派出审计组，自＊＊＊＊年＊＊月＊＊日至＊＊月＊＊日[实施审计的起止时间]，对＊＊＊＊[被审计单位全称。写单位全称时还应注明"以下简称＊＊＊＊"]＊＊＊＊[审计事项]进行了审计。现将审计情况报告如下：

一、审计概况

（一）被审计单位基本情况

＊＊。

[说明：(1)被审计单位的基本情况。主要包括被审计单位（或项目）的背景信息，如被审计单位（或项目）的规模、性质、组织结构、职责范围或经营范围、业务活动及其目标，相关财政财务管理体制和业务管理体制、内部控制及信息系统情况、财政财务收支情况，以及适用的绩效评价标准等；以往接受内外部审计及其他监督检查情况及其整改情况。(2)表述的内容应当与审计目标密切相关。(3)一般不得引用未经审计核实的数据，如引用，应当注明来源。]

（二）实施审计的情况

＊＊。

本项目的审计目标是＊＊＊＊，审计范围包括＊＊＊＊[概括表述审计涉及的单位、时间和事项范围]，审计的主要内容和重点是＊＊＊＊[可简要列明审计主要事项及重点]，对重要事项进行了必要的延伸和追溯[可列明延伸的单位和追溯的时间]。＊＊＊＊[被审计单位简称]对其提供的财务会计资料以及其他相关资料的真实性和完整性负责[如被审计单位作出书面承诺，应当注明]。我部[内部审计机构自称]的责任是按照《中国内部审计准则》的要求实施审计并出具审计报告。

[说明：如有必要，可增加选择审计项目的目的和理由，针对审计重点、难点采取的审计方法、审计程序及其产生的效果等情况。]

二、审计依据

本次审计是依据＊＊＊＊＊＊＊＊＊＊＊＊＊＊＊＊＊＊＊＊＊＊＊＊＊＊实施的。

[说明：(1)应声明本次审计是依据相关法律法规、《中国内部审计准则》的规定、组织的规章制度实施的。(2)当确实无法按照《中国内部审计准则》的要求实施审计时，应当陈述理由，并就可能导致的对审计结论、意见和建议以及审计项目质量的影响作出必要的说明。]

三、审计结论

审计结果表明，＊＊＊＊＊＊＊＊＊＊＊＊＊＊＊＊＊＊＊＊＊＊＊＊＊＊＊＊＊＊＊＊

***。

[说明:①围绕项目审计目标,依照有关法律法规、政策、程序及其他标准,对审计事项应当做总体及有重点的评价。②既包括对良好业绩和先进经验的正面评价,也包括对审计发现主要问题的简要概括。③只对所审计的事项发表审计评价意见,对审计过程中未涉及、审计证据不充分、评价依据或者标准不明确以及超越审计职责范围的事项,不发表审计评价意见。④审计评价意见不能与审计发现的问题相互矛盾。⑤审计评价用语要准确、适当,以写实为主。]

四、审计发现

(一) *******************。[概述问题性质金额等的标题]***。

(二) *******************。[概述问题性质金额等的标题]***。

……

[说明:①违反国家或组织规定的财政财务收支问题,一般应当表述违法违规事实、定性及依据。②影响绩效的突出问题,一般应当表述事实、标准、原因及后果。③内部控制重大缺陷,一般应当表述有关缺陷情况及后果。④如审计期间被审计单位对审计发现的重要问题已经整改的,应当说明有关整改情况。⑤如发现上次审计处理未执行的问题,一般列示在本次查出的问题之后。⑥引用作为定性依据或者评判标准的法律法规时,一般应当列明文件名称、具体条款号及条款内容;引用规章和规范性文件时,一般还应列明发文单位、发文字号。]

五、审计意见

针对审计发现的问题,根据*****[审计处理授权规定]的规定,现提出如下处理意见:[适用于组织授权内部审计机构作出审计处理的情形]

建议组织适当管理层或有关部门[可列出具体管理层或部门名称]作出如下处理:[适用于内部审计机构无权作出审计处理的情形]

(一) **。

(二) **。

……

[说明:①依据组织内部有关规定授予内部审计机构的处理权限,提出对审计发现问题的处理意见;或者建议组织适当管理层及相关部门对审计发现问题作出处理、追究有关人员责任。针对审计发现问题也可以在提出处理意见的基础上,再建议组织适当管理层及相关部门进一步作出处理(如追究有关人员责任等)。②提出审计意见的顺序应当与审计发现问题的顺序基本一致。③审计意见应当实事求是、公平、公正,并充分考虑可执行性。]

六、审计建议

针对审计发现的****问题[高度概括审计发现的问题,或标明"四、审计发现"中第几个问题],建议********************
****
**************************************。[适用于针对审计发现问题提出建议的情形]

审计中了解到***************************************
****************[详细描述提出建议所针对的相关事由],建议****************
****
***********************。[适用于针对审计发现问题之外的其他事由提出建议的情形]

[说明:①审计建议可以分为两种情况:一是针对审计发现的问题,提出进一步改进的建议;二是针对其他需要进一步完善提高的事项(不能认定为违规、差错、缺陷或损害的问题),提出建议。审计建议应当做到有的放矢。②审计建议应当具有针对性、建设性和可操作性,避免过于空泛,便于整改落实。]

附件:1. ****************
   2. ****************

内部审计机构(盖章)
**** 年 ** 月 ** 日

三、内部审计报告编制流程

审计组在实施必要的审计程序后,应当及时编制审计报告。特殊情况需要延长的,应当报请内部审计机构负责人批准。

(一)内部审计报告编制程序

审计组应当按照以下程序编制审计报告:
(1) 做好相关准备工作。
(2) 编制审计报告初稿。
(3) 征求被审计单位的意见。
(4) 复核、修订审计报告并定稿。

(二)审计组在进行审计报告的准备工作时,需要讨论确定下列事项

(1) 审计目标的实现情况。
(2) 审计事项完成情况。
(3) 审计证据的相关性、可靠性和充分性。
(4) 审计结论的适当性。

(5) 审计发现问题的重要性。
(6) 审计意见的合理性与合规性。
(7) 审计建议的针对性、建设性和可操作性。
(8) 其他有关事项。

(三) 作出审计结论

审计组应当根据不同的审计目标,以审计认定的事实为基础,合理运用重要性原则并评估审计风险,对审计事项做出审计结论。做出审计结论时,需要注意下列事项:

(1) 围绕审计目标,依照相关法律法规、政策、程序及其他标准,对审计事项进行评价,评价应当客观公正,并与审计发现问题有密切的相关性。

(2) 审计评价应当坚持全面性和重要性相结合、定性与定量相结合的原则。

(3) 审计组只对已审计的事项发表审计评价意见,对未经审计的事项、审计证据不充分、评价依据或者标准不明确以及超越审计职责范围的事项,不发表审计评价意见。

审计组应当根据审计发现的问题及其发生的原因和审计报告的使用对象,从性质和金额两个方面评估审计发现问题的重要性,合理归类并按照重要性原则排序,如实在审计报告中予以反映。

(四) 审计发现问题的处理

审计组对审计发现的主要问题提出处理意见时,需要关注下列因素:

(1) 适用的法律法规以及组织内部的规章制度。

(2) 审计的职权范围。在组织授权处理范围内的,内部审计机构直接提出审计处理意见;超出组织授权范围的,可以建议组织适当管理层或相关部门作出处理。

(3) 审计发现问题的性质、金额、情节、原因和后果。

(4) 对同类问题处理处罚的一致性。

(5) 需要关注的其他因素。

审计组应当针对审计发现的被审计单位业务活动、内部控制和风险管理中存在的主要问题、缺陷和漏洞,以及需要进一步完善提高的事项等,分别提出纠正和改善建议。审计组应当就审计报告的主要内容与被审计单位及其相关人员进行及时、充分沟通。审计组应当根据沟通内容的要求,选择会议形式或面谈形式与被审计单位及其相关人员进行沟通,应当注意沟通技巧,进行平等、诚恳、恰当、充分交流。

(五) 征求被审计单位审计意见

审计报告初稿由审计项目负责人或者其授权的审计组其他成员起草。其他人员起草时,应当由审计项目负责人进行复核。审计报告初稿应当在审计组内部进行讨论,并根据讨论结果进行适当的修改。

审计组提出的审计报告在按照规定程序审批后,应当以内部审计机构的名义征求被审计单位的意见。也可以经内部审计机构授权,以审计组的名义征求意见。被审计单位应在规定时间内以书面形式对审计报告提出意见,否则,视同无异议。

审计报告中涉及重大案件调查等特殊事项，经过规定程序批准，可不征求被审计单位的意见。

被审计单位对征求意见的审计报告有异议的，审计组应当进一步核实，并根据核实情况对审计报告作出必要的修改。

审计组应当对采纳被审计单位意见的情况和原因，或者被审计单位未在规定时间内提出书面意见的情况作出书面说明。

（六）复核、修订审计报告并最后定稿

审计报告应当由被授权的审计项目小组成员以及审计项目负责人、审计机构负责人等相关人员进行严格的复核和适当的修订。审计报告经复核、修改，再经与组织适当管理层充分沟通后，由经授权人员签章，提交给对审计项目负有管理责任的机构或个人。

四、内部审计报告的复核与报送

审计组应当在实施必要的审计程序后，及时编制审计报告，并征求被审计对象的意见。被审计单位对审计报告有异议的，审计项目负责人及相关人员应当核实，必要时应当修改审计报告。审计报告经过必要的修改后，应当连同被审计单位的反馈意见及时报送内部审计机构负责人复核。

内部审计机构应当将审计报告提交被审计单位和组织适当管理层，并要求被审计单位在规定的期限内落实纠正措施。已经出具的审计报告如果存在重要错误或者遗漏，内部审计机构应当及时更正，并将更正后的审计报告提交给原审计报告接收者。

内部审计机构应当建立审计报告的分级复核制度，加强审计报告的质量控制。重点对下列事项进行复核。

（一）复核内容

（1）是否按照项目审计方案确定的审计范围和审计目标实施审计。

（2）与审计事项有关的事实是否清楚、数据是否准确。

（3）审计结论、审计发现问题的定性、处理意见是否适当，适用的法律法规和标准是否准确，所依据的审计证据是否相关、可靠和充分。

（4）审计发现的重要问题是否在审计报告中反映。

（5）审计建议是否具有针对性、建设性和可操作性。

（6）被审计单位反馈的合理意见是否被采纳。

（7）其他需要复核的事项。

内部审计机构负责人复核审计报告时，应当审核被审计单位对审计报告的书面意见及审计组采纳情况的书面说明，以及其他有关材料。

内部审计机构负责人对审计组报送的材料复核后，可根据情况要求审计组补充重要审计证据，或对审计报告进行修改。

复核过程中遇有复杂问题的，可以邀请有关专家进行论证。邀请的专家可以从组织外

部聘请,也可以在组织内部指派。

(二)签发与报送

审计报告经复核和修改后,由总审计师或内部审计机构负责人按照规定程序审定、签发。

审计报告的报送一般限于组织内部,通常根据组织要求、审计类型和形式确定报送对象。需要将审计报告的全部或部分内容发送给组织外部单位或人员的,应当按照规定程序批准。审计报告按照规定程序批准后,可以在组织内部适当范围公开。

五、内部审计档案整理

终期审计阶段,内部审计部门在完成审计报告编制工作以及审计项目结案之后,还有一项必须及时完成的重要的内部审计工作,就是要进行资料处理和审计小结工作,主要包括整理并归还审计资料、撤离审计现场、整理审计档案。内部审计部门的专门档案有别于一般的文书档案,做好审计资料立卷和归档工作,是内部审计机构的一项重要工作。

内部审计机构应当按照中国内部审计协会发布的《第 2308 号内部审计具体准则——审计档案工作》,以及组织的档案管理制度要求,将审计报告及其他业务文档及时归入审计档案,妥善保存。

内部审计部门建立审计档案,不仅有利于回顾与总结既有工作的成败得失,而且还有利于今后查阅、参考或者获得相关的借鉴意义,对于企业管理部门或者单位内部审计机构来说,都具有十分重要的意义。

内部审计人员需要加以集中、整理、分类而形成审计档案的资料,主要包括:

(1) 审计通知书或审计委托书。

(2) 计划审计工作的方案。

(3) 各类审计工作底稿。

(4) 审计报告底稿及其正式报告、审计报告征求意见书及书面回执。

(5) 被审计单位提供和通过各种形式获得的数据资料。

(6) 审计时所依据的主要证明资料的复印件。

内部审计机构应当将审计报告及时归入审计档案,妥善保存。

第四节 后续审计阶段

在提供审计报告后,被审计单位管理层会有两种选择:要么采取纠正措施来补救审计发现的问题,要么选择不采取行动,承受因此带来的风险。如果补救措施被执行,内部审计部门必须有一个程序来监控和跟踪该措施的执行情况,以确保管理层按照程序进行。根据国际内部审计实务标准的规定,如果管理层选择接受风险,内部审计部门必须对决策的审慎性做出判断。尤其是当管理层接受的剩余风险超过组织可接受的水平时,内部审计部门必须就此事与高级管理层讨论。如果经过讨论双方仍无法就剩余风险做出决定,审计部门负责人必须报请董事会解决。

一、内部审计后续审计的概念与要求

(一) 后续审计的含义与依据

内部审计后续审计阶段是指内部审计项目在经过初期、中期和终期审计三阶段审计工作之后,进入的一个新的阶段,也是最后的工作阶段。在该阶段完成的审计工作也称为内部审计工作中的后续审计或跟踪审计,后续审计是指内部审计部门负责人在项目审计报告发出后相隔一定的时间,为检查被审计单位对审计报告提出的审计问题及建议是否已经采取了及时、适当措施而指派专门审计人员再次前往被审计单位进行检查与评价的审计活动。

国际内部审计后续审计进行的依据是《国际内部审计实务框架(2500)》标准及相关实务公告,在该项公告中,所谓后续审计,是指内部审计师对管理层为应对已报告的发现和建议(包括外部审计师和其他人员的发现和建议)所采取行动的完整性、效果性和时效性进行的再次评价。这项程序也包括确认高级管理层或董事会是否已接受不采取针对已报告发现问题的纠正措施所带来的风险。

国内的内部审计后续审计阶段工作是根据《第 2107 号内部审计具体准则——后续审计》有关规定,在该项准则中,后续审计是指内部审计机构为跟踪检查被审计单位针对审计发现的问题所采取的纠正措施及其改进效果,而进行的审查和评价活动。

(二) 后续审计的要求

1. 后续审计的总体要求

内部审计人员是评价被审计单位管理层采取的纠正措施是否及时、合理、有效。

2. 内部审计师应确认管理层已采取行动或已落实建议

内部审计师应确认期望的结果已实现,或高级管理层、董事会已接受不采取行动或建议所带来的风险。首席审计执行官需要确定后续审计性质、时间和范围,应考虑以下因素:①已报告的发现和建议的重要性。②纠正已发现问题时需要的努力程度和费用。③若纠正措施失败,可能产生哪些影响。④纠正措施的复杂性。⑤涉及的时间期限。后续程序应被适当记录。内部审计部门章程应明确后续审计的责任。

3. 内部审计师无需承担责任的情形

如果管理者或董事会做出了接受风险和不采取纠正行动的选择,则内部审计人员没有进一步的责任。同样,如果管理者选择了内部审计人员建议以外的其他纠正方法,也是如此。内部审计人员在实施后续审计时,要考虑到被审计部门的业务安排和时间要求,尽量减少对被审计单位的业务、职工以及先前审计过的业务的影响。

(三) 后续审计的任务

(1) 检查了解被审计单位对审计报告中所规定的事项贯彻执行的情况,并督促其全面落实与执行。

(2) 检查了解内部审计机构在经济效益审计报告中所提出的可增加经济效益审计建议的实现程度和趋势,并推动其实现。

(3) 检查了解审计报告中提出的意见和建议是否符合实际。如果发现原来提出的意见和建议不符合企业的实际情况,或者是因为客观情况的变化,影响意见和建议的贯彻,应及时修正。

二、后续审计的一般原则

(1) 对审计中发现的问题采取纠正措施,是被审计单位管理层的责任。

(2) 内部审计机构可以在规定期限内,或者与被审计单位约定的期限内实施后续审计。

(3) 内部审计机构负责人可以适时安排后续审计工作,并将其列入年度审计计划。

(4) 内部审计机构负责人如果初步认定被审计单位管理层对审计发现的问题已采取了有效的纠正措施,可以将后续审计作为下次审计工作的一部分。

(5) 当被审计单位基于成本或者其他方面考虑,决定对审计发现的问题不采取纠正措施并作出书面承诺时,内部审计机构负责人应当向组织董事会或者最高管理层报告。

三、后续审计的具体工作与程序

(一) 后续审计的具体工作

(1) 将原审计结论、处理决定中所提出问题的落实执行情况列为后续审计的重要内容。检查被审计单位有无认真采取整改措施,改正或处理有关人和事,效果如何。对于尚未得到采纳、执行的有关问题,要认真分析、查明原因;对于因故拖延不改或措施不力的,要督促其尽快采取措施解决;对于故意推托延迟,拒不执行的,应责令其在限期内改正。

(2) 检查上一次审计时已审出的问题有无重犯的情况,特别要深查那些隐埋较深,上次审计时因某种原因(如时间仓促、人力有限、线索不够)未能彻底揭露的问题。例如,偷偷挪用、转移建设资金,挤占建设成本等。

(3) 审计有无产生新问题。有的单位钻空子,避开已审过的问题,在别的方面做文章。例如,违反财经纪律的新方式,新计划外工程,损失浪费都有可能重新发生。

(4) 检查上一次的审计质量和审计报告的质量。回顾工作中有无不妥或失误之处,审计决定有无不够客观、不够准确或者操作不便的情况。通过自我复审,从而改进工作,提高审计质量,树立审计的权威性。

后续审计是审计工作程序不可缺少的重要组成部分,是强化审计监督职能,深化审计内容,加快实现审计工作制度化、规范化的有效途径。

(二) 后续审计的程序

内部审计机构负责人应根据被审计单位的反馈意见,确定后续审计时间和人员安排,编制审计方案。

内部审计人员应根据后续审计的执行过程和结果向被审计单位及组织适当管理层提交后续审计报告。

后续审计程序具体如下：

(1) 审计项目负责人应当编制后续审计方案，对后续审计做出安排。

(2) 编制后续审计方案时应当考虑下列因素：

① 审计意见和审计建议的重要性。

② 纠正措施的复杂性。

③ 落实纠正措施所需要的时间和成本。

④ 纠正措施失败可能产生的影响。

⑤ 被审计单位的业务安排和时间要求。

(3) 对于已采取纠正措施的事项，内部审计人员应当判断是否需要深入检查，必要时可以提出应在下次审计中予以关注。

(4) 内部审计人员应当根据后续审计的实施过程和结果编制后续审计报告。

审计终结阶段，内部审计人员可以用分析性复核对被审计事项的结论做最后的复核。在审计结束时，运用分析性复核，可对重大事项做最后的综合分析，如果相关信息的关系不合理，则要考虑追加审计程序或修改审计报告。如被审计单位的资产负债率高于同业相同规模其他企业的平均水平，而资产利润率却低于平均水平，则说明该企业财务风险较高，将对企业持续经营能力产生不利影响，这时就要对审计报告的意见类型做出谨慎的选择。

四、后续审计结果的评价

内部审计部门及其工作人员在完成后续审计之后，为了客观评价相关项目的内部审计人员的工作成效，并积累内部审计的工作经验，需要对后续审计工作的总体状况进行事后概括与综述，为此，企业组织的内部审计人员需编制后续审计报告。该阶段编制的后续审计报告是对该企业单位整体后续审计工作执行状况的书面总结，也是向公司最高负责人汇报审计工作最终效果的有效形式。该后续审计报告需要根据内部审计人员在后续审计工作中的实际情况来编写，以便如实反映被审计单位对待内部审计检查与评价的重视程度。

思考与启发

1. 内部审计基本程序是什么？
2. 如何编制年度审计计划和具体审计方案？
3. 制订内部审计实施方案时为什么要进行初步现场调查？
4. 如何针对审计发现提出审计建议？
5. 审计证据有哪些种类？什么样的证据是最有说服力的证据？
6. 内部审计准备阶段要做哪些准备工作？
7. 为什么说后续审计是内部审计独有的一个程序？
8. 内部审计实施阶段主要工作有哪些？
9. 内部审计终结阶段最重要的工作是什么？
10. 内部审计中期报告和终结报告有什么区别与联系？什么情况下需要编制中期报告？

第四章

内部审计技术方法

◉ 思维导图

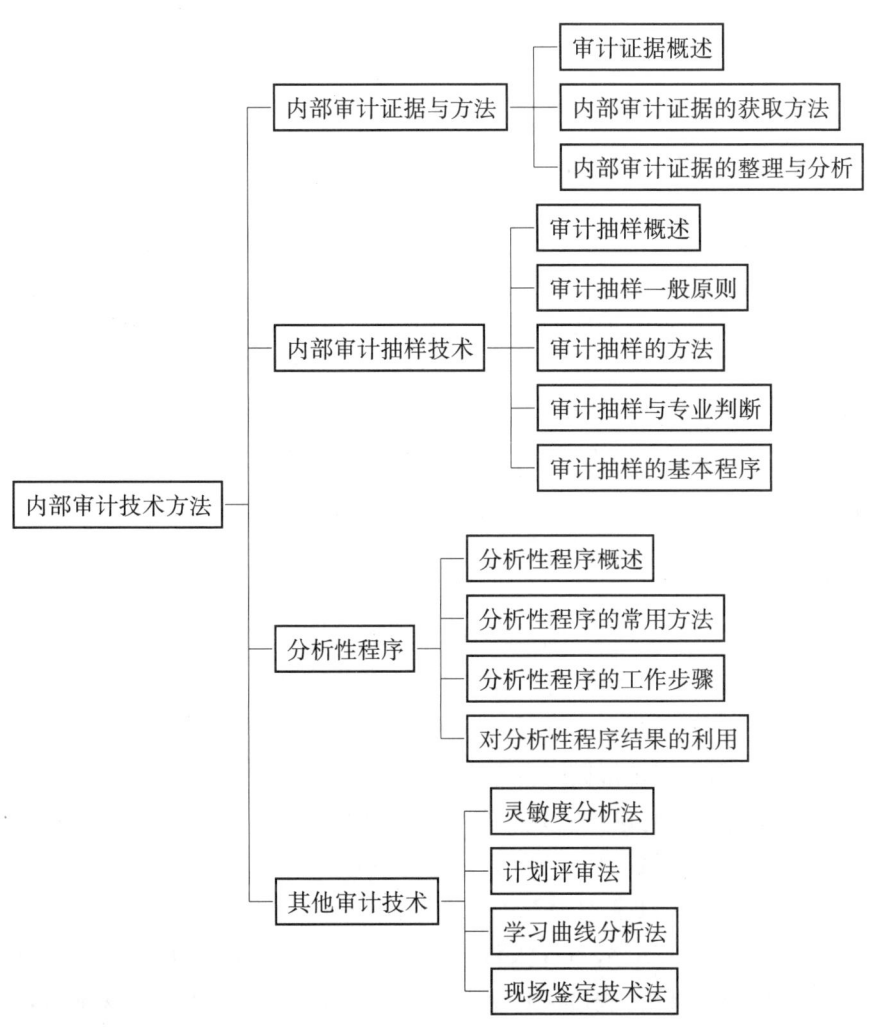

◉ 思政元素

（1）本章最重要的思政元素是"科技强审"。本章通过给学生传授地理信息技术、传感技术、大数据、云计算、"互联网＋"、审计机器人、区块链等新技术在内部审计工作中的应用，激发学生的爱国情怀，让学生认识到科技创新的重要性，体会科技是第一生产力。要求学生注重拓展思路，鼓励科技创新、开拓进取和锐意创新意识。

（2）在教学过程中将审计新技术、新方法、新手段、新理念带入课堂。了解国外审计技术的发展，让学生了解科技竞争背后的经济竞争和政治竞争，让学生认识到现阶段大学生在国家建设中的历史使命。

（3）将审计技术方法与马克思主义中国化相结合。把国际上先进的审计技术方法有鉴别地应用于审计实践中。培养学生精益求精的工匠精神，体现国家治理能力的现代化。

（4）结合方法论进行讲解。审计职业的特殊性决定了审计工作要获取充分恰当的审计证据和审计线索，将中国传统文化如王阳明心学、孙子兵法和三十六计等思想和理念运用到审计沟通、审计方法工作中去，推动优秀传统文化融入综合素养课程教育教学。

第一节　内部审计证据与方法

内部审计的核心工作是取得、整理及分析实现审计计划所确定目标的审计证据。为了实现内部审计机构负责人根据企业管理层的任务来确定的具体审计目标，内部审计人员在初期计划阶段就需考虑怎样取得审计证据。在中期执行审计的过程中，对取得的内部审计活动的证据还需加以客观鉴定、整理和分析，以判断其内容的真伪和效用，然后将筛选保留的证据按审计目标归纳综合，使其成为具有充分证明力的证据，从而形成审计结论和意见。

一、审计证据概述

（一）审计证据的含义

对于审计证据的概念界定，各国的审计职业团体都有不同的解释。我国《第2103号内部审计具体准则——审计证据》第二条规定：审计证据，是指内部审计人员在实施内部审计业务中，通过实施审计程序所获取的，用以证实审计事项，支持审计结论、意见和建议的各种事实依据。审计证据包括财务报表依据的会计记录中含有的信息和其他信息，是审计理论的重要组成部分，对于审计理论与审计实务都有十分重要的意义。审计人员实施审计工作的最终目标是对被审计单位的受托经济责任发表意见。而审计人员发表的审计意见要令人信服，就必须以充分适当的审计证据为基础。审计证据如果搜集得不充分，证据的可靠性较低，或者与审计目标相关性不够，审计人员形成的审计结论和审计意见就没有说服力，甚至有可能得出完全错误的结论。因此，审计证据在整个审计过程中占有特殊地位，是影响审计报告有效性、审计结果公正性的重要因素。审计人员的大量工作就是按照一定的原则和方法，去收集、审查和判断审计证据，以形成审计结论和审计意见。从一定意义上讲，审计实施过程就是收集、评价和综合审计证据，最后据以形成审计结论和审计意见的过程。

（二）审计证据的种类

审计证据的种类主要包括书面证据、实物证据、视听证据、电子证据、口头证据和环境证据。

1. 书面证据

书面证据是内部审计人员获取的各种以书面文件为形式的证据类型，包括各种会议记录、章程协议、经济业务凭证、会计记录、报告和往来函件等。书面证据按照其获取的来源可以分为内部证据和外部证据。凡是经过被审计单位之外的独立第三方认可的书面证据都是外部证据，而由被审计单位自己编制和使用的书面证据就是内部证据。外部证据具有独立的来源，因此也具有较高的可靠性；而内部证据的可靠性则取决于被审计单位内部控制的完善程度。

2. 实物证据

实物证据是内部审计人员通过观察或盘点等方法获取的用以证明各种以实物形态存在的资产是否真实存在的证据类型。实物证据是验证被审计单位以实物形态存在的各种资产是否真实存在的最具有证明力的证据，如针对库存现金、有价证券、存货和固定资产等的证据。同时，实物证据也有助于内部审计人员了解实物资产的状况以判断其计价的合理性，但是实物证据通常不能证明实物资产的所有权状况。

3. 视听证据

视听证据是内部审计人员获取的以录音、录像等影音形态存在的能够证明被审计对象真实情况的证据类型。内部审计人员在收集视听证据时应当关注视听证据的制作方法、制作时间、制作人、制作环境和存放方式与地点等情况。

4. 电子证据

电子证据是以数字的形式保存在计算机存储器或外部存储介质中、能够证明被审计对象真实情况的数据或信息的证据类型。随着信息技术的飞速发展，以电子形式存在的审计证据越来越多，以往的很多书面证据已经不再采用纸质的文件，而是开始大量使用计算机和网络技术进行信息的沟通。这些都使得内部审计人员收集审计证据的形式发生了根本的改变，也要求内部审计人员加强对信息技术的充分了解，对不同形式的电子证据的可靠性做出恰当的判断。

5. 口头证据

口头证据是被审计单位人员或相关人员对内部审计人员的提问进行口头答复所形成的证据类型。口头证据的证明力相对较差，因为受到被询问人主观偏好的影响较大，通常不能作为内部审计人员形成最终结论的直接证据。但是，口头证据也具有成本较低、了解情况便捷和迅速等优点，也有助于内部审计人员发现审计线索。考虑到内部审计人员的特殊位置，运用口头证据需要特别注意询问和沟通的方式和方法。

6. 环境证据

环境证据是反映对被审计单位产生影响的各种环境事实的证据类型。获取环境证据是内部审计人员充分了解被审计单位基本情况的重要手段，但是环境证据属于间接证据，通常不能作为内部审计人员形成最终结论的证据类型。环境证据包括被审计单位内部控制的完备程度、管理人员的素质、管理条件和管理水平等。

（三）内部审计证据的质量特征

内部审计人员获取的审计证据应当具有充分性、相关性和可靠性。

（1）充分性是指证据数量足以支持做出审计结论和建议的需要。

（2）相关性是指证据与审计事项及其审计目标相关联，其所反映的内容能够支持审计结论和建议。

（3）可靠性是指证据能够反映审计事项的客观事实。

内部审计项目的各级复核人应当在各自责任范围内对审计证据的充分性、相关性和可靠性予以复核。

（四）影响审计证据获取的因素

影响审计证据获取的因素包括审计事项的重要性、可以接受的审计风险水平、成本与效益的合理程度及适当的抽样方法。

1. 审计事项的重要性

内部审计人员应当从数量和性质两个方面判断审计事项的重要性，以做出获取审计证据的决策。

2. 可以接受的审计风险水平

审计证据的充分性与审计风险水平密切相关。可以接受的审计风险水平越低，所需证据的数量就越多。

3. 成本与效益的合理程度

获取审计证据应当考虑取证成本与证据收益的对比。

4. 适当的抽样方法

不同的抽样方法适用于不同的审计目标和被审计事项，内部审计人员在实施审计程序时要根据审计目标和被审计事项选择适当的抽样方法，以获取充分、相关的审计证据。

二、内部审计证据的获取方法

内部审计证据的获取方法是审计人员获取审计证据的具体手续，是收集和评价与审计目标相关的审计证据的具体手段，审计取证方法的发展水平也是衡量审计工作水平的重要尺度。内部审计人员向有关单位和个人获取审计证据，可以采用（但不限于）的取证方法包括审核、观察、监盘、访谈、调查、函证、计算和分析程序。

（一）审核

审核是对书面资料的审阅和复核。在内部审计的具体环境下，内部审计人员对书面资料的审核肯定不会仅限于会计资料，其涵盖的范围十分广泛，如经济合同、计划预算、统计资料等。内部审计人员通过对书面资料的审核不仅可以获取直接证据，还可以获取间接证据，即通过审核寻找可能存在的问题和疑点，作为审计线索据以确定进一步审计的对象和方法，从而获取直接证据。

内部审计人员审核书面资料时应当注意书面资料的真实性、完整性及合法性，如有无涂改或伪造的现象、是否符合国家有关的法律和规定、书面文件记载的经济事项是否真实合理，以及书面文件之间是否相互印证等。

（二）观察

观察是内部审计人员对被审计单位的经营场所、实物资产和有关的经营活动或内部控制的执行情况进行的实地查看。通过观察，内部审计人员可以取得环境证据，以帮助其对被审计对象进行合理的判断。

（三）监盘

监盘是内部审计人员在盘点现场监督和观察被审计单位相关人员盘点的过程。在内部审计实务中，针对绝大多数的实物资产内部审计人员都是通过监盘来获取审计证据的。监盘要求内部审计人员必须亲临现场，由被审计单位的人员实施盘点，内部审计人员只对盘点的过程进行监督以判断清点结果的可靠性。在发现疑点或内部审计人员认为必要时应有计划地进行抽查复点。

（四）访谈

访谈是内部审计人员以口头询问的方式面对面地向被审计单位内部有关人员询问有关情况的方式。在审计过程中，内部审计人员如果对某些情况了解不够清楚，或者对某些事项存在疑点，或者发现不正常情况需要进一步查实时，都可以与被审计单位有关人员进行访谈。内部审计人员在进行访谈之前，最好能事先报出访谈提纲，并恰当地选择访谈对象。在进行访谈时，应该注意方式、方法，态度要和缓，以取得对方人员的理解和支持。由于被访谈人员在回答问题时可能带有很大的主观倾向性，或者存在不实事求是和有意隐瞒等行为，内部审计人员对访谈的结果应认真甄别，并做好充分的记录。

（五）调查

调查是内部审计人员对被审计事项有关情况的了解过程。在内部审计的实施过程中，除了审核书面资料和证实客观事物，还需要内部审计人员深入地对某些客观事实进行内查外调，以判断真相。

（六）函证

函证是指内部审计人员通过发函给有关的单位或个人来证实与被审计单位有关的书面资料和经济活动的真实性。函证分为积极式函证和消极式函证两种形式。

1. 积极式函证

积极式函证要求被函证的对象对函证中的事项必须给予明确的回函答复。内部审计人员可以在函证信中载明要函证事项的具体情况，也可不载明具体事项而要求对方提供该事项的细节。载明细节时，核对工作是由被函证的对方进行的，内部审计人员无法控制；要求对方提供细节时，核对工作是由内部审计人员完成的，可以对核对工作进行控制。内部审计人员对于重要的事项应该采用积极式函证。

2. 消极式函证

消极式函证只要求被函证对象在对函证中事项有异议时才予以回函答复。内部审计人员在消极式的函证中应注明在某一期限之内未予复函即表示被函证单位对函询事项没有异议。由于在规定时间内没有回函的原因很多，如并未收到函证信、收到但并未阅读、阅读但并未核对等，所以消极式函证的可靠性要大大低于积极式函证。为降低审计成本，内部审计人员对于一般事项可以采用消极式函证。

内部审计人员应恰当地设计函证信，并对函证过程进行严密的控制。函证一般应以被审计单位的名义发出，但函证的回函必须要求直接寄送内部审计人员。内部审计人员在发出函证信后要做好函证记录，在收到函证回函后也要立即记录函证结果，对于函证回函表明的重大差异应进行进一步的调查以确定原因，对于重要的事项而未收到回函的应再次发函，或采取其他的替代审计程序。

（七）计算

计算是为核实数字的正确性，对被审计单位经济业务凭证或会计记录中的数据进行验算或重新计算的过程。由于计算所获取的证据属于内部审计人员亲自获取的证据，因此通常被认为具有较高的可靠性。

（八）分析程序

分析程序是内部审计人员通过分析和比较信息之间的关系或计算相关的比率，以确定审计重点、获取审计证据和支持审计结论的一种审计方法。

内部审计人员执行分析程序有助于实现以下目标：

(1) 确认业务活动的完成程度。
(2) 发现意外差异。
(3) 分析潜在的差异和漏洞。
(4) 发现不合法和不合规行为的线索。

分析程序按其所分析的信息的存在形式划分，主要包括：

(1) 财务信息和非财务信息。
(2) 实物量信息与货币量信息。
(3) 电子数据信息与非电子数据信息。
(4) 绝对数信息与相对数信息。

执行分析程序时，应当考虑信息之间的相关性，以免得出不恰当的审计结论。

分析程序的内容主要包括：

(1) 将当期信息与历史信息相比较，并分析其波动情况及发展趋势。
(2) 将当期信息与预测、计划或预算信息相比较并做差异分析。
(3) 将当期信息与内部审计人员预期信息相比较并做差异分析。
(4) 将被审计单位信息与组织其他部门类似信息相比较并做差异分析。
(5) 将被审计单位信息与行业相关信息相比较并做差异分析。
(6) 对财务信息与非财务信息之间的关系、比率的计算与分析。
(7) 对重要信息内部组成因素的关系、比率的计算与分析。

内部审计人员运用分析程序可以采取的方法有比较分析法、比率分析法、结构分析法、趋势分析法、回归分析法等技术方法。内部审计人员可以单独或综合运用以上方法。

内部审计人员执行分析程序发现意外差异时,对其进行调查和评价的方法主要包括:

（1）询问管理层获取其解释和答复。

（2）实施必要的审计程序,确认管理层解释和答复的合理性与可靠性。

（3）如果管理层没有作出恰当的解释,应当扩大审计测试,执行其他审计程序,实施进一步的审查,以便得出审计结论。

内部审计人员通过执行分析程序,能够获取与以下事项相关的证据:

（1）被审计单位的持续经营能力。

（2）被审计事项的总体合理性。

（3）业务活动及其内部控制、风险管理中差异和漏洞的严重程度。

（4）业务活动的经济性、效率性与效果性。

（5）计划、预算的完成情况。

（6）其他事项。

分析程序所获取的审计证据主要为间接证据,内部审计人员不能仅依赖分析程序结果得出审计结论。内部审计人员应当保持应有的职业谨慎,在确定对分析程序结果的依赖程度时,需要考虑以下因素：

（1）分析程序的目标。

（2）被审计单位的性质。

（3）已收集信息资料的充分性、相关性和可靠性。

（4）以往审计中对被审计单位内部控制、风险管理的评价结果。

（5）以往审计中所发现的差异与漏洞。

内部审计人员还应当充分考虑影响分析程序效率和效果的因素,主要包括:

（1）被审计事项的重要性。

（2）内部控制、风险管理的适当、合法和有效性。

（3）获取信息的便捷性和可靠性。

（4）分析程序执行人员的专业素质。

（5）分析程序操作的规范性。

内部审计人员应当合理运用职业判断,根据需要在审计过程中执行分析程序。内部审计人员需要在审计准备阶段执行分析程序,以了解被审计事项的基本情况,确定审计重点,帮助编制项目审计计划和审计方案。内部审计人员需要在审计实施阶段执行分析程序,对业务活动和内部控制、风险管理进行测试,以获取审计证据。内部审计人员需要在审计终结阶段执行分析程序,验证其他审计程序所得结论的合理性,以保证审计质量。

三、内部审计证据的整理与分析

审计证据的整理过程就是研究、分析的过程,一般采用分类、比较、计算、小结与综合、分析程序等方法。

(一) 分类

分类是指将各种审计证据按其证明力的强弱,或按与审计目标的关系是否直接等分门别类排列成序,看其是否符合充分性与适当性。

(二) 比较

比较是将相同的证据放在一起,根据其可靠性与相关性的强弱进行比较,淘汰其中说服力较弱的证据。比较包括两方面的内容:一方面,要将各种审计证据进行反复比较,从中分析出被审计单位经济业务的变动趋势及其特征;另一方面,还要将审计证据与审计目标进行比较,判断其是否符合要求,如不符合要求,则需补充收集有关的审计证据。

(三) 计算

计算是指按照一定的方法对有关数据方面的审计证据进行验算,并从中得出所需的新的证据。

(四) 小结与综合

小结是指对审计证据在上述分类、比较和计算的基础上,审计人员对审计证据进行归纳、总结,得出具有说服力的局部的审计结论。综合是指审计人员对各类审计证据及其所形成的局部的审计结论进行综合分析,最终形成整体的审计意见。

(五) 分析程序

1. 分析程序的目的

(1) 用作风险评估程序,以了解被审计单位及其环境。

(2) 当使用分析程序比细节测试能更有效地将认定层次的检查风险降至可接受的水平时,分析程序可以用作实质性程序。

(3) 在审计结束或临近结束时对财务报表进行总体复核。

2. 分析程序的优点

所使用的数据汇总性比较强,其对象主要是财务报表中账户余额及其相互之间的关系;所使用的分析程序通常包括对账户余额变化的分析,并辅之以趋势分析和比率分析。

3. 分析程序的缺点

与实质性分析程序相比,风险评估过程中使用分析程序所进行比较的性质、预期值的精确程度,及所进行的分析和调查的范围并不能提供很高的保证水平。

第二节 内部审计抽样技术

一、审计抽样概述

(一) 审计抽样的含义

审计抽样是指在审计过程中,审计人员对某类交易或账户余额以低于百分之百的项目实施审计程序,使所有抽样单元都有被选取的机会;这使得内部审计师能够获取或评价与被选取项目的某些项目有关的审计证据,以形成和帮助形成对从中抽取样本总体的结论。其中,抽样单元是指构成总体的个体项目;总体是指审计人员从中选取样本并据此得出结论的整套数据。总体可以分成多个层次或子总体,每一层次或子总体可分别予以检查。实践表明,审计抽样的运用科学地揭示了审计结论与可承担审计风险之间的关系,极大地提高了审计工作的效率。目前,审计抽样技术已成为内部审计师进行测试的有力并且必要的武器。国际内部审计师协会(IIA)《内部审计实务标准》指出:内部审计师应审计和评价审计资料,包括收集、分析和解释所有审计的资料。审计师应用的审计程序,包括所采用的检查和抽样技术,应事先选定。有正当的理由在可能的情况下,可以扩展或变更。我国内部审计师协会也专门发布了《第2108号内部审计具体准则——审计抽样》用以指导开展审计抽样。其第二条明确规定:审计抽样,是指内部审计人员在审计业务实施过程中,从被审查和评价的审计总体中抽取一定数量具有代表性的样本进行测试,以样本审查结果推断总体特征,并做出审计结论的一种审计方法。

审计抽样的基本目标是在有限的审计资源条件下,收集充分、适当的审计证据,以形成和支持审计结论。科学地开展审计抽样确实节省了大量的审计资源,然而,如果使用不当,可能招致更大的风险,而这可能比舞弊本身更加可怕。正因如此,掌握审计抽样技术的基本知识,弄清审计抽样适用的情形,显得尤为重要。

(二) 审计抽样的特征

审计抽样应当具备四个基本特征:一是对某类交易或账户余额以低于百分之百的项目实施审计程序,二是所有抽样单元都有被选取的机会,三是审计测试的目的是评价该账户余额或交易类型的某一特征,四是对于为了实现审计目标需要进行测试且对其缺乏了解的项目特别适用。

(三) 审计抽样的应用范围

审计抽样本身的科学性是毋庸置疑的,然而,不恰当地使用审计抽样不仅不会对审计活动的顺利开展有所帮助,反而会招致更大的风险。审计人员打算实施的审计程序将会对运用审计抽样产生重要的影响。有些审计程序可以使用审计抽样,有些审计程序则不宜使用审计抽样。审计抽样并非适用于审计测试中的所有审计程序。例如,审计抽样在顺查、逆查和函证等审计程序中广泛运用,但通常不宜用于询问、观察、分析性技术或程序、按需要进行详细审计的程序和不准备进行测试的交易或账户。审计人员在获取审计证据时可使用三种目的具体审计程序:风险评估、控制测试和实质性程序。具体而言,抽样审计充分发挥作用的情形可概括如下:

(1) 审计的对象总体数量众多,审计人员无法在符合成本效益原则下对其进行详查。

(2) 审计抽样适用于总体内部控制制度健全的企业。由于审计抽样是在可承担的审计风险的前提下开展的不完全审计,如果审计风险较高,比如内部控制制度不健全,需要对其进行全部审计。

(3) 审计抽样对象应该具有共同的特性，符合一定的概率分布。

有关审计程序中使用审计抽样的情况见表 4-1。

表 4-1 获取审计证据时对审计抽样的考虑

审计抽样	风险评估程序	控制测试	实质性程序
适用情况	无	(1) 了解内部控制的设计和确定控制是否得到执行，同时计划和实施控制测试时。 (2) 当控制的运行留下轨迹时	在实施细节测试时： (1) 以验证有关财务报表金额的一项或多项认定（如应收账款的存在性）。 (2) 对某些金额做出独立估计
不适用情况	通常不涉及审计抽样	没有留下运行轨迹控制	在实施分析性程序时

二、审计抽样一般原则

(1) 确定抽样总体、选择抽样方法时应当以审计目标为依据，并考虑被审计单位及审计项目的具体情况。

(2) 抽样总体的确定应当遵循相关性、充分性和经济性原则。相关性是指抽样总体与审计对象及其审计目标相关，充分性是指抽样总体能够在数量上代表审计项目的实际情况，经济性是指抽样总体的确定符合成本效益原则。

(3) 审计抽样方法包括统计抽样和非统计抽样。在审计抽样过程中，可以采用统计抽样方法，也可以采用非统计抽样方法，或者两种方法结合使用。

(4) 选取的样本应当有代表性，具有与审计总体相似的特征。

(5) 内部审计人员在选取样本时，应当对业务活动中存在重大差异或者缺陷的风险以及审计过程中的检查风险进行评估，并充分考虑因抽样引起的抽样风险及其他因素引起的非抽样风险。

(6) 抽样结果的评价应当从定量和定性两个方面进行，并以此为依据合理推断审计总体特征。

三、审计抽样的方法

（一）统计抽样和非统计抽样

审计抽样按抽样决策的依据不同分为统计抽样和非统计抽样。在审计抽样过程中，可以采用统计抽样方法，也可以采用非统计抽样方法，或者两种方法结合使用。

1. 统计抽样

统计抽样是指运用概率论和数理统计的方法确定样本数量与构成分布，随机抽取有效样本进行审查，并对所抽取的样本结果进行统计评价，最后以样本的审查结果来推断总体特征的方法。也就是说，统计抽样是以概率论和数理统计为理论基础，将数理统计的方法与审计工作相结合而产生的一种审计抽样方法。运用统计抽样技术可以使总体中每一单位都有被抽选的机会，使样本的特征尽可能接近总体的特征。

现代审计广泛采用统计抽样具有以下理论依据：一是有科学的数学依据。统计抽样要利用概率论和数理统计。在抽样时如果选取样本适当，那么根据审查样本的结果，运用概率论的原理，可以通过样本显示出与总体性质近似的现象，即可以通过抽取的样本推断总体。二是有健全的内部控制制度。企业具有健全的内部控制制度，则会计上发生错误和舞弊的可能性必会减少，而且即使发生了错误和舞弊也能迅速发现。所以，企业有健全的内部控制制度为统计抽样的运用提供了前提和依据。三是有合理的经济依据。现代企业机构庞大、业务频繁，在这种情况下，如果采用详查法，既费时间又耗精力，同时还要支出大量的审计费用，所以为节约审计资源，也需要以抽样方法代替详查法。

统计抽样具有以下优点：①统计抽样能够科学地确定样本规模，避免出现样本过多或过少的现象；②采用统计抽样，总体各项目被抽取的机会是均等的，可以防止主观判断和随意性；③统计抽样能够计算抽样误差在预定范围内的概率，并根据抽样推断的要求，把这种误差控制在预定范围之内；④统计抽样能够客观地评估审计结果，运用概率论和数理统计原理对样本结果进行统计评价以推断总体特征，所得出的审计结论具有科学依据；⑤统计抽样能够提高审计效率，并促使审计工作规范化。

2. 非统计抽样

非统计抽样也称判断抽样，是指审计人员运用专业经验和主观判断，有目的地从特定审计对象总体中抽取部分样本进行审查，并以样本的审查结果来推断总体特征的审计抽样方法。采用这种方法能否取得成效，取决于审计人员的经验和主观判断能力。所有的审计样本，无论是采用统计抽样产生的，还是采用非统计抽样产生的，都要求以足以代表总体的方式来选取。两者的主要区别在于统计抽样可用概率论的方法来评价抽样风险和评估样本结果，而非统计抽样只能用经验和主观判断去评价抽样风险和评估样本结果。因此，正确运用统计抽样可以做到抽取适度的样本数量，使其既能取得较好的效果，又能提高审计效率，还能科学地评价审计结果的可靠程度。而采用非统计抽样会导致如下结果：要么样本量过大，浪费人力和时间；要么样本量过小，则冒过多的风险，易得出错误的审计结论。

当然，非统计抽样如果设计得当，也可达到同统计抽样一样的效果，因而审计人员执行审计测试，既可以运用统计抽样技术，也可以运用非统计抽样技术。还可以结合使用这两种抽样技术。只要这两种技术运用得当，均可以提供审计所要求的充分、适当的证据，并且都存在某种程度的抽样风险和非抽样风险。在审计实务中，究竟选用哪种抽样技术，主要取决于审计人员对成本效果方面的考虑。一般来说，非统计抽样可能比统计抽样花费的成本要小，但统计抽样的效果则可能比非统计抽样要好得多。重要的是，统计抽样能使审计人员量化抽样风险。

（二）属性抽样与变量抽样

审计人员通过使用统计抽样技术，可以了解总体很多不同的特征，但绝大多数统计抽样都是用来估计偏差率或错误金额的。统计抽样在审计工作中的具体应用，主要有属性抽样和变量抽样两种，所以，统计抽样按审计抽样了解的总体特征不同分为属性抽样和变量抽样。

1. 属性抽样

属性抽样是指在精确度界限和可靠程度确定的条件下,为了测定总体特征的发生频率而采用的一种方法。根据控制测试的目标和特点所采用的审计抽样,通常称为属性抽样。也就是说,属性抽样是用于控制测试方面的统计抽样。在控制测试中,审计人员只需通过对样本的审核来推断差错或舞弊的发生频率是多少,来证明被审计单位的内部控制是否有效地执行,而不必做出错误数额大小的估计。用于控制测试的属性抽样通常有固定样本量抽样、停一走抽样、发现抽样等方法。

2. 变量抽样

变量抽样是指用来估计总体金额而采用的一种方法。根据实质性测试的目标和特点所采用的审计抽样,通常称为变量抽样。也就是说,变量抽样是用于实质性测试方面的统计抽样。它通过检查会计报表各项目金额的真实性和正确性,来取得支持和做出审计结论所需的直接证据。用于实质性测试的变量抽样,通常有平均值估计抽样、差异估计抽样、比率估计抽样等方法。

在审计实务中,经常存在同时进行控制测试和实质性测试的情况,在此情况下采用的审计抽样称为双重目的抽样。

四、审计抽样与专业判断

在审计抽样过程中,无论所采用的方法是统计抽样还是非统计抽样,都离不开审计人员的专业判断。因为审计人员在运用审计抽样时许多不确定因素仍存在,这些不确定因素要由审计人员运用其正确的判断来加以解决,所以审计抽样并不排除专业判断。例如,审计人员在决定使用审计抽样时,必须依靠专业判断去决定是运用统计抽样还是运用非统计抽样,如确定审计对象总体及其特征、设计与选择样本等。往往把统计抽样和非统计抽样结合起来运用,各取所长,才能收获较好的审计效果。

五、审计抽样的基本程序

(一) 样本的设计

审计人员运用审计抽样方法需要在科学、具体的规划指导下进行。在抽样之前,首要的工作是进行样本设计。所谓样本设计是指审计人员围绕样本的性质、样本量、抽样组织方式及抽样工作质量要求等方面所进行的规划工作。审计人员在设计样本时,应当考虑下列五个方面的基本因素。

1. 审计目标

具体审计目标是决定样本设计的前提因素。审计人员在设计样本时,应当根据具体审计目标,考虑其所要获取审计证据的特征及构成误差的条件,以正确界定误差和审计对象总体,并确定采用何种审计抽样方法。这里,最为关键的是要根据具体审计目标界定"误差"。一般来说,在控制测试中,误差是指审计人员认为使控制程序失去效能的所有控制失效事件;在实质性测试中,审计人员通常将误差界定为误报货币金额的绝对值或相对比率。

2. 审计对象总体及抽样单元

审计对象总体是指审计人员为形成审计结论，拟采用抽样方法审计的经济业务及有关会计或其他资料的全部项目。审计人员在确定审计对象总体时，应确保其相关性和完整性。相关性是指审计对象总体必须符合审计目标。例如，若审计目标在于审查应收账款余额是否多计，则审计对象总体应确定为应收账款明细账；若审计目标在于审查应付账款余额是否少计，则审计对象总体不仅包括应付账款明细账，还应包括期后付款、未付发票等其他项目。完整性是指审计对象总体必须包括被审计的会计或其他资料的全部项目。

抽样单元是指构成审计对象总体的单位项目。审计人员应当根据审计目标及被审计单位实际情况确定抽样单位。例如，审计人员在确定被审计单位应收账款账面价值时，可以将货币单位(元)作为抽样单位，也可以将每个应收账款明细账余额作为抽样单位。在对被审计单位的购货业务进行控制测试时，还可以把每一张发票作为抽样单位。在此基础上，审计人员可根据不同的要求，运用适当的方法，从审计对象总体中选取若干抽样单位，以组成适量、有效的样本。

3. 抽样风险和非抽样风险

审计人员在运用抽样技术进行审计时，会遇到两方面的不确定性因素，一是直接与抽样相关的因素，由此造成的不确定性称为抽样风险；另一个是与抽样无关的因素，由此造成的不确定性称为非抽样风险。

1) 抽样风险

抽样风险是指审计人员依据抽样结果得出的结论与审计对象总体特征不相符的可能性。也就是说，抽样风险与选取的样本能否代表总体的可能性有关。抽样风险与样本量成反比，增加样本量可以降低抽样风险，但样本量过大会增加审计成本。因而无论是进行控制测试还是实质性测试，审计人员都应关注抽样风险。

在进行控制测试时，可能会产生两种抽样风险，即信赖不足风险和信赖过度风险。

(1) 信赖不足风险是指抽样结果使审计人员没有充分信赖实际上应该信赖的内部控制的可能性。这种风险一般会导致审计人员执行额外的审计程序，降低审计效率，但不会影响审计效果。因为被审计单位内部控制的实际运行状况达到了预期信赖程度，从而能够支持对风险的估计水平，但抽样结果不能支持该风险的估计水平，从而使审计人员加大不必要的审计工作量，降低审计效率。

(2) 信赖过度风险是指抽样结果使审计人员对内部控制的信赖超过了其实际上可予信赖的可能性。这种风险会影响审计效果，很可能导致审计人员得出不正确的审计结论。因为被审计单位内部控制的实际运行状况并未达到预期信赖程度，不能支持对风险的估计水平，但抽样结果能支持该风险的估计水平，从而使审计人员得出的审计结论可能不具备合理的基础。

在进行实质性测试时，也可能会产生两种抽样风险，即误拒风险和误受风险。

(1) 误拒风险，又称"A 风险"，是指抽样结果表明账户余额存在重大错误，而实际上并不存在重大错误的可能性。这种风险也会导致审计人员执行额外的审计程序，降低审计效率。因为被审计单位特定账户实际上并不存在重大错误，但样本支持得出该账户余额存在重大错误的结论,从而使审计人员加大不必要的审计工作量,降低审计效率。

(2) 误受风险,又称"β风险",是指抽样结果表明账户余额不存在重大错误,而实际上存在重大错误的可能性。这种风险也影响审计效果,很可能导致审计人员得出不正确的审计结论。因为被审计单位特定账户实际上存在重大错误,但样本支持得出该账户余额不存在重大错误的结论,从而使审计人员按照既定的审计程序可能不足以查出重大错误,得出的审计结论不具备合理的基础。

上述的这些抽样风险都将严重影响审计工作的效率和效果。但是,信赖过度风险和误受风险对审计人员来说是最危险的风险,因为它们会使审计工作无法达到预期的效果,而信赖不足风险和误拒风险属于保守型风险,出现这两种风险后,审计效率虽然不高,但其效果一般都能保证。

2) 非抽样风险

非抽样风险是指审计人员因采用不恰当的审计程序或方法,或因误解审计证据等原因,从而未能发现重大误差的可能性。显然,这种风险并非抽样所致,而是由其他因素引起的。导致非抽样风险的原因主要包括:①审计程序设计及执行不恰当。②抽样过程没有按照规范程序执行。③样本审查结果解释错误。④审计人员业务能力不足。⑤其他原因。非抽样风险同样对审计工作的效率和效果有一定的影响,且无论是抽样审计还是详细审计,都无法消除这一风险。非抽样风险无法量化,但可以通过对审计程序的详细计划以及适当的指导和监督来有效降低。

4. 分层

分层是指将某一审计对象总体划分为若干具有相似特征的次级总体的过程。分层可以降低各个分层中项目的变异性,从而在抽样风险没有成比例增加的前提下减小样本规模。即审计人员可以利用分层着重审计可能有较大错误的项目,并减少样本量。对总体采用分层法,可以按经济业务的重要性分层,也可以按经济业务的类型分层,它主要适用于内部各组成部分具有不同特征的总体。审计人员利用分层,既可以提高抽样效率,也可以使审计人员能按项目的重要性、变化频率或其他特征选取不同的样本数,且可针对不同层次采用不同的审计程序,因而可以提高样本的代表性和审计的有效性。

通常,审计人员应对包含最重要项目的层次实施全部审查。当实施细节测试时,内部审计师通常按照货币金额对某类交易或账户余额进行分层,以将更多的审计资源投入大额项目。内部审计师应该注意的是:对某一层中的样本项目实施审计程序的结果,只能用于推断构成该层的项目。如果对整个总体做出结论,内部审计师应当考虑与构成整个总体的其他层有关的重大错报风险。例如,在对某一账户余额进行测试时,占总体数量30%的项目,其金额可能占该账户余额的80%。内部审计师只能根据该样本的结果推断至上述80%的金额。对于剩余20%的金额,内部审计师可以抽取另一个样本或使用其他收集审计证据的方法,单独做出结论,或者认为其不重要而不实施审计程序。

5. 样本规模

样本规模是指从总体中选取样本项目的数量。在审计抽样中,如果样本规模过小,就不能反映出总体的特征,内部审计师就无法获取充分的审计证据,其审计结论的可靠性就会大打折扣,甚至可能得出错误的审计结论;相反,如果样本规模过大,则会增加审计工作量,造成不必要的时间和人力的浪费,降低审计效率,失去审计抽样的意义。在确定样本规模时,内部审计师应当考虑能否将抽样风险降至可接受的水平。影响样本规模的因素包括:

(1) 可接受的抽样风险。内部审计师等审计人员可接受的抽样风险与样本规模成反比。内部审计师愿意接受的审计风险越低,样本规模通常越大;内部审计师愿意接受的抽样风险越高,样本规模通常越小。

(2) 可容忍误差。可容忍误差是指审计人员认为抽样结果可以达到审计目的,所愿意接受的审计对象总体的最大误差。审计人员应当在审计计划阶段,根据审计重要性原则,合理确定可容忍误差。可容忍误差越小,需选取的样本量就应越大;反之,可容忍误差较大,需选取的样本量即可小一些。

在进行控制测试时,可容忍误差是审计人员不改变对内部控制的可信赖程度所愿意接受的最大误差。换句话说,可容忍误差是指审计人员可以接受的、内部控制实际运行偏离规定控制要求的最大比率,只要实际偏离程度低于这一比率,审计人员就可以维持其对内部控制的可信赖程度。在进行实质性测试时,可容忍误差是审计人员能够对某一账户余额或某类经济业务总体特征做出合理评价所愿意接受的最大金额误差。其金额的确定通常与重要性的考虑有关。

(3) 预期总体误差。审计人员应根据以前年度审计所发现的误差、被审计单位经营业务和经营环境的变化、内部控制的评价及分析性复核的结果等,来确定审计对象总体的预期误差。预期总体误差与样本量之间存在着内在的联系,如果预期总体误差大,则需要选取较大的样本量;如果预期总体误差小,则样本量也较小。

(4) 总体变异性。总体变异性是指总体的某一特征(如金额)在各项目之间的差异程度。在控制测试中,内部审计师在确定样本规模时一般不考虑总体变异性。在细节测试中,内部审计师确定适当的样本规模时要考虑特征的变异性。总体项目的变异性越低,通常样本规模越小。内部审计师可以通过分层,将总体分为相对同质的组,以尽可能降低每一组中变异性的影响,从而减小样本规模。未分层总体具有高度变异性,其样本规模通常很大。最有效率的方法是根据预期会降低变异性的总体项目特征进行分层。

(5) 总体规模。除非总体非常小,一般而言,总体规模对样本规模的影响几乎为零。内部审计师通常将抽样单元超过 5 000 个的总体视为大规模总体。对大规模总体而言,总体的实际容量对样本规模几乎没有影响。对小规模总体而言,审计抽样比其他选择测试项目的方法的效率低。

表 4-2 列示了审计抽样中影响样本规模的因素,并分别说明了这些影响因素在控制测试和细节测试中的表现形式。使用统计抽样方法时,内部审计师必须对影响样本规模的因素进行量化,并利用根据统计公式开发的专门的计算机程序或专门的样本量表来确定样本规模;在非统计抽样中,内部审计师可以只对影响样本规模的因素进行定性的估计并运用

职业判断确定样本规模。

表 4-2 影响样本量(证据数量)的各种因素

项目	控制测试	细节测试	与样本量的关系
可接受的抽样风险	可接受的信赖过度风险	可接受的误受风险	反向变动
可容忍误差	可容忍偏差率	可容忍错报	反向变动
预计总体误差	预计总体偏差率	预计总体错报	同向变动
总体变异性	—	总体变异性	同向变动
总体规模	总体规模	总体规模	影响很小

(二) 样本选取方法

1. 选样基本要求

审计人员在选取样本时,应使审计对象总体内所有项目均有被选取的机会,只有这样,才可使样本能够代表总体,从而保证由抽样结果所推断出的总体特征具有合理性和可靠性。

2. 选样基本方法

样本选取的方法有多种,审计人员应根据审计的目的和要求、被审计单位实际情况、审计资源条件的限制等因素来具体加以选择,以达到预期的审计质量与效率。在审计实务中,常用的选样方法有随机选样、系统选样、货币单位选样和任意选样等。

1) 随机选样

随机选样是指对审计对象总体或次级总体的所有项目,按随机规则选取样本。随机选样通常运用随机数表或计算机产生的随机数来进行。随机数表就是由随机产生的从 0 到 9 这十个数字所组成的数表。

审计人员在运用此法时,必须对总体内的每一项目进行编号,并建立随机数表中数字与总体项目编号的对应关系。如果总体中的项目已连续编号,如凭证号、发票号、支票号等,则这种对应关系就很容易建立;如果没有事先编号,则需要按一定的方法进行编号才能建立对应关系。审计人员使用随机数表时,应选择一个起点和一个选号路线,起点和选号路线可任意选择,但一经选定,就不得改变,必须从起点开始,按照选号路线依次选取。随机选样的示例如[例 4-1]所示。

【例 4-1】 假定审计人员对某公司连续编号为 0001~4000 的现金支票进行随机选样,拟从支票中选取一组样本量为 20 的样本。首先,审计人员确定只用随机数表所列数字的前 4 位数来与现金支票号码一一对应。然后,确定第 1 列第 11 行为起点,选号路线为自上至下、从左到右依次进行。最后,按照规定的一一对应关系和起点及选号路线,选出 20 个数码:0593、3172、1434、2179、1796、0683、2216、1135、1675、2867、0141、3255、0023、3516、2693、0897、3815、0141、3490、0152。凡前 4 位数在 4000 以上的,因为支票号码没有一一对应关系,均不入选。选出 20 个数码后,按此数码选取编号与其对应的 20 张支票作为选定样本进行审查。

2) 系统选样

系统选也称等距选样,是指先计算选样间隔、确定选样起点。然后按照间隔顺序选取样本的一种选样方法。系统选样的示例如[例 4-2]所示。

【例 4-2】 审计人员拟采用系统选样法从 1 到 200 号的销售发票中选出 5 张作为样本,则选样间隔为 40(200÷5)。假定审计人员确定随机起点为 82,则每隔 40 张凭证选取张,共选取 5 张凭证作为样本即可。如确定 82 为第一张,则往上的顺序为 122、62,往下的顺序为 42、2,即 5 张样本号为 2、42、82、122、162。

系统选样法的优点是使用方便,并可用于无限总体。但使用系统选样法要求总体必须是随机排列的,否则容易发生较大的偏差。所以在使用这种方法时,审计人员必须先确定总体是否随机排列,若不是随机排列,则不宜使用。

3) 货币单位选样

货币单位选样,又称元单位选样或概率规模比例抽样(Probability Proportional to Size Sampling,简称 PPS 抽样法),是种以审计对象总体的金额(元)为抽样单位,使总体中每一元金额单位被选作样本的概率相同的抽样方法。它实质上也是一种随机选择,其主要特点是使项目的金额大小与被选作样本的概率成正比,即金额较大的项目比金额较小的项目有更大的机会被选作样本。例如,一张面额为 1 000 元的发票比一张面额为 100 元的发票被选取的概率要大 10 倍。但在采用该种方法选取样本时,必须先剔除面额为负值的项目,因为它们没有机会被选为样本。采用货币单位选样的步骤如下:

(1) 按照样本量从随机数表中选取随机数,随机数的位数应同扣除负值后的总金额的位数相同且小于该总金额。

(2) 把随机数由小到大排列。

(3) 将货币金额累加列表。

(4) 找到与随机数值相对应的累加金额数,该累加金额数对应的项目即为选择的样本。

4) 任意选样

任意选样是指内部审计师不带任何偏见地选取样本,即不考虑金额的大小、资料取得的难易程度及个人偏好,以任意的方式选取样本,也称之为随意选样。任意选样并不意味着随便地选取样本,而是要求在没有任何人为偏差的情况下选取样本,也就是说,没有任何特殊理由来决定样本项目在样本中的去留,所选取的样本对总体来说应具有代表性。使用任意选样时,审计人员要避免由于项目性质、大小、外观和位置的不同引起的偏差。任意选样的缺点是很难完全无偏见地选取样本项目,其结果有时缺乏合理性与可靠性。

(三) 抽样结果的评价

审计人员在对样本实施必要的审计后,需要对抽样结果进行评价,具体步骤如下。

1. 分析样本误差

审计人员首先应当根据预先确定的构成误差的条件,确定某一有问题的项目是否为一项误差。在控制测试中,误差不外乎以下三种情形:凭证上记录正确,但没有执行控制程序(缺少复核、批准等);在凭证记录上有执行控制程序的轨迹,但记录与事实不符;既未执行控制程序,记录也不正确。在实质性测试中,误差可认为是误报货币金额的绝对值或相对比率。

审计师应当考虑样本的结果、已识别的所有误差的性质和原因,及其对具体审计目标和审计的其他方面可能产生的影响。无论是统计抽样还是非统计抽样,对样本结果的定性评估和定量评估一样重要。即使样本的统计评价结果在可以接受的范围内,审计师也应对样本中所有设表进行定性分析。

2. 推断总体误差

在实施控制测试时,由于样本的误差率就是整个总体的推断误差率,审计师无须推断总体误差。在控制测试中,审计师将样本中发现的偏差数量除以样本规模,就计算出样本偏差率。无论使用统计抽样或非统计抽样方法,样本偏差率都是审计师对总体偏差率的最佳估计,但审计师必须考虑抽样风险。

当实施细节测试时,审计师应当根据样本中发现的误差金额推断总体误差金额,并考虑推断误差对特定审计目标及审计的其他方面的影响。

3. 重估抽样风险

在进行控制测试时,审计人员如果认为抽样结果无法达到其对所测试的内部控制的预期信赖程度,则应考虑增加样本量,或修改实质性测试程序,包括修改实质性测试程序的性质、时间和范围。

在实质性测试中运用审计抽样推断总体误差后,审计人员应将总体误差与可容忍误差相比较,并将抽样结果与从其他有关审计程序中所得的证据相比较。如果审计人员推断的总体误差超过可容忍误差,经重估后的抽样风险不能接受,则应增加样本量或执行替代审计程序;如果审计人员推断总体误差接近可容忍误差,应考虑是否增加样本量或执行替代审计程序。

4. 形成审计结论

审计人员应当评价样本结果,以确定对总体相关特征的评估是否得到证实或需要修正,从而形成审计结论。

5. 评价抽样结果

内部审计人员应当根据预先确定的误差构成条件,确定存在误差的样本。内部审计人员应当对抽样风险和非抽样风险进行评估,以防止对审计总体做出不恰当的审计结论。

内部审计人员应当根据样本误差,采用适当的方法,推断审计总体误差。内部审计人员应当根据抽样结果的评价,确定审计证据是否足以证实某一审计总体特征。如果推断的总体误差超过可容忍误差,应当增加样本量或者执行替代审计程序。内部审计人员在上述评价的基础上还应当考虑误差性质、误差产生的原因,以及误差对其他审计项目可能产生的影响等。

第三节 分析性程序

根据《第 2109 号内部审计具体准则——分析程序》第二条规定:分析程序,是指内部审计人员通过分析和比较信息之间的关系或者计算相关的比率,以确定合理性,并发现潜在差异和漏洞的一种审计方法。

一、分析性程序概述

(一) 分析性程序的特征

分析性程序具有如下特点:

(1) 分析性技术分析的对象是企业组织的关键性经济指标,即组织部门或单位管理层制定的计划工作中事先所确定的重要金额、比率或趋势。

(2) 分析性技术需要事先确定相关分析对象的预期值,即内部审计人员需要事先通过将信息资料(包括外部的、内部的,财务的或非财务的)间的数量关系模型化,以此推断出金额、比率或趋势的合理期望值。

(3) 分析性技术需要确定单位已记录的差异与预期值的重大差异,即内部审计人员将现实资料与设定的合理期望值进行比对,发现重大差异,并对重大差异进行分析,找出形成重大差异的原因。

分析性技术不仅可以确认经营活动的完成程度,发现意外差异,识别组织中的差异和漏洞,找出潜在的不合法、不合规和不合理的行为,同样可以获取关于组织可持续经营能力,完成计划和预算的情况,以及经营活动的经济性、效率性和效果性。此外,在企业内部审计人员和资源极端有限的情况下,经济有效地使用分析性技术方法可以显著地降低审计成本,提高审计效率和审计质量。

(二) 分析性程序的前提和局限性

内部审计人员需要注意的是分析性技术的使用有一定的前提条件,如果忽略了前提条件的存在,将会导致利用分析性技术得出的结论缺少基本的可信度。概括而言,目前内部审计实务中分析性技术的运用存在以下前提条件:

(1) 分析性技术的对象和依据的信息资料之间必须有可能存在某种可以相互印证、互相说明和互为因果的关系。因为只有存在某种依存关系的信息资料才可以成为内部审计业务中运用分析性技术的对象和依据。

(2) 分析对象与依据的信息之间的依存关系必须可以预测,而且该种关系具有一定的稳定性。当这种依存的关系无法预测或者不具有稳定性时,内部审计人员无法从中得出关于对象正确的期望,因此,不可能作为分析性技术的依据。

(3) 用来作为分析性技术的资料和数据必须具有一定的可靠性,如果分析性技术所用的数据不可靠,则分析性技术的结果就值得怀疑,不能作为支持审计结论的证据。

分析性技术通过辨明各种信息资料之间的关系,确定期望并进一步分析差异找出原因。这些都要求内部审计人员必须具有相当丰富的专业判断能力,并且具有足够的专业知识,特别是应掌握一些数学知识。如果内部审计人员不了解会计信息各构成要素的关系,不了解会计信息与非会计信息间的关系,不了解被审计单位的具体情况,就无法建立合理的关系模型并进行相应的测算;如果审计人员没有很强的专业判断能力,就无法对分析性技术得出差异的合理性进行推断。在某些情况下,被审计单元的会计资料虽然存在着重大反映失实的问题,但某些数据之间的依存关系可能仍然存在,这些就要求内部审计人员根据经验判断风险大小,确定是否需要运用分析性技术及能否依赖分析性技术的结果。

分析性技术也存在一定的局限性,多数情况下,分析性技术是为其他审计证据提供证据。分析性技术的结论是一种对被检查事项总体上的合理性判断,它无法给出被检查事项的准确数值。在某些情况下,如果内部审计人员只是机械地、简单地执行分析性技术,不通过检查、函证、监盘等审计取证方法取得直接证据对分析性技术加以证实,就无法发挥分析性技术的作用,也无助于减少审计风险。

(三) 分析性程序的应用时段

内部审计人员在审计计划、审计测试和审计报告三个阶段中都应当积极运用分析性技术。关于不同阶段使用分析性技术的相关特征分别说明如表 4-3 所示。

表 4-3　审计程序中分析性技术的应用特征与要点比较

阶段	特征	要点
审计计划阶段	分析性技术有助于审计师确定被审计部门的重要会计问题和重点审计领域,指出可能会发生高风险的领域,以便内部审计项目负责人能够制订出有针对性的审计计划,使审计工作更具有效率和效果	管理当局主观认定的会计事项(如资产折旧计价法的选择)、有异常变动会计报表项目内部控制制度薄弱的会计报表项目(如递延资产确认与摊销)、产生重大影响的会计报表项目会计报表截止日前发生的大额或异常经济业务(如年末大量销售)、长期挂账项目(如逾期应收账款),以及与关联者的业务往来等
审计测试阶段	分析性技术与程序可作为一种实质性测试方法,收集与账户余额及各类交易相关的数据作为认定的证据	在测试阶段分析性技术提供的证据多数只是一些佐证证据,其证明力相对较弱,必须与其他证据结合才能证实对某事项具体认定。但这并不影响审计师利用这一程序,因为使用分析性技术可带来人力和时间的节省。特别是对一些不重要项目,执行分析性技术程序即可实现对该项目的具体审计目标,非常符合经济原则
审计报告阶段	可以用分析性技术对被审计会计报表的整体合理性做最后的复核	在审计结束时,运用分析性技术,可对重大事项或财务问题做最后的综合分析,如果相关信息的关系不合理,则要考虑追加审计程序或修改审计报告。如某子公司资产负债比率高于同业相同规模其他企业的平均水平,而资产利润率却低于平均水平,则说明该企业财务风险较高,这将对企业持续经营能力产生不利影响,这时就要对审计报告的意见类型做出谨慎的选择

二、分析性程序的常用方法

内部审计人员在实际运用分析性程序与技术时,可以根据被审计对象所在部门的情况、特征,利用自身的专业判断采取不同的分析性技术方法。常用的分析性程序与技术方法主要包括比较分析法、结构分析法、比率分析法、趋势分析法及回归分析法。内部审计人员可以根据审计目标和审计事项单独或者综合运用以上方法。

（一）比较分析法

比较分析法是指利用彼此相关的账户金额和可能造成某种变化的各种因素对报表项目或账户金额进行预测，并将预测值与实际值进行比较的一种方法。进行简易比较分析法需要完成三个步骤：一是确定与要审计对象相关的项目或金额等因素；二是确定这些因素与被审计对象之间的关系或数量模型，并通过关系或数量模型求出审计对象的期望值；三是将期望值与审计对象的实际值进行对比，分析差异的原因，确定正常差异与非正常差异，并对审计对象进行评价。

比较分析法的技术含量不高，但有些时候非常有效。因此，它通常在内部审计计划和实施阶段的分析性技术程序中广泛运用。在计划阶段，通过分析被审计单位的各个经济变量之间互动关系，内部审计人员可以根据其他变量的变化趋势确定期望，当被审计对象与期望相差不大时，则可以不作为审计重点；反之则应作为审计重点。在实施阶段，则通过比对差异做出评价，为进一步找出原因和改进工作做准备。内部审计人员为了恰当地执行比较分析法，必须认真考虑所有可能的、相关的财务或非财务因素。有效地执行简单合理性的比较分析，还要求内部审计人员掌握较多的会计和相关行业知识并对被审计部门有足够的了解。

（二）结构分析法

结构分析法，又称比重分析法或纵向分析法，是将财务报表某一关键项目数值作为基数，计算其余纵向排列的项目数值相对于这一基数的百分比，以分析财务报表的结构变化，从而获取审计证据的一种技术方法。

（三）比率分析法

比率分析法是指审计人员利用被审计单位的财务数据，计算一些通用的财务比率，并将这些比率与人们普遍认为合理的一些标准进行比较的方法。常用的财务比率涉及股东、债权人、经营者关心的四类比率，他们分别衡量一个企业的短期偿债能力、长期偿债能力、资产管理能力以及盈利能力。比率分析法与其他分析性技术方法相比，其最大的优点是，一方面，其资料来源于被审计单位的财务报表，不需要收集大量的信息，使用比较简单方便；另一方面，财务比率不同于简单的绝对值比较，它更具有可比性，更能够反映企业的经营状况，确定存在的问题，评价相对于其他经济实体的业绩，分析特殊问题。

然而，内部审计人员在具体使用比率分析法时，应该注意：由于全部数据来自报表或账户，但是报表或账户固有的局限性，许多人为因素会影响报表的真实性和可靠性，同样会影响到分析性技术的真实可靠。另外，财务比率往往容易误导审计人员，一些没有经验的审计人员很容易简单地将计算出来的财务比率和所谓的标准进行比较，不再对有关数据进行综合分析，这样有可能会忽略一些报表粉饰行为隐藏的潜在问题和风险。

（四）趋势分析法

内部审计人员可以通过发现有规则的变化，确定被审计对象财务或非财务数据的期望，并进行分析和对比，从中发现异常变动以及原因。

趋势分析法比较直观,可以直接将若干期的同一指标进行绝对值比较,或将该指标与另一指标的比重进行比较,从而发现事物发展的总趋势,将此总趋势和审计人员已经掌握的其他趋势进行比较分析,从而判断被审计单位的某些财务数据存在的问题,分析可能的原因,为提供改进的方案创造可能。需要注意的是,趋势分析法存在一个前提,即假定跨期间的比率是可比的,如果发生了经营业务重大变化,类似业务的会计处理变化,或价格指数的剧烈波动等,就需要对用于趋势比较的原始数据进行调整,使它们具有可比性。

(五) 回归分析法

回归分析法用于表明两个变量之间的关系。它用于衡量伴随着一个或其他几个变量的变化,另一个变量变化的程度。在审计中,它通常用于发现被审计对象相关的各个经济因素,分析并推导出相应的因果模型和回归方程,并以此来计算出当一类成多类经济变量发生变化时,其他变量的变化规律。

在简单的回归分析中,因变量对自变量的数学关系可以表示为:

$$Y = a + bX \tag{4.1}$$

其中:X、Y 分别表示自变量与因变量,a 表示一个固定数值,b 表示自变量 X 的变动系数。在这个简单的回归模型中,完成了一个基本假设:自变量 X 的任何变化都会引起因变量 Y 的变化。

更多的情况,在内部审计实践中,回归方程中会出现一个以上的自变量,因变量与自变量之间的关系会变得复杂得多。这种关系可以表现如下:

$$Y = a + b_1 X_1 + b_2 X_2 + \cdots + b_N X_N \tag{4.2}$$

简单地说,Y 值取决于 a 和对应于每一个自变量的 b。

在进行回归分析时,内部审计人员首先需要识别出与被审计对象相关的因变量。内部审计人员必须掌握相当扎实的专业和行业知识并对被审计部门有相当的了解,除此之外必须融入一定的专业判断。其次,收集分析相关经济数据,并利用回归技术方法,建立回归方程。这要求内部审计人员具有基本的计量经济学相关知识,对人员的分析能力要求更高,但伴随着计算机工具的广泛运用,这一过程变得更为简便。最后,根据得出的回归方程,检验实际数据是否符合回归方程,如果实际数据与回归方程得出的期望相差过大,在计划阶段便可以据此确定重点审计的范围,在审计实施阶段便可以得出关于审计对象的初步判断结论,并有待进一步审计。

除了用于内部审计的确认活动,内部审计人员可以将分析性技术方法用于更为广泛的咨询活动。它可以帮助管理层进行预测或检测管理部门的预测,比如,分析供求、预测应收账款、预测制造费用率、分析市场销售、研究价格行为以及研究预留准备金等。

回归分析法的优势在于其科学性,同时也有缺陷,比如其技术性较强,同时要求审计人员考虑多种变量之间的因果关系,并且收集较多的以前变量样本。如果这些条件无法得到满足,进行的回归就很容易造成虚假回归,得出错误的数量关系,加大内部审计风险。

一定程度上,内部审计人员可以将回归分析法归结为前面几种方法的综合性运用。在实践中,在进行回归的数据中,绝对值指标、财务比率指标、趋势指标、结构指标都有可能涉及,良好地运用回归分析方法要求内部审计人员必须对前面几种分析方法有所熟悉。

三、分析性程序的工作步骤

由于分析性程序在内部审计的计划、测试和报告阶段分别适用,下面分别对内部审计人员在这几个阶段中分析性程序的具体工作步骤进行说明。

(一)计划阶段

计划阶段分析性程序的运用步骤可以归纳如下:

第一步,确定将要执行的计算及比较。审计准备阶段分析性技术的精细程度和范围应根据被审计部门或单元的规模、经营业务的复杂性、资料的可靠性和审计人员的职业判断而定。常用的分析方法包括趋势分析、比率分析和简易比较法等。

第二步,估计期望值。针对不同方法,内部审计人员可以根据不同来源的数据估计期望值。这些数据既可以来自被审计部门内部,也可以来自其他部门甚至是组织外部(如所在行业);既可以是历史数据,也可以是目前的实际账面数据;既可以来自会计资料,也可以来自非会计资料。

第三步,执行计算和比较。在将实际数据与计算出的期望进行比对时,内部审计人员应重点关注项目的异常变动或应该发生但未发生的变动。例如,在没有新的其他收入来源的情况下,其他收入大幅增加;在开辟了新的其他收入来源的情况下,其他收入却没有发生变化。当然,也不宜忽视财务数据与非财务数据之间的关系,有时它们间的关系更能够反映出事实的真相。

第四步,分析数据,确认并调查重大差异。分析数据的目的是确认是否有重大的差异或意外波动。审计人员需要根据重要性原则,运用专业判断对重大差异或意外波动加以确定。

对于重大的非预期差异,审计人员必须进一步调查。对需要进一步调查的重大非预期差异,则需要部门或单位管理人员提供解释,并在必要的时候检查支持解释的证据。

第五步,确定对内部审计开展的影响。内部审计人员执行初步分析性程序的最终目的是据以确定内部审计程序的范围和重点,从而使内部审计开展更具效率和效果。对于在分析性程序中发现的不能合理解释的重大差异,审计人员应当将其视为错报风险增加的信号,计划作为详细测试的对象。

内部审计人员对于分析性程序结果的可信赖程度应做谨慎判断。审计人员对分析性程序依赖程度取决于如下因素:

(1)分析项目的重要性。分析项目越重要,审计人员越不能仅仅依靠分析性程序来形成结论。

(2)分析性程序预期结果的准确性。对于预期结果准确性较低的项目,不应过多地依赖分析性程序。

(3)内部控制的风险。当内部审计人员了解到部门或单元可能出现很大的风险时,就不应该多信赖分析性程序,而应更多地信赖详细测试,以控制风险的水平。

(二) 实施阶段

实施阶段分析性程序的运用步骤可分为以下几步:

第一步,确定执行分析性程序的对象。作为分析性程序的对象,可以是某一账户的总体金额(如主营业务收入总额),也可以是账户的各明细账或部分总体金额(如不同产品、不同地区、不同月份的主营业务收入)。但应该注意的是,并非所有的账户都适合作为分析性程序的对象。事实上,一般而言,分析性程序只适用于那些可接受风险比较大的项目,并且这些项目存在一些可计量的关联变量(财务的或非财务的)。在确定分析性程序的对象时,审计人员需要考虑相关的审计具体目标、可接受风险的大小、相关信息的相关度、可获得性以及可靠性等。

第二步,估计期望值并建立基准。确定了对象之后,审计人员根据需要估计期望值。期望值的准确程度直接影响分析性程序的效率和效果,而它与建立期望过程中所涉及关系的关联度和可靠程度相关。

估计期望之后,需要建立一定的基准,以确定实际值与期望值之间的差异在多大范围内是可以接受的,而不需要被审计部门管理层作出解释。确定基准时,需要考虑重要性水平、所能接受的风险水平,以及与期望值的准确程度等因素。一般而言,在其他因素一定的情况下,基准应小于重要性水平,并与重要性水平、可接受风险及准确程度呈正向关系。

第三步,确认是否存在重大意外差异。将期望值与审计对象的实际值进行对比,如果两者的差异大于所确定的基准,则为重大差异;相反,如果两者的差异小于所确定的基准,则这可以认可为被审计对象的实际值。

第四步,调查差异原因。对于存在的重大差异,应要求被审计部门解释原因并提供有关证据。审计人员应该就提供的证据进行审计,一方面,查明是否能够说明所存在的差异,如果无法说明原因,应放弃分析性程序转而采用实质性测试来获取相关审计证据;另一方面,可以通过分析这些差异造成的原因,为寻找改进工作的方法做准备。

第五步,评价分析性程序结果。内部审计人员同样应该保持应有的职业谨慎,合理确定分析结果的可信赖程度。如果分析性程序所涉及的审计对象比较重要,可接受的风险较低,分析结果与针对同一账户、同样审计目标实施的其他审计程序的结论不一致,分析性程序期望值的准确程度较差,或实施分析性程序人员的能力和经验不够,则不应该过多地信赖分析性程序的结果。

(三) 审计报告阶段

审计报告阶段的分析性程序运用步骤可分为以下几步:

第一步,确认可比数据。当内部审计人员对审计对象的结果进行调整后,通常需要将调整后的数据与可比数据进行比较。这些可比数据包括:上一年相关报表中的数据、以前年度数、预算数、预测数以及行业数据。

第二步,比较。在报告阶段的分析性程序中,内部审计人员通过比较来确认其对审计对象的理解与对被审计单位经营业务以及获取的审计证据的了解是否一致,并确保能够解释会计报表的重大异常变动或重要的项目。在报告阶段的分析性程序中,审计人员应该充分运用职业判断来决定使用哪些比较方法和指标。

第三步,分析结果。通过比较分析,存在差异时,一方面,审计人员应确保对被审计部门经营业务的了解和从实质性测试中获取的信息能够对这些差异进行解释;另一方面,由于审计取证方法的固有缺陷以及审计程序的不足,一部分差异无法被解释,此时,内部审计人员会面临很大的风险,应该对其有足够的重视,追加审计程序,获取审计证据,以及寻求对异常变动的合理支持。

总之,分析性程序的执行一般包括下列基本内容:

(1) 将当期信息与历史信息相比较,分析其波动情况及发展趋势;
(2) 将当期信息与预测、计划或者预算信息相比较,并做差异分析;
(3) 将当期信息与内部审计人员预期信息相比较,分析差异;
(4) 将被审计单位信息与组织其他部门类似信息相比较,分析差异;
(5) 将被审计单位信息与行业相关信息相比较,分析差异;
(6) 对财务信息与非财务信息之间的关系、比率的计算与分析;
(7) 对重要信息内部组成因素的关系、比率的计算与分析。

四、对分析性程序结果的利用

(一) 内部审计人员应当考虑下列影响分析程序效率和效果的因素

(1) 被审计事项的重要性。
(2) 内部控制、风险管理的适当性和有效性。
(3) 获取信息的便捷性和可靠性。
(4) 分析程序执行人员的专业素质。
(5) 分析程序操作的规范性。

(二) 内部审计人员执行分析程序发现差异时,应当采用下列方法对其进行调查和评价

(1) 询问管理层获取其解释和答复。
(2) 实施必要的审计程序,确认管理层解释和答复的合理性与可靠性。
(3) 如果管理层没有作出恰当解释,应当扩大审计范围,执行其他审计程序,实施进一步审查,以便得出审计结论。

第四节　其他审计技术

一、灵敏度分析法

由于决策的过程存在不确定性,这就涉及用工具评价结果和对这些不确定性决策的灵敏度。例如,假设一个关于购买设备的决策,部分地已有一定不确定性的期望现金流量的预测为基础。模拟研究可评价现金流量预测的变化是如何影响购买决策的。比如：

1. 蒙特卡罗模拟法

该模拟利用计算机通过随机行为模拟不确定性,然后几次估计制定模型确定的一般特性。例如,如果管理人员认为现金流量低于预测的机会为30%,则计算机会通过随机数确定每一种模拟的可能性,以评价其对决策模型的影响。模拟的问题在于其形成的费用高,而且总有得出的预测存在误差的可能。

蒙特卡罗模拟法的一般应用情形包括公司计划、财务计划、研究与开发项目、存货控制等。

2. "如果—怎样"分析

"如果—怎样"分析没有蒙特卡罗模拟法那么精确,它仅仅是在决策模型中代入备选方案的可能性以确定何时修改决定结果。进行此项分析,也可以借助于计算机的帮助。

有许多财务计划和财务因素是相互影响的,例如,成本、价格直接影响到盈亏平衡点的确定。"如果—怎样"分析对决策,特别是在评估风险时非常有用。通过对被审核者的主要决策和预测应用"如果—怎样"分析工具,内部审计人员可以在评估风险水平和决策中予以关注。

3. 经济订货量分析法

经济订货量模型是企业用于存货管理的一种方法,经济订货量模型可以在解决生产材料供应与需求之间不协调的同时,降低存货的总成本(包括储存成本、订货成本等)。

二、计划评审法

计划评审法注重于各项工作安排的评价和审计,是为了加强对大型综合项目的管理所进行的战略性评价和审计。该评审法大概有以下步骤:描绘计划评审图(或称应急网络图),找出项目中涉及的关键人物(指需要资源和时间完成的活动)、项目活动的起点及终点(这里活动指不好用资源的事件)、项目的关键路径等。如果内部审计师准备审计该项目的工作效率,项目所采用的方法可以与应急网络图的所得结论进行比较。

内部审计人员通过列表格和画图分析,可以依据特定标准选择最关键的路线,它是完成各项工序需要时间最长的路线。如果能缩短关键路线的工序所需要的时间,就可以缩短工程的完工时间。审计人员可以进行网络优化,确定最优的计划方案。与项目所采用的方案相比,确定其效率。

三、学习曲线分析法

学习的过程是一个渐进的过程,企业也是一样。如果把人们学习的过程用时间和效率两个变量表示,我们可以绘制出一条曲线,内部审计人员称之为"学习曲线"。在企业中,学习曲线描绘了这样一个过程:当管理者(也包括审计师本身)对新的工作流程获得经验后,生产将会具有更高的工作效率,或者具有更大的产出率或销售率。

学习曲线通常用一个百分比表示,当学习曲线为80%时,表示每多增加一个单位的产量,在生产上所需的时间就减少20%(或者说生产效率提高了20%)。我们经过长期经验的总结观察到:大多数学习曲线在80%~90%。学习曲线通常被审计人员用于评价新投入项目的生产绩效。

假定内部审计人员有新项目运行第一天的统计数据,数据表明在150单位的产量水平上,每单位的生产时间平均为5分钟。根据这些统计数据应用学习曲线,可算出一组标准,据此可评价实际绩效。

当然,学习曲线只适用于新项目投产使用后的初期阶段。因为在初期阶段之后,每单位的平均生产时间将会趋于稳定。

四、现场鉴定技术法

现场鉴定技术方法是指内部审计人员对某些审计事项的检查需要的技能超出了审计人员的正常业务范围,聘请专门人员运用专门方法进行检测以获取审计证据的一种审计技术。

鉴定法是一种证实问题的方法,不是审计的专门技术,却是必不可少的技术。如某些经济业务发生纠纷,通常需要有法院的裁决并以此作为处理的依据。这类业务有时审计人员能够自行解决,但这超出了审计的职权范围,因而,审计中如果碰到类似这样的业务,就不得不聘请有关权威专家协助解决。又如基建工程的质量问题,通常也需要有技术监督部门的专家进行检测来获取证据,以此作为评价工程质量的基础。在基建过程中,偷工减料严重影响质量的问题较为常见,而这些问题往往在账目中难以发现,对其检测所需的技能常常也超出了一般审计人员的业务能力,因此,也不得不聘请有关技术专家进行检测。

从以上的内容不难看出,运用鉴定技术的目的主要有两个:一是当印证审计事项所需的证据材料超出了审计人员的职责范围时,运用鉴定技术可以取得更有效的、说服力更强的证据;二是当印证审计事项需要的证据材料超出一般审计人员在正常情况下应具备的取证能力时,运用鉴定技术可以弥补审计人员的不足,获取更有效的证据。鉴定技术多用于一些涉及较多专门技术问题的领域,以及难于判别真实情况的一般审计事项。如对电算会计系统的审计,有时不得不聘请计算机方面的硬件与软件专家;对某些专案审计中有关作案手段的判别,可能需要聘请鉴定笔迹的专家;有关书面资料真伪的识别、实物性能与质量、工程项目质量等评估,都需要鉴定技术进行检测,这时常常需聘请工程技术方面的专家。

思考与启发

1. 内部审计证据的类型、特点及获取方法分别是什么?
2. 内部审计抽样技术的基本原理是什么?
3. 分析性程序在内部审计中如何运用?

4. 内部审计其他审计技术与方法的适应范围是什么?
5. 在内部审计程序中使用审计抽样技术的主要环节有哪些?
6. 分析性复核技术有哪些利弊?
7. 内部审计人员应用内部控制自我评估技术是否会产生独立性受损的风险?
8. 什么是学习曲线分析法?如何使用?
9. 分析性程序常用的分析方法有哪些?
10. 比较分析法、结构分析法、比率分析法、趋势分析法及回归分析法各自适用的范围是什么?

第五章

内部审计业务

> 思维导图

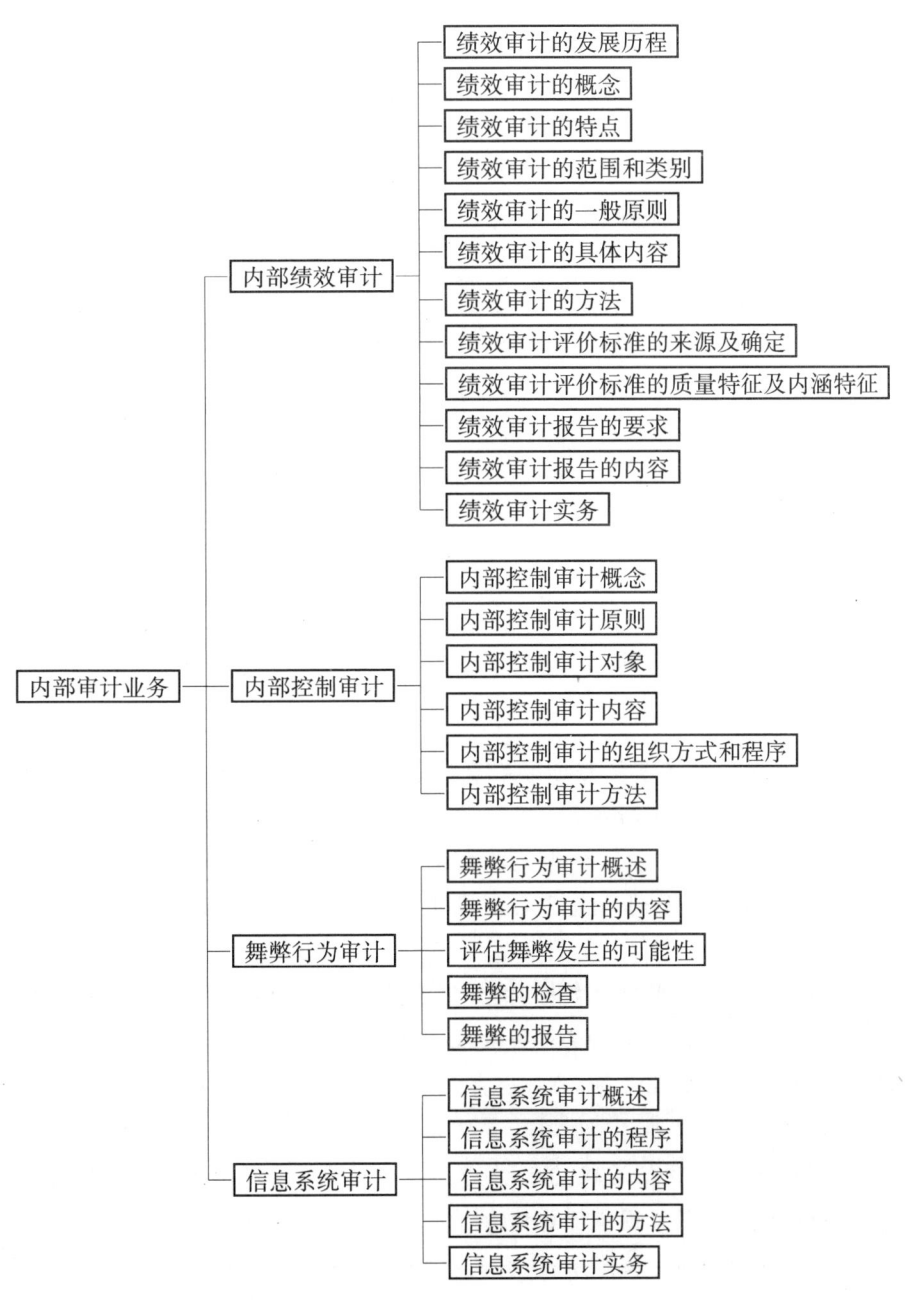

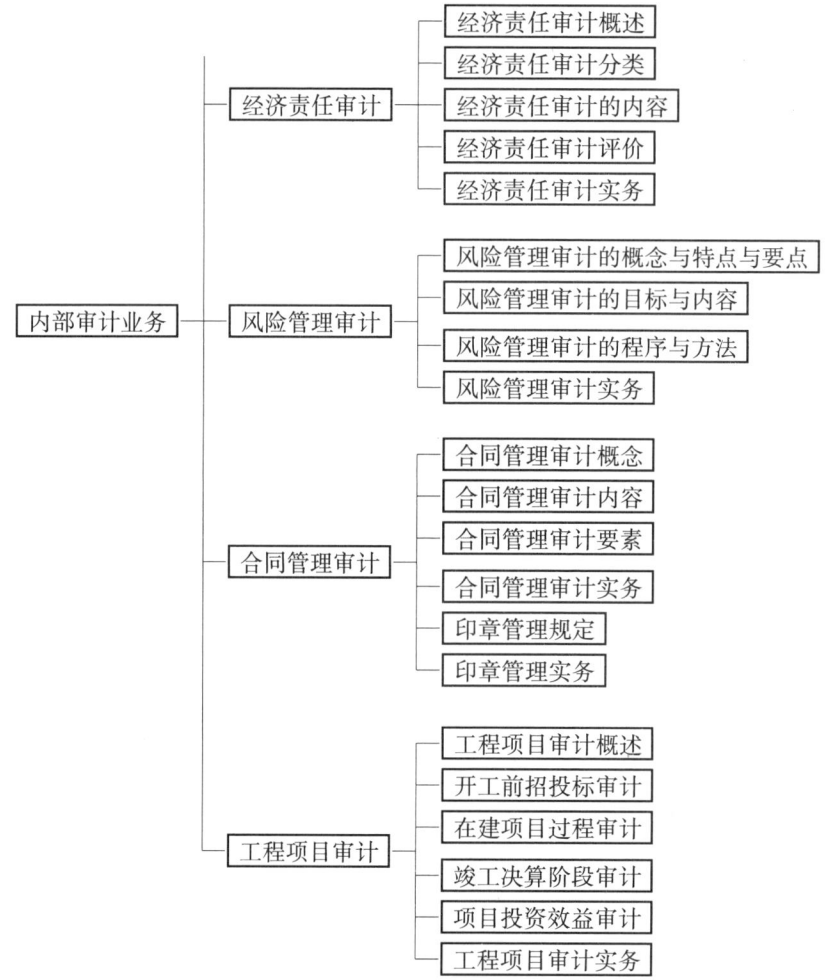

🔴 思政元素

(1) 把内部审计业务范围的不断扩大与马克思主义与时俱进相结合。随着国家治理能力的不断提升，内部审计业务范围不断扩大。马克思主义与时俱进是变与不变的统一。正确理解马克思主义与时俱进关键在于区分马克思主义的基本原理与运用这些基本原理分析具体问题得出的具体结论。要做到马克思主义与时俱进，必须贯彻解放思想、实事求是的思想路线。

(2) 围绕内部审计法律法规，借助大数据、信息化手段，将社会公德、职业道德、科学思维、创新意识、责任意识、契约精神和团队精神等融入内部审计业务，培养学生法律意识、诚信品质、谨慎细致的职业素养和专业素养，为社会主义市场经济建设培养立场坚定、品德高尚、素质全面的审计专业人才。

(3) 不同审计业务体现了不同的治理重点，本章学习以培养学生社会主义核心价值观、公共精神和社会责任感为目标，紧紧围绕理想信念、初心使命、政治站位、两个维护、依法履职、清正廉洁、公道正派、实事求是、求真务实、人民公仆等思维理念，将爱国主义、公共精神、法治精神、诚信敬业等落实进内部审计业务中。

（4）知行合一的思想，本章将理论知识与实践活动结合起来，将"知"与"行"结合起来，以便使思想道德观念内化为思想道德行为。"知"是"行"的前提，"知"是一个自觉认识的过程。认识论告诉我们：人对事物的认识是从感性认识到理性认识的过程，即从感知、认知到消化吸收形成意识的过程。对思想道德的"知"也必须经过同样的过程。"行"是"知"的实践，"知"不等于"行"。

第一节　内部绩效审计

一、绩效审计的发展历程

纵观审计的发展史，绩效审计出现于 20 世纪 40 年代中期，在 20 世纪 70 年代得到快速发展，并在 20 世纪 90 年代完成了由传统财务审计向绩效审计的扩展。在绩效审计的发展初期，其在全球范围内的发展并不均衡，较早开展绩效审计的国家和地区，经济均处于世界领先行列，如加拿大、美国、英国及瑞典等国家。随着绩效审计的不断发展，目前广泛开展绩效审计的国家除前述国家和澳大利亚、德国、挪威、荷兰等西方发达国家外，也不断扩展到一些经济快速发展的亚洲国家和地区，如新加坡、日本、印度、中国香港等。世界各国尤其是欧美发达国家在绩效审计的发展中做出了广泛且深入的探索，也积累了更加丰富的实践经验。

绩效审计的产生和内部审计的发展是密不可分的。早在 19 世纪的英国就已经产生了内部绩效审计，20 世纪 40 年代内部绩效审计得以发展。当时的资本主义经济经过 200 多年的自由竞争，在会计领域已经形成了一整套成熟有效的会计准则，在制度层面上大大减少了财务舞弊的可能性，导致对内部审计在传统真实性领域的审计工作需求减少，内部审计在财务审计方面的工作逐渐萎缩。20 世纪 50 年代以后，资本主义经济有了新的发展，全球统一市场逐渐形成，跨国公司大量涌现，竞争日益激烈。在这样的竞争环境下，组织自身必须重视内部运营管理以提高效益、面对竞争。为了保持有利地位，取得高额利润，组织已经不能仅仅依靠外部审计的审计结果，更需要内部审计人员对组织内部各个环节运营的合理性实施审计，以保证组织效益目标的实现，绩效审计和内部审计也得到了日益融合。内部绩效审计的发展使得审计不再仅与财产所有者相关，也与组织运营者密切相连。

美国是最早将政府审计引向绩效审计的国家，20 世纪 40 年代中期，美国公营部门缺乏财务控制，国家资源利用效率低下、效果不佳，为了保证公共财富的合理利用，审计委员向美国国会建议，政府公营企业应接受美国总审计署的审计监督。国会对此建议表示赞同，并于 1945 年通过了《联邦公司控制法案》。该法案要求美国审计总署不仅要评价公营企业的合规性，还应对管理效率和内部控制系统的效率加以评价，并向国会报告。美国总审计署在1945年对一家公司进行审计后,首次列举了一系列有关公司效率低下的问题,在当时引起了广泛关注,绩效审计的重要性逐渐开始深入人心。进入20世纪60年代后,美国国会要求政府机构的款项使用不仅要符合法律和规章制度的规定,还要在使用中符合经济性和效率性目标。于是,美国总审计署于1972年颁布了《政府组织、计划项目、活动和职责的审计标准》(也称"黄皮书"),明确规定了实施经济性审计、效率性审计和项目效果性审计的目标、程序和报告要求。这是世界上最早的关于绩效审计的审计准则,其后该准则在1981年、1988年、1994年、2003年和2007年又进行了五次修订,在世界范围内产生了广泛的影响。

绩效审计在我国发展的历史相对较短,其最初的发展也是由政府审计开始推动的。1983年,我国最高审计机关审计署成立。1984年,审计署提出的"试审"目标中就已经考虑了经济效益问题。1985年8月,我国颁布了第一个审计法规《国务院关于审计工作的暂行规定》,规定要求县级以上政府部门和大中型企业组织应当建立内部经济效益审计制度,设立内部经济效益审计机构。1991年全国审计工作会议提出,在财务审计的基础上,逐步向检查内部控制制度和经济效益方面延伸。2002年全国审计工作会议则提出将财政财务收支审计和绩效审计相结合。2003年7月1日,审计署颁布实施了《2003—2007年审计工作发展规划》,规划明确提出要开展绩效审计,并争取在五年规划期内达到投入效益审计的资源占到整体审计资源的一半左右。2004年,国资委颁布了《中央企业经济责任审计管理暂行办法》,并在两年后颁布了《中央企业经济责任审计管理实施细则》,明确规定了绩效审计在中央企业中的具体实施。2007年中国内部审计协会颁布了《内部审计具体准则第25号——经济性审计》《内部审计具体准则第26号——效果性审计》和《内部审计具体准则第27号——效率性审计》,从我国内部审计的发展实际出发,规范了内部经济、效果性和效益型审计,内部绩效审计开始在我国的审计规范中初现雏形。2008年,国资委又印发了《关于加强中央企业经济责任审计工作的通知》,不仅深化了经济责任审计的重要性,也使绩效审计又一次得到了制度层面的重视。2013年,中国内部审计协会对内部审计准则进行了重新的修订,将原有的经济性审计、效果性审计、效率性审计三个准则合而为一,在《第2202号内部审计具体准则——绩效审计》中明确使用了"绩效审计"概念,这不论是对我国的内部审计还是绩效审计的发展,都是一次重大的突破和进步。

二、绩效审计的概念

(一)绩效审计的概念界定

绩效问题自古以来就是人类一直关注的问题。任何社会都在力求以较少的投入获得较大的产出,即追求效益最大化。"绩效"一词在语义上可以解释为成绩和效果,而绩效审计,顾名思义,就是对组织所做出的成绩与功效进行的审计。审计作为经济监督的一种工具,其最终的目的也是提高经济效益。随着科学技术的发展和经济全球化,对组织管理要求也越来越高,如果组织希望在竞争激烈的市场上占一席之地,就要注重健全自身的管理体制,加强组织的内部控制,提高运营效率。但是,在很长的一段历史时期里,审计都是仅仅停留在了单纯的财务审计领域,即通过查错防弊实现经济效益的间接提升。然而,新的市场环境迫使组织管理者必须将内部审计工作的重心从传统的查账转移到健全和完善组织管理机制、提高组织经济效益及效率的重心上来,由此也催生了各种以提高经济效益为目的审计形式,如经济效益审计、管理审计、业务经营审计、综合审计等,这些审计形式都可以作为绩效审计的同义词,但其概念之间也存在某些差异。

目前,国际上对于绩效审计的定义和叫法不尽相同,最高审计机关国际组织将绩效审计定义为"一种对被审计单位使用资源及履行其职责的经济性(economy)、效率性(efficiency)和效果性(effectiveness)的审计",即 3E 审计。最高审计机关国际组织进一步指出绩效审计一般包括以下内容:

(1) 根据良好的管理原则和实务及管理政策对管理活动的经济性进行审计。

(2) 对人力、财力和其他资源的使用效率进行审计,包括检查审计信息系统、绩效评价和监督机制,以及被审计单位为纠正已发现的缺陷而采取的程序。

(3) 联系被审计单位目标的实现情况,对被审计单位绩效的有效性进行审计,并通过将审计结果与预期影响进行比较,对被审计单位的活动所产生的实际影响进行审计。

在 2014 年 1 月 1 日正式实施的《第 2202 号内部审计具体准则——绩效审计》第二条规定:绩效审计是内部审计机构和内部审计人员对本组织经营管理活动的经济性、效率性和效果性进行的审查和评价。

经济性,是指组织经营管理过程中获得一定数量和质量的产品或者服务及其他成果时所耗费的资源最少;效率性,是指组织经营管理过程中投入资源与产出成果之间的对比关系;效果性,是指组织经营管理目标的实现程度。从新修订的《第 2202 号内部审计具体准则——绩效审计》对绩效审计的定义来看,绩效审计的概念已经实现了与国际绩效审计的趋同,即都是以 3E 为审计目标。

例如,组织是否以最好的价格购入所需要的原料设备、实际所花费用是否与预算一致、有无浪费等强调的就是经济性目标。项目运作方式方法是否最为合理、职责分工是否存在不必要的重复、内部机构之间是否相互协调、是否存在必要的激励机制等强调的就是效率性目标。组织是否在规定的时间以合理的成本实现了既定目标、公众对提供的服务或产品的满意程度等则强调的是效果性目标。

(二) 绩效审计的概念辨析

在了解绩效审计的同时,我们还要区分其与经济效益审计,管理审计等相近概念,以便更深入地理解绩效审计的含义。

1. 绩效审计与经济效益审计

经济效益是经济和效益的合成词。所谓经济是指社会物质生产和再生产活动,所谓效益是指效果和利益,或有益的效果、有用的结果。因此,经济效益就是指经济活动中有益有用的结果。经济效益是资金占用、成本支出与有用生产成果之间的比较。所谓经济效益好,就是资金占用少,成本支出少,有用成果多。提高经济效益有利于增强组织的市场竞争力,充分利用有限的资源创造更多的社会财富。所谓组织的经济效益,就是组织的生产总值同生产成本之间的比例关系。经济效益是衡量一切经济活动最终的综合指标,任何社会的经济活动都离不开经济效益。

经济效益审计是由得到授权或接受委托的审计人员,依据有关的法规和标准,运用审计程序和方法对被审计单位(或项目)经济活动的经济性、效率性、效果性进行监督、评价、提出改进建议,以提高经济效益为目标而实施的一种独立的经济监督活动。内部经济效益审计是由内部审计机构或审计人员依照国家法律法规和组织的管理制度规定,对组织及所属单位的经营管理活动的合理性和有效性、经济信息的真实性、内部控制的健全性和有效性、经济效益的总体水平和发展趋势进行审查和评价,以提示经营管理风险,提出建设性意见和建议,促进改善经营管理,提高整体经济效益的独立的经济监督活动。经济效益审计与绩效审计几乎是等同的,只是绩效审计的范围更加广泛。首先,根据经济效益的定义,经济效益是经济活动投入与产出、消耗和成果、费用和效用之间的对比关系。因此,经济效益审计主要是从挖掘组织潜力、分析组织投入产出的角度开展的,而绩效审计则是由三个要素构成的,即经济性、效率性和效果性。对比之下,经济效益审计更符合绩效审计中的第二个要素,即效率性审计的概念。其次,绩效审计涵盖的领域更加广泛。经济效益审计的开展,最初主要是从促进组织提高经济效益开始的,侧重于经济领域,而绩效审计既适用于企业,又适用于国家行政机关、事业单位,可以涵盖经济、行政,甚至是文化等各个领域。最后,使用绩效审计这一术语也更加符合国际惯例。1986年4月在悉尼召开的最高审计机关第十二届国际会议,将"绩效审计"列入了正式议题。会议建议以"绩效审计"这一术语统一各种有关绩效型审计的名称,并在最后的会议文件《关于绩效审计、公营企业审计和审计质量的总声明》中正式使用了"绩效审计"这个术语。

2. 绩效审计与管理审计

管理审计萌发于20世纪30年代,形成于20世纪50年代,在20世纪70年代后得到了较大发展。管理审计的概念最早出现在由英国管理协会、英国机械工程师协会和生产工程师协会员罗斯在1932年出版的《管理审计》一书中。之后,管理审计的概念得到了广泛的应用,但学术界至今对管理审计仍然没有统一的定义。通过对各学者观点的整理和分析,我们可以将管理审计定义为:管理审计是以被审计单位的管理活动为审查对象,通过综合检查改善组织的管理素质、管理水平和管理效率,促进被审计单位提高经济效益的活动。

管理审计的首要目标就是提高组织管理者的管理效率,在此基础上对财务报表以外的管理活动和管理业绩发表批判性意见。这是从本质上区分管理审计与绩效审计、经济效益审计等概念的关键点。管理审计是判定受托人履行受托管理责任的审计活动,其目的在于建立委托人与受托人之间的互信,以优化组织资源的利用。管理审计与绩效审计相同,也强调经济性、效率性和效果性。但是,管理审计中的经济性是在适当考虑质量的前提下,减少资源购置成本,从某种程度上来说应该是效率性的一部分,而效果性与有关方针目标、经营目标等具有直接的关系,存在许多人为因素。由此可见,管理审计中的效率性所占比重较大,效率是手段,效果是结果,管理审计偏重管理效率。相比而言,绩效审计更注重经营效率及生产效率,是对投入产出的衡量,没有真正反映用效率来计量管理的本质,反映的是被审计组织的总体实力,无法真正反映管理的好坏。古典管理学派代表人物法约尔认为管理的最终目的是通过组织的整体活动,达到特定的经营目的。管理是为了达到特定的经营目的手段,经营才是最终目的。管理审计更关注组织实现经营目的的方式,绩效审计则更注重对经营结果的评价,两者的区别实际上源于管理与经营的不同。

三、绩效审计的特点

与传统的财务审计和合规性审计相比,绩效审计的特点主要体现以下几个方面。

(一) 目标的灵活性

绩效审计以财务审计和合规性审计为基础,其目标是在确定被审计单位(或被审计项目)财务收支真实合规的基础上,进一步评价其经营管理活动是否适当有效,是否实现了经济性、效率性和效果性。绩效审计既可以针对经济性、效率性和效果性进行全面的审查评价,也可以只针对其中一个或两个方面进行审查评价,目标具有综合性和灵活性的特点。

(二) 内容的广泛性

绩效审计的内容既可以针对企业、单位整体的绩效情况,也可以仅评价其某项经营管理活动的效益。这些活动既包括侧重于人、财、物利用效率的管理活动,也包括侧重于产、供、销的市场经营活动,内容十分广泛。

(三) 方法的多样性

由于审计目标的灵活性和审计内容的广泛性,绩效审计方法也体现出多样性的特点。除常规审计方法外,绩效审计还会大量运用现代经济管理技术和方法,如经济活动分析、管理会计、统计测量、经济预测等领域所使用的技术和方法。

(四) 成果的建设性

绩效审计报告通常需要指出被审计单位在经营管理方面存在的不足和可改进之处,并提出改善和提高绩效的建议。与财政财务收支真实合法性审计相比,绩效审计成果的建设性更加突出。

四、绩效审计的范围和类别

(一) 绩效审计范围的确定

在近代财务审计的变革与发展过程当中,最具影响力的变革莫过于风险导向审计思想的应用。在风险导向审计模式下,了解被审计单位外部行业环境及内部经营环境,评估其经营风险,并通过分析程序等审计程序对重大错报风险进行评估,就可以在保证审计质量的前提下有效地提高审计效率。由于该模式有效地控制了总体风险,对于重大错报风险较低的环节,审计人员就可以减少实质性测试的范围和水平,从而直接提高审计效率,降低审计成本,并克服了有限的审计资源在低风险环节和高风险环节分配不当的缺陷。

坚持风险导向的审计思路,不仅是保障外部审计质量和效率的要求,也是内部审计质量和效率的保障。为此,内部审计机构和人员在确定绩效审计范围的时候,可以根据实际需要选择和确定绩效审计对象,既可以针对组织的全部或部分经营管理活动,也可以针对特定项目和业务。这实际上就是内部审计机构和人员在绩效审计中采用风险导向思想和模式的具体体现。

随着经济全球化的深入发展和社会信息化的持续推进,现代组织的业务类型日益复杂,在既有的审计资源基础上对正常经营的组织实行全面绩效审计既不现实也不科学。绩效审计的目的在于提高组织的运营效率及管理水平,倘若将所有的经营活动都纳入审计的范围,势必会浪费大量的审计成本,影响组织的正常运营秩序,耗费组织的审计资源。因此,根据组织自身的实际情况,合理选择和确定绩效审计对象是十分必要的。对于风险较高的项目或经营环节,可以着重考核和审查;对于风险较低的领域,可以降低审计力度或免于审计。一切都要以组织自身的特点和项目自身的特点为基础有所侧重地安排审计。

(二) 绩效审计类别的确定

1. 根据审计范围确定绩效审计的类别

根据绩效审计范围的不同,我们可以将绩效审计分为全面绩效审计、局部绩效审计和项目绩效审计。

1) 全面绩效审计

全面绩效审计是以审计对象经济效益的实现全过程和全部影响因素为审查范围的绩效审计。全面绩效审计的审计范围广泛,内容全面,有利于从整体上促进被审计单位提高经济效益。但是,全面绩效审计消耗的审计资源也较大,通常需要投入大量的人员、时间和经费,可能违背成本效益原则。全面绩效审计适用于长期亏损、面临破产的企业。

2) 局部绩效审计

局部绩效审计是以审计对象的部分经济活动或经济效益的部分影响因素为审计范围的绩效审计。例如,某产品的单位生产成本效益分析、流动资金周转和利用效率审查等。局部绩效审计的审计范围较小,消耗的审计资源也少,对内部审计机构和审计人员的要求较低。局部绩效审计通过解决某个环节上的问题,推动被审计单位整体效益的提高,能起到立竿见影的效果。局部绩效审计适用于对组织日常的生产经营活动和业务活动的绩效评价,是当前我国绩效审计中采用最多的方式。

3) 项目绩效审计

项目绩效审计是以某一特定项目,即一次性的经济活动为审计对象的绩效审计。例如,对外投资项目的绩效审计、新产品开发项目的绩效审计、固定资产建设项目的绩效审计等。项目绩效审计在审计资源消耗产生效果的速度等方面与局部绩效审计相似,也是我国绩效审计中经常采用的一种方式。

2. 根据审计内容确定绩效审计的类别

绩效审计并不是对每项经济管理活动都必须从经济性、效率性和效果性进行全面的审查和评价。根据实际情况和需要,现实活动的经济性,效益性和效果性的审查和评价,也可以只侧重某一方面。这就为绩效审计的开展提供了自主决策的空间,组织可以根据自身情况,只实施经济性审计、效率性审计、效果性审计中的一项或两项,也可以全部实施。

1）经济性审计

经济性审计是指内部审计机构和人员对组织经营活动的经济性进行审查和评价的活动，主要审核各项经济资源的利用是否节约、合理，以及各项经济活动是否有效率。为此，经济性审计主要关注的是资源投入和使用过程中的成本，只有以较低的价格获得同等质量的资源时才能够实现经济性。

2）效率性审计

效率性审计是指内部审计机构和人员对组织经营活动的效率性进行审查和评价的活动，主要是通过审查和评价组织经营活动的投入、产出关系，优化业务流程，提高经营效率。为此，效率性审计主要关注的是支出的效率，当投入一定量的人、财、物、信息和技术资源取得产出最大化时，或者取得定量的产出实现了投入最小化时，才能称之为效率性。

3）效果性审计

效果性审计是指内部审计机构和人员对组织经营活动的效果性进行审查和评价的活动，主要是协助组织管理层改善经营水平，提高经营活动的效果。为此，效果性审计主要关注的是一个项目是否实现了目标及目标成果的有用性。

当然，上述三项审计所关注的目标有时可以单独考虑，有时又紧密相连、相互交叉，并无明显的区分界限。内部审计机构和人员在安排绩效审计时应当根据实际情况，合理计划每个具体绩效审计项目对三项审计内容的考虑。

五、绩效审计的一般原则

内部审计机构应当充分考虑实施绩效审计项目对内部审计人员专业胜任能力的需求，合理配置审计资源。

组织各管理层根据授权承担相应的经营管理责任，对经营管理活动的经济性、效率性和效果性负责。内部审计机构开展绩效审计不能减轻或者替代管理层的责任。

内部审计机构和内部审计人员根据实际需要选择和确定绩效审计对象，既可以针对组织的全部或者部分经营管理活动，也可以针对特定项目和业务。

六、绩效审计的具体内容

为了实现绩效审计的总体目标，内部审计机构和人员应当设定绩效审计的具体目标，并确定绩效审计的具体内容。具体而言，绩效审计主要审查和评价下列内容：

（1）有关经营管理活动经济性、效率性和效果性的信息是否真实、可靠。

（2）相关的经营管理活动的人、财、物、信息、技术等资源的取得、配置和使用的合法性、合理性、恰当性和节约性。

（3）经营管理活动既定目标的适当性、相关性、可行性和实现程度，以及未能实现既定目标的情况及其原因。

（4）研发、财务、采购、生产、销售等主要业务活动的效率。

（5）计划、决策、指挥、控制及协调等主要管理活动的效率。

(6) 经营管理活动预期的经济效益和社会效益等的实现情况。

(7) 组织为评价、报告和监督特定业务或项目的经济性、效率性和效果性所建立的内部控制及风险管理体系的健全性及其运行的有效性。

(8) 其他有关事项。

从绩效审计的具体内容可以看出,绩效审计的内容非常广泛,与传统的财务审计既有重合,又有延伸。内部审计准则对绩效审计的概念界定、目标设定和内容安排都渗透着3E的思想。例如,审计内容中包含的相关资源的取得、配置和使用的合理性、恰当性和节约性就体现了绩效审计的经济性审计目标;对研发、财务、采购、生产、销售等主要业务活动的效率及计划、决策、指挥、控制及协调等主要管理活动效率的关注体现的是效率性审计;而审查经营管理活动既定目标的实现程度、预期的经济效益和社会效益等的实现情况则完全符合效果性审计的内容。毋庸置疑,影响组织绩效的因素不是单一的,它受到人、财、物、技术和管理等多方面因素的共同影响。因此,绩效审计的审计对象突破了传统的财务审计和财政收支审计,不只是关注账、证、报表等会计资料及所反映的财务、财政收支状况,而是将目光置于组织的整个经营管理活动之上,超越账本的表面,深入业务的实质。但是,绩效审计并不能脱离财务审计,除了必须关注的经济性、效率性和效果性目标,绩效审计仍然需要关注组织使用资源的合法性、合规性及组织信息的真实性、可靠性。另外,组织管理活动的目标是否适当可行也是绩效审计的重要关注点,因为这些目标也是组织获得经济效益、组织管理有效的前提和基础。从宏观层面来看,绩效审计的内容包含组织的经营活动和管理活动,组织的经营与管理并不是相互独立的,经营活动的经济有效与管理活动的顺利开展往往是相辅相成、相互促进的。从表面看,经营活动的经济性、效率性和效果性体现在业务活动的过程及结果上。但是,任何经营活动都是离不开管理活动的,都是管理层和管理人员发挥其职能的过程。管理人员的素质决定了管理职能的发挥程度和管理水平、管理效率的高低,而管理水平和管理效率又直接影响着经营活动的经济性、效率性和效果性。在组织的管理活动当中,绩效审计尤其还要关注组织的内部控制体系及风险管理体系,内部控制评价与审查是内部审计的重要内容。健全的内部控制系统可以防患于未然,对于内部控制系统及风险管理体系的审查和评价可以促进内部控制系统充分发挥作用,发现组织在经济性、效率性、效果性方面存在的问题,并在问题发生之前将其解决,不仅可以降低组织可能遭受的损失,也可以节约审计成本。

七、绩效审计的方法

绩效审计的方法是指内部审计人员为了达到绩效审计的目标,在绩效审计过程中收集和分析证据所使用的工具和手段,绩效审计方法的选择应当以获取相关、可靠和充分的审计证据为目标。内部审计机构和人员应当依据重要性、审计风险和审计成本选择与审计对象、审计目标及审计评价标准相适应的绩效审计方法,以获取相关、可靠和充分的审计证据。例如,在选取审计方法时,应当遵循风险导向审计模式,考虑重要性水平及审计风险,重要性水平较低和审计风险较大的环节要加大审计力度。内部审计机构和人员在绩效审计的实施过程中应当贯彻多种方法相互结合的思路,以获取更充分、更相关和更可靠的审计证据。同时,选取审计方法还要遵循成本效益原则、衡量审计成本与实施该方法获得的审计证据所带来的效益,尽量选择经济合理的方法。绩效审计可以采用的方法是多种多样的,内部审计机构和人员应当广泛吸收管理学、计量经济学、统计学、运筹学、数学等领域的先进技术和方法。在选择绩效审计方法时,除运用常规审计方法,还可以运用多种特殊方法。这里仅对几项主要方法作简要说明。

(一) 数量分析法

数量分析法是指对经营管理活动相关数据进行计算分析,并运用抽样技术对抽样结果进行评价的方法。数量分析法包括线性规划法、网络分析法、回归分析法、经济批量分析法等。

1. 线性规划法

线性规划法是指解决多变量最优决策的方法,可以在各种相互关联的多变量约束条件下,解决或规划一个对象的线性目标函数最优的问题,即给予一定数量的人力、物力和资源,分析如何应用才能得到最大经济效益。线性规划法一般采取三个步骤:第一步,建立目标函数;第二步,加上约束条件;第三步,求解各种待定参数的具体数值。内部审计人员可以利用线性规划法评价组织在既定条件下资源投入是否达到最优。

2. 网络分析法

网络分析法是一种组织生产和进行计划管理的科学方法。它的基本原理是利用网络分析制订计划并对计划予以评价,通过网络图的形式描绘出项目包含的各种活动的先后次序,表明每项活动的时间和相关的成本,并区别轻重缓急进行协调,以对资源加以合理的安排和利用,达到以最少的时间和资源消耗完成整个系统的预定计划目标,取得最好的经济效益。内部审计人员在审查经济性和效率性时,通常采用网络分析法审查被审计对象是否以最少的时间、最低的成本完成最多的任务或取得最大的利润。

3. 回归分析法

回归分析法是指处理变量之间相互关系的一种数理统计方法。这种方法是先从变量的统计资料中找出其因果关系,建立变量之间的回归方程,将回归方程作为预测模型,根据自变量在预测期的数值变化来预测因变量的数值。回归分析依据其所考察的经济变量中自变量因素的多少可以分为一元回归分析、二元回归分析和多元回归分析。回归分析依据所配回归线的形式,又分为线性回归分析和非线性回归分析。

4. 经济批量分析法

经济批量分析法是指根据单位产品支付费用最小原则确定批量的方法,又称"最小费用法"。生产批量的大小对生产费用影响较大。批量大,可以减少设备调整费用,而产品费用却相应增大;批量小,虽然可以减少在产品费用,但要增大设备调整费用。经济批量分析法是确定批量和生产间隔期时常用的一种以量定期方法。具体来看,批量生产与费用之间存在着函数关系,批量主要通过两方面因素影响生产费用:一是生产准备费用,这部分费用随生产批次增减而变化;二是保管费用,即在产品在存储保管期间所发生的费用,如仓库管理费用、资金呆滞损失、存货损耗费用等。这些费用与批量大小和存储时间长短有关。

(二) 比较分析法

比较分析法是指通过分析、比较数据间的关系、趋势或者比率取得审计证据的方法。比较分析法简便易行，是绩效审计中最为常用的定量分析方法，它可以广泛地运用于经济性、效率性和效果性评价。

在比较分析法中，用于比较的数据可以是绝对数，也可以是相对数；可以是实际数据与计划数据相比较，也可以是不同时间（如当期与上期）、空间（如不同国家、不同地区）或者不同项目的相同指标或者数据相比较，还可以与先进水平、平均水平、有关政策、项目目标、项目实施方案等进行比较。在实际运用中，通常是将审计发现的情况与相关的评价标准进行比较。

无论采用何种比较分析的方法，审计人员都要注意数据间的可比性问题，即要保证相比较的各种指标在含义、内容、计算口径和计算基础等方面的一致性。

(三) 因素分析法

因素分析法是指将综合经济指标分解为相互联系的若干因素，并分析这些因素对综合指标变化的影响方向和影响程度的方法。这种方法将综合指标分解为相互联系的若干因素，运用数学方法依次用各因素的标准值替代实际值，分析计算各个因素对综合指标的影响程度，从中找出最主要的影响因素。该方法适合于寻求综合问题的各种成因，并评价这些因素的影响程度。

绩效审计重在分析研究，因素分析法是一种有效的分析工具。特别是在对问题原因进行分析时，若面临可能影响问题的因素比较多，相互关联性强，运用该方法能提供比较好的量化渠道，逐一分析各种因素的影响程度。

(四) 量本利分析法

量本利分析法是指分析一定期间内的业务量、成本和利润三者之间变量关系的方法。它是一种定量分析方法，是在成本性态分析的基础上通过对成本、业务量和利润三者关系的分析，建立数学化的会计模型和图式，进而揭示变动成本、固定成本、销售量、销售单价和利润等诸多变量之间的内在规律性联系，为利润预测和规划、会计决策和控制提供有价值的会计信息。

量本利分析的主要内容包括盈亏临界点分析、影响利润的各因素分析、不同生产方式盈利性对比分析以及为实现目标利润应采取的措施分析等。内部审计人员利用量本利分析法可以评价企业的盈利状况和经营业绩，研究销售数量、销售价格、销售成本的变动对利润的影响程度，预测企业的利润，提出实现目标利润、增加利润的审计建议。

(五) 专题讨论会

专题讨论会是指通过召集组织相关管理人员就经营管理活动特定项目或者业务的具体问题进行讨论的方法。专题讨论会可用于绩效审计的不同阶段，尤其是在对初步调查的结果和有关审计结论做出判断时，审计人员经常会召开专题讨论会，其目的是讨论问题、分析观察到的现象,以及可能采用的衡量方法,公开辩论有关立场的正反两方面,以使审计人员获取专业领域的知识,达成统一的立场和观点。

(六) 标杆法

标杆法是指对经营管理活动状况进行观察和检查,通过与组织内外部相同或相似经营管理活动的最佳实务进行比较的方法。标杆法被广泛用于组织建立绩效标准、设计绩效过程、确定度量方法及管理目标等方面。标杆法的核心是确定标杆,即最佳的实践标准,并将其作为绩效管理目标和绩效评价标准。通常,这种标杆可以分为外部标杆和内部标杆两类。

绩效审计中,审计人员可以学习和借鉴标杆法的原理,通过将被审计对象的绩效与其他单位或项目的绩效(最佳实践标准)进行系统的对比分析,来评价其绩效水平。这时所运用的标杆法实际上是比较分析法的一种特殊形式,将被审计对象的各项指标与一个特殊的标准,即最佳实践标准进行比较。因此,确定适当的最佳实践标准是审计人员运用标杆法的关键步骤。标杆法适用于审计对象存在先进的实务能够作为标准,对存在最佳实务的组织事先进行过详细周密的考察,并且能够确定需要对照或借鉴的事项。

(七) 调查法

调查法是指凭借一定的手段和方式(如访谈、问卷调查),对某种或者几种现象、事实进行考察,通过对搜集到的各种资料的分析处理,进而得出结论的方法。调查的目的是从特定群体中系统地获取信息。这种方法一般建立在抽样的基础之上,获取信息的方式是非交互式的,因此需要对调查内容进行精心设计,并对反馈资料进行科学的整理分析,从而推断总体、形成结论。

在绩效审计中,问卷调查法被广泛运用。该方法的优点是便于收集大量第一手资料,扩大审计调查覆盖面,减少审计成本,形成比较充分的审计证据。缺点是使用问卷调查法的效果容易受调查问卷的设计水平及受调查人或单位重视程度的影响。

(八) 成本效益分析法

成本效益分析法是指通过分析成本和效益之间的关系,以每单位效益所消耗的成本来评价项目效益的方法。该方法是审计人员进行效率性评价的常用分析方法之一。

运用成本效益分析法的优点是:该方法可以通过收集数据和信息将无形的成本效益货币化,直观地衡量被审计对象的成本效益情况;该方法可以根据需要考虑货币的时间价值、风险和不确定因素的影响,比较科学。该方法的缺点是:如果被审计对象的成本和效益不能以货币金额准确计量或者估计,该方法的使用就会受到限制;该方法不能考虑过多复杂的因素或者评价过于复杂的项目;衡量成本和效益时需要进行比较复杂的调整,容易受到人为操纵;该方法科学地确定折现率和评估相关风险比较困难。

(九) 数据包络分析法

数据包络分析法(Data Envelopment Analysis, DEA)是指以相对效率概念为基础,以凸分析和线性规划为工具,应用数学规划模型计算比较决策单元之间的相对效率,对评价对象做出评价的方法。这种方法明确地考虑了多种投入（即资源）的运用和多种产出（即产品或服务）的产生，能够用来比较提供相似服务的多个服务单位之间的效率，也可以用来研究多种投资项目方案之间的相对有效性，每个服务单位或投资项目即被视为一个决策单元。

在绩效审计中审计人员往往需要判断被审计对象在某一时段内是否存在管理漏洞或决策失误等问题，而这些问题并不一定具备统一的对照标准，这时可以把相同类型的单位（即决策单元）放在一起进行评价，评价的依据是决策单元的输入数据和输出数据。输入数据是指决策单元在某段时期的投入，如投入的资金总额、投入的总劳动力数、做出的各种决策以及各种管理政策等。输出数据是指决策单元经过一定的输入之后，产生的表明该活动成效的某些信息，如经济效益、社会效益等。数据包络分析法将效率表示为产出对投入的比率，获得100%效率的决策单元被称为相对有效率单位，而效率评分低于100%的决策单元称为无效率单位。该方法克服了传统的成本效益评价方法只能考虑一种投入（成本）和一种产出（效益）的局限性，在评价公共资源投入活动效益方面更加具有先进性。

（十）目标成果法

目标成果法是指根据实际产出成果评价被审计单位或者项目的目标是否实现，将产出成果与事先确定的目标和需求进行对比，确定目标实现程度的方法。

使用目标成果法时，首先要确定产出的具体目标，这可以通过查阅有关文件资料或走访有关部门等方法完成。在确定目标之后，再根据实际需要收集有关数据资料进行处理和分析，将分析结果与目标进行比较，评价各个目标的实现或落实情况，同时分析造成目标与产出成果不符或目标未完成的可能原因，进而评估由此带来的影响。需要注意的是，有时成果对目标的偏离会产生较好的效果，取得较好的效益。使用该方法时，还可以将资金的实际使用结果与预算相对照，检查预算的执行情况，并审查预算本身是否科学合理。

该方法要求目标必须明确且一贯执行，目标执行过程中受到较少的干扰，但目标经常不是很明确具体，且成果对目标的偏离有时是由许多复杂因素决定的，评价时要对各种因素进行综合考虑。使用目标成果法的优点是可以在所有重要方面评价目标的实现程度和产生的影响，审计人员在评价目标实现情况时可以发现经营管理中存在的问题，进而提出改进建议。

（十一）公众评价法

公众评价法是指通过专家评估、公众问卷及抽样调查等方式，获取具有重要参考价值的证据信息，从而评价目标实现程度的方法。这种方法常用于对公共部门绩效的评价，评价内容包括政府行为效果和结果的评价、服务质量评价、政府形象评价等。该方法还可用于对企业新产品市场评估、客户满意度评价等，评价的具体内容取决于评价目的和要求。

八、绩效审计评价标准的来源及确定

所有的判断都是建立在标准的基础之上的，任何的评价也都需要一个标准，绩效审计当然也不例外。绩效审计的评价标准就是审计人员衡量、评价被审计对象优劣的参照物，也是审计人员提出审计意见、做出审计结论的依据。《世界审计组织绩效审计指南》将绩效审计标准定义为审计人员衡量和评价审计活动经济性、效率性、效果性可以达到的业绩标准。

绩效审计评价标准反映了被审计事项的规范化控制模式，代表了理性了解情况的人士对"事情应该有的标准"的期望。理解和建立绩效审计标准是开展绩效审计实务的重要前提。内部审计机构和人员应当根据绩效审计目标，确定绩效评价的标准，有了目标和标准，才能确定搜集证据和综合评价的具体方法，因此，绩效审计标准是连接审计目标和审计方法的纽带。另外，绩效审计标准还是审计人员和被审计者之间建立有效沟通的基础，因此只有双方对评价标准达成一致，双方才能够更容易地接受根据该评价标准得出的结论。

（一）评价标准的来源

绩效审计评价标准的来源主要包括：有关法律法规、方针、政策、规章制度等的规定；国家部门、行业组织公布的行业指标；组织制定的目标、计划预算、定额等；同类指标的历史数据和国际数据；同行业的实践标准、经验和做法。从绩效审计的发展历程来看，在一定的历史时期，绩效审计的评价标准通常来源于国家的施政方针、国家或行业性的标准、行业机构发布的专业信息、其他国家的经验结果及审计人员的职业判断等。

1. 有关法律法规、方针、政策、规章制度等的规定

国家的法律法规、方针和政策，以及各项规章制度是一切活动必须遵守的最基本的准则，绩效审计评价标准当然也必须遵循国家有关法律法规、方针、政策、规章制度等的规定。内部审计机构和人员所确定的任何审计标准都不能与其相违背。在我国，国家的法律法规、方针政策主要包括《中华人民共和国宪法》《中华人民共和国公司法》《中华人民共和国审计法》《中华人民共和国审计法实施条例》等。只有在遵循国家的法律法规、方针、政策的前提下取得的绩效，才是真正的绩效。

2. 国家部门、行业组织公布的行业指标

除了国家法律法规、方针、政策、规章制度对组织经营活动及市场活动的约束，各部门及行业协会对组织绩效也设定了评价标准，这些评价标准可以作为内部审计机构和人员实施绩效审计的标准。例如，1999 年财政部、原国家经济贸易委员会、原人事部、原国家计划委员会联合印发的《国有资本金效绩评价指标体系》及《国有资本金效绩评价操作细则》提出的 8 项基本指标、16 项修正指标和 8 项评议指标，从 3 个层次对组织效绩进行了深入分析，较为全面地反映了组织的生产经营状况和经营者的业绩。再比如，2006 年国资委颁布的《中央企业综合绩效评价管理暂行办法》及《企业绩效评价标准值》对绩效评价标准做出了更为详细的规定。2013 年财政部颁布的《预算绩效评价共性指标体系框架》则为建立符合我国国情的预算绩效评价指标体系指明了方向。无疑，国家各级政府部门所颁布的组织绩效管理和评价标准和指标是内部审计机构和人员在实施绩效审计时可以使用的最为权威的评价标准。

行业标准是指以一定行业众多群体的相关指标数据为样本，运用数理统计方法计算和制定出的、适合于该行业的绩效评价标准。内部审计机构和人员在采用行业标准作为绩效审计的评价标准时,可以对各类项目的绩效水平进行纵向或横向的分析。在评价被审计活动的同时,还可以通过评价结果总结出一定时期内同类项目应达到的绩效水平,从而为整个行业的发展提供可借鉴的信息。

3. 组织制定的目标、计划、预算、定额等

组织制定的目标、计划、预算、定额等指标也可以为内部审计机构和人员确定绩效审计的评价标准提供依据。这类指标从组织自身的实际情况出发,具有较强的可比性,作为绩效审计的评价标准,既是组织的管理目标,又能反映出组织的实际管理水平,也比较容易得到组织管理层的认同。

4. 同类指标的历史数据和国际数据

同类指标的历史数据和国际数据是内部审计机构和人员确定绩效审计标准的重要来源。被审计部门或项目以前年度取得的绩效是正常管理环境下可以达到的管理效果,如果被审计单位的管理环境并未发生较大的改变,被审计部门或项目的绩效至少应当可以达到以前年度的相同水平。将历史数据作为评价标准可以衡量组织目标的完成程度,并为评定组织的发展速度提供参考依据。另外,参照国内外同行业的先进水平或平均水平制定绩效审计的评价标准,可以评估组织在整个行业中的地位,并对组织管理层起到激励作用。在没有找到其他较为合理评价标准的前提下,内部审计机构和人员可以将历史数据作为组织绩效的衡量标准。但是,历史数据和国际数据所涵盖指标的时间和空间跨度较大,内部审计机构和人员在运用时应当充分考虑各种环境因素的变动对评价标准的影响。

5. 同行业的实践标准、经验和做法

在确定绩效审计的评价标准时,内部审计机构和人员还可以充分借鉴同行业的实践标准、经验和做法。具有相似性质的组织在发展道路上往往会遇到与被审计单位相同的问题。因此,虚心学习其他组织的经验,从其他组织的实践标准中寻找适合自己的标准,取其精髓、去其糟粕,也不失为内部审计机构和人员选择绩效审计评价标准的一种高效且有效的办法。

(二)评价标准的确定

内部审计机构和人员应当选择适当的绩效审计评价标准。从绩效审计的实践来看,绩效审计的对象千差万别,评价被审计对象经济性、效率性和效果性的标准也各不相同,甚至在同一个项目中也可能存在完全不同的评价标准,因此,建立完全统一的绩效审计评价指标是不现实的。但是,在没有适当的绩效审计评价标准的情况下,内部审计人员客观公正地提出评价意见也十分困难。为此,选择适当的绩效审计评价标准,建立科学的绩效评价标准体系,为内部审计人员提供明确的评价依据是绩效审计的重点和难点。在设置绩效审计评价标准体系时,内部审计机构和人员可以先列出主要的评价方向,再由行业协会或组织自身根据行业和组织自身的特点和性质,确立更加详细和合适的分解指标及评价标准。所以,内部审计机构和内部审计人员在确定绩效审计评价标准时,应当与组织管理层进行沟通,在双方认可的基础上确定绩效审计评价标准。

九、绩效审计评价标准的质量特征及内涵特征

(一) 绩效审计评价标准的质量特征

在我国绩效审计评价标准体系的建立与西方国家相比尚不成熟,内部审计机构和人员在确定绩效审计的评价标准时应当吸取国外先进经验,尤其应当关注绩效审计评价标准的质量特征。绩效审计的评价标准应当具有可靠性、客观性和可比性等质量特征。

1. 可靠性

绩效审计评价标准的可靠性是指内部审计机构和人员确定的绩效审计评价标准应当能够使不同的内部审计人员在同样的情形下运用同样的标准得出基本一致的结论。

2. 客观性

绩效审计评价标准的客观性是指内部审计机构和人员在确定和运用绩效审计评价标准时不应受到其他内部审计人员或管理人员偏见的影响。内部审计人员可以根据确定的绩效审计的评价标准对被审计对象做出公平和合理的评价。

3. 可比性

绩效审计评价标准的可比性是指内部审计机构和人员确定的绩效审计评价标准与其他相似机构所确定的标准或历史标准应当保持一致,以使被审计单位可以将其绩效与其他组织的绩效、行业水平及历史水平进行比较。

(二) 绩效审计评价标准的内涵特征

内部审计机构和人员确定的绩效审计评价标准除应具备上述三项质量特征,还应具有时效性、层次性、可控性和相关性等内涵特征。

1. 时效性

绩效审计评价标准的时效性是指绩效审计评价标准的选择是以特定的时间、环境和条件为基础的。绩效审计评价标准并不是一成不变的,应当是随着时间和条件的变化而改变的。当今世界经济发展日新月异,内部审计机构和人员在确定绩效审计的评价标准时尤其应该注意标准的时效性,不能用过时的评价标准来评价现在的经济活动。绩效审计评价标准还应该具有前瞻性和先进性,并在绩效审计的实践中不断进行修改和完善。

2. 层次性

绩效审计评价标准的层次性是由组织经济活动的层次性决定的。如果将组织的经济活动分为宏观经济活动、中观经济活动、微观经济活动,那么绩效审计的评价标准也可以分为宏观绩效评价标准、中观绩效评价标准和微观绩效评价标准。内部绩效审计的评价标准多与微观绩效评价标准相重合,可以具体到部门标准、车间及班组标准或某项目的标准等。

3. 可控性

绩效审计评价标准的可控性并不完全等同于可操作性,除了要求评价标准在操作上具有可行性,还要求评价标准涉及的因素应当是可控的。绩效审计只能针对被审计经济活动有能力控制的因素和标准进行评价,对于无法控制或不可抗力等因素是无法进行评价的。

4. 相关性

绩效审计评价标准还需要具有相关性。凡是作为绩效审计评价标准的政策规定和指标都必须与审计目标、审计内容相关,也就是应当与经济性、效率性和效果性相关。与被审计活动的经济性、效率性和效果性无关的法律法规、行业标准、计划指标等都不能作为绩效审计的评价标准。

十、绩效审计报告的要求

绩效审计报告是绩效审计结果的最终表现形式,是内部审计人员在绩效审计工作后发表审计意见、做出审计结论、提出审计意见的书面文件。内部审计人员可以在报告中对被审计事项提出客观的评价,肯定优点和长处,同时对组织管理中存在的效益性和效果性问题进行分析,并针对审计过程中发现的问题提出改进建议和完善措施。

（1）绩效审计报告是审计评价的载体,审计评价贯穿于绩效审计的整个过程。

绩效审计评价要以审计事实为依据,不能凭空捏造。绩效审计报告应当反映绩效审计评价标准的选择、确定及沟通过程等重要信息,包括必要的局限性分析。在绩效审计报告中,内部审计人员应该以清晰、具体的语言描述绩效审计的目标、范围和评价标准。绩效审计评价标准是审计目标和审计范围的反映,绩效审计报告应当详细地分析评价标准的选择、确定、应用与评价结果,以使绩效审计报告的使用者了解内部审计人员的审计思路,形成对整个审计过程的方向性理解。由于绩效审计评价标准必须得到被审计单位的认可,内部审计人员就绩效审计的评价标准与被审计单位的沟通过程也应当列示在绩效审计报告中,以证明审计结论契合被审计单位的实际情况,具有合理性和客观性。然而,受制于绩效审计报告的篇幅及审计报告应突出重点的要求,内部审计人员在撰写绩效审计报告时也不必罗列所有的情况和因素,不必对所有的审计内容进行面面俱到的描述,只需抓住重要问题进行分析,对于次要的内容可以简化或省略,同时做出必要的局限性分析,以确保绩效审计报告清晰明了,有助于报告使用者明确关键问题之所在。

（2）绩效审计报告中的绩效评价应当根据审计目标和审计证据做出。

内部审计机构和人员可以采用总体评价和分项评价两种方式在绩效审计报告中做出绩效评价。当审计风险较大,难以做出总体评价时,可以只做分项评价。

（3）内部审计机构和人员在选择绩效审计的评价方式时应当贯彻谨慎性与重要性原则。

对于绩效审计实施过程中并未涉及的被审计事项,或者审计证据不足、评价标准不明确的事项及超出审计范围的事项可以不予评价,对于组织已经实现的经济发展目标、健全的内部管理体制和效率效益达标的环节,内部审计人员应当在绩效审计报告中给予充分的肯定;对于证据确凿的效率、效益低下,盲目决策等问题,内部审计人员应当在绩效审计报告中作出重点说明。绩效审计的审计证据多为具有说服力的证据,一般都是通过审计抽样与统计分析获得的。如果定性证据较多、定量证据较少,那么绩效审计评价就存在一定的风险性。如果难以对被审计事项整体做出评价,内部审计人员可以将被审计事项分解成可以评价的子项目进行评价,从而确保绩效审计评价的客观性和合理性,以降低审计风险。如果绩效审计评价无法做到面面俱到的话,那么在全面分析各种问题时,绩效审计报告就必须突出重点,以提高评价效率。

(4) 绩效审计报告中呈现的问题应该能够体现绩效审计的目标、特征及关注点,与其他内部审计报告有所区分。

作为绩效审计的最终成果,绩效审计报告是组织管理层在使用绩效审计这一管理工具时的重要依据,也是促使组织管理层了解绩效审计工作,重视组织绩效问题,发展绩效审计的手段。绩效审计报告中反映的合法、合规性问题,除进行相应的审计处理,还应当侧重从绩效的角度对问题进行定性,描述问题及对组织绩效造成的影响、后果及严重程度。绩效审计关注的是组织的绩效问题。但是组织的绩效问题并不是绩效审计报告阐释的重点,内部审计人员还应当在绩效审计报告中进一步说明绩效问题所造成的影响、后果及严重程度,以使组织管理层充分了解绩效审计的全部成果。

(5) 绩效审计报告应当从体制、机制、制度上分析问题产生的根源。

在绩效审计报告中,报告使用者最关心的就是组织存在的绩效问题及需要做出的改进。为此,内部审计机构和人员在撰写绩效审计报告时,不应仅将关注点集中在单纯地描述和说明绩效审计实施过程发现的具体问题,还应当注重从体制、机制、制度上分析问题产生的根源,这样不仅可以帮助组织管理层了解组织所存在的更深层次的问题,也更容易得到被审计单位和人员的充分理解。分析问题、解决问题是绩效审计报告建设性的体现,是绩效审计的精髓所在,也是关注企业经济性、效率性和效果性的最终落脚点。内部审计人员在就绩效审计中发现的问题提出改进建议时,也应当兼顾组织的短期目标和长期目标、个体利益和组织整体利益,提出改进建议和完善措施应当具有针对性、逻辑性,符合被审计单位的实际情况,切实可行,并能够在促进组织改善经营管理,提高经济效益,降低经营风险,最终实现组织目标方面取得实际的成效。

十一、绩效审计报告的内容

与传统财务审计报告不同的是,绩效审计报告没有统一的格式。报告的格式及内容可以根据审计对象的性质及组织自身管理的要求决定,但必须采用书面的或其他可重复取得的形式,并与组织管理层预期使用目的相适应。绩效审计报告的形式是多种多样的,目前采用较多的是详式报告,即用详细的文字叙述表达内部审计人员的意见和结论。内部审计人员在对被审计事项的状况做出评估时,对于存在的问题、改进措施和建议,尤其要详细阐述,这是绩效审计报告建设性功能的体现,也是绩效审计价值的核心。但需要注意的是,绩效审计报告的结论强制性较低,仅仅是提出讨论性和说服性的建议,并不做出强制性的审计处理决定。这是因为组织绩效水平受各种因素的影响,绩效审计标准较为灵活且不统一,绩效审计人员自身的能力也存在一定的局限,这些都造成了绩效审计报告自身无法避免的局限性。绩效审计报告中反映的合法、合规性问题,除进行相应的审计处理,还应当侧重从绩效的角度对问题进行定性,描述问题对绩效造成的影响、后果及严重程度。绩效审计报告应当注重从体制、机制、制度上分析问题产生的根源,兼顾短期目标和长期目标、个体利益和组织整体利益,提出切实可行的建议。

(一) 国外绩效审计报告内容参考

美国绩效审计报告的框架内容非常系统,主要包括:审计目标、范围和方法;审计结果,审计建议;审计遵循的准则;重大不合规现象和滥用行为;违法行为;管理控制重大缺陷;被审计项目负责人对审计发现、结论、建议纠正措施的看法;被审计项目显著的成就;对将来需要审计的重大问题提出的建议;报告未披露资料的性质及禁止披露的依据。

加拿大绩效审计报告的框架内容包括:审计目的、审计时间、审计范围;审计准则;审计项目的概况,包括管理层的责任;审计标准及与管理层在审计标准方面存在的分歧;审计查出的主要问题;审计建议;被审计单位对审计报告的反馈意见;审计结论。

英国绩效审计手册提出绩效审计报告要全面反映审计工作的目标、工作过程与方法及工作的成果,其内容主要包括:项目背景;被审计单位或项目的工作目标;被审计单位实现其目标的主要手段和措施;审计人员开展绩效审计情况的描述(包括审计的范围、内容和方法);审计发现的主要问题及原因分析;提出的审计意见。

瑞典规定绩效审计报告的格式和内容因审计项目的不同而不同,但基本结构大致相同,主要包括:审计情况概述;引言;审计安排;审计对象说明;审计发现的问题;审计结论;审计建议和附件。

(二) 绩效审计报告的主要内容

从各国对绩效审计报告的规范不难发现,除了内容排序和详略程度不同,大多数国家的绩效审计报告内容都十分相似。绩效审计报告的内容基本都包括审计对象的基本情况、审计的范围及目标、审计评价标准、审计实施情况、审计发现的主要问题、审计评价及结论、审计建议、被审计部门的意见反馈等。我们可以借鉴这些国家对于绩效审计报告的规定,从中总结些好的做法和经验。综合国外的经验与我国内部审计准则的要求,内部审计机构和人员在撰写绩效审计报告时应当将下列事项列于绩效审计报告之中。

1. 被审计事项的基本情况

被审计事项的基本情况是指与审计目标有关的被审计单位、部门或项目的基本信息。主要包括被审计单位名称、部门的主要职责、工作范围、使用资源情况组织构成、工作程序等,以及被审计项目的背景、目标、人员安排、实施情况及完工情况等。

2. 审计的范围及目标

在绩效审计报告中,内部审计人员应当清晰地表述审计目标,以避免对相关各方造成误解。绩效审计报告还应当说明审计工作开展的深度和广度,指明对被审计事项是进行全面审计还是部分审计,是经济性审计、效率性审计、效果性审计中的一项、两项还是全部,以使报告使用者清楚地知晓绩效审计的范围和目标。

3. 审计评价标准

绩效审计的评价标准是得出审计结论的依据。内部审计人员在绩效审计报告中应该明确地列示绩效审计过程中选择的评价标准,选择评价标准的依据,以及对这些评价标准的具体应用。

4. 审计实施情况

内部审计人员在绩效审计报告中应当详细说明在绩效审计过程中所运用的审计方式、方法、审计工作的起讫时间,以使报告使用者充分详细地了解审计目标的实现过程及审计结论的形成过程。绩效审计报告还要指明审计准则的遵循情况,如果没有遵循准则,应该说明理由。

5. 审计发现的主要问题

审计发现的主要问题包括:被审计单位、部门违反国家法律法规或组织规定的事实、原因及后果;组织在经济性、效率性和效果性等运营管理方面存在的重要问题的事实、原因及后果;相关内部控制的重大缺陷等。内部审计人员在绩效审计报告中列示审计发现的主要问题是为了使报告使用者了解内部审计人员得出审计结论及审计意见的依据。

6. 审计评价及结论

内部审计人员应当根据不同的审计目标,以审计结果为基础,考虑可接受的审计风险、审计发现的问题的重要性等因素,从真实性、合法性、效益性等方面在绩效审计报告中提出客观合理的评价意见和审计结论。

7. 审计建议

审计建议是审计结论和审计发现的情况及分析的逻辑关系的直接体现,是绩效审计报告的核心内容之一。内部审计人员应当针对在绩效审计实施过程中发现的问题有针对性地提出审计建议,并在内容上与绩效审计报告的其他部分相呼应。

8. 被审计单位的意见和反馈

绩效审计报告提出的问题和改进建议需要得到被审计单位的认可,这是促进被审计单位采取切实的改进措施的基本前提。为此,内部审计机构和人员应当在绩效审计报告中列示被审计单位对审计报告的看法;经过沟通之后,对绩效审计报告的修改情况;被审计单位不同意审计报告的理由或对审计结论作出的解释等。当被审计单位存在不同意见时,内部审计人员需要对其进行认真的核对和分析,采纳合理的意见,及时调整报告内容。对于那些双方不能统一的意见,内部审计人员应当在绩效审计报告中分别反映双方的意见。

十二、绩效审计实务

大型医疗设备绩效审计案例

[案例介绍]

随着社会需求和医院发展的需要,医疗设备的投入在医疗活动中发挥的作用越来越大。医院固定资产中的医疗设备比重也随之提高,在医院成本管理及经济核算中起着越来越重要的作用。为了加强医院资产的有效利用,促进固定资产的增值保值,保证重大投资项目的科学决策,探讨优化医疗设备运行成本和运行效益,促进医疗设备配置更趋合理,提高医疗设备的经济效益和社会效益;同时为了配合新的会计制度,加强预算管理,更好地利用财务评价指标体系进行综合全面分析,积极探索医疗设备绩效审计,为医疗设备的综合管理和购置决策提供真实、完整、有力的审计评价参考。

[审计目标与范围]

（一）审计目标

对医疗设备相关经济活动的经济性、效率性和效果性进行综合审查和客观评价，优化医疗设备运行的有效途径，及时发现医疗设备在投资决策、使用管理、维护与保养、运行调配、报废等环节上的薄弱点；提高医疗设备的经济效益和社会效益，保证医院资产的保值增值。

（二）审计范围

单价50万元以上的医疗设备纳入审计范围，审查一年中经济运行、设备管理等情况，以此来评价其运行能力的真实性、经济性、效益性。

[审计方法]

（一）常规审计

以医院设备采购、管理和使用中涉及的设备科、财务科、临床科室等部门为调查对象，通过调查、座谈等方式，了解医疗设备采购、管理、使用的流程和环节，对临床资源配置、资金取得、经济效益等情况进行深入调查。由相关部门提供书面材料，包括设备名称、编号、购置日期、折旧年限、购置价格等基本信息；设备购置、维修等管理制度；设备有关的收入和支出情况。从成本核算体系及医疗设备管理系统调取4个具有代表性的医疗设备样本的医疗收入、工作量和各项支出（主要是折旧费、人员工资、水电气费、耗材费等）、设备采购价、折旧年限等相关资料。按年统计汇总每台设备的收入、使用次数、折旧费、维修成本、耗材费等，进行数据处理与核实（主要是检查治疗人次、收入指标）。对于存疑的数据，要进行全面、详细的审查，以避免分析结论有误。

（二）重点分析

对医疗设备运行成本和运行效益的绩效审计，按照审计项目所需评价效益事项运用不同的分析方法。通过年现金净流量、单位边际贡献，年保本人次、安全边际量、净利润、投资回收期、投资收益率等指标进行设备成本和运行效益的分析，对经济性、效率性、效果性进行综合分析，科学合理地对设备购置的经济效益和社会效益进行审计评价。

[审计过程]

（一）审计步骤

一是审前准备。初步了解医院医疗设备总体概况、大型医疗设备总台数、总金额、占医疗设备比例、分布科室。二是选择重点。根据重要性、敏感性、典型性原则，选择投资金额大、对诊疗水平和经济效益影响大、对医疗科研比较重要、经营状况有一定代表性的设备作为审计重点。三是收集资料，拟订方案。收集设备管理制度、设备运行统计资料及相关数据，通过筛选、数据整理，拟定详细的审计实施方案。四是内控测试核实资料。通过内控测试，审阅设备收支数据，核实数据的可靠性、真实性、完整性。五是测算评价分析原因。通过对设备进行全面绩效评价，观察效益指标完成情况，选择评价标准，横向纵向对比。分析影响设备效益原因，综合评价后做出结论，提出建议，形成内审报告初稿。六是落实措施。及时反映医疗设备的使用情况、效益情况及存在的问题，提出审计建议，递交主管领导，为医院决策和管理提供可靠的依据和参考。

（二）审计结果分析

审计部门选取具有代表性的医疗设备样本进行绩效审计评价，分别为 A、B、C 和 D 设备的统计资料及相关数据（表 5-1 和表 5-2），并通过年现金净流量、单位边际贡献、年保本人次、安全边际量、净利润、投资回收期、投资收益率等指标进行绩效分析（表 5-3 和表 5-4）。

表 5-1　医疗设备样本的基本情况

设备名称	数量（台）	购置价格（万元）	折旧年限（年）	2021 年收入（万元）
A	1	289.41	8	225.42
B	1	784.51	8	497.65
C	1	55.98	6	8.77
D	1	50.62	6	29.83

表 5-2　医疗设备样本成本明细（万元）

项目	A	B	C	D
变动成本总额	113.31	260.22	1.37	18.00
其中：耗材费	39.49	43.05	0.30	6.89
人员工资	72.90	209.64	0.72	10.78
水电气费	0.92	7.53	0.35	0.33
固定成本总额	54.12	139.57	9.73	8.81
其中：设备折旧费	36.18	98.06	9.33	8.44
房屋折旧费	0.94	1.51	0.40	0.37
维护修理费	17.00	40.00	—	—

注：设备 C 和 D 的人员工资按工作量比例核算。

表 5-3　医疗设备样本成本分析

项目	A	B	C	D
年检查人次	3 715.00	34 987.00	21.00	311.00
收入（万元）	225.42	497.65	8.77	29.83
变动成本总额（万元）	113.31	260.22	1.37	18.00
固定成本总额（万元）	54.12	139.57	9.73	8.81
单位边际贡献（万元）	0.030 17	0.006 786 2	0.352 38	0.038 038
年保本人次	1 793.00	20 567.00	27.61	231.61
安全边际量	1 922.00	14 420.00	−6.61	79.39
净利润（万元）	57.99	97.86	−2.33	3.02

注：单位边际贡献＝（年收入－耗材费－人员工资－水电气费）÷年检查人次
　　年保本人次＝固定成本÷单位边际贡献
　　安全边际量＝年检查人次－保本人次
　　净利润＝安全边际量×单位边际贡献

表 5-4　医疗设备样本投资回收及收益情况

项目	A	B	C	D
收入(万元)	225.42	497.65	8.77	29.83
固定资产投资总额(万元)	289.41	784.51	55.98	50.62
变动成本总额(万元)	113.31	260.22	1.37	18.00
维护修理费(万元)	17.00	40.00	—	—
年现金净流量(万元)	95.11	197.43	7.40	11.83
投资回收期(年)	3.04	3.97	7.56	4.28
投资收益率(%)	20.04%	12.47%	−4.16%	6%

注：年现金净流量＝年现金流入－年付现成本
　　投资回收期＝固定资产投资额÷年现金净流量
　　投资收益率＝年纯收入÷固定资产投资额×100%

由表 5-3 可知,A 设备全年检查 1 793 人次即可保本,而实际检查 3 715 人次,超过保本人次,营运经济效益尚可;根据投资回收期和投资收益率计算,A 设备运行 3.04 年收回投资成本(表 5-4),而 A 设备折旧年限为 8 年(表 5-1),投资收益率为 20.04%(表 5-4)。由表 5-3 可知,B 设备全年检查 20 567 人次即可保本,而实际检查 34 987 人次,超过保本人次,营运经济效益尚可;根据投资回收期和投资收益率计算,B 设备运行 3.97 年即可收回投资成本(表 5-4),而折旧年限为 8 年(表 5-1),投资收益率为 12.47%(表 5-4)。由表 5-3 可知,C 设备全年检查 27.61 人次即可保本,而实际检查只有 21 人次,没有达到保本人次,设备利用率较低,营运效益较差;根据投资回收期和投资收益率计算,C 设备要运行 7.56 年才可收回投资成本(表 5-4),比折旧年限 6 年高(表 5-1),投资收益率为−4.16%(表 5-4)。由表 5-3 可知,D 设备全年检查 231.61 人次即可保本,而实际检查 311 人次,超过保本人次,营运经济效益一般;根据投资回收期和投资收益率计算,D 设备运行 4.28 年收回投资成本(表 5-4),D 设备折旧年限为 6 年(表 5-1),投资收益率为 6%(表 5-4)。

[审计结论及建议]

(一) 审计结论

通过对选择的医疗设备绩效审计项目进行审计,发现:

一是大型医疗设备的使用效率和经济效益总体良好。从投资回收期来看,常见且使用率很高的大型设备回收周期较短,具备良好的经济效益,设备回收年限小于其使用年限。二是部分医疗设备利用率不高。设备购置后预期使用病人数与实际相差甚远、使用条件发生变化等原因导致部分医疗设备使用率不高,造成投资回收期等指标都远远低于预期值。三是在单位收费水平已定的情况下,安全边际量的高低取决于固定成本和单位变动成本的高低。在不影响医疗服务质量的情况下,可通过降低固定成本总额和单位变动成本来提高医疗设备运行的经济效益。在安全边际量不变的前提下,工作量决定利润。因此,应充分开拓医疗市场,提高设备的使用率,以提高设备运行的经济效益。

(二) 审计建议

一是加强对新购医疗设备的可行性研究。在充分考虑设备先进性、适用性、科研作用、教学作用的同时,还要从财务角度分析现金流量、投资回收期,对大型设备的投资应考虑资金的时间价值和投资风险价值。二是切实提高设备的使用效益,加强医疗设备使用管理的基础工作。对现存的效益不高或闲置的医疗设备,要分析原因,研究解决方法,并统筹调剂。在保证设备正常运转的情况下增加开机时间,开展新的检查项目;加强科室间的横向联合,提高设备使用率,实现资源统筹和共享,提高效益。三是控制大型设备购置成本和维修成本。大型医疗设备投资金额大,回收慢,更新周期长,维修费用高。因此,对高、新、尖的大型设备的引进要反复论证,对于同种大型医疗设备拥有多种型号和价格的,应当多方调查,要结合医院的实际情况和诊疗特点进行多方调查,注意控制大型设备的购置成本;要对医疗设备维护进行重点管理,健全设备管理制度,严格设备使用规定,防止人为造成仪器损害,努力延长使用寿命,降低维修费用,提高效益。同时在选择维修策略时,应根据各设备结构特点、效益、工作状况、是否有替代设备、备件供应以及维修工程师水平等诸多方面进行系统分析并量化处理,找到适合自身特点的最优维修策略。

[审计启示]

医疗设备是医疗工作的物质基础,设备运行效益、资源利用直接关系到医院的正常有序发展。医院设备绩效审计以评价为主、以监督为辅,通过对影响设备购置及运行的经济效益、社会效益诸因素的综合分析,挖掘提高效益的潜力,在促进取得良好社会效益的同时,提高经济效益,降低经营成本和经营风险,既帮助医院管理层科学合理地投资,又能促进规范化管理,建立统一协调的管理机制。

第二节 内部控制审计

一、内部控制审计概念

为了规范内部审计人员实施内部控制审计的行为,保证内部控制审计质量,根据《内部审计基本准则》,中国内部审计协会制定并发布了《第 2201 号内部审计具体准则——内部控制审计》。其中第二条明确规定了内部控制审计概念,内部控制审计是指内部审计机构对组织内部控制设计和运行的有效性进行的审查和评价活动。这是各类组织的内部审计机构、内部审计人员及其从事的内部控制审计活动必须遵守的行为规范。也是其他组织或者人员接受委托、聘用,承办或者参与内部审计业务也应当遵守的行为准则。

二、内部控制审计原则

内部控制审计应当以风险评估为基础,根据风险发生的可能性和对组织单个或者整体控制目标造成的影响程度,确定审计的范围和重点。内部审计人员应当关注串通舞弊、滥用职权、环境变化和成本效益等内部控制的局限性。

内部控制审计应当在全面评价内部控制的基础上,关注重要业务单位、重大业务事项和高风险领域的内部控制。内部控制审计应当真实、客观地揭示经营管理的风险状况,如实反映内部控制设计和运行的情况。

内部审计的责任是对内部控制设计和运行的有效性进行审查和评价,出具客观、公正的审计报告,促进组织改善内部控制及风险管理。董事会及管理层的责任是建立、健全内部控制并使之有效运行。开展内部控制审计务必要分清两者的责任。

三、内部控制审计对象

内部控制审计的对象是内部控制的有效性,即企业建立与实施内部控制对实现控制目标提供合理保证的程度。

从控制过程的不同角度来看,内部控制的有效性可分为内部控制设计的有效性和内部控制运行的有效性。内部控制设计的有效性,是指为实现控制目标所必需的内部控制程序都存在并且设计恰当,能够为控制目标的实现提供合理保证;内部控制运行的有效性,是指在内部控制设计有效的前提下,内部控制能够按照设计的内部控制程序被正确地执行,从而为控制目标的实现提供合理保证。内部控制运行的有效性离不开设计的有效性,如果内部控制在设计上存在漏洞,即使这些内部控制制度能够得到一贯的执行,也不能认为其运行是有效的。当然,如果评价证据表明内部控制的设计是有效的,但是没有按照设计的那样得到一贯执行,那么就可以得出其不符合运行有效性的结论。

(1) 审计内部控制设计的有效性,从以下三个方面进行:

① 内部控制的设计是否做到了以内部控制的基本原理为前提,以我国《企业内部控制基本规范》及其配套指引为依据。

② 内部控制的设计是否覆盖了所有关键的业务与环节,对董事会、监事会、经理层和员工具有普遍的约束力。

③ 内部控制的设计是否与企业自身的经营特点、业务模式以及风险管理要求相匹配。

(2) 审计内部控制运行的有效性,也可以从三个方面进行:

① 相关控制在评价期内是如何运行的。

② 相关控制是否得到了持续一致的运行。

③ 实施控制的人员是否具备必要的权限和能力。

从控制目标的角度来看,内部控制的有效性可分为合规目标内部控制的有效性、资产目标内部控制的有效性、报告目标内部控制的有效性、经营目标内部控制的有效性、战略目标内部控制的有效性。其中,合规目标内部控制的有效性,是指相关的内部控制能够合理保证企业遵循国家相关法律、法规,不进行违法活动或违规交易;资产目标内部控制的有效性,是指相关的内部控制能够合理保证资产的安全与完整,防止资产流失;报告目标内部控制的有效性,是指相关的内部控制能够及时防止(或发现)并纠正财务报告的重大错报;经营目标内部控制的有效性,是指相关的内部控制能够合理保证经营活动的效率和效果及时被董事会和经理层所了解或控制;战略目标内部控制的有效性,是指相关的内部控制能够合理保证董事会和经理层及时了解战略定位的合理性、实现程度,并适时进行战略调整。

四、内部控制审计内容

(一) 组织层面内部审计

组织层面内部审计,通常也称整体层面的审计,内部审计人员应通过审查与评价内部环境、风险评估、控制活动、信息与沟通以及内部监督五个要素,对组织层面内部控制的设计与运行情况进行审查和评价。

1. 审查与评价内部环境

内部环境是内部控制的基础,代表着组织治理层和高级管理层对内部控制的重视程度,影响着所有层级的员工对内部控制的认识和态度。良好的内部控制环境是实施有效的内部控制的基础,只有在良好的内部控制环境下,组织才能建立完备的内部控制系统并有效地执行。

内部审计人员开展内部环境要素审计时,应当以《企业内部控制基本规范》和各项应用指引中有关内部环境要素的规定为依据,关注组织架构、发展战略、人力资源、组织文化、社会责任等,结合本组织的内部控制,对内部环境进行审查和评价。

1) 组织架构

组织架构是指组织按照国家有关法律、法规、股东(大)会决议、组织章程,结合本组织实际情况,明确董事会、监事会、经理层和组织内部各层级机构设置、职责权限、人员编制、工作程序和相关要求的制度安排。组织架构可以分为治理架构和内部机构。

内部审计人员应当关注组织架构在设计与运行中的各项风险,并在审查和评价时重点关注:①组织架构的设计是否符合国家有关法律法规的规定。②组织架构是否形成了重大决策、重大事项、重要人事任免及大额资金支付业务等的集体决策或联签制度。③组织架构是否合理设置了内部职能机构,并明确职责体现了不相容职务相互分离的要求。④组织架构是否对其治理结构和内部机构设置进行了梳理,保证其运行的合理性和有效性。⑤组织架构是否建立了科学的投资管控制度。⑥组织是否定期对组织架构设计及运行的效率和效果进行了评估,对存在的缺陷进行了优化调整。

2) 发展战略

发展战略是指组织在对现实状况和未来趋势进行综合分析和科学预测的基础上,制定并实施的长远发展目标与战略规划。

内部审计人员应当关注组织在制定与实施发展战略中的各项风险,并在审查和评价时重点关注:①组织是否在制定发展目标时进行了充分的调查研究、科学分析预测和广泛征求意见。②组织是否依据发展目标制定战略规划。③董事会是否下设战略委员会或指定相关机构负责发展战略管理工作,其职责和议事原则是否明确。④组织是否根据发展战略制定年度工作计划,编制全面预算。⑤组织是否对发展战略的实施情况进行监控和定期分析。

3) 人力资源

人力资源是指企业组织生产经营活动而录(任)用的各种人员,包括董事、监事、高级管理人员和全体员工。

内部审计人员应当关注人力资源管理领域的各项风险,并在审查和评价时重点关注:①组织是否结合生产经营的实际需要,制定了需求计划并完善引进制度。②人力资源选聘程序是否符合职位要求、公开、公平。③组织是否依法与员工签订劳动合同。④组织是否建立了培训等人才培养的长效机制。⑤组织是否建立了人力资源的激励约束机制和绩效考核制度。⑥组织是否制定了定期轮岗制度。⑦组织是否建立健全了员工的退出机制。

4) 组织文化

组织文化是指组织在生产经营实践中逐步形成的、为整体团队所认同并遵守的价值观、经营理念和组织精神,以及在此基础上形成的行为规范。

内部审计人员应当关注组织在加强组织文化建设中的各项风险,并在审查和评价时重点关注:①组织是否根据其发展战略和实际情况培育了具有自身特色的组织文化。②董事、监事、经理和其他高级管理人员是否发挥了主导和模范作用。③组织文化是否渗透到组织的生产经营全过程,并使得全员参与其中。④组织是否定期对组织文化进行评估,并对发现的问题采取相应的措施。

5) 社会责任

社会责任是指组织在经营发展过程中应当履行的社会职责和义务,主要包括安全生产、产品质量(含服务,下同)、环境保护、资源节约、促进就业、员工权益保护等。

内部审计人员应当关注组织在履行社会责任方面的各项风险,并在审查和评价时重点关注:①组织是否建立了严格的安全生产管理体系、操作规范和应急预案,强化安全生产责任追究制度。②组织安全生产措施是否到位、责任是否落实。③组织是否建立了严格的产品质量控制、检验制度及售后服务制度。④组织组织是否建立并执行了环境保护和资源节约制度。⑤组织是否依法保护员工的合法权益。

2. 审查与评价风险评估

每个组织都会在经营活动中面临来自内部和外部的不同风险。组织的管理层应当确定组织可以承受的风险水平,识别可能面临的风险、评估其严重程度并采取相应的措施。

内部审计人员开展风险评估要素审计时,应当以《企业内部控制基本规范》有关风险评估的要求,以及各项应用指引中所列主要风险为依据,结合本组织的内部控制,对日常经营管理过程中的风险识别、风险分析、应对策略等进行审查和评价。

1) 组织战略和目标的沟通

制定目标是风险评估的先决条件,只有确立了既定的战略和目标,才能实施有效的控制。组织的风险评估就是对组织战略目标实现过程中出现的风险进行评估,而组织战略和目标的沟通保证了风险评估在组织内部的贯彻。

内部审计人员在审查和评价组织战略和目标的沟通时应当重点关注:①组织目标是否恰当,是否与组织的战略、环境相适应,总目标能否传达到相关层次。②具体策略和业务流程层面的目标与整体目标是否相互协调。③组织是否明确影响整体战略实施的关键因素。④各级管理人员是否能够参与目标制定,并明确相关责任。

2）风险评估过程

风险评估过程是指组织对风险进行评估的实施过程,包括风险识别、对风险重大性的评估、对风险发生可能性的评估以及应对措施的确定。

内部审计人员在审查和评价风险评估过程时应当重点关注:①组织是否建立了完备的风险识别机制。②组织是否建立了有效的评估风险方法。③组织是否通过正式的分析程序来进行风险分析。

3）对风险的管理

内部审计人员在审查和评价对风险的管理时应当重点关注:①组织是否建立了某种机制,识别和应对可能对企业产生重大且普遍影响的变化。②企业风险管理部门是否建立了某种流程,以识别经营环境发生的重大变化。③企业财务部门是否建立了流程,以适应会计准则的重大变化,当企业业务操作发生变化并影响交易记录流程时是否及时通知财务部门。

3. 审查与评价控制活动

控制活动是组织通过政策和程序所采取的行动的总称,包括授权审批控制、不相容职务分离控制、会计系统控制、财产保护控制、预算控制、运营分析控制、绩效考评控制以及合同管理控制等。

内部审计人员开展控制活动要素审计时,应当以《企业内部控制基本规范》和各项应用指引中关于控制活动的规定为依据,结合本组织的内部控制,对相关控制活动的设计和运行情况进行审查和评价。

4. 审查与评价信息与沟通

在高速发展的信息时代,准确的信息和及时的沟通对组织运营具有至关重要的影响。在不断变化的环境中,良好的信息与沟通系统可以让组织应对运营中遇到的各类风险。内部审计人员开展信息与沟通要素审计时,应当以《企业内部控制基本规范》和各项应用指引中有关内部信息传递、财务报告、信息系统等规定为依据,结合本组织的内部控制,对信息收集处理和传递的及时性、反舞弊机制的健全性、财务报告的真实性、信息系统的安全性,以及利用信息系统实施内部控制的有效性进行审查和评价。

对信息与沟通要素进行审查和评价时,内部审计人员应当分别考虑信息与沟通两个方面的内容。信息分为内部信息和外部信息。内部信息包括管理层建立的记录及报告经营业务与事项,维护资产、负债和所有者权益的办法与记录;外部信息包括市场占有率、法律法规和顾客反馈等信息。沟通应当使员工了解其职责,并能保持其对财务报告的控制。它包括使员工了解其在会计系统中的工作,如何与他人联系,如何向上级报告例外情况。沟通的方式主要有组织规章制度、财务制度、备查簿以及口头交流和管理示例等。

内部审计人员应根据各项指引中有关内部信息传递、财务报告、信息系统等规定,对信息处理和传递的及时性、反舞弊机制的健全性、财务报告的真实性、信息系统的安全性以及利用信息系统实施内部控制的有效性进行审查和评价。

1）内部信息传递

内部审计人员在审查和评价内部信息传递时应当重点关注:①内部报告系统是否功能

健全、内容完整。②组织向适当人员提供的信息是否充分、具体和及时,使之能够有效履行其职责。③组织是否明确内部信息传递的内容、保密要求及密级分类、传递方式、传递范围以及各管理层级的职责权限等。④组织对不恰当事项和行为是否建立了沟通渠道。

2) 财务报告

内部审计人员在审查和评价财务报告时应当重点关注:①组织是否按照国家统一的会计准则制度规定进行会计记录和财务报告的编制。②财务报告是否内容完整、数字真实、计算准确、没有漏报。③组织是否定期进行收入、费用、成本、资产、负债、现金流等的财务分析,并传达给有关的管理层。

3) 信息系统

内部审计人员在审查和评价信息系统时应重点关注:①信息系统的开发及变更是否与企业战略计划相适。②应管理层是否提供适当的人力和财力以开发必需的信息系统。③组织是否建立了严格的用户管理制度。④组织是否建立了系统数据定期备份制度。⑤组织是否对信息系统进行了安全策略的保护。

5. 审查与评价内部监督

监督是对内部控制运行质量不断进行评估的过程,是在内部控制实施过程中必不可少的环节。通过定期地评估,对内部控制进行监督,可以及时发现内部控制过程中存在的问题,并进行改正以确保内部控制系统可以持续有效地进行。内部审计人员开展内部监督要素审计时,应当以《企业内部控制基本规范》有关内部监督的要求,以及各项应用指引中有关日常管控的规定为依据,结合本组织的内部控制,对内部监督机制的有效性进行审查和评价,重点关注监事会、审计委员会、内部审计机构等是否在内部控制设计和运行中有效发挥监督作用。除此之外,内部审计人员在审查和评价组织的内部监督时还应当重点关注:①组织对经营业绩是否进行持续的监督。②组织是否对内部控制进行定期的评价。③组织管理层是否会采纳监督人员的建议,及时纠正控制运行中的偏差。④组织是否建立协助管理层进行监督的机构(如监事会、审计委员会和内部审计机构等)。

(二) 业务层面内部审计

企业内部控制的政策和程序,更多、更具体地体现在其日常经营的业务活动中。要想做到对内部控制设计的合理健全性和运行的有效性进行全面的测试和评价,还应对业务层面内部控制的设计和运行情况进行审查和评价。内部审计人员根据管理需求和业务活动的特点,针对资金活动、采购活动、资产管理、销售业务、研究与开发、工程项目、担保业务、业务外包等,对业务层面内部控制的设计和运行情况进行审查和评价。

(1) 资金活动至少应关注以下方面风险的控制:①筹资决策不当,引发资本结构不合理或无效融资,可能导致企业筹资成本过高或债务危机;②投资决策失误,引发盲目扩张或丧失发展机遇,可能导致资金链断裂或资金使用效益低下;③资金调度不合理、营运不畅,可能导致企业陷入财务困境或资金冗余;④资金活动管控不严,可能导致资金被挪用、侵占、抽逃或遭受欺诈。

(2) 采购活动至少应关注以下方面风险的控制:①采购计划安排不合理,市场变化趋势预测不准,造成库存短缺或积压,可能导致企业生产停滞或资源浪费;②供应商选择不当,采购方式不合理,招投标或定价机制不科学,授权审批不规范,可能导致采购物资质次价高,出现舞弊或遭受欺诈;③采购验收不规范,付款审核不严,可能导致采购物资、资金损失或信用受损。

(3) 资产管理至少应关注以下方面风险的控制:①存货积压或短缺,可能导致流动资金占用过批、存货价值贬损或生产中断;②固定资产更新改造不够、使用效能低下、维护不当、产能过剩,可能导致企业缺乏竞争力、资产价值贬损、安全事故频发或资源浪费;③无形资产缺乏核心技术、权属不清、技术落后、存在重大技术安全隐患,可能导致企业法律纠纷、缺乏可持续发展能力。

(4) 销售业务至少应关注以下方面风险的控制:①销售政策和策略不当、市场预测不准确、销售渠道管理不当等,可能导致销售不畅、库存积压、经营难以为继;②客户信用管理不到位、结算方式选择不当、账款回收不力等,可能导致销售款项不能回收或遭受欺诈;③销售过程存在舞弊行为,可能导致企业利益受损。

(5) 研究与开发至少应关注以下方面风险的控制:①研究项目未经科学论证或论证不充分,可能导致创新不足或资源浪费;②研发人员配备不合理或研发过程管理不善,可能导致研发成本过高、舞弊或研发失败;③研究成果转化应用不足、保护措施不力,可能导致企业利益受损。

(6) 工程项目至少应关注以下方面风险的控制:①立项缺乏可行性研究或者可行性研究流于形式,决策不当,盲目上马,可能导致难以实现预期效益或项目失败;②项目招标暗箱操作,存在商业贿赂,可能导致中标人实质上难以承担工程项目、中标价格失实及相关人员涉案;③工程造价信息不对称,技术方案不落实,概预算脱离实际,可能导致项目投资失控;④工程物资质次价高,工程监理不到位,项目资金不落实,可能导致工程质量低下,进度延迟或中断;⑤竣工验收不规范,最终把关不严,可能导致工程交付使用后存在重大隐患。

(7) 担保业务至少应关注以下方面风险的控制:①对担保申请人的资信状况调查不深,审批不严或越权审批,可能导致企业担保决策失误或遭受欺诈;②对被担保人出现财务困难或经营陷入困境等状况监控不力,应对措施不当,可能导致企业承担法律责任;担保过程中存在舞弊行为,可能导致经办审批等相关人员涉案或企业利益受损。

(8) 业务外包至少应关注以下方面风险的控制:①外包范围和价格确定不合理,承包方选择不当,可能导致企业遭受损失;②业务外包监控不严、服务质量低下,可能导致企业难以发挥外包的优势;③业务外包存在商业贿赂等舞弊行为,可能导致企业相关人员涉案。

五、内部控制审计的组织方式和程序

(一) 内部控制审计的组织方式

内部控制审计应当以风险评估为基础,根据风险发生的可能性和对组织单个或整体控制目标造成的影响程度确定审计的范围和重点。内部控制审计应当在全面评价内部控制的基础上,关注重要业务单位、重大业务事项和高风险领域的内部控制。内部控制审计应当真实客观地揭示经营管理的风险状况,如实反映内部控制设计和运行的情况。

1. 审计范围

内部控制审计按其范围划分,可以分为全面内部控制审计和专项内部控制审计。

(1) 全面内部控制审计是针对组织所有业务活动的内部控制,包括对内部环境、风险评估、控制活动、信息与沟通、内部监督五个要素所进行的全面审计。专项内部控制审计是针对组织内部控制的某个要素、某项业务活动或业务活动某些环节的内部控制所进行的审计。全面内部控制审计和专项内部控制审计的实施主体都是组织的内部审计机构。审计对象也都是组织的内部控制。两者的主要区别体现在审计范围、审计作用、审计方法、审计方式和审计结果上。

从审计范围上看,全面内部控制审计涉及组织经营管理的所有环节,属于全面审计,具有审计内容全面、范围广泛、综合性强等特点。

(2) 专项内部控制审计则只针对组织经营管理环节中的某个方面、某个问题或某个层次,属于专门审计,具有针对性强、适应性好、改正问题更快、审计内容较为单一等特点。

2. 审计作用

从审计作用上看,全面内部控制审计能够较为全面地、综合地评价被审计单位的经营管理和内部控制状况,可以全面揭示组织在经营管理和内部控制中存在的弊端和缺陷,可以对被审计单位的经营管理和内部控制形成综合的评价结论,也属于组织对自身的经营管理和内部控制进行定期"保健"性检查的重要方式;专项内部控制审计则能够较好地解决组织在某个方面存在的内部控制问题,对已经存在的问题的解决更加及时和迅速,提出的改善方案也更具有针对性。

3. 审计方法

从审计方法上看,全面内部控制审计由于涉及的工作量较大,审计的范围也较为广泛,通常必须采取"抽样检查"的审计方法;专项内部控制审计主要关注的是内部控制的某个方面,其目的在于迅速捉住具体的问题及将问题的严重程度揭示出来,因此在审计方法上通常会采取"详细检查"。

4. 审计方式

从审计方式上看,全面内部控制审计工作量大、审计时间长、人力分散、审计成本较高,对内部审计人员的综合素质也具有较高的要求;专项内部控制审计的针对性强、人力集中、审计成本相对较低,但是也要求内部审计人员具有更"精深"的知识与技能,拥有更丰富的实践经验,能够将问题查深查透。

5. 审计结果

从审计结果上看,全面内部控制审计的审计结果主要集中在对被审计单位经营管理和内部控制的全方位评价之上,属于对组织的经营管理和内部控制的"横切面"剖析;专项内部控制审计则能够更加深刻地揭示被审计单位在经营管理和内部控制中存在的问题及其严重程度,且能够对问题存在的原因进行深层次的剖析,分清责任人,提出解决方案和完善措施,属于对组织的经营管理和内部控制某个方面或某个环节的"纵切面"剖析。

（二）内部控制审计的程序

了解内部控制审计的程序，有利于内部审计人员有效地解决内部控制审计工作中出现的一系列问题。只有内部审计人员熟悉内部控制审计程序的各个步骤，才能更好地完成内部控制审计的工作任务，及时发现组织在内部控制的设计和运行方面的各种问题，并提出切实可行的改进建议。内部控制审计主要包括下列程序：编制项目审计方案、组成审计组、实施现场审查、认定控制缺陷、汇总审计结果、编制审计报告。

1. 编制项目审计方案

1）对组织的内部控制进行了解

顺利开展内部控制审计工作的前提条件就是了解组织内部控制的基本情况，这对于合理规划整个审计过程是非常重要的。内部审计人员应当获取有关内部控制的足够信息，以使其能够识别组织已经设立的各项控制，了解各项控制如何执行、由谁执行，以及执行中所使用的数据报告、文件和其他材料。在了解组织内部控制基本情况时，内部审计人员可以通过询问相关岗位的员工，审阅与内部控制相关的文件资料以获取组织内部控制的信息。内部审计人员在判断对内部控制的了解是否足以制定一个有效的审计策略时，应当考虑的因素包括：重要交易类别的复杂性、信息技术应用环境的复杂性和一体化程度、错报发生的可能性和在业务流程中未被发现的可能性，以及该重要交易影响重大账户的程度等。

2）制订审计计划

为了对整个内部控制审计过程进行有效的规划，内部审计人员需要制定一个个总体审计计划和具体的项目审计方案，并在审计的实施过程中不断根据实际情况的发展变化对具体项目审计方案进行适当的调整与修改。内部审计人员应当在项目审计方案中确定内部控制审计的目标、范围、内容，审计的重点和难点，审计中准备采取的主要审计程序和方法，审计组的构成和分工，以及审计的时间进度和预算等。

3）下达审计通知

内部控制审计工作组应当在实施现场审计前2~3个工作日内向被审计单位下达内部控制审计通知书，通知书中应当明确被审计单位需要准备的资料、参加审计的人员，同时要求被审计单位安排一名审计工作协调员，负责审计联络工作及有关事项。

2. 组成审计组

内部审计机构在确定了内部控制审计项目的性质、业务量、难度及时间进度之后，应当根据组织治理层和管理层对内部控制审计任务的特殊要求，安排对内部控制审计具有经验的内部审计人员组建内部控制审计工作组。同时，内部审计机构还可以适当吸收组织内部相关部门熟悉内部控制情况的业务人员参加内部控制审计的具体工作。组成审计组之后，内部审计机构应当向工作组成员说明内部控制审计的任务性质、工作量、完成时间、注意事项等要求，同时进行审计前的法律法规和主要业务培训，为现场审计工作打好基础。

内部审计机构在确定了内部控制审计的具体项目审计方案之后，审计组长应当根据项目审计方案科学合理地安排审计事项，确定审计范围、内容、重点、方法和步骤及审计起止时间。同时，内部审计机构应当根据所有参加审计工作的内部审计人员的个人特点、专业、特长等对其进行适当的分工,明确职责,以确保内部控制审计工作紧密围绕审计目标,统筹安排,综合分析,及时解决审计中的疑难问题。

3. 实施现场审查

1) 对内部控制进行了解

为了确定组织控制政策和程序在设计上是否完整及是否得到了执行,内部审计人员必须对组织的内部控制进行充分的了解。内部审计人员可以就组织的内部控制设计和执行情况向有关工作人员进行询问或采用问卷调查的方式对内部控制的情况进行了解,同时还可以对组织的内部控制政策和制度手册、会计凭证和相关原始记录进行审阅,并采用适当的方法将对内部控制的了解记录下来。在此基础上,内部审计人员应当对组织的内部控制系统做出初步评估,并根据评估的控制风险确定在内部控制薄弱的领域扩展审计程序以降低审计风险。

2) 对内部控制进行测试

内部审计人员对内部控制的了解重在关注内部控制在设计上是否完整及是否得到了执行,而内部控制设计和执行的有效性则需要内部审计人员进行充分的控制测试。

内部审计人员可以从以下方面获取关于组织内部控制有效性的审计证据:

① 控制在所审计期间的相关时点是如何运行的。

② 控制是否得到一贯的执行。

③ 控制由谁或以何种方式执行。

3) 详细记录内部控制审计工作底稿

内部审计人员编制审计工作底稿时应当详细记录实施内部控制审计的内容,包括审查和评价的要素、主要风险点、采取的控制措施、有关证据资料,以及内部控制缺陷认定结果等。内部审计人员应当真实、完整地记录审计工作底稿,不得遗漏、虚构、隐瞒,其他人不得随意更改审计工作底稿。

内部审计人员在实施现场审查之前,可以要求被审计单位提交最近一次的内部控制自我评估报告。内部审计人员应当结合内部控制自我评估报告,确定审计内容及重点,实施内部控制审计。内部审计机构可以适当吸收组织内部相关机构熟悉情况的业务人员参加内部控制审计。内部审计人员应当综合运用访谈、问卷调查、专题讨论、穿行测试、实地查验、抽样和比较分析等方法,充分收集组织内部控制设计和运行是否有效的证据。

4. 认定控制缺陷

对内部控制缺陷的认定是对内部控制缺陷的重要程度进行识别和确认的过程,也是判断一项内部控制缺陷是属于重大缺陷、重要缺陷还是属于一般缺陷的过程。内部控制的缺陷尤其是重大缺陷,代表着内部控制的薄弱环节,是组织健全完善内部控制的重点。对于这些缺陷,内部审计人员应当在内部控制审计报告中加以反映,并提出改善相关内部控制的建议。内部审计人员在实施后续审计时,应当对已经认定为重大缺陷的控制的改进情况进行重点关注。

1) 内部控制缺陷的定义和分类

内部控制缺陷是指内部控制的设计存在漏洞,不能有效防范错误与舞弊,或者内部控制的运行存在弱点和偏差,不能及时发现并纠正错误与舞弊的情形。内部控制缺陷是指组织在设计和执行内部控制过程中已经出现的或暗藏的缺点或不足,并且这些缺点或不足的严重程度达到了将会导致组织内部控制有效性减弱甚至丧失的程度,以至于无法为控制目标的实现提供合理的保证。COSO 委员会(全美反舞弊性财务报告委员会发起组织,Committee of Sponsoring Organization of the Treadway Commission,缩写 COSO,后同)也将内部控制缺陷界定为已经察觉的、潜在的或实际的内部控制缺点,抑或通过强化措施能够带来目标实现更大可能性的机会。内部审计人员应当根据内部控制审计结果,结合相关管理层的自我评估,综合分析后提出内部控制缺陷认定意见,按照规定的权限和程序进行审核后予以认定。

按照形成内部控制缺陷的成因,内部控制缺陷分为设计缺陷和运行缺陷,其中设计缺陷是指组织缺少为实现控制目标所必需的控制措施,或者已经建立的控制在设计上存在不当之处,即使得到正常的运行也难以实现控制目标;运行缺陷是指设计有效合理而适当的内部控制由于运行不当,包括由不恰当的人执行、未按设计的方式运行、运行的时间或频率不当、没有得到一贯有效运行等,影响控制目标的实现所形成的内部控制缺陷。组织的内部控制体系,不论是存在设计缺陷还是存在运行缺陷,都会影响内部控制的有效性。

内部审计人员应当根据获取的证据,对内部控制缺陷进行初步认定,并按照其性质和影响程度将内部控制缺陷分为重大缺陷、重要缺陷和一般缺陷。重大缺陷是指一个或多个内部控制缺陷的组合,可能导致组织严重偏离内部控制目标;重要缺陷是指一个或多个内部控制缺陷的组合,其严重程度和经济后果低于重大缺陷,但仍有可能导致组织偏离内部控制的目标;一般缺陷是指除重大缺陷、重要缺陷以外的其他缺陷。重大缺陷、重要缺陷和一般缺陷的认定标准由内部审计机构根据上述要求,结合本组织具体情况确定。

此外,按照缺陷影响的内部控制目标分类,内部控制缺陷还可以分为财务报告内部控制缺陷和非财务报告内部控制缺陷。财务报告内部控制缺陷是指内部控制缺陷可能导致内部控制无法及时预防、发现或纠正财务报表的错报,即可能导致影响组织财务报告相关的内部控制目标的实现;非财务报告内部控制缺陷是指内部控制缺陷可能导致内部控制无法及时预防、发现或纠正除财务报表错报之外的其他业务经营错误,即可能导致影响组织非财务报告相关的内部控制目标的实现。这类缺陷包括战略内部控制缺陷、经营内部控制缺陷、合规内部控制缺陷和资产内部控制缺陷等。

内部审计人员应当编制内部控制缺陷认定汇总表,对内部控制缺陷及其成因、表现形式和影响程度进行综合分析和全面复核,提出认定意见,并以适当的形式向组织适当管理层报告。对于重大缺陷内部审计人员应当及时向组织董事会或者最高管理层报告。

2)内部控制缺陷的识别

无论是国内还是国外,对内部控制缺陷的定义都将内部控制缺陷的存在形式分为已经出现的和潜在的两种。这两种缺陷的表现形式并不相同,后一种表现为组织内部控制过程有可能导致控制目标的偏离,只是目前还没有造成危害;前一种则表现为组织内部控制体系已经发生偏离,控制目标的实现已经受到威胁或干扰。这两种缺陷在表现形式上的不同可以为内部审计人员识别内部控制缺陷打开突破口,针对内部控制缺陷的不同表现形式,内部审计人员可以分别采用测试识别和迹象识别两种方法。

(1) 测试识别。

测试识别是指内部审计人员通过对控制过程的技术分析及控制测试等手段甄别组织内部控制的设计缺陷与运行缺陷。设计缺陷是指组织内部控制在设计层面本就存在的缺陷,组织运行中的某一过程缺乏必要的控制设计或控制设计不科学存在漏洞,即使控制得到正常运行,控制目标也难以实现。组织的内部控制在计算机自动控制和手工控制领域都有可能存在设计缺陷。运行缺陷是组织已经建立的内部控制在设计上是完整有效的,但是在实际运行中却没有按设计意图进行,或者控制的执行者没有获得必要的授权,或者缺乏胜任能力,使得内部控制实施效果没有达到设计的目的和预期。内部审计人员对于内部控制运行缺陷的识别必须通过对特定内部控制执行的全过程实施测试才能发现。

(2) 迹象识别。

迹象识别是指内部审计人员通过将已经发现的背离内部控制目标的各种迹象作为判断依据来甄别内部控制的设计缺陷与运行缺陷。这种内部控制缺陷识别方法的本质是以内部控制实际运行结果为基础,并以此对控制的有效性做出判断。各种背离内部控制目标的迹象一旦出现,在很大程度上就意味着组织目前的内部控制存在缺陷,控制目标的实现很可能已经受到威胁。能够反映组织内部控制缺陷的迹象很多,例如:管理层处于内部控制系统的真空地带,管理层凌驾于内部控制之上,现有的内部控制不能发现管理层的舞弊行为,或者即使已经发现却不能有效地制止;组织出现贪行、挪用等事件,组织的违规、违法行为受到相关监管部门的行政处罚、系列重大诉讼案件频繁地出现在同一经营领域。内部审计人员通过识别表明内部控制存在缺陷的种种迹象进行内部控制缺陷的认定。

3) 内部控制缺陷的认定标准

内部审计机构和人员对组织内部控制进行审计和评价的关键就是找出组织内部控制的缺陷,并提出控制措施以不断完善组织的内部控制,提高组织内部控制的有效性,为控制目标的实现提供合理保证。为此,内部审计人员应当根据获取的审计证据,对内部控制缺陷进行初步认定。

(1) 财务报告内部控制缺陷的认定标准。

财务报告内部控制缺陷的认定标准直接取决于该内部控制缺陷的存在可能导致的财务报告错报和经营的重要程度。这种重要程度主要取决于两个方面的因素:一是该缺陷是否具备合理可能性导致内部控制不能及时预防、发现并纠正财务报告错报;二是该缺陷单独或连同其他缺陷可能导致的潜在错报的金额大小。基于上述考虑,如果内部控制缺陷单独或连同其他缺陷具备合理可能性,导致不能及时预防、发现或纠正财务报告中的重大错报,就应当将其认定为重大缺陷;如果一项内部控制缺陷单独或连同其他缺陷具备合理可能性,导致不能及时预防、发现或纠正财务报告中错报的金额虽然未达到和超过重要性水平,但仍应引起董事会和管理层的重视,就应当将该项缺陷认定为重要缺陷。上述缺陷以外的内部控制缺陷,应认定为一般缺陷。需要说明的是,内部控制缺陷的严重程度并不取决于是否实际发生了错报,而是取决于该项控制不能及时预防、发现或纠正潜在错报的可能性。也就是说,只要存在这种合理可能性,不论组织财务报告是否发生了错报,都应认定财务报告内部控制存在缺陷。

(2)非财务报告内部控制缺陷的认定标准。

非财务报告内部控制缺陷的认定具有涉及面广、认定难度较大的特点,因此很难形成统一的认定标准。组织可以根据自身的实际情况,参照财务报告内部控制缺陷的认定标准,合理确定非财务报告内部控制缺陷的定量和定性认定标准。定量标准(即涉及金额的大小)既可以根据缺陷造成的直接财产损失的绝对金额制定,也可以根据缺陷的直接损失侵占组织资产、销售收入或利润等的比率确定。定性标准(即涉及业务性质的严重程度)则可以根据其直接或潜在负面影响的性质、范围等因素确定。

(3)内部控制缺陷严重程度的认定标准。

内部控制重大缺陷的定量认定标准是指财务报表的错报金额落在如下区间:错报金额≥利润总额的5%,错报金额≥资产总额的3%,错报金额≥经营收入总额的1%,错报金额≥所有者权益总额的1%。内部控制重大缺陷的定性认定标准包括:缺乏民主决策程序,决策程序导致重大失误,违反国家法律法规并受到监管机构的处罚,中高级管理人员和高级技术人员流失严重,媒体出现负面新闻且涉及面广,重要业务缺乏制度控制或制度体系失效,内部控制重大或重要缺陷未得到整改。

内部控制重要缺陷的定量认定标准是指财务报表的错报金额落在如下区间:利润总额的3%≤错报金额<利润总额的5%,资产总额的0.5%≤错报金额<资产总额的3%,经营收入总额的0.5%≤错报金额<经营收入总额的1%。内部控制重要缺陷的定性认定标准包括:民主决策程序存在但不够完善,决策程序导致出现一般失误,违反组织内部规章但未形成损失,关键岗位业务人员流失严重,媒体出现负面新闻波及局部区域,重要业务制度或系统存在缺陷,内部控制重要或一般缺陷未得到整改。

内部控制的一般缺陷是指除重大缺陷、重要缺陷之外的其他控制缺陷。内部控制一般缺陷的定量认定标准是指财务报表的错报金额落在如下区间:错报金额<利润总额的3%地,错报金额<资产总额的0.5%,错报金额<经营收入总额的0.5%,错报金额<所有者权益总额的0.5%。内部控制般缺陷的定性认定标准包括:决策程序效率不高,违反内部规章但未形成损失,一般岗位业务人员流失严重,媒体出现负面新闻但影响不大,一般业务制度或系统存在缺陷,一般缺陷未得到整改。

4)内部控制缺陷的认定程序

内部审计人员对内部控制缺陷的认定是一个持续的职业判断过程,以下程序可供内部审计人员借鉴:

(1)内部审计人员分析某一审计发现是属于偶然孤立事件还是属于系统性重复发生事件,如果是后者,初步判断该审计发现是否属于内部控制缺陷。

(2)内部审计人员判断某项内部控制缺陷是属于财务报告内部控制缺陷还是属于非财务报告内部控制缺陷。

（3）如果属于财务报告内部控制缺陷，内部审计人员则判断该项缺陷是否存在合理的可能性导致财务报告错报，并运用重要性水平判断该项缺陷（或缺陷的汇总）可能导致的错报是否对财务报告造成重大影响。

（4）无论是财务报告内部控制缺陷还是非财务报告内部控制缺陷，内部审计人员都要判断是否存在有效运行的可以预防或发现重大错报或重大错误的补偿性措施，如果存在，则不能认定为重大或重要缺陷。

（5）如果不存在补偿性措施，内部审计人员则要综合各种定性和定量的认定标准，判断缺陷（或汇总缺陷）的重要程度是否足以引起管理层和治理层的重视，从而判断其是属于重大缺陷还是属于重要缺陷。

5. 汇总审计结果

内部审计人员应当根据内部控制审计结果，结合相关管理层对内部控制的自我评估，综合分析后提出内部控制缺陷认定意见，并按照规定的权限和程序进行审核后予以认定。在此基础上，内部审计人员应当编制内部控制缺陷认定汇总表，对内部控制缺陷及其成因、表现形式和影响程度进行综合分析和全面复核。

6. 编制审计报告

内部审计人员应当对内部控制缺陷及其成因、表现形式和影响程度进行综合分析和全面复核，提出认定意见，并以适当的形式向组织适当管理层报告。内部控制审计报告的内容应当包括审计目标、依据、范围、程序与方法、内部控制缺陷认定及整改情况，以及内部控制设计和运行有效性的审计结论、意见、建议等相关内容。

内部审计机构应当向组织适当管理层报告内部控制审计结果。一般情况下，全面内部控制审计报告应当报送组织董事会或最高管理层，包含有重大缺陷认定的专项内部控制审计报告在报送组织适当管理层的同时，也应当报送董事会或最高管理层。

经董事会或最高管理层批准，内部控制审计报告可以作为《企业内部控制评价指引》中要求的内部控制评价报告对外披露。

六、内部控制审计方法

（一）个别访谈法

个别访谈法主要用于了解公司内部控制的现状，在企业层面评价及业务层面评价的了解阶段经常使用。访谈前内部审计人员应根据内部控制评价需求形成访谈提纲，撰写访谈纪要，记录访谈的内容。为了保证访谈结果的真实性，应尽量访谈不同岗位的人员以获得更可靠的证据。比如，分别访谈人力资源部主管和基层员工，询问公司是否建立了员工培训长效机制，培训是否能满足员工和业务岗位需要。

（二）调查问卷法

调查问卷法主要用于企业层面评价。调查问卷应尽量扩大对象范围、包括企业各个层级员工，同时应注意事先保密性，访谈题目尽量简单易答（如答案只需为"是""否""有""没有"等）。比如，"你对企业的核心价值观是否认同""你对企业未来的发展是否有信心"等。

(三) 穿行测试法

穿行测试法是指在企业业务流程中，内部审计人员任意选取一份全过程的文件作为样本，并追踪该样本从最初起源到最终在财务报表或其他经营管理报告中反映出来的过程，即追踪该流程从起点到终点的全过程，以此了解控制措施设计的有效性，并识别出关键控制点。如针对销售交易，内部审计人员选取一批订单，追踪从订单处理→核准信用状况及赊销条款→填写订单并准备发货→编制货运单据→订单运送/递送追踪至客户或由客户提货→开具销售发票→复核发票的准确性并邮寄/送至客户→生成销售明细账→汇总销售明细账并过账至总账和应收账款明细账等交易的整个流程，考虑之前对相关控制的了解是否正确和完整，并确定相关控制是否得到执行。本方法主要用于对业务流程和具体业务的测试与评价。

(四) 抽样法

抽样法分为随机抽样和其他抽样。随机抽样是指按随机原则从样本库中抽取一定数量的样本；其他抽样是指人工任意选取或按某一特定标准从样本库中抽取一定数量的样本。内部审计人员使用抽样法时首先要确定样本库的完整性，即样本库应包含符合控制测试的所有样本；其次要确定所抽取样本的充分性，即样本的数量应当能检验所测试的控制点的有效性；最后要确定所抽取样本的适当性，即获取的证据应当与所测试控制点的设计和运行相关，并能可靠地反映控制的实际运行情况。

(五) 实地查验法

实地查验法主要针对业务层面控制，实地查验法是指内部审计人员通过使用统一的测试工作表，将实际的业务与财务单证进行核对，从而实施控制测试的方法。如实地盘点某种存货。

(六) 比较分析法

比较分析法是指通过数据分析，识别评价关注点的方法。数据分析可以是与历史数据、行业（公司）标准数据或行业最优数据等进行比较。比如针对具体客户的应收账款周转率进行横向或纵向比较，分析存在异常的应收客户款，进而对这些客户的赊销管理控制进行检查。

(七) 专题讨论法

专题讨论法主要是集合有关专业人员就内部控制执行情况或控制问题进行分析，既是控制评价的手段，也是形成缺陷整改方案的途径。对于同时涉及财务、业务、信息技术等方面的控制缺陷，往往需要由内部控制管理部门组织召开专题讨论会议，综合内部各机构、各方面的意见，研究确定缺陷整改方案。

(八) 标杆法

标杆法是指通过与行业内具有相同或相似经营活动的标杆企业进行比较，对内部控制设计有效性进行评价的方法。

(九)重新执行法

重新执行法是指审计人员根据有关资料和业务处理程序,以人工方式或使用计算机辅助审计技术,重新处理一遍业务并比较其结果,进而判断企业内部控制执行的有效性,是一种通过对某一个控制活动全过程的重新执行来评估内部控制执行情况的方法。

在实际工作中,以上这些方法可以配合使用。此外,内部审计人员还可以使用观察、检查、重新执行等方法,也可以利用信息系统开发检查的方法或利用实际工作的检查测试经验。对于企业通过系统采用自动控制、预防控制的,内部审计人员应在方法上注意其与人工控制、发现性控制的区别。

第三节 舞弊行为审计

一、舞弊行为审计概述

为了提高审计效率和效果,内部审计机构和内部审计人员在审计活动中要对舞弊行为进行检查和报告。

(一)舞弊行为审计概念

舞弊是指公司内、外人员采用欺骗等违法违规手段,谋取个人不正当利益,损害正当的公司经济利益的行为;或谋取不当的公司经济利益,同时可能为个人带来不正当利益的行为。

舞弊行为审计是指审计人员对被审计组织的内部人员及有关人员为谋取自身利益或为使本组织获得不当经济利益而其自身也可能获得相关利益采用欺骗等违法违规手段使组织经济利益遭受损害的不正当行为,使用检查、查询等审计程序进行取证并向委托者或授权者出具审计报告的一种监督活动。

2014年1月1日起施行的《第2204号内部审计具体准则——对舞弊行为进行检查和报告》主要用于各类组织的内部审计机构、内部审计人员及其从事的内部审计活动。其他组织或者人员接受委托、聘用、承办或者参与内部审计业务也可适用。

(二)舞弊行为审计的分类

从组织经济利益的角度来看,舞弊行为可以分为损害组织经济利益的舞弊和谋取组织经济利益的舞弊。

1. 损害组织经济利益的舞弊

有下列情形之一者属于损害组织经济利益的舞弊行为:

(1)收受贿赂或回扣。

(2)将正常情况下可以使组织获利的交易事项转移给他人。

(3) 贪污、挪用、盗窃组织资财。
(4) 使组织为虚假的交易事项支付款项。
(5) 故意隐瞒、错报交易事项。
(6) 泄露组织的商业秘密。
(7) 其他损害组织经济利益的舞弊行为。

2. 谋取组织经济利益的舞弊

有下列情形之一者属于谋取组织经济利益的舞弊行为：

(1) 支付贿赂或回扣。
(2) 出售不存在或不真实的资产。
(3) 故意错报交易事项、记录虚假的交易事项，使财务报表使用者误解而做出不适当的投融资决策。
(4) 隐瞒或删除应对外披露的重要信息。
(5) 从事违法违规的经营活动。
(6) 偷逃税款。
(7) 其他谋取组织经济利益的舞弊行为。

(三) 舞弊行为审计的特点

相对于传统的财务审计，舞弊行为审计在思维方法、审计切入点、审计目的、审计程序和方法上有其固有特点。

1. 思维方法

传统财务审计的思维特点是：审计人员根据既定的会计准则和审计准则，抽取样本数据，并根据实际情况对照公认准则，得到具体发现，从而得出结论。这是一个从一般到特殊的演绎推理过程。

舞弊行为审计是审计人员通过观察、询问，执行特殊程序和技术收集证据，从一个又一个疑点开始审查，即"跟随谎言去追寻真相"，用一个个有力证据说明疑点，最后得出结论，将特定的舞弊行为揭穿。这是一个从特殊到一般的思维过程。

2. 审计切入点

财务审计的切入点是以内部控制为基础，以防范审计风险为目标，关注当期会计数据中的错误是否超过重要性水平。

舞弊审计的切入点首先考虑的是行为动机、舞弊机会及控制的薄弱环节，关注的是例外事情、古怪事情。这些事情往往伴随着奇怪的人、在奇怪的地点、奇怪的时间、发生奇怪的次数，而奇怪的数字则不问金额大小。正所谓"大错不犯、小错不断"，正是舞弊审计要关注的。

3. 审计目的

财务审计的目的通常是发现偏离公认会计准则的重大差异事项，以验证财务报表揭示的公允性、合法性、充分性。如果审计人员严格按照审计准则要求进行审计工作，并做到应有的职业谨慎，却仍没有发现被审计单位的舞弊行为，审计人员一般不需要承担责任。

而舞弊审计的目的在于调查揭露故意歪曲事实与非法占用资产的舞弊行为,确定舞弊损失的金额及问题的影响程度和范围,关注例外事项、不正常事项和潜在发出危险信号的事项,寻找舞弊证据,侦破舞弊案件。

4. 审计程序和方法

财务审计严格按照既定的审计准则,从了解内部控制、符合性测试、实质性测试等环节进行规范审计取证。如果在实施必要审计程序后,仍不能获得所需要的审计证据,审计人员可以发表保留意见或不表示意见。

舞弊审计最重要的思维方式是站在舞弊者的角度思考问题,寻找内部控制的薄弱环节。舞弊审计更多的是一种直觉判断过程,是一门艺术,而不是一种正式分析方法。舞弊审计必须做到有证据,不能凭推理去设想与舞弊有关的事项,审计人员一旦发现舞弊行为的蛛丝马迹,就要一查到底,一般不考虑成本效益原则。

(四) 舞弊行为审计的一般原则

组织管理层对舞弊行为的发生承担责任。建立、健全并有效实施内部控制,预防、发现及纠正舞弊行为是组织管理层的责任。内部审计机构和内部审计人员应当保持应有的职业谨慎,在实施的审计活动中关注可能发生的舞弊行为,并对舞弊行为进行检查和报告。内部审计机构和内部审计人员在检查和报告舞弊行为时,应当从下列方面保持应有的职业谨慎:

(1) 具有预防、识别、检查舞弊的基本知识和技能,在执行审计项目时警惕相关方面可能存在的舞弊风险。

(2) 根据被审计事项的重要性、复杂性以及审计的成本效益性,合理关注和检查可能存在的舞弊行为。

(3) 运用适当的审计职业判断,确定审计范围和审计程序,以发现、检查和报告舞弊行为。

(4) 发现舞弊迹象时,应及时向适当管理层报告,提出进一步检查的建议。

由于内部审计并非专为检查舞弊行为而进行,即使审计人员以应有的职业谨慎执行了必要的审计程序,也不能保证发现所有的舞弊行为。内部审计人员在检查和报告舞弊行为时,应当特别注意做好保密工作。

(五) 舞弊产生的原因

对于舞弊产生的原因,国外有著名的"舞弊三角理论""GONE 理论""冰山理论"等。归纳起来,舞弊产生的原因主要有以下几个方面:

1. 动机

无论何种舞弊,首先是有一定动机的。舞弊行为动机主要有以下四种:

(1) 经济动机,经济动机就是为了使自身的经济利益最大化。

(2) 利己动机,利己动机是为了追求个人地位和威信。

(3) 思想动机,思想动机是为了所谓的"报仇",为了使某个人得到"应有的惩罚",为了证明自己"高人一等"。

(4) 精神病动机。精神病动机是为舞弊而舞弊，为盗窃而盗窃，通常会导致"惯性犯罪"。

其中，经济动机是主要的，也是最常见的。压力、贪婪、欲望、需要都会导致动机的产生。

2. 压力

1) 员工的压力

(1) 经济压力(生活所迫、贷款买房、奢侈生活、高额债务、经济损失)。

(2) 工作压力(独裁式管理、过于严格的制度、对工作不满、工作业绩得不到充分承认、工资待遇太低、升职机会少、不友善的工作环境、期望过高的预期、害怕失业)。

(3) 恶习(赌博、酗酒、吸毒)。

(4) 其他压力和偶发事件。

2) 组织的压力

(1) 法律要求。

(2) 贷款需要。

(3) 发行股票。

(4) 避免"戴帽"或退市。

(5) 减轻税负。

3. 机会

机会是导致舞弊行为产生的条件，包括内部控制不健全、缺乏惩罚措施等。受到的信任程度越大、地位权力越大，暴露程度越小，产生舞弊的可能性就越大。

1) 员工的机会

员工的机会主要有缺乏控制措施、无法评价工作质量、缺乏惩罚措施、信息不对称、无能力觉察舞弊行为、无审计轨迹等。

2) 组织的机会

组织的机会主要有法律不健全、公司治理结构不健全、内部人控制、一股独大的国有股权虚置、内部审计师监管的缺失等。

4. 忠诚性的缺失

忠诚性的缺失是指组织内部拥有权利和责任的个人或集体，容易导致舞弊行为的工作态度或道德观念。忠诚性是自始至终都按照最高的道德价值标准来行动的一种能力，是对受托责任尽职尽责的忠诚度。正是由于忠诚性的缺失，动机、压力和机会才导向舞弊。但是人们在舞弊时不会意识到自己忠诚性的缺失，而是会寻找许多自我安慰的借口。

二、舞弊行为审计的内容

舞弊行为审计涉及管理层舞弊审计和雇员舞弊审计。

(一) 管理层舞弊审计

组织管理层应对舞弊行为的发生承担责任。建立、健全并有效实施内部控制，预防、发现及纠正舞弊行为是组织管理层的主要责任。

内部审计机构和人员应当保持应有的职业谨慎,合理关注组织内部可能发生的舞弊行为,以协助组织管理层预防、检查和报告舞弊行为。

应有的职业谨慎是内部审计人员应具备的合理谨慎态度和技能。舞弊行为的发生是与组织内部控制存在漏洞相关,并且总会留下一些迹象,如果内部审计人员保持合理的职业谨慎,就能够对这些漏洞或迹象保持警觉,进而可以提醒管理层采取措施预防或发现舞弊行为。

管理层发生舞弊行为的现实需要分析可以归纳为以下几个方面:业绩考核、信贷资金、发行股票、提高政绩。对于管理层舞弊行为,内部审计人员可以通过传统的内部控制测试、计算、检查、观察、询问、比较、比率分析等方法对其进行追踪,舞弊行为一般是可以揭露出来的,只要审计人员敏感抓住各种舞弊特征,紧跟线索不断追查下去,必将舞弊昭然于天下。

除此之外,舞弊行为审计还有自己特有的审计方法——延伸性审计程序,即追踪舞弊的审计程序。延伸性审计程序并没有一个范围限制,它取决于审计人员的思维、想象力和组织管理当局的合作程度,只要审计人员认为必要,任何合法程序都可以成为延伸性审计程序:

(1) 评价重大的非经常性交易的合理性。
(2) 复核各种会计估计政策及运用情况。
(3) 检查各种会计调整分录。
(4) 检查各种大额往来账户的真实性和合法性。
(5) 突击检查盘点实物资产以发现虚增虚减情况。

(二) 雇员舞弊审计

雇员舞弊审计也是一种常见的舞弊行为审计。对雇员舞弊的防范主要包括:进行道德建设,倡导诚实正直的企业文化;评估舞弊风险并明确具体对策,以降低风险、消除机会。

1. 进行道德建设

人是社会经济活动中最活跃的因素,从根本上说,一切违法、不恰当的问题,归根到底都是人的问题,制度能改变人以及社会的一些行为,但永远无法左右所有行为。制度的这种局限性,可部分地由文化、道德等非正式制度因素弥补。身处一个诚信度低、控制差、会计责任松懈、压力大的环境中,人们就会变得越来越不诚实。为从根本上杜绝舞弊行为,企业就要形成一种忠实诚信的氛围。首先,企业的管理层要坚持以身作则,管理层往往是其他员工效仿的对象。其次,企业在雇佣员工时考虑道德品质方面的因素,如果企业想要成功地防范舞弊,应当具备能够有效区分个人道德素质高低的雇佣政策,尤其是对关键职位的招聘。再次,企业定期在内部宣传管理当局对员工相关方面的要求,明确正确的价值观和道德观,并对员工进行培训,舞弊教育有助于防范舞弊,并确保已经发生的舞弊尽早被发现。最后,企业还应针对舞弊制定并实施行之有效的处罚政策,有效的舞弊处理政策应当确保彻底调查事实真相、严肃处理舞弊者、评估风险并改进控制、进一步加强对雇员的沟通和培训。

2. 评估舞弊风险并明确具体对策

舞弊因素中的机会因素一旦消除,舞弊就难以发生,企业可以通过准确识别舞弊源头并评估风险,确定风险最大的区域并评价、测试、降低风险。企业可以实施适当的防范并发现舞弊的控制措施,比如良好的控制环境、有效的会计信息系统以及适当的控制程序。企业可以发动员工进行全面监督。有研究表明,大多数舞弊都是员工和管理人员而不是审计人员发现的。企业可以实施独立稽核,进行有效的审计。实施防范性舞弊审计的企业使员工了解到他们的行为随时都会受到检查。防范性的舞弊审计通过增加员工的畏惧感减少了舞弊行为的发生。

三、评估舞弊发生的可能性

(1) 内部审计人员在审查和评价业务活动、内部控制和风险管理时,应当从以下方面对舞弊发生的可能性进行评估:

① 组织目标的可行性。

② 控制意识和态度的科学性。

③ 员工行为规范的合理性和有效性。

④ 业务活动授权审批制度的有效性。

⑤ 内部控制和风险管理机制的有效性。

⑥ 信息系统运行的有效性。

(2) 内部审计人员除考虑内部控制的固有局限外,还应当考虑下列可能导致舞弊发生的情况:

① 管理人员品质不佳。

② 管理人员遭受异常压力。

③ 业务活动中存在异常交易事项。

④ 组织内部个人利益、局部利益和整体利益存在较大冲突。

总之,内部审计人员应当根据可能发生的舞弊行为的性质,向组织适当管理层报告,同时就需要实施的舞弊检查提出建议。

四、舞弊的检查

舞弊的检查是指实施必要的检查程序,以确定舞弊迹象所显示的舞弊行为是否已经发生。

内部审计人员进行舞弊检查时,应当根据下列要求进行:

(1) 评估舞弊涉及的范围及复杂程度,避免向可能涉及舞弊的人员提供信息或者被其所提供的信息误导。

(2) 设计适当的舞弊检查程序,以确定舞弊者、舞弊程度、舞弊手段及舞弊原因。

(3) 在舞弊检查过程中,与组织适当管理层、专业舞弊调查人员、法律顾问及其他专家保持必要的沟通。

（4）保持应有的职业谨慎，以避免损害相关组织或者人员的合法权益。

五、舞弊的报告

舞弊的报告是指内部审计人员以书面或者口头形式向组织适当管理层或者董事会报告舞弊检查情况及结果。在舞弊检查过程中，出现下列情况时，内部审计人员应当及时向组织适当管理层报告：

（1）可以合理确信舞弊已经发生，并需要深入调查。

（2）舞弊行为已经导致对外披露的财务报表严重失实。

（3）发现犯罪线索，并获得了应当移送司法机关处理的证据。

内部审计人员完成必要的舞弊检查程序后，应当从舞弊行为的性质和金额两方面考虑其严重程度，并出具相应的审计报告。审计报告的内容主要包括舞弊行为的性质、涉及人员、舞弊手段及原因、检查结论、处理意见、提出的建议及纠正措施。

第四节　信息系统审计

习近平总书记在中央审计委员会第一次会议上强调，要坚持科技强审，加强审计信息化建设。这一重要论述指明了新时代审计事业的前进方向，为应对信息化时代带给审计工作的冲击与挑战提供了根本遵循。各级审计机关应牢固树立科技强审战略，用科技引擎发展，将大数据思维贯穿审计全过程，以大数据思维统领审计工作，构建大数据审计工作模式，推动审计工作腾笼换鸟、更好发展。

一、信息系统审计概述

（一）信息系统审计的含义

《内部审计具体准则第2203号——信息系统审计》中明确定义：信息系统审计是指由内部审计机构和内部审计人员对组织的信息系统及其相关的信息技术内部控制和流程所进行的审查与评价活动。而国际信息系统审计领域的权威专家Ronweber则将信息系统审计定义为收集并评价证据，以便客观判断一个计算机系统（信息系统）是否有效做到保护资产、维护数据完整、完成组织目标，同时最经济地使用资源。国际信息系统审计协会（Imformation Systems Audit and Control Association，ISACA）则将信息系统审计定义为一个获取并评价证据，以判断计算机系统是否能够保证资产的安全、数据的完整以及有效率地利用组织的资源并有效果地实现组织目标的过程。

综上所述，我们可以将信息系统审计理解为：信息系统审计是根据公认的标准和指导规范，对信息系统从计划、研发、实施到运行维护各个环节进行审查评价，对信息系统及其业务应用的完整、效能、效率、安全性进行监测、评估和控制的过程,以确认预定的业务目标得以实现,并提出一系列改进建议的管理活动。

我们可以从以下几个方面理解信息系统审计的含义:

(1) 信息系统审计的主体是有胜任能力的独立的审计师。信息系统审计是由有客观立场的独立审计师实施,包括国家审计机关、企业内部审计机构中的工作人员,以及具有信息系统审计资质的独立第三方机构中的 IT 专业人员等。

(2) 信息系统审计的对象是信息系统及以其为载体的所有活动,包括计算机软硬件组成的信息系统,运行于系统中的业务应用和数据处理活动,系统生命周期的相关活动以及保障系统运行的外部环境等。

(3) 信息系统审计的核心是客观地收集和评估证据。它是进行信息系统审计工作的出发点,在信息系统审计的过程中,审计人员的主要工作就是收集充分、适当的审计证据,并对证据进行评价,以此判断信息系统是否能有效地保护资产,维护数据完整,以及是否能以最少的时间和最低的成本费用达到企业目标的过程。在审计过程中,审计师应获取充分、适当的证据,以有效地实现审计目标,审计结论应当建立在对审计证据的合理分析和评价的基础之上。

(4) 信息系统审计的目的是通过实施信息系统审计工作,对组织是否达成信息技术管理目标进行综合评价,并基于评价意见提出管理建议,协助组织信息技术管理人员有效地履行其受托责任以达成组织的信息技术管理目标。

(二) 信息系统审计的特点

1. 真实性

信息系统审计作为对传统审计的补充,要做到杜绝假账真审。只有保证计算机信息系统中的数据是真实的、完整的和合法的,以这些数据为基础的财务审计才是真实有效的,也才能避免"假账真审"现象的发生。

2. 安全性

对企业信息资产安全性的审核是信息系统审计的重要内容之一,企业要防止信息系统造成的经营风险。随着信息技术和互联网的发展,企业的风险已经不仅来自市场、财务,也有很大的可能是源于信息系统和互联网。一方面,来自互联网的病毒、木马、黑客都有可能造成业务中断和重要信息泄露,从而影响企业的正常运营,甚至造成企业破产;另一方面,企业信息系统自身的漏洞也可能给企业造成损害,甚至是带来毁灭性的打击。由此可见,在当前环境下,只为报表使用者提供市场和财务的风险分析是远远不够的,审计师还需要提供企业在信息环境中安全风险分析以及相应的对策建议,保障企业资产的安全。

3. 复杂性

首先,由于不同被审计单位计算机设备各式各样,既有大型机、中型机,也有小型机、微型机;既有国产机,也有进口机。审计人员在审计过程中,必然要和计算机的硬件和软件打交道,各种计算机机型功能不一,配备的系统各异,必然会增加审计技术的复杂性。其次,由于不同被审计单位的业务规模和性质不同,所采用的数据处理及存储方式不同,审计人员所采用的方法、技术也不同。最后,不同被审计单位其应用软件的开发方式、软件开发的程序设计语言也不尽相同,对于不同的软件开发方式以及用不同的程序设计语言开发的应用软件,其审计的方法与技术也不一样。

信息系统审计存在真实性、安全性和复杂性这些特点,对审计人员的要求也随之提高,信息系统审计人员不仅需要财务方面的专业胜任能力,同时也需要对信息技术有着比较高的掌握程度。对于深层次的、与技术高度融合的审计工作,如信息系统应用软件审计等,审计人员还需要充分利用计算机专家的专业能力开展审计工作。

二、信息系统审计的程序

信息系统审计可以作为独立的审计项目组织实施,也可以作为综合性内部审计项目的组成部分实施。当信息系统审计作为综合性内部审计项目的一部分时,信息系统审计人员应当及时与其他相关内部审计人员沟通信息系统审计中的发现,并考虑依据审计结果调整其他相关审计的范围、时间及性质。

信息系统审计的审计程序来源于传统审计,和传统的审计程序大体相同,这里我们将信息系统审计的程序分为信息系统审计计划、信息技术风险评估、信息系统审计测试和信息系统审计报告四个步骤,如图5-1所示。

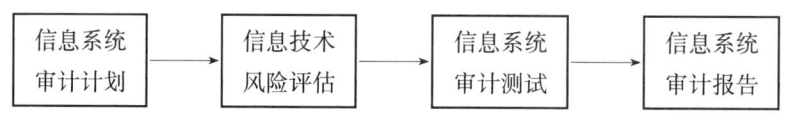

图5-1　信息系统设计的程序

(一) 信息系统审计计划

内部审计人员在实施信息系统审计前,需要确定审计目标并初步评估审计风险,估算完成信息系统审计或者专项审计所需的资源,确定重点审计领域及审计活动的优先次序,明确审计组成员的职责,编制信息系统审计方案。

编制信息系统审计方案时,除了遵循相关内部审计具体准则的规定,内部审计人员还应当考虑下列因素:①高度依赖信息技术、信息系统的关键业务流程及相关的组织战略目标。②信息技术管理的组织架构。③信息系统框架和信息系统的长期发展规划及近期发展计划。④信息系统及其支持的业务流程的变更情况。⑤信息系统的复杂程度。⑥以前年度信息系统内、外部审计所发现的问题及后续审计情况。⑦其他影响信息系统审计的因素。

当信息系统审计作为综合性内部审计项目的一部分时,内部审计人员在审计计划阶段还应当考虑项目审计目标及要求。

在审计信息系统之前,内部审计机构和人员还需要了解企业信息系统的下列情况:①硬件设备,包括主机的机型、所配置的外围设备、辅助设备等。②系统软件,包括选用的操作系统、数据库管理系统等。③应用软件,包括软件的获取方式等。④文档资料,包括系统和程序流程图、相关系统的操作手册和维护手册等。基于对以上情况的了解,内部审计机构和人员对需要测试的项目、是否需要聘请外部的计算机专家、采用的计算机审计技术等作出决定。

(二)信息技术风险评估

内部审计人员进行信息系统审计时,应当识别组织所面临的与信息技术相关的内、外部风险,并采用适当的风险评估技术与方法,分析和评价其发生的可能性及影响程度,为确定审计目标、范围和方法提供依据。

信息技术风险是指组织在信息处理和信息技术运用过程中产生的、可能影响组织目标实现的各种不确定因素。信息技术风险包括组织层面的信息技术风险、一般性控制层面的信息技术风险及业务流程层面的信息技术风险等。

1. 组织层面、一般性控制层面信息技术风险的识别与评估

内部审计人员在识别和评估组织层面、一般性控制层面的信息技术风险时,需要关注下列内容:①业务关注度,即组织的信息技术战略与组织整体发展战略规划的契合度以及信息技术(包括硬件及软件环境)对业务和用户需求的支持度。②信息资产的重要性。③对信息技术的依赖程度。④对信息技术部门人员的依赖程度。⑤对外部信息技术服务的依赖程度。⑥信息系统及其运行环境的安全性、可靠性。⑦信息技术变更。⑧法律规范环境。⑨其他。

2. 业务流程层面信息技术风险的识别和评估

业务流程层面的信息技术风险受行业背景、业务流程的复杂程度、上述组织层面及一般性控制层面的控制有效性等因素的影响而存在差异。一般而言,内部审计人员应当了解业务流程,并关注下列信息技术风险:①数据输入。②数据处理。③数据输出。

(三)信息系统审计测试

内部审计人员应当基于风险评估的结果,合理确定信息系统审计的内容和范围,并对企业的信息技术内部控制设计的合理性和运行的有效性进行测试。内部审计人员在评估信息系统内部控制的过程中,应当获得充分、适当的审计证据以支持审计结论,同时应当充分考虑系统自动控制控制效果的一致性及可靠性的特点,在选取审计样本时可以根据实际情况适当减少样本量。在系统没有发生变化的情况下,可以考虑适当降低审计频率。内部审计人员在审计过程中应当在风险评估的基础上,根据信息系统内部控制评估的结果重新评估审计风险,并根据剩余风险设计进一步的审计程序。

(四)信息系统审计报告

在完成信息系统审计的证据收集和实施审计程序之后,内部审计人员应当综合所收集到的相关证据,运用专业判断,形成审计意见,出具审计报告。审计报告需要针对企业信息系统的安全性、可靠性、有效性和效率性发表审计意见,并向管理层提出有关信息系统内部控制和运行管理方面的问题及相应改进意见,以健全和完善企业信息系统,从而实现信息系统审计的目标。

三、信息系统审计的内容

信息系统审计主要是对组织层面信息技术控制、信息技术一般性控制及业务流程层面相关应用控制的审查和评价。信息技术内部控制的各个层面均包括人工控制、自动控制和人工、自动相结合的控制形式,内部审计人员应当根据不同的控制形式采取恰当的审计程序。

(一) 组织层面信息技术控制

组织层面信息技术控制,是指董事会或者最高管理层对信息技术治理职能及内部控制的重要性的态度、认识和措施。内部审计人员应当考虑下列控制要素中与信息技术相关的内容。

1. 控制环境

内部审计人员应当关注组织的信息技术战略规划对业务战略规划的契合度、信息技术治理制度体系的建设、信息技术部门的组织结构和关系、信息技术治理相关职权与责任的分配、信息技术人力资源管理、对用户的信息技术教育和培训等方面。

2. 风险评估

内部审计人员应当关注组织的风险评估的总体架构中信息技术风险管理的框架、流程和执行情况,信息资产的分类以及信息资产所有者的职责等方面。

3. 信息与沟通

内部审计人员应当关注组织的信息系统架构及其对财务、业务流程的支持度、董事会或者最高管理层的信息沟通模式、信息技术政策/信息安全制度的传达与沟通等方面。

4. 内部监督

内部审计人员应当关注组织的监控管理报告系统、监控反馈、跟踪处理程序以及组织对信息技术内部控制的自我评估机制等方面。

(二) 信息技术一般性控制

信息技术一般性控制是指与网络、操作系统、数据库、应用系统及其相关人员有关的信息技术政策和措施,以确保信息系统持续稳定运行,支持应用控制的有效性。对信息技术一般性控制的审计应当考虑下列控制活动。

1. 信息安全管理

内部审计人员应当关注组织的信息安全管理政策,物理访问及针对网络、操作系统、数据库、应用系统的身份认证和逻辑访问管理机制,系统设置的职责分离控制等。

2. 系统变更管理

内部审计人员应当关注组织的应用系统及相关系统基础架构的变更、参数设置变更的授权与审批,变更测试,变更移植到生产环境的流程控制等。

3. 系统开发和采购管理

内部审计人员应当关注组织的应用系统及相关系统基础架构的开发和采购的授权审批,系统开发的方法论,开发环境、测试环境、生产环境严格分离情况,系统的测试、审核、移植到生产环境等环节。

4. 系统运行管理

内部审计人员应当关注组织的信息技术资产管理、系统容量管理、系统物理环境控制、系统和数据备份及恢复管理、问题管理和系统的日常运行管理等。

(三) 业务流程层面应用控制

业务流程层面应用控制是指在业务流程层面为了合理保证应用系统准确、完整、及时完成业务数据的生成、记录、处理、报告等功能而设计、执行的信息技术控制。对业务流程层面应用控制的审计应当考虑下列与数据输入、数据处理以及数据输出环节相关的控制活动。

1. 授权与批准

信息系统中的授权与批准控制仍然是非常重要的内部控制，如对登录系统的人员进行用户名和密码的授权控制，利用用户名对登录人员在系统中进行浏览、编辑设置授权控制。

2. 系统配置控制

系统配置包括对硬件、软件和网络资源的配备和整合。硬件控制是构筑在计算机硬件设备内部的一种控制，用来检测并处理设备故障和错误，保证系统的可靠性。常见的硬件控制有：边界保护、二模冗余、N模表决、双电路、回送校验、互锁、文件保护环、奇偶校验、反问相乘、有效性检查、程序固化、缓慢降级、溢出检验、不中断电源系统等。软件控制包括对软件功能的需求、研发、测试、运行、变更等各个环节的控制。网络控制则是对网络中各种通信设备和通信线路及接近用户的传输线路和终端等网络资源的控制，如数据加密、断口保护、主体验证、数据完整性保护、通信流分析控制等。

3. 异常情况报告和差错报告

信息系统应当设置对异常情况和差错的检测和报告控制，在对不期望出现的异常情况和差错进行定义的基础上，在系统中设定检测控制，一旦出现被定义的异常情况和差错，系统会自动向相关的部门和人员进行报告，以方便组织及时采取纠正措施。

4. 接口/转换控制

信息系统中往往配置很多硬件设备，这些硬件设备是通过各种形式的接口连接的，系统中的数据也是通过这些接口进行转换和传输的，为此对这些接口及数据的转换进行控制也是非常必要的。

5. 一致性核对

信息系统在将来自组织各个职能部门的各种类型的数据进行整合之前，需要对数据的一致性进行核对，并对存在不一致的信息进行必要的调查和处理。

6. 职责分离

在信息系统环境下最重要的几个需要分离的数据处理职责如下：

(1) 系统分析员负责系统总体设计，确定整个系统的目标及个别应用方面的具体设计；

(2) 程序设计员根据系统分析员确定的各个具体目标，开发具体的程序流程图，编程，测试程序，验收。对程序设计员来说，不接触输入数据进行计算机操作是十分重要的，因为熟悉程序就很容易设计违规程序为己谋利；

（3）计算机操作员通过计算机程序负责会计信息在系统中的处理，操作员必须根据程序设计员开发的程序运行手册的指令进行工作。理想的情况是，操作员不具备程序设计方面的知识，使他不能在操作前或操作中修改程序；

（4）资料管理员负责保管计算机程序、业务档案和其他重要的计算机记录。资料管理员对这些记录进行重要的实物控制，只有经过批准才能接触这些记录；

（5）数据控制小组，其职能是测试系统所有方面的效率和效果，包括各种控制的适当性、输入的质量、输出的合理性。控制小组人员的工作与内部审计人员十分相似，因此，其是否独立是十分重要的。

7. 系统访问权限

接触控制保证只有经过批准的人员才能使用计算机，接触软件和数据文件。例如，系统使用密码和权限控制，只有掌握正确密码的人才能进入系统，只有给定权限的人才能调用相应的功能或接触有关的文件。对在开放系统中存放的程序或数据文件的目录加密，使一般人不经系统认证难于直接调用、浏览或篡改。

8. 系统计算

信息系统的正常运转是建立在系统能够实现正确计算的基础上的，系统要求规定了系统的主要目标，任何程序的开发与设计都必须按照系统要求进行。程序设计文件规定了软件程序的开发和测试，包括对开发或编写程序及测试或改变详细流程图的特殊要求。程序运行指令规定了各种计算机程序的操作顺序和各种指令。文件编辑标准应该对输入详细的操作指令的可能结果进行说明，并说明输出情况。

9. 其他

信息系统审计除上述常规的审计内容外，内部审计人员还可以根据组织当前面临的特殊风险或者需求，设计专项审计以满足审计战略，具体包括（但不限于）下列领域：①信息系统开发实施项目的专项审计。②信息系统安全专项审计。③信息技术投资专项审计。④业务连续性计划的专项审计。⑤外包条件下的专项审计。⑥法律、法规、行业规范要求的内部控制合规性专项审计。⑦其他专项审计。

四、信息系统审计的方法

内部审计人员在进行信息系统审计时，可以单独或者综合运用下列审计方法获取相关、可靠和充分的审计证据，以评估信息系统内部控制的设计合理性和运行有效性。

（一）询问相关控制人员

内部审计人员采用个别面谈和召开会议的形式与企业负责信息系统控制的有关人员进行会谈，了解企业信息系统在设计、实施、应用和管理等方面的控制情况。另外，内部审计人员还可以向企业的管理层、信息部门主管、系统管理人员、应用系统的使用者等询问信息系统在管理、应用和控制方面存在的问题，根据对方回答获取所需的审计资料。

（二）观察特定控制的运用

内部审计人员应当查看特定控制下相关人员正在执行的程序或者从事的活动，了解特定控制的设计与执行情况,从而获取企业经营环境、信息化环境、业务运营及内部控制执行等方面的资料。

(三) 审阅文件和报告及计算机文档或者日志

内部审计人员通过查阅有关的文件与书面材料可以了解企业信息系统及内部控制运行的情况。每一个信息系统都应当保存规范完整的文档资料,包括可行性分析报告、系统分析报告、操作手册等,以增强系统的可维护性和可审性。内部审计人员通过审核系统文档可以了解信息系统开发、实施、测试和评审等具体情况。

(四) 根据信息系统的特性进行穿行测试,追踪交易在信息系统中的处理过程

内部审计人员在检验应用程序、控制程序和系统的可靠性时,应当从计算输入开始,追踪具体业务在信息系统中处理的全过程,直至计算机输出。穿行测试的目的在于帮助内部审计人员了解业务在信息系统中的处理流程,所以不需要进行大面积的测试。

(五) 验证系统控制和计算逻辑

验证系统控制和计算逻辑是一种常用的系统功能审查方法,内部审计人员判断被审计程序的功能运行是否正确时,可以比较被审计程序和模拟程序对被审计单位真实业务数据处理的结果。

(六) 登录信息系统进行系统查询

内部审计人员可以登录企业的信息系统查询相关信息,以了解信息系统内部控制的设计和运行情况。

(七) 利用计算机辅助审计工具和技术

内部审计人员在审计过程中可以利用计算机辅助审计技术,例如采用基本案例系统评估、追踪法、测试数据法、综合测试法、受控再处理法等。

(八) 利用其他专业机构的审计结果或者企业对信息技术内部控制的自我评估结果

在信息系统审计中,内部审计人员还可以利用外部审计机构的审计结果和企业内部的自我评估结果作为审计参考。

(九) 其他

信息系统审计人员可以根据实际需要利用计算机辅助审计工具和技术进行数据的验证、关键系统控制/计算的逻辑验证、审计样本选取等;内部审计人员在充分考虑安全的前提下,可以利用可靠的信息安全侦测工具进行渗透性测试等。

五、信息系统审计实务

A 公司信息系统审计案例

(一) 基本情况

A 公司各个地区之间高度依赖信息系统完成办公及业务处理。其本地的信息系统服务器主要部署于总部,各分子公司通过互联网实现与总部的网络链接。网络设备主要使用

的是思科系列设备,服务器主要使用的是IBM的产品,终端用户使用IBM公司的笔记本和台式机。

A公司总部的主机房位于主办公楼一层,没有专门的门禁系统,但配备有视频监控系统,任何人出入机房均留有影像记录。机房配备有空调和灭火器。

A公司信息系统的日常用户为各业务机构,系统运行维护是信息技术部负责。该部门下属的服务器支持部门负责监控机房的物理访问控制和服务器的逻辑访问控制,网络支持部门负责监控网络的逻辑访问控制。

A公司有统一的灾难恢复和数据备份环境,可以实现工作日增量备份和周末完全备份的任务。除本地的镜像机房和备份机房外,还在异地实现了远程数据备份。

A公司聘请某知名B公司以内部审计外包的方式对其信息系统进行了全面审计。B公司主要对其信息系统一般控制和应用控制进行了审计,其中应用控制的重点是对财务、采购和资产管理系统。B公司在审计中结合了数据分析的方法,分析软件设计的合理性,查找软件使用的不规范行为,发现利用信息系统提高管理效益的途径,做出合理评价,并提出适当的审计建议。

(二)审计中发现的问题

1. 信息系统一般控制审计

1)系统维护管理

B公司通过访谈和实地查看,了解了A公司在系统维护管理方面的具体实施情况。B公司发现,A公司系统维护主要包括软件升级和补丁安装。但A公司目前没有建立系统维护的需求提出、审批、测试及实施的制度,也未妥善保留相关的书面或电子记录。如果没有系统维护的制度,将难以保证维护的实施是在合理授权及安全的方式下进行,也无法保证系统有效运作,继而无法保证业务数据及财务数据的准确性、真实性和完整性。同时,在没有对系统的维护进行存档的情况下,将无法确认维护流程的有效性,且使维护的内容无法追溯。而且,这将无法保证所有系统升级均经过详细的测试,确保将上线的程序更新不会影响系统的正常运作。另外,在系统运行出现运行问题的时候,由于没有文档纪录帮助追溯,这将可能影响到问题处理的效率和及时恢复系统。

2)用户账号管理

B公司对A公司信息系统的用户维护管理的制度及流程进行了查阅。但B公司注意到,A公司的系统用户维护管理过程中存在以下缺陷:未完整保存信息系统的新建用户申请表,而且有些申请表上没有相关主管经理的审批签字;未及时删除信息系统管理员用户组中的闲置账户;财务经理拥有信息系统管理员用户组中的账户;信息系统的操作系统管理员账号和数据库管理员账号,同时被两个信息技术部的人员共同使用。如果书面记录没有完善保存,或签字审批的流程没有适当执行,将难以保证应用系统用户账号的管理是在经过合理审批和授权情况下进行的,同时也无法保证现存账号的权限是适当的。另外,没有及时删除闲置账号,增加了对系统和数据未经授权的访问和操作的风险。财务经理拥有管理员权限,将增加其越权操作的风险。另外,操作系统和数据库系统的管理员账号同时被多个人员使用,则难以追踪各用户的操作行为及明确各自的责任。

3) 网络安全措施

B公司审阅了A公司的信息安全政策,并通过访谈和实地查看,了解了信息安全操作具体措施。A公司确实制定了多项信息安全政策,并在网络出口处进行了较强的安全控制措施,如安装了防火墙。但B公司发现,A公司在内部没有采取充分的措施防止内部攻击,这可能会给A公司的网络安全带来隐患。

4) 系统灾难恢复控制

B公司查阅了A公司的系统灾难恢复政策,并通过访谈和实地查看,了解了具体实施情况。B公司发现,A公司没有对地理信息系统的图像数据等应用数据进行备份,而且业务部门也没有对灾难恢复计划进行测试和演习。地理信息系统数据对于人员及装备部署至关重要,如果缺乏该备份,会形成恢复计划及时实施的巨大障碍。如果不进行灾难恢复计划的测试和演习,就无法确保灾难恢复计划能成功运行。若灾难恢复计划不能有效运作,在遇到突发事件导致系统数据不可用或丢失时,将可能因无法恢复备份数据而造成重要数据的永久性损失。

5) 机房物理安全

B公司通过现场观察的方法,了解了5个计算机机房的物理访问控制。实地察看了机房摄像头和影像资料,检查了机房环境温度和灭火设备。B公司通过调查问卷的方法,了解了机房的历史安全记录,没有发现物理责任事故。但B公司发现有非A公司员工在没有A公司员工陪同下进出机房的情况,经进一步询问,发现A公司还没有建立机房访问制度以及登记和授权的流程。由于软硬件设施和数据是关键资产,应当避免这些关键设备和数据遭受任何可能的损坏。机房的安全,关系到公司核心业务系统及数据的安全,外部人员进入机房,会增加对机房设备或数据未经授权操作的风险,从而可能导致业务中断甚至数据损坏或丢失。

2. 信息系统业务流程应用控制

1) 交易数据输入控制

B公司通过访谈和文档检查的方法,了解了A公司财务系统的总体情况、操作流程和会计核算方法。B公司通过数据分析的方法,进行财务数据与年末财务报告的一致性检查,以及到期清偿债务的检查。B公司发现,A公司下属子公司X公司通过钻其财务系统缺乏供应商账户唯一性控制的漏洞,增设账户将一笔801万美元的到期未清偿债务在没有实际到货和收到采购发票的情况下转为应付账款,违规截留预算资金。A公司的财务规定要求,如果到第二年年底没有实际的采购发票和验收入库单发生,上年形成的到期未清偿债务就应予以核销,预算收回,不得擅自转为应付账款。

2) 交易数据输出控制

B公司通过访谈和文档检查的方法,了解了资产管理系统的总体情况和操作流程。B公司通过实地观察的方法,抽样了解资产的发放程序和控制环节,并通过数据分析的方法,核实资产发放的效率现状。B公司发现,A公司的资产管理部门在信息通信类资产发放环节,缺乏数据输出控制模块,无法做到"先进先出",使得资产管理人员没有按照资产的时效性控制设备发放,导致信息通信类资产的利用存在效率问题。

（三）审计建议

1. 信息系统一般控制审计

1）系统维护管理

B公司建议A公司建立系统维护的制度,包括但并不局限于以下方面:建立申请、审批制度和程序(包括建立一个用户需求申请表);建立标准用户接受测试计划及测试结果和差距等记录文档,此文档需由最终用户签字确认并在成功测试和审批后,才将补丁等转移到生产环境中;创建系统日志、记录维护的内容、人员和时间,便于日后定期审阅;由专人负责集中归档和管理所有系统维护的流程文件和记录。

2）用户账号管理

B公司建议A公司完善系统用户账号维护制度及流程:完善保存用户申请表格的制度,严格执行申请审批签字的流程;管理层定期检查信息系统中账号及其权限列表,以确保能够及时识别并清除多余的或权限不合理的用户账号,从而降低未经授权的访问风险;在数据库和服务器操作系统上,为不同的管理员建立各自的账户。

3）网络安全措施

B公司建议A公司加强信息技术安全控制能力,整合信息安全防护工作,部署适当的资源保护内部关键服务器和信息系统环境。

4）系统灾难恢复控制

B公司建议A公司备份所有的关键信息系统数据,并推动和协调业务部门测试业务持续性和灾难恢复计划,确保业务持续性和灾难恢复计划有效。

5）机房物理安全

B公司建议A公司进一步完善机房的物理安全控制,建立规范的机房访问制度和授权流程和出入机房的登记表,对机房的访问加以监控。

2. 信息系统业务流程应用控制

1）交易数据输入控制

B公司建议A公司在财务系统中规范供应商账户管理,使其下属子公司按照财务规定及时处置到期未清偿债务,控制预算和支出规模。

2）交易数据输出控制

B公司建议A公司采取措施,在发放时效性较短的信息通信技术资产时,采取"先进先出"的存货管理政策,以确保这类资产的有效使用。

（四）点评

A公司没有能进行信息系统审计的专业人员,所以A公司的信息系统审计只好外包B公司进行。由于A公司高度依赖信息系统完成办公及业务处理,因此信息系统的安全、数据准确和完整直接影响A公司的整体经营。总体而言,A公司的信息系统是有效的,但还存在部分缺陷会影响其信息系统的安全性及其数据的准确性。A公司根据B公司的审计建议对其信息系统进行了整改,确保其信息系统的有效运行。

第五节　经济责任审计

一、经济责任审计概述

(一) 经济责任审计的概念

经济责任审计是指内部审计机构按照国家规定的程序、方法和要求,对本组织领导干部任职期间经济责任的履行情况进行监督、评价和鉴证的审计活动。经济责任审计的实施,通常先由本组织的干部管理部门提出委托建议,再由内部审计机构拟定经济责任审计计划,报请主管领导批准后,纳入年度审计计划并组织实施。开展经济责任审计,有利于促进企业领导干部全面履职、廉洁自律,加强对企业受托人的监督管理,健全权力制约机制和监督机制,为责任制、问责制和责任追究制的贯彻落实提供保障。

具体而言,经济责任审计主要是对企业主要领导干部任职期间企业的管理状况、经营绩效和经济责任的监督和评价,经济责任审计主要有财务审计、企业绩效评价、经济责任评价三大方面。

1. 财务审计

财务审计是指审计机构在开展内部控制测试的基础上,对企业领导干部任职期间企业的资产、负债、损益的真实性、合法性、效益性进行审计监督,对被审计单位提供的会计信息依法做出客观、公正的评价,形成审计报告并出具审计意见的活动。财务审计的目的是查处企业财务收支中的各种违法违规问题,客观地反映企业真实的财务状况和经营成果,督促企业领导干部合法行使经营管理职权。

2. 企业绩效评价

在财务审计的基础上,审计机构对企业领导干部任职期间的企业绩效进行评价,采用企业绩效评价方法和指标体系,对企业的盈利能力、偿债能力、发展能力等进行全面分析和客观评价。

3. 经济责任评价

结合财务审计和企业绩效评价的结果,审计机构对企业领导干部任职期间应承担的经济责任进行评价,综合考虑企业的经营特点、经营环境、发展状况等,对企业领导干部在遵守财经法规、重大经营决策、资产管理、财务收支、内部控制建设等方面的履职情况和经营业绩做出客观的评估。

经济责任审计通常在企业领导干部任期届满、调任、免职、辞职、退休,企业进行改制、兼并、出售、拍卖、破产等重大资产变动决策,或者企业的经营状况发生重大异常情况时开展。

(二) 经济责任审计的特点

1. 经济责任审计的基础是财务审计

经济责任审计在财务审计的基础上,将关注点转移到领导干部职责履行情况的检查上,进一步分清领导干部任职期间在本部门、本单位经济活动中应当负有的责任,查清相关领导干部任职期间对国家财经法规的遵守情况,财政、财务收支工作目标的完成情况,财务活动、资产管理活动及履行日常生产经营责任的情况,有无违法违纪问题等。

2. 经济责任审计的主体由多部门组成

经济责任审计不同于财务审计,不仅要求本级或上级审计机构,还要求企业的纪检、监察、人事、组织等部门共同承担审计工作。审计机构主要负责组织实施经济责任并对企业领导干部任期内存在财经违反财经法规的行为进行处罚;纪检、监察部门主要负责对企业领导干部任期内存在的违反党纪政纪的行为进行处理;人事、组织部门主要协助审计机构确定经济责任审计计划并落实审计决定。

3. 经济责任审计的客体包括企业及其领导干部

审计客体即审计监督的对象。对于财务审计来说,审计客体为被审计单位的财务活动;而对于经济责任审计来说,财务审计客体则包括被审计人以及被审计人所在单位。被审计人即企业领导干部,是经济责任审计的直接对象,而被审计人所在单位是被审计人开展经济管理活动的载体,因此,对被审计人经济责任的审计包括对其所在单位的审计。也就是说,一般意义上的审计概念是"对事不对人",而经济责任审计中的审计概念则是"对事更对人"。

4. 经济责任审计的内容十分广泛

经济责任审计包括财务审计、企业绩效评价和经济责任评价三方面内容,财务审计是依据,企业绩效评价是方法,经济责任评价是结论。具体而言,财务审计是对被审计单位会计信息的真实性、公允性、合法性进行审计监督。企业绩效评价是通过对企业的投入产出进行定量定性的对比分析,判断企业在被审计领导干部任期内的盈利能力、资产质量、债务风险、经营增长和管理状况等。在财务审计和企业绩效评价的基础上,审计人员结合前两项工作任务的成果,最终对企业领导干部的履职情况和经营业绩做出综合、客观、公正的评价。

(三) 经济责任的内涵

经济责任是指领导干部任职期间因其所任职务,依法对所在部门、单位、团体或企业(含金融机构)的财政、财务收支以及有关经济活动应当履行的职责、义务。

在所有权与经营权相分离的现代企业制度下,所有者将经营权委托给受托方,由受托人掌握重大的决策经营权,负责企业的日常经营管理活动。由于这种委托代理契约的存在,受托人的经济责任形成了,而委托方为避免受托方的道德风险和逆向选择行为,产生了对受托方经济责任履行情况的监督需求。具体而言,受托方的经济责任主要有以下几个方面。

1. 经济政策执行责任

经济政策执行责任是指企业领导干部在任期内对贯彻落实科学发展观、执行国家和地方法律法规、重大经济政策以及重要决策部署应承担的责任。

2. 经营决策责任

经营决策责任是指企业领导干部在任期内对重要经济决策的管理、制定和执行情况、执行效果以及存在的主要问题应承担的责任。

3. 经营管理责任

经营管理责任是指企业领导干部在任期内对企业资产的安全完整和保值增值情况，企业财务收支的真实性、合法性和效益，配置企业人、财、物资源的合理程度，行使管理职权的有效性以及存在的主要问题应承担的责任。

4. 经济监督责任

经济监督责任是指企业领导干部在任期内对企业内部管理和控制制度的执行监督情况、企业贯彻执行国家财经法规和政策规定的情况以及存在的主要问题应承担的责任。

（四）经济责任审计的主要任务

（1）为企业人事管理部门正确考察、使用和管理干部提供真实可靠的依据。

（2）强化领导干部和法定代表人的经济责任意识，保护其合法权益。

（3）加强对领导干部和法定代表人的监督与管理，促进廉政建设。

（4）维护财经法纪，规范经济行为，促进企业健康发展。

（五）聘请社会中介机构实施经济责任审计应注意的事项

按照"公开、公平、公正"的原则，采取招标等合理方式确定，原则上承担经济责任审计的社会中介机构，应当具备以下条件：

（1）资质条件应与企业规模相适应。

（2）具备较完善的审计执业质量控制制度。

（3）拥有经济责任审计工作经验的专业人员。

（4）与企业或该单位领导人员不存在利害关系。

（5）近三年没有违法违规不良记录。

（6）能够适时调配较强的专业人员承担经济责任审计任务。

二、经济责任审计分类

对经济责任审计进行适当分类，有助于从各种经济责任审计的不同特点出发，加强经济责任审计的针对性，以便突出重点，抓住主要矛盾，客观公正地作出审计结论，分清被审计人的经济责任。

（一）按经济责任审计的内容进行分类

按经济责任审计的内容进行分类，经济责任审计可分为目标经济责任审计和破产经济责任审计。

1) 目标经济责任审计

目标经济责任审计就是对公司主要领导人完成其承担的任期目标等经济责任情况进

行的审计。这类审计主要是根据公司主要领导人与上级主管部门、本级政府部门或公司党委会、董事会所签订的合同或目标责任进行的审计。审计内容在合同中有明确规定,审计目标、范围明确,重点突出。

2) 破产经济责任审计

破产经济责任审计是根据《中华人民共和国企业破产法》的规定,主要审查和确认公司破产的原因;确定对公司破产应当承担责任的主要领导人;监督破产公司的财产物资,包括破产清算时资产、负债项目的确认,资产价值的评估,破产资财的变卖和分配等。破产经济责任审计可以全面地对公司整个破产过程进行审计,确认公司主要领导人应当承担的经济责任,保证破产清算的顺利进行。

(二) 按经济责任审计的实施时间进行分类

按经济责任审计的实施时间进行分类,经济责任审计可分为事前经济责任审计、事中经济责任审计和事后经济责任审计。

1) 事前经济责任审计

事前经济责任审计是指在经济责任关系确立之前,对经济责任关系主体的资产、负债、损益的真实、合法、效益情况进行审计,以保证经济责任关系各方合法、合理、正确地确定有关方案和合同,以保证经济责任的合理性、有效性,维护有关经济责任关系各方的合法权益。

2) 事中经济责任审计

事中经济责任审计一般是指在公司主要领导人任职期间对其进行的审计。在经济责任的履行过程中,内部审计机构可以根据需要对公司主要领导人经济责任的履行情况进行审查和确认,以确认所在公司的贯彻执行党和国家经济方针政策和决策部署、推动经济社会和事业发展、管理公共资金及国有资产国有资源、防控重大经济风险以及有关经济活动应当负有的直接责任和领导责任,以便及时发现问题,防患于未然,保障资产的安全、完整和保值、增值。事中经济责任审计包括例行的年度经济责任审计和不定期的临时性经济责任审计。

3) 事后经济责任审计

事后经济责任审计是指在终止经济责任关系或者公司主要领导人调离所在公司后,对其履行经济责任情况进行的审计。如经营合同期满时,对经济责任关系主体的经济活动和经营成果的合法性、真实性、有效性进行审查和评价,确认经济责任履行情况,以解除公司主要领导人所负的经济责任。

(三) 按经济责任审计的对象进行分类

按经济责任审计的对象进行分类,经济责任审计可分为党政主要领导干部任期经济责任审计和国有企事业单位主要领导人员任期经济责任审计。

1) 党政主要领导干部任期经济责任审计

党政主要领导干部任期经济责任审计主要是指对党政机关,审判机关、检察机关等的党政正职领导干部或者主持工作一年以上的副职领导干部任期经济责任的审计。

2）国有企事业单位主要领导人员任期经济责任审计

国有企事业单位主要领导人员任期经济责任审计主要是指对国有独资企业、国有资产占控股地位或者主导地位的企业的法定代表人或者担任法定代表人但实际行使相应职权的主要领导人员任期经济责任的审计。

将经济责任审计分为党政主要领导干部任期经济责任审计和国有企事业单位主要领导人员任期经济责任审计，主要是充分考虑到党政机关与国有企事业单位在工作性质、工作内容、管理体制和运行机制等方面的不同特点，以便审计机关能够分层次、有重点地对党政机关和国有企事业单位实施审计。

三、经济责任审计的内容

内部审计机构应当根据被审计领导干部的职责权限和履行经济责任情况，结合其所在组织或者原任职组织的实际情况确定审计内容。一般地，企业领导干部经济责任审计的内容包括以下方面。

（一）贯彻执行科学发展观及国家有关法规、政策的情况

对企业贯彻落实科学发展观情况的审计，主要是指评价企业领导干部推动本企业科学发展的情况，确定本企业的发展思路、发展规划是否全面贯彻落实科学发展观的要求，是否顺应国家的产业政策、经济结构调整方向，企业淘汰落后产能的工作目标是否完成，内部资源的整合优化工作是否有效，节能减排和环保措施是否完善等，分析揭示企业经营及发展中存在的突出风险和薄弱环节，推动企业提高经营效率和效果，促进短期经营目标和长期发展战略的实现。

对贯彻国家法律法规及宏观经济政策情况的审计，主要是指检查企业领导干部贯彻和执行相关法规、政策的及时性和有效性；检查企业领导干部在参与经营管理过程中是否积极贯彻执行党和国家有关经济方针政策和决策部署，推动企业可持续发展；重大经济决策的内容是否符合国家有关法律法规、政策及规定；是否存在违反财经纪律的行为等。内部审计机构通过监督和评价企业贯彻国家法律法规及宏观经济政策的情况，达到有效促进企业领导干部依法经营的目标。

（二）重大经济事项的决策情况及效果

在激烈的市场竞争环境下，为求得企业的生存和可持续发展，企业领导干部在日常经营管理中需要做出很多重大的经济事项决策，比如重大的投资、筹资、生产经营、资产重组、大额采购及其他财务支出、对外担保、资产抵押等决策，这些决策活动都会对企业的经营发展产生重大影响。因此，对被审计领导干部任期内相关重大经济事项决策情况和效果的评价，是经济责任审计的重要内容。具体包括以下内容：

（1）企业是否建立了重大经济决策、重要人事任免、重大项目安排和大额度资金运作事项的"三重一大"事项决策机制和决策制度，决策制定的基本程序是否遵守了科学民主集体决策程序和严格的审核批准；

（2）企业重大决策事项的完成情况及执行的程度，关注有无决策失误、执行不严格、管理不到位等行为而导致结果严重偏离目标的问题；

（3）重大经济决策是否存在重大风险和应对措施，决策执行的结果是否达到决策目标要求，是否给企业造成损失或潜在损失等。

（三）资产保值增值情况

受托经济责任是企业资产的所有权与经营权相分离的产物，在两权分离制度下，企业领导干部作为企业资产的受托者，承担着资产保管、运作及部分处置的职责，有责任实现资产的保值增值。因此，资产保值增值情况是经济责任审计的一项重要内容。对资产保值增值情况的审计，首先要核实各项资产的真实性，即结合被审计单位发生的与资产形成相关的交易、财务收支活动，对照会计报表所反映的资产价值，对企业的资产进行盘点、核实，检查其是否真实存在，并根据审计查证的结果对相关资产账项余额进行调整，保证资产账实相符。其次要检查企业资产的完整性，即审查被审计单位的各类资产是否均入账，有无重大漏报、少报的情况。此外，审计人员还应将资产的期末数与期初数进行总量及结构对比分析，关注资产的存续状态、保全性及收益性，检查有无因管理不善导致资产流失的问题。

审计人员在审查资产真实性、完整性、安全性及增值性的基础上，要关注资产问题与被审计领导的关联度，进而判断和评价被审计领导干部经济责任的履行情况。

（四）财务收支情况

财务收支情况是指被审计单位日常的经济活动及相应的资金收支和管理活动。审查企业财务收支的真实性、合法性和效益性，是经济责任审计的一项内容，其结果也是经济责任审计的基础。开展企业财务审计活动的过程中，审计人员应结合财务收支活动与被审计领导干部的经济职责，区别于传统财务审计"对事不对人"的特点。

在财务收支活动的内部控制方面，内部审计机构通过审查被审计单位内部控制制度的健全性及执行的有效性，判断被审计领导干部是否认真履行了推动企业制度建设的责任，是否积极完善内部控制制度并监督内控制度的运行，是否及时采取措施防范风险、堵塞漏洞。

在收入方面，主要审查被审计单位的收入是否真实发生并且被完整地记录于正确的会计期间，收入方面是否存在重大错报、漏报、虚报、瞒报等导致的会计信息失真（审计人员应关注这些结果是否与被审计领导干部履职不到位或不正确履行职责有关），被审计领导干部是否存在违反国家有关收费政策、指使财务人员虚报或隐瞒收入、私设小金库、设置账外账等违法违规行为。

在支出方面，主要审查被审计单位财务支出范围的合法性、合规性、合理性，同时，审计人员应关注导致虚假支出、多列支出、支出异常等结果的原因是否与被审计领导干部擅自扩大支出范围、审核不严、违规发放津贴补贴、利用虚假发票套取资金、挪用贪污等行为有关。

在收支规模与绩效方面,主要分析收入、支出规模的增减变化情况,将收支结果与历年数据进行对比分析,判断是否存在战略规划不当导致的收支波动异常、盈利能力下降等情况,查明被审计领导干部的经济职责履行程度是否对企业的发展造成了实质性影响。

(五) 企业内部控制制度建立及执行情况

企业内部控制审计是经济责任审计的重要组成部分,审计机构通过对被审计领导干部所在企业内部控制设计和运行情况的审计,评价其内部控制的健全性、适当性和有效性,并结合领导干部的职责要求,确定其在内部控制建立及执行中应承担的责任,查明是否存在因内部控制不健全执行不严格引发相关问题而应由该领导干部承担的经济责任。审计机构通过实施内部控制审计,有利于促进企业经营管理符合内部控制规范,督促领导干部切实履行经济管理和监督职责,加强对风险的管理和控制。

(六) 领导干部遵守廉洁从业规定的情况

对遵守有关廉洁从业规定情况的审计,主要是审查领导干部任期内有无违反国家法律法规和廉政纪律,以权谋私,贪污、挪用、私分公款,转移国家资财,行贿受贿和挥霍浪费等行为以及人事、纪检、监察等部门反映的其他需要审计查证的问题,比如被审计领导干部任职期间有无干预投资、采购、销售、资产处置等事项,有无在业务活动中收受商业贿赂、谋取个人经济利益的行为,有无在本单位及所属单位报销应由个人负担费用的行为,有无侵占、贪污或长期无偿使用单位的资金、设备、住房或其他物资的行为等。监督和评价领导干部廉洁自律情况,以促进其认真落实党风廉政建设责任制,依法管理、廉洁从业,最终达到反腐倡廉建设的目标。

(七) 履行社会责任的情况

企业在创造经济效益的同时,还要兼顾社会效益和环境效益,承担起对员工、消费者、社区和环境等的社会责任。企业社会责任是指企业在市场经济活动中,因受相关法律法规、社会公共道德、企业价值观及文化约束,应当履行的社会责任和义务。社会责任要求企业必须超越把利润作为唯一目标的传统理念,强调在生产过程中对人的价值的关注,强调对环境、消费者、社会的贡献。

经济责任是社会责任的组成部分,企业领导干部履行经济责任、开展生产经营活动必然会产生连带的社会责任,甚至是法律法规所强制要求的,如产品的安全及质量、售后服务等。社会责任在某些方面或某种情况下无法回避、不可推卸,企业在经济活动中如不履行或不完全履行这些社会责任,必然会遭到社会的谴责和主管部门的处罚,面临经济和信誉的损失甚至法律的制裁,进而影响到企业的生存和发展,这是与受托经济责任的初衷相背离的。

对企业领导干部履行社会责任情况的审计,主要审查企业是否存在有悖社会责任的经济行为及其与被审计领导干部的关联程度,并做出客观的审计评价。与社会责任相关的审计要点通常包括:企业开展经营管理活动的合法性、合规性;企业生产经营中是否主动承担安全保护和环境保护责任,采取相关安全防护措施、环境保护措施;企业是否因保护措施不到位导致重大生产安全隐患、安全事故和环境污染；企业是否承担起确保产品货真价实的责任，向市场提供有质量保证的产品；企业有无违反《劳动合同法》、拖欠员工工资、侵害本单位职工合法权益而影响企业发展和社会稳定的行为等。

（八）以往审计中发现问题的整改情况

内部审计机构应当及时跟踪、了解、核实被审计领导干部及其所在组织对于以往审计中查实的问题和审计建议的整改落实情况。未整改或整改不到位的，要进一步查明原因，提出审计意见，并适当报告管理层。必要时，内部审计机构应当开展后续审计，从而保证经济责任审计应有的成效，促进经济责任的真正落实。

四、经济责任审计评价

经济责任审计评价是指内部审计机构根据审计结果，依照法律法规和有关规定，综合考虑企业领导干部任职期间影响企业发展的相关因素，对领导干部任期内履行经济责任的情况和对任期内存在的问题所应承担的责任发表的审计意见，审计评价应当与审计内容保持一致。

经济责任审计评价的对象既包括被审计领导干部，也包括其所在单位，即审计人员需要对被审计领导干部所在单位财务收支的真实性、合法性和效益性进行评价，还要对领导干部经济责任履行情况以及是否存在违法违纪行为进行评判。在评价过程中，审计人员要从企业的实际情况出发，建立相对规范的经济责任评价标准和体系，在界定问题责任时分清直接责任与间接责任、现任责任与前任责任、集体责任与个人责任、主观责任与客观原因等，以充分的审计证据为评价依据，切实提高经济责任审计评价的科学性和针对性。

（一）开展经济责任审计评价的必要性

1. 履行法律对审计机关职责的规定

我国《审计法》第二十五条明确提出，审计机关按照国家有关规定，对国家机关和依法属于审计机关监督对象的其他单位的主要负责人，在任职期间对本地区、本部门或者本单位的财政收支、财务收支以及有关经济活动应负经济责任的履行情况，进行审计监督。因此，开展经济责任审计评价是审计人员的法定职责。

2. 为经济责任审计结论提供依据

经济责任审计评价的目标是向利用经济责任审计结果的管理当局及有关部门提供清晰、直观、简要的审计结果，尤其需要可量化的评价指标增强审计结果的说服力，提高经济责任审计的质量。同时，评价结果能够明晰被审计单位的整改方向及领导干部经济责任的落实方向，可作为企业考核、任免、奖惩被审计领导干部的依据，促进企业内部建立正确的用人导向和用人机制。

3. 督促领导干部自觉履行经济责任

经济责任审计评价是督促领导干部履行受托经济责任的重要保证，建立经济责任评价制度并有效执行，将促进领导干部扎实工作，廉洁自律，自觉遵守法律法规，遏制企业经济活动中的不正之风。

(二) 经济责任审计评价的原则

1. 客观性原则

经济责任审计评价应当结合企业所处行业的特点、历史背景、发展状况,以法律、法规、政策、规章制度、任期目标、行业标准及干部考核评价规定等为依据,分清企业领导干部应当承担的责任,保证责任定位的准确性和公正性,根据审计查证或者认定的事实,实事求是地反映企业领导干部的真实业绩与存在的问题,避免个人的主观判断等人为因素造成的偏差。

2. 全面性原则

经济责任审计评价遵循全面性原则,一方面要求审计范围应当全面或基本全面地覆盖被审计领导干部经济责任的范围,包括时间范围和职权范围;另一方面要求审计人员充分考虑企业领导干部的贡献与不足,全面评价其任期内经济责任的履行情况及任期行为对企业今后发展的影响。

3. 相关性原则

经济责任审计评价应当紧紧围绕对被审计领导干部经济责任履行情况进行评价的审计目标来开展,以审计工作方案确定的审计程序和内容为依据,做到"审计什么就评价什么",对与被审计领导干部履行经济责任情况无关的范围不加以评价。

4. 权责对等原则

经济责任审计评价要按照权责对等原则,深入分析各类领导干部所承担经济责任的差异,坚持独立性、客观性、准确性和全面性相统一,以事实为依据,全面分析审计查证的各种情况,避免以偏概全,尤其是不能用单个事实或几项指标去评价履行经济责任的整体情况。

5. 重要性原则

经济责任审计评价要把握重点,以企业的实际环境为前提,对那些足以影响领导干部评价结果的重要经济任事项进行评价,突出对领导干部经济行为和经济责任的评价、对履行经济责任有重要影响的经济事项的评价、对重大决策过程和效果的评价以及对领导干部负有直接责任事项的评价。

(三) 经济责任审计的评价方法

开展经济责任审计评价,总体上是运用比较法,即审计人员通过收集审计证据,将审计事实与审计标准比较,进而得出评价结论。具体的方法可根据不同的分类标准进行划分,我国经济责任审计评价常用的方法包括按照审计评价责任的性质划分的积极经济责任评价法和消极经济责任评价法,按照评价指标的属性划分的定量比较评价法和定性比较评价法。

1. 按照审计评价责任的性质划分

1) 积极经济责任评价法

积极经济责任评价法又称责任指标分析法,是审计人员用来评价被审计领导干部是否充分履行所承担经济责任的方法。审计人员运用积极经济责任评价法时,首先明确界定被审计领导干部所承担的经济责任,并将任期经济责任目标指标化,即设计成可量化考核的评价指标;然后根据审计资料及相关证据计算各项经济责任指标的实际水平,再将各指标的实际数据与适用于企业实际情况的标准水平进行比较,进而确定被审计领导干部积极经济责任的履行情况,查明未充分履行职责的原因,最终形成总结性的积极经济责任履行情况的审计评价结论。

2) 消极经济责任评价法

消极经济责任评价法又称问题责任区分法,是审计人员用来评价被审计领导干部是否存在应予追究责任的问题的方法。审计人员运用消极经济责任评价法时,首先调查被审计领导干部所在地区、部门或单位的财务收支以及有关经营管理活动的实际情况,然后以国家法律法规和党的方针、政策等权威性文件为准绳,审查被审计领导干部在经济责任履行过程中是否存在应予追究责任的弄虚作假、违法乱纪、损失浪费等行为,获取充分、适当的证据,查明每一个问题的性质、情形、形成的原因和造成的结果,进而确定被审计领导干部应承担的责任类型,即直接责任、主管责任和领导责任。直接责任是指企业领导干部因直接违反或通过授意、指使、强令、纵容、包庇下属人员违反国家财经法规以及失职、渎职等其他违反国家财经纪律的行为应负有的责任。主管责任是指根据企业内部分工,企业领导干部对其分管部分工作及企业经营、投资等重大事项,因未履行或者未正确履行职责应负有的经济责任。领导责任是指除了直接责任和主管责任企业领导干部在其职责范围内的其他管理。

2. 按照评价指标的属性划分

1) 定量比较评价法

定量比较法评价法即审计人员运用能够反映企业领导干部履行经济责任情况的相关经济指标,进行量化对比分析,分析其完成情况,总结相关经济责任的方法。定量比较评价法包括纵向比较法和横向比较法。

纵向比较法是指将被审计领导干部上任时与离任时的相关评价指标进行比较,或先确定比较基期再将比较期与之对比的方法。即以任期经济责任目标为标准进行对比评价,将审计核实的实际完成情况与任期经济责任目标或计划指标进行量化对比,分析确定被审计领导干部任期内工作目标的完成情况。以资产保值增值率为例,若该指标大于等于10%,则应认为该领导干部任期内资产实现增值或保值,若该指标小于10%,则应认为该领导干部未完成资产保值增值指标。

横向比较法是指将相关评价指标与同行业平均水平进行比较的方法。即以同行业先进水平或平均水平为标准进行对比评价,将审计核实的被审计领导干部任期内实际完成的经济指标与同行业的同类先进指标或平均指标相比较,看地区、单位和企业在同行业中所处的位置,以此评价被审计领导干部的工作。

2) 定性比较评价法

定性比较评价法是以审计结果为基础,对被审计单位财务收支和有关经济活动的真实性、合法性、有效性等进行评价的方法。其中,真实性主要评价被审计单位的会计处理遵循相关财经法规的情况,以及会计信息与实际的财务收支状况和业务经营成果的符合程度;合法性主要评价被审计单位财务收支和有关经济活动符合相关法律、法规、规章和其他规范性文件的程度;有效性主要评价被审计单位财务收支和有关经济活动中内部控制制度的健全程度和执行的有效程度。

真实性评价是指内部审计人员通过将被审计单位提供的会计账簿、凭证、报表数字同审计后认定的数据进行对比,根据审计后确认的差异数额,给出诸如"真实""基本真实""不真实""严重失真"等不同等级的评价意见。

合法性评价是指内部审计人员通过审查被审计领导干部任期内遵守国家有关财经法律法规的程度,根据确认的审计结果,给出诸如"严格遵守规定""基本遵守规定""违反规定""严重违反规定"等不同等级的评价意见。

有效性评价主要涉及内部控制的有效性评价,是指内部审计人员结合被审计单位所处的环境、经营管理特点、战略目标等实际情况,通过调查被审计单位内部控制的设计与运行情况,判断内部控制是否存在缺陷,进而给出诸如"健全有效""较为健全有效""无效"等不同等级的评价意见。

在实际审计工作中,审计人员需要结合具体审计项目和审计目标,将上述方法结合起来使用,才能确保评价的客观性、公正性。

五、经济责任审计实务

×××公司经济责任审计案例

一、审计背景

20**年10月,总公司派出审计组赴下属×公司开展经济责任审计。审计过程中,审计组发现该公司位于**市的账面原值300多万元的四套房产多年来一直处于闲置状态。相较于被审计单位近30亿元的资产总额,这四套房产账面净值100多万元可以忽略不计,但该问题依然引起了审计组的高度重视——位于繁华都市的四套房产为何多年闲置?企业为何未对这些房产采取盘活措施?房产现状如何?针对这些疑问,审计组向企业进行了问询,但企业却闪烁其词不置可否。企业的态度更加重了审计组的疑虑,经过进一步深入调查了解到,这几套房产实际上是企业在二十多年前购置,当时主要用于领导干部休息疗养使用,目前由几位已退休的老领导占用。审计组在审计报告中对该问题进行了反映,同时责成企业限期收回房产并进行盘活。在向总公司党组汇报审计结果时,该事项引起了总公司主要领导的高度重视,要求举一反三,在全总公司梳理排查所有闲置房产特别是非经营性房产情况。

二、审计过程

(一)精心组织,确保审计成果含金量

总公司领导倾力支持,是审计成功的关键保障。20**年以来,面对部分企业严重亏损、整体盈利基础薄弱的局面,总公司党组提出,"要扭亏脱困,必须扭掉不良作风。"总公司借力中央巡视东风,把加强党的建设作为推动总公司改革发展稳定的力量源泉和根本保证,扭转了党风企风,实现了企业经营业绩的四连增。

在此过程中,对于审计发现的影响恶劣且关乎群众切身利益的问题,总公司党组在听取汇报时自然也不放过。总公司领导对于由历史原因形成的房产闲置问题,不回避矛盾,多次指示并听取汇报,要求开展专项审计调查,旨在充分挖掘存量资产的运营效率的同时,也解决身边的作风顽疾。总公司领导对审计调查方案进行了认真审核,对审计人员调配、经费保障等方面给予了全力支持。审计调查结束后,总公司领导亲自听取专项汇报,并做出重要指示,要求纳入总公司督办事项按月上报整改进度,对整改不力、进度迟缓的,由总公司纪检部门介入,并严肃问责。整改过程中,形成总公司、区域公司及实体企业三位一体的联动模式。总公司将本次专项审计调查作为大力整治党风企风系列举措之一,正是总公司领导的倾力支持,为审计工作的成功提供了重要保障。

(二)精心准备,严谨细致,周密部署

1. 精心准备审计实施方案

为全面摸清总公司非经营性房产目前存在的主要问题类型,审计组选择了历史悠久、规模较大的某地区重点企业先进行摸排,发现存在产权不清晰、未纳入财务核算、被无偿使用、长时间闲置等问题较多。在此基础上,审计中心领导与审计组一起,认真梳理全级次企业的具体特征,对资产管理的体制机制、机构设置、以往各类监督的情况进行了了解,拟定了总公司审计中心牵头督导,相关部门协同,各层级企业分级负责、分头自查、分头整改的总体思路。在明确了总体工作思路后,审计组进一步深化审计调查方案,设计了科学细致的审计调查文件,并推进部署审计调查在总公司内全面铺开,完成了对全总公司500户企业非经营性房产情况的全面摸查,共清查出有问题房产** **套,共计***万平方米。

2. 层层负责,组织得力

由于纳入总公司公司合并报表范围内的所有实体企业均需开展自查工作,复核及统计的工作量较大。本次审计调查,采取"单位自查、板块复核、总部抽查"和"逐级汇总、层层负责"的方式进行。即由区域公司对所属企业填报的内容进行复核,总公司审计中心根据各单位自查情况对部分单位开展现场核查。这种工作方式,既形成了上下合力,实体企业、区域公司、总公司总部各负其责,也有利于总公司集中优质审计资源,选取重点单位进行抽查,提高了专项审计调查的工作效率,确保了工作质量。

3. 深入分析,重点突出

审计中心组对下属板块、实体企业报送的全部问题进行了多层次、多角度、立体化、全方位的分析。一方面,对企业填报的自查问题进行分类汇总、深入分析,发现问题的共性和规律性;另一方面,紧紧围绕企业自查报告中的关键疑难问题,进行重点关注、跟进、调查、督促,摸清问题背后存在的真实原因。整体情况深入分析,重点问题紧抓不放,有效地提高了审计调查工作的针对性和深入性,为审计调查工作最终取得良好成效奠定了工作基础。

4. 意见明确,问题鲜明

总公司下属六大板块和事业部,各板块历史背景不同,主营业务不同,资产结构不同。

审计中心在专项核查及统计分析的基础上,针对不同板块和事业部的特点,下发针对性的整改意见,确保各板块及实体企业高效整改。比如资产板块承担着总公司资产管理职能,下属企业土地、房产众多,审计中心在对该板块下发整改意见时,明确提出切实该板块特点的八点意见要求,并将审定的问题列成统计表下发。表中各类问题类别分明,每类问题涉及房产数量、企业、概要情况明晰,为板块及实体企业整改提供了有益的参考。

(三)纵横联动,直面问题

通过开展该项审计调查,审计组共梳理出各级企业下属非经营性房产共计 1 550 套,建筑面积 88 万平方米,其中涉及问题和风险较大的房产 830 套,面积 54.15 万平方米,主要涉及存在被无偿使用、长期闲置、无产权证、未纳入财务核算、未及时办理过户、涉及法律纠纷等六大类问题和风险。针对这些问题,*** 总公司自上而下,齐心协力,克服重重困难,持续推进整改,直面问题和风险,取得了良好成效。

(1)建立了多部门协调配合的横向联动机制。专项审计报告提交后,总公司领导高度重视。总公司董事长亲自安排部署审计整改工作,并指派主管副总经理组织召开审计调查情况通报会议。总公司总部建立了审计中心负责整改,办公厅负责牵头协调及督办,纪委负责监督,财务部、资本运营部提供财务核算和资产处置方面业务支持的跨部门联动机制。

(2)调动全公司企业力量,建立了总公司、板块、实体企业三位一体的纵向整改机制。审计整改过程中,由总公司总部负责督办;二级区域公司成立由领导班子成员负责的专项工作组,多部门参与,督促和追踪实体企业加快整改,同时为实体企业提供支持和帮助;实体企业根据实际情况制定整改方案,成立非经营性房产问题整改专项工作组,明确责任和计划,各部门积极参与,主动推进整改工作。

(3)强化考核问责,严肃整改纪律。为督促企业加强整改工作,总公司及区域公司对实体企业非经营性房产整改问题纳入日常检查、业绩考核,对未按要求时间节点完成整改、整改不到位或推进缓慢的单位严格考核,促进企业加快整改速度。

此外,总公司、区域公司及实体企业将非经营性房产整改问题纳入纪委重点监督范围,对措施不力、工作不在状态、影响整改进度的坚决问责,发现违纪违规严肃查处。

(4)坚持实事求是原则,建立持续整改工作机制。由于非经营房产形成背景复杂,问题数量多,涉及面较广,有些涉及外部单位和个人,所以整改工作需要一定的时间,不可能一蹴而就。总公司领导和审计中心领导坚持长期整改、持续整改的原则,不求一时之快,但也层层压实责任,不设终点时限,建立了按季度持续上报整改情况的机制。

此外,通过对 20** 年全年整改工作进行总结发现,部分问题现阶段不适合进行整改,总公司审计中心在报经领导批准的情况下,立即调整思路,要求各单位根据实际情况逐一分析研究,对未完成整改的房产分清"继续整改"和"暂不整改"两类,对目前不适合整改、无法整改、或整改成本过高的事项,列为存量问题,暂不整改,避免"一刀切",最大维护企业的权益。

三、审计结果

此次专项审计调查工作得到了总公司党组领导的大力支持,通过精心组织,实现了全面覆盖,取得了显著效果,受到了广泛好评。通过专项调查,审计组摸清了总公司全级次企业在非经营性房产管理中存在的问题,从机制、体制上分析了存在问题的原因并提出了针对性的审计意见及建议,而且在整改落实中产生了良好效益,截至20**年12月末,收回***套被无偿占用房产,盘活上千套,取得直接经济效益*亿多元,既止住了企业的"出血点",强化了企业的资产管理和财务管理,也纠正了职工群众身边的不正之风,是一次既见管理效益也见经济效益的审计成功案例,为助力总公司所属企业管理提升及价值增值发挥了积极作用。

(1) 探索了审计监督与其他监督机制有机结合的路径,形成惩防腐败的整体合力。本次专项审计调查,通过揭示和反映群众身边反响强烈、资产被长期无偿占用的问题,纪检监察和巡视部门参与监督并督促整改,总公司内部的监督力量形成了有机整体,为审计工作更好地服务于党风廉政建设和反腐败斗争、进一步加强对权力运行的制约和监督探索了新的路径。

(2) 得到总公司领导和职工群众的肯定和认可。本次专项审计调查的实施过程,总公司领导高度肯定,进行了书面批示十余次,总公司董事长办公会多次听取审计结果及整改情况汇报。审计成效在***总公司20**年半年工作报告和年度工作报告中两次被提及,在所属企业广大群众中反响良好。

(3) 止住"出血点"。2008年金融危机后,总公司为挖潜增盈付出了艰辛的努力。本次专项审计调查对总公司非经营房产进行了全面体检,梳理出了房产管理方面的失血点,将6个板块、***个企业的***套非经营性房产存在的问题充分揭示,并制定了合理的整改计划督促整改,止住企业"出血点",为总公司扭亏脱困助力。

(4) 创造了直接经济效益。通过本次整改,总公司各级企业对被无偿占用的房产采取多项措施,通过谈判、协商、诉讼等手段收回被无偿占用的房产,将闲置的房产进行出租和出售,取得直接经济效益,为企业保值增值。

(5) 强化了企业资产管理意识。通过非经营性房产专项审计整改,一方面强化了企业的资产管理意识,完善了资产管理机制,另一方面,通过这次调查整改,也督促企业完善了财务管理,将多年的账外资产纳入财务核算。截至目前,共补办了**套房产产权证,办理了**套房产过户手续,并将数十套账外房产纳入财务核算。

四、案例启示

非经营性房产专项审计调查是总公司近年来组织的专项审计工作的成功案例之一,也是总公司改革发展、提质增效诸多活动当中的一例,为内部审计工作如何服务企业战略决策、如何助力企业价值增值、如何借力总公司组织资源,提供了宝贵的工作经验。

(1) 坚强的组织领导。总公司领导亲自督办,多次召开会议听取审计情况及整改工作进展;区域公司及实体单位成立专项工作组负责整改,为审计成果的良好运用打下了坚实的基础。

(2) 专项调查目标必须明确简单。本次审计调查的工作目标明确且简单,就是摸清非经营性房产管理中存在的问题,这样的目标有利于各级次企业深入细致地开展调查,摸清该项资产管理的真实情况,避免出现审计调查目标分散、范围宽泛而结果运用难以聚焦的后果。

(3) 提早谋划,重视细节。本次审计调查从审计实施方案的编制、审前调查文件的准备、审计工作的组织,到审计报告的编制、审计整改工作的推进方面,审计人员在把握全局的基础上,认真考虑并充分顾及了相关细节,保证了审计调查结果的质量与效率。

(4) 注重分析,提升审计信息的含金量。审计过程中,审计人员常会发现偶然性、特殊性的问题或事件,虽数量与金额不高,但常具有普遍性、复杂性、根治难度大等特点,有些在基层群众中造成不良影响,如能从总公司总部层面推进或系统性解决,将会取得良好效果。因此,对此类问题,应充分研判、准确及时反映,切实为总公司领导决策提供更多的参考性意见和建议。

(5) 良好的协作机制。本次调查涉及全级次等上百个单位,需要总公司其他部门、区域及事业部等单位的合作,必须加强组织领导。由于统计及复核的工作量较大,本次调查采取"逐级汇总、层层负责"的方式进行,逐级压实责任。

(6) 审计组由小看大、由浅入深的专业敏感性和强烈责任感,抓住微小线索揭示了企业管理中的"出血点";总公司领导举一反三、由点及面的全局性思维促成了这次全面覆盖的专项审计调查,进一步扩大了审计成果。

第六节 风险管理审计

一、风险管理审计的概念、特点与要点

(一) 风险管理审计的概念

1. 风险的定义

目前,学术界对风险还没有统一的定义,由于对风险的理解和认识程度不同,风险的定义可以归纳为以下几种。

(1) 风险是指事件未来可能结果发生的不确定性。

(2) 风险是指损失发生的不确定性。

(3) 风险是指损失的大小和发生的可能性。

2. 企业风险与风险管理

1) 企业风险

国务院国有资产监督管理委员会在 2006 年印发的《中央企业全面风险管理指引》中指出:"企业风险,是指未来的不确定性对企业实现其经营目标的影响。"国资委将企业风险分为:战略风险、财务风险、市场风险、运营风险、法律风险五个部分。

2) 企业风险管理

风险管理是对影响组织目标的各种不确定性事件进行识别与评估,并采取应对措施将

其影响控制在可接受范围内的过程,通过在企业管理的各个环节和经营过程中执行风险管理的基本流程,培育良好的风险管理文化,建立健全全面风险管理体系,从而为实现风险管理的总体目标提供合理保证的过程和方法。

3. 风险管理审计

风险管理审计是指企业的内部审计机构采用规范化、系统化的方法,对企业的风险管理过程的适当性和有效性,进行审查和评价的活动,内部审计关注的风险管理,包括风险识别与分析,风险评估与溯源以及对企业风险采取的应对措施等各个方面,因此内部审计机构与人员在开展风险管理审计时,必须了解风险管理的最佳实务与通过测试和评价获取的具体情况并将其进行对比分析,找到差距及其产生的原因,为企业加强风险管理提出改进的建议。

风险管理审计的主要任务是审核风险管理政策和经营战略方针;目标是考察风险管理政策设计的是适当性、执行的有效性、风险损失处理的合理性;方法包括风险因素优先性策略、预警分析和综合评价等;基本程序包括:

(1) 审计计划制订,具体包括年度审计计划、项目审计计划、审计方案。

(2) 风险因素识别、分析与评价。

(3) 风险管理措施、方法评价。

(4) 风险审计报告。

(5) 后续审计。

(二) 风险管理审计的特点

1. 审计对象是风险管理

风险管理审计要求内部审计人员对企业风险管理体系的设计及其运行的有效性进行评价,另外作为企业风险管理体系的一个环节,内部审计人员应当监督评价企业风险管理体系的有效性及机构的治理经营及信息系统方面的风险因素。

2. 高层次

2013版《内部控制整合框架》中包含了战略目标,要求企业在建立风险管理体系时,要将企业的战略和风险管理融合在一起,保持一致,因此风险管理审计需要对企业的战略进行充分的了解,从战略的高度对企业风险管理进行评价。

3. 重要性

从企业长远发展角度和战略高度出发,开展风险管理审计工作,具有较高的前瞻性,将对企业长期生存和发展产生巨大的影响。

(三) 风险管理审计的要点

风险管理审计要求内部审计人员对企业的风险管理流程进行总体评价。美国COSO委员会发布的《企业风险企业的风险管理——整合框架》,包括三个维度:

第一维度是企业的4个目标,即战略目标、经营目标、报告目标和合规目标;

第二维度是全面风险管理的8个要素,即内部环境、风险应对、控制活动、信息与沟通、监控、目标设定、事件识别、风险评估；

第三维度是企业的各个层级，包括各公司。全面风险管理的8个要素是为企业的4个目标服务的，企业各个层级同样也是要坚持这4个目标，同时从以上的8个方面开展风险管理活动。企业内部审计人员以COSO风险管理框架为基础，重点围绕风险因素进行审计，风险管理审计的要点如下。

1. 风险管理政策的审核

企业内部审计人员应当审核：①企业是否制定正式的风险管理政策。②风险管理政策是否包含了COSO全面风险管理的8个要素。③风险管理政策内是否包含对风险管理的实施流程。④风险管理政策是否适合企业的经营方式与企业文化。⑤风险管理政策是否明确了管理层、合作伙伴、审计人员以及其他所有人员的职责。⑥风险管理政策是否能确保风险渗透整个企业，是否包含了将基本的风险循环嵌入经营流程的方法。⑦风险管理政策是否将风险与企业经营相结合，使其能够高效地应对风险，促进企业的发展。

2. 风险目标设定的审核

风险目标设定是指企业的管理层必须以目标为基础来识别成功的潜在因素。风险管理应确保企业管理层有一个特定的程序，用来设定目标、选择支持和连接企业使命的目标，并保证和企业风险偏好相一致。目标设定的审核主要是从目标制定和实施方面进行评价。企业内部审计人员应当审核：①企业战略是否考虑了董事会已识别的风险。②在定义、识别风险以及决策实施过程中，企业的战略是否与风险管理政策一致。③企业战略是否将风险战略考虑在内，对未能实现既定战略目标的风险进行整体应对。④企业战略是否考虑了利益相关者对尽早回报的期望与经营增长和市场地位的可持续性之间的内在冲突未得到解决的风险。⑤企业是否确定了适当的程序，保证目标能够分解到实施层，并使其能对相应的风险负责。⑥战略制定是否充分了解利益相关者的责任，是否在合规与绩效之间取得平衡。⑦企业是否建立了战略与员工间的沟通系统，并与战略设计和实施中的关键风险相结合。⑧企业目标是否包含与COSO企业风险管理框架中的4项目标相对应的各个层级的目标。

3. 风险识别和评估的审核

风险识别是识别对企业目标实现产生影响的潜在风险，其目的是建立并强化贯穿企业的风险语言，形成以组合的观点来考虑各种事项。风险识别包括内部和外部反映潜在因素影响战略执行和目标业绩的要素。风险评估是指对识别出来的风险进行评估，其目的是为管理风险打下坚实的基础。企业内部审计人员应当审核：①企业是否建立了有效识别风险的机制。②是否充分识别了企业内外部的各种风险。③识别的风险是否覆盖所有重要经营活动业务流程。④风险识别是否考虑了企业的业务性质、组织结构、机构变动及员工流因素。⑤风险识别和评估是否将宏观经济变动、行业发展趋势等纳入考虑之中，明确地定义阐述辨识出的风险及特征。⑥内部审计人员是否对风险发生的条件和发生可能性进行分析和描述。⑦企业是否评估风险对企业实现目标的影响程度、风险价值等是否对识别的风险进行分析和排序，确定应予以重点关注和优先控制的风险。⑧当所处环境和条件发生变化时，内部审计人员是否及时对企业风险进行再识别和再评估。⑨已发风险是否包含在已识别的风险范围内，是否定期或者不定期地识别和评估风险。

4. 风险管理措施、方法的适当性审核

企业风险管理的措施主要有规避、转移、降低、接受。每种措施的使用都要在适当的条件之下，否则就会被认为措施不当。内部审计人员不仅审核企业风险管理措施设计的合规性、科学性和合理性，同时也要测试这些措施的执行有效性。在实际工作中，对风险管理措施和方法的适当性审核，要具体情况具体判断，即对企业所处特定环境、管理层才能、风险影响程度等因素进行判断，并结合对经理人风险偏好程度的判断有机进行。

二、风险管理审计的目标与内容

（一）风险管理审计的目标

对企业风险管理进行监督和评价是现代内部审计发展的结果，企业风险管理审计的目标取决于对企业内部审计的功能定位。众所周知，企业内部审计的目标在于帮助企业实现目标，增加组织的价值和改善组织的经营。企业内部审计的目标决定了企业风险管理审计目标的目的在于：通过内部审计机构和人员对企业风险管理过程的了解，审查并评价其适当性和有效性，提出改进建议，促使企业目标的实现。

1. 风险管理审计的总目标

总目标是审计主体通过审计活动所期望达到的境地或最终结果。

企业风险管理审计的总目标是审计部门和审计人员按照组织风险管理方针和策略的部署，以风险管理目标为标准，审核被审计部门在风险识别、评价和管理等方面的合理性和有效性，在损失可能发生之前作出最有效安排，使损失发生后所需的资源与保持有效经营必要的资源能够达成适度平衡，帮助组织实现预期目标。

2. 风险管理审计的具体目标

审计具体目标包括一般审计目标和项目审计目标。前者是所有审计项目必须达到的目标；后者则是按每个风险管理项目分别确定的审计目标，仅适用于某一特定项目的审计。

企业风险管理审计的一般审计目标包括：风险范围确定的合理性，如组织战略范围、业务范围、风险范围等；风险评价标准与指标体系的科学性，如评价方法、指标设置、指标计算等；风险识别、评价的科学性；风险管理措施、方法和程序的合理性；风险实际处理的合理性。

（二）风险管理审计的内容

1. 风险管理机制的审查与评价

企业的风险管理机制是企业进行风险管理的基础，良好的风险管理机制是企业风险管理是否有效的前提。因此，内部审计部门或人员需要审查以下方面，以确定企业风险管理机制的健全性及有效性：

（1）审查风险管理组织机构的健全性。

（2）审查风险管理程序的合理性。

（3）审查风险预留系统的存在及有效性。

2. 风险识别的适当性及有效性审查

风险识别是指对企业面临的，以及潜在的风险加以判断、归类和鉴定风险性质的过程。内部审计人员应当实施必要的审计程序，对风险识别过程进行审查与评价，重点关注组织面临的内外部风险是否已得到充分、适当的确认。

（1）审查风险识别原则的合理性。

（2）审查风险识别方法的适当性。

3. 风险评估方法的适当性及有效性审查

1）审查风险评估方法应重点考虑的因素

（1）已识别风险的特征。

（2）相关历史数据的充分性与可靠性。

（3）管理层进行风险评估的技术能力。

（4）成本效益的考核与衡量。

（5）其他。

2）评价风险评估方法适当性和有效性的原则

定性方法的采用需要充分考虑相关部门或人员的意见，以提高评估结果的客观性；在风险难以量化、定量或评价所需数据难以获取时，一般应采用定性方法；定量方法一般情况下会比定性方法提供更为客观的评估结果。

4. 风险应对措施适当性和有效性审查

1）风险应对措施的主要类型

（1）规避，规避是指采取措施避免进行会产生风险的活动；

（2）接受，接受是指由于风险已在组织可接受的范围内，因而可以不采取任何措施；

（3）降低，降低是指采取适当措施将风险降低到组织可接受的范围内；

（4）转移，转移是指采取措施将风险转移给其他组织或保险机构。

2）评价风险应对措施的适当性和有效性

内部审计人员在评价风险应对措施的适当性和有效性时，应当考虑以下因素：

（1）采取风险应对措施之后的剩余风险水平是否在组织可以接受的范围之内；

（2）采取的风险应对措施是否适合本组织的经营、管理特点；

（3）成本效益的考核与衡量。

（三）主要风险管理领域审计内容

尤其是国有企业，高风险业务领域呈趋同状态。当前环境下，各类企业物资采购、市场营销、投资、企业资源计划（ERP）系统的实施和环境保护成为公认的高风险业务领域。具体业务层面的风险管理实施审查与评价的主要内容如下。

1. 物资采购业务风险管理审计

物资采购业务是传统的高风险领域，因为采购必然导致企业最重要的资源——现金的流出。物资采购业务风险管理审计主要包括以下内容。

(1) 评估企业采购业务风险控制体系是否完备。采购业务涉及采购、验收、保管、付款和记录多个业务环节和岗位。为保证采购确为企业生产经营所需且符合企业利益，收到的商品安全完整，价款及时准确地支付给供应商，内部审计人员应重点关注物资采购工作的职责分工，特别是采购、验收、付款和记录是否由不同的职能部门和人员负责。此外，还应关注违反内部牵制制度发生舞弊事件后的处理机制、程序及措施的健全性及有效性，同时要评估信息传递程序，控制违规操作风险。

(2) 评估物资采购业务中的信息传递内部控制是否能满足消除重大风险、控制一般风险的目的。具体内容主要包括授权程序是否完备，文件和记录的使用是否纳入管理，独立检查机制是否建立并正常运行等。

(3) 评估物资采购业务对于下述风险的控制。市场化的趋势预测不准确，采购计划安排不合理，造成库存积压或者短缺，可能导致资源浪费或者生产停滞、招标投标或定价机制不科学；供应商选择不当，采购方式不合理，授权审批不规范，可能出现舞弊或遭受欺诈，导致采购物资质次价高；采购验收不规范，付款审核不严，可能导致采购物资、资金损失或信用受损。

2. 市场营销业务风险管理审计

市场营销业务的风险管理常常特别重要。内部审计机构及人员可以将市场营销业务风险扩大为企业整体风险，因而加强市场营销业务。

(1) 对市场营销业务风险管理进行审计的内容：评估市场部门制定的营销政策是否切合当前环境，能否有效避免控制政策的失误风险。

内部审计机构及人员应当审核、分析企业营销风险管理方针和策略的制定背景，确认其是否与企业自身的发展方向、在同行业中的地位、产品的市场需求以及营销策略（防守型、稳健型或积极型）一致。

(2) 评估主要客户信用风险的控制手段是否健全，是否运行良好，能否有效控制坏账风险。

内部审计人员要关注企业是否在符合企业风险偏好的基础上制定出科学合理的营销策略；企业每年是否对客户的经营状况、经营成果和现金流量进行分析；企业是否对比应收账款年末数与年初数的变化情况；对于已经发生的坏账，企业是否制定了必要和合理的处理措施；营销人员自身能力和素质等。

(3) 评估市场部门及其主要营销人员风险取向是否符合企业战略，风险是否得到充分揭示。

市场营销部门的风险取向和营销人员自身的道德水平和心理素质问题，极易使营销业务发生错误或舞弊，从而提高了营销活动的风险。内部审计人员应对营销部门和人员的培训、考核和管理等进行评价分析，从中发现风险因素，并且提出相应的改进建议。

3. 投资业务风险管理审计

投资业务风险管理审计的内容主要包括以下几个方面。

(1) 评估投资风险管理政策的合理性，控制政策风险。

内部审计人员要关注投资是否由适当的部门提出；是否经财务、市场、生产、研发等方面专家论证可行后,交管理当局审批;是否根据公司章程授权分别由总经理、董事会或股东会做出相应的投资决策。

(2) 评估具体投资项目决策过程中的风险评估是否充分,风险取向是否符合企业战略。

内部审计人员要关注企业投资管理部门在实施项目投资之前,是否对备选方案的未来现金净流量的现值、收益率、回收期、机会成本等方面进行测算、比较,测算所得税和折旧对投资的影响,是否选择与基准指标值要求相符的备选方案。内部审计人员对投资项目可行性评价基准指标的科学性、准确性进行分析和评价同时,需要通过恰当的预测手段,评估项目的运营过程,控制运营风险。

(3) 评估投资项目治理中的风险控制措施是否完备。

对于股权投资,内部审计机构及人员应关注企业是否区别控股与非控股情况派出管理人员参与生产经营或重大决策;投资项目税务筹划的合理性;投资管理部门是否适时了解债券性投资项目情况,并及时向管理层报告;是否分析了实际财务指标与基准指标的偏离及其原因、改进措施等。

4. ERP 环境下的风险管理审计

对 ERP 系统实施的风险管理审计内容主要包括以下内容。

(1) ERP 环境中风险管理体系的完整性。

ERP 是一个风险巨大的系统,必须建立严密的风险管理机制。内部审计人员需要特别关注由新 ERP 系统对业务流程的再造可能导致的风险管理机制不健全的风险。对 ERP 环境下企业风险管理的审计,首先必须对风险管理机制进行审查,审查企业及其下属单位在新的业务流程中是否建立了恰当可行的风险管理机制,风险的识别、评价和应对机制的合理性和有效性如何,实际运行情况怎样,是否有助于企业管理的持续改善等。审计人员还应当专门对业务流程、关键控制点、系统监控等方面的风险管理机制进行重点审计,对业务流程进行评估,降低信息失真的风险。

(2) ERP 环境中相关业务流程风险控制的有效性。

ERP 系统的基础是对业务流程进行优化重组,它打破了原有的权力分配模式,系统上线后能否按既定的模式运行以及运行效果严重影响系统运行的成败。另外,由于上线时间紧迫,实施时设定的业务流程未必是最佳的;即使当时是最佳的业务流程,也会因为上线后运行环境的变化需要更进一步的优化。只有经常对业务流程进行内部审计,才能使企业业务始终保持在相对较优的流程环境中运行。

业务流程的风险管理审计包括:

① 应该在系统中运行的业务是否全部通过系统运行。

② 系统运行是否正确,有无系统错误;流程是否通畅,有无缺陷或舞弊的可能,能否进行进一步的优化。

③ 录入的信息是否真实、准确。

④ 信息是否及时录入系统。

⑤ 识别、评价和应对流程风险的效果如何等。

（3）对ERP系统关键控制点上主要经营风险的控制开展实质性审查。

对关键控制点业务流程开展实质性审查的目的是控制经营风险。ERP系统一般是由采购、生产、销售、仓储、财务、人力资源、设备管理等多个模块高度集成起来的，每一模块都有相应的关键控制点，对企业的生产运营有着至关重要的作用。因此，对关键控制点的风险管理审计应当作为审计重点。内部审计人员在实施审计时应主要关注：是否对关键控制点进行了识别，识别是否全面；是否建立了关键控制的识别、评价、预警和应对机制；关键控制点进一步优化；有无控制不严或失控的现象和发生的可能性等。控制的手段和方法是否有效。

（4）对ERP系统是否设置自我风险监控功能，控制重大问题风险。

ERP系统由于采用了业务流向数据监控功能，方便了业务和绩效的动态监控，降低企业整体的风险，即使偶然出现异常，也会因及时的动态监控而发现问题。内部审计人员应该审查和评价企业及其下属单位是否采用动态监控、监控点及其风险如何识别和评价、监控的权威性及其效果、发现问题的处理方式以及应对风险的效果、有无监控盲区或监控不力的区域、监控结果的利用情况如何等。

（5）对信息系统软硬件故障风险进行评估。

ERP系统硬件和软件都有产生故障的可能，软件功能的完备与否也是系统运行的风险之一。其中，ERP系统与其他系统的连接是影响系统运行的关键因素。要保证ERP系统正常运行，降低经营风险，对ERP系统以及与其相连接的其他信息系统的审计也是必需的，包括对系统的开发与设计、系统的控制、功能的划分、软件程序和硬件配置、备份模式及效果、故障处理方案及风险应对措施、系统风险识别与评价体系等进行审计。此外，内部审计人员还应对控制人员不当风险进行评估，检查是否有保障系统良好运行的系统维护和操作人员，观察这些人员是否认真履行职责。对关键控制点和系统监控岗位上的人员以及关键的系统维护人员实施的审计，需要审查和评价系统人员是否经过培训并取得相应资格，是否有识别和应对本岗位风险的能力，在本岗位控制和实施风险管理的实际效果如何等。

5. 环境保护风险管理审计

对企业或项目环境保护风险管理开展审计的内容主要有以下两个方面。

（1）对环保监督管理制度体系建设进行评估。

内部审计人员要检查企业是否建立了完善的环保问责制，是否下达环保考核指标，企业负责人是否与下级单位负责人签订环保责任状，将环保指标作为重要考核指标之一，层层分解，逐级检查考核，落实环保问责制，降低由于监督不到位导致的制度风险。

（2）对企业自身建设项目的立项与审批中的环保风险因素进行评估。

内部审计人员要关注建设项目是否严格执行环评、可行性研究、初步设计的环保会签制度，是否实行计划、基建、开发、环保等部门的分工负责制，投资的所有建设项目是否均按照建设项目管理程序进行了"环评"，切实把好环保关，杜绝污染严重和治污措施不严的项目上马。此外还应评估易发事项，对日常风险进行控制。

三、风险管理审计的程序与方法

(一) 风险管理审计程序

科学的风险管理审计程序不仅有利于提高风险管理审计工作的效率与质量,还可以促进风险管理审计规范化。

1. 制订风险管理审计计划

内部审计机构根据单位的具体情况拟定审计计划,并报告单位领导审批后实施。审计计划可以促进内部审计人员及时、高效地完成审计工作,提高审计工作的效率与质量。

内部审计人员要深入企业各部门、各环节,通过调查问卷、访谈、审阅相关文件记录、互联网搜集信息等方式获取相关资料,包括国家宏观政策、行业发展状况、企业管理情况等。对所收集到的资料进行分析,了解企业经营过程中面临的风险,确定审计的性质、范围和时间,并编写审计方案。

2. 实施风险管理审计

实施风险管理审计阶段是整个审计过程的重要环节。内部审计人员根据审计方案,采用适当的审计方法与技术,针对调查中发现的问题和缺陷进行深入分析,获取充分适当的审计证据,分析原因,评价这些问题和缺陷带来的风险,并提出改进措施。

内部审计人员在实施风险管理审计过程中,需要运用专业知识识别出企业整体层面和具体业务层面所面临的以及潜在的风险(重心放在企业的现在和未来),并分析其成因及其影响,进而评估确定风险量值或程度,以评价企业风险管理机制、风险识别、风险评估、风险应对措施的适当性和有效性。

风险评估过程中,内部审计人员可以采用定量的方法,比如建立计算机分析和统计分析模型,把所有可以定量测试的因素列示出来,按照重要性程度大小,分层、分步地综合各种因素,测试出每种因素对测试目标的影响程度和影响数值大小。当风险难以量化或者数据不可获取时,一般采用定性的方法,如调查问卷法、流程图法、SWOT 分析法等。在采用定性方法时,为提高评估结果的客观性,一般需要充分考虑相关部门和人员的意见。另外,风险的度量也可以采用定量与定性相结合的方法。

3. 出具风险管理审计报告

审计工作的最终结果表现为审计报告,报告阶段在整个审计过程中十分重要。风险管理审计报告应当主要反映整个审计的要点,既要肯定企业在风险管理过程中好的、高效的管理方式,又要针对其中的问题和漏洞进行分析,并提出改进的建议。内部审计人员需要对获取的审计证据进行分析和评价,复核审计工作底稿并撰写审计报告,与管理层和治理层进行沟通,最后下达审计意见,跟踪有关部门落实。

4. 进行后续审计

后续审计是对风险管理审计项目的情况进行追踪审计,检查审计人员对其所提出的改进措施是否得以实施,风险管理的效果如何。

（二）风险管理审计方法

内部审计工作的通用审计方法，如审核、观察、访谈、调查、监盘、检查、重新计算、分析程序等，在风险管理审计工作中同样适用。同时，由于风险管理审计面对的审计客体具有特殊性，仅靠常规的审计方法收集审计证据难以保证内部审计人员充分了解和审查业务部门的风险识别、评估和应对等工作，难以为最终发表审计意见提供合理的保证。因此，企业内部审计人员应当对风险管理业务常用的技术方法进行深入学习，必要的时候，要采用这些技术方法履行风险管理工作的重新执行程序。

1. 传统审计方法

传统审计方法通常有七大类：检查、监盘、观察、查询、函证、计算和分析性复核。

1）检查

检查是审计师对会计记录和其他书面文件可靠程度的审阅与复核。

（1）审阅。

审阅是对会计料及其他资料从形式到内容进行认真的阅读和审核，以判断其真实性和合法性。

（2）复核。

复核是指对有关会计资料及其他资料所反映的内容，按照其核算程序、计算要求和钩稽关系进行复查、核实。具体包括：复核各种原始单据所记载的数量、单价、金额及其合计数是否正确；现金及银行存款日记账上的记录是否与相应的原始凭证记录相一致；现金及银行存款日记账和记账凭证反映的内容是否与总账及对应的明细账记录相符；总账的余额是否与其所属明细账的余额合计数相符；总账账户的借方余额合计数是否等于其贷方余额合计数；总账各账户的借方发生额合计数是否等于贷方发生额的合计数；会计报表有关项目的金额是否与对应账户的余额或发生额合计数相一致或相联系；会计报表有关项目的数据计算是否正确，各报表之间的有关项目的数据是否一致。如果与前期数据有关，是否与前期会计报表上的有关数据相符；外来对账单是否与本单位有关账户的记录相符，如不相符是否按规定调整一致。

2）监盘

监盘是审计师现场监督被审计单位各种实物资产及现金、有价证券等项目的盘点，并进行适当的抽查。审计师对实物资产、现金及有价证券等的监盘应采用适当的方式。对于现金的监盘可以事先规划，准备有关的记录表格或调整表格、实施突击性的监督盘点，而对于那些隐藏可能性小、体积庞大、质量较重的材料和固定资产则可以事先预告被审计单位，甚至要组织被审计单位有关参与人对监盘规划事项进行学习，然后按预定程序进行监盘工作。

由于监盘方法强调的是：盘点工作由被审计单位进行，审计师只进行现场监督，但对于那些价值较高的物资，审计师应亲自进行抽点，必要时对那些使用较频繁的材料物资也应实施抽点。

监盘所取得的证据是为了证实以下几个方面的认定：①资产的实物形态是否真实存

在;②对资产的监盘结果是否与账面金额相一致,如不一致应查明原因并进行调节,其不一致的原因往往包括记录遗漏、短缺、毁损、贪污盗窃等。运用监盘方法获取的往往是实物证据,它不能证实以下几项认定:被审计单位是否对资产拥有所有权,被盘点资产如何确定其价值,被盘点资产是否完整。因此,审计师还应另外实施对实物资产的计价和所有权的审计程序。

3) 观察

观察是审计师实地察看被审计单位的经营场所、实物资产、有关业务活动及其内部控制的执行情况等,以获取审计证据的方法。采用观察方法可以获取环境证据。它只能帮助审计师对被审事项整体合理性进行评价,而对具体的各项认定不能提供最直接的证据。同时,审计师对于观察中所发现的问题应进一步实施审计。

4) 查询

查询是审计师对有关人员就被审事项进行书面或口头询问以获取审计证据的方法。审计师采用查询方法往往更多地获得口头证据,审计师应注意的是需就同一事项对不同人员进行查询,以确定各种口头证据能否相互印证。

5) 函证

函证是指审计师为印证被审计单位会计记录所载事项而向被审计单位以外的第三者发函询证的一种取证方法。对于被函证事项应由被审计单位签名确认,然后由审计师亲自投递函件并收悉回函。如果没有回函或者回函结果不满意,审计师应当实施必要的替代程序,以获取相应的审计证据。

6) 计算

计算是审计师对被审计单位的原始凭证及会计记录中的数据所进行的验算或另行计算。在会计报表审计中,审计师需大量地运用计算方法来获取必要的审计证据。

审计师进行计算的目的是在于验证被审计单位的凭证、账簿和报表中的数字是否正确。审计师运用计算方法取证时,应采用与被审计单位确定的政策和选定的方法相一致,但在计算形式和顺序上可以按审计师认为最有利于提高效率的方式进行,不一定要遵循被审计单位的原定方式和方法。

7) 分析性复核

分析性复核是指审计师通过分析被审计单位重要的比率或趋势,包括调查这些比率或趋势的异常变动及其与预期数额和相关信息的差异而获取审计证据的方法。分析性复核方法可以获得有关项目存在异常变动的证据。对于异常变动项目,审计师应重新考虑所采用审计方法的适当性,必要时应追加审计程序,以获取更为可靠的审计证据。在实施分析性复核程序时,审计师可以使用简易比较、比率分析、结构百分比分析和趋势比率分析方法,同时应考虑数据之间是否存在某种预期关系,如果不存在预期关系,不应运用分析性复核。

2. 风险管理体系建立情况的审计方法

在整个风险管理审计中,了解、完善和改进企业的风险管理体系是内部审计为企业提

供增值服务的主要方式,更是审计的关键环节。风险管理体系建立情况审计的主要方法和步骤一般包括:

(1) 研究一般性风险。内部审计人员一般需要建立一份一般性风险清单,其主要来源是保险顾问、咨询公司、行业协会以及其他网站信息等。

(2) 识别企业特有风险。不同的企业风险不同,虽然研究一般性风险为创建风险库提供基础,但内部审计人员应当采用调查问卷等方式让企业的各层管理人员参与头脑风暴,寻找到企业所特有的风险,对一般性风险进行修正,建立与企业相适应的风险库。

(3) 定义各类风险。内部审计人员采用"原因和结果"的形式用企业熟悉的语言简明地定义风险,形成一种通用的风险语言。

(4) 链接风险与战略。将每个风险放在"它能对战略产生怎样的影响"的环境中进行讨论,找到风险与企业战略和经营目标的关联。如果一个风险难以与企业的战略、经营和财务目标联系起来,就说明这个风险没有被恰当地定义,或者甚至与企业不相关。风险与战略的链接过程具有反复性,开始时发现风险与多个目标相关,但经过深入分析后可能会将一些较弱的相关性予以剔除,以修改或增加、删除一些风险。通过深入理解这些风险的特征和相互之间的关系,内部审计人员将在每个风险的评估过程中更加突出与战略强相关的高风险领域。

(5) 建立适当的风险模型。风险模型的作用是根据性质把风险进行分类并构建一个结构,这一结构可以使人们更容易理解风险,以及更为便利地进行企业风险管理和相关培训。研究人员在理论和实务中讨论了不同的企业风险模型。因为最优的模型是不存在的。内部审计人员必须参照多个特有的风险模型。

3. 常见的风险评估方法

常见的风险评估方法包括PEST因素分析法、SWOT分析法、德尔菲法(又称专家调查法)、蒙特卡罗分析法、生命周期分析法、在险值法(VAR)、风险矩阵法等(表5-5)。这些方法在一次风险管理审计不可能全部用到。但内部审计人员应该对各种方法适用的范围、步骤、结果类型融会贯通,以便在进行风险管理审计时能恰当评价企业采用的方法是否适当,以及所得结论是否可靠。

PEST因素分析法中,P是政治(politics),E是经济(economy),S是社会(society),T是技术(technology)。SWOT分析法中,S是优势(strength),W是劣势(weakness),O是机会(opportunity),T是威胁(threat)。

表5-5 风险评估方法

风险评估方法	说明
PEST因素分析法	是指宏观环境的分析,通过政治(P)、经济(E)、社会(S)和技术(T)四个因素分析企业所面临的状况
SWOT分析法	是用来确定企业自身的竞争优势(S)、劣势(W)、机会(O)和威胁(T),从而将公司的战略与公司内部资源、外部环境有机地结合起来的一种科学的分析方法

(续表)

风险评估方法	说明
德尔菲法	德尔菲法是一种综合各类专家观点并促其一致的办法,这些观点有利于支持风险源及影响的识别、可能性与后果分析以及风险评价。需要独立分析和专家投票
蒙特卡罗分析法	蒙特卡罗模拟用于确定系统内的综合变化,该变化产生于多个输入数据的变化,其中每个输入数据都有确定的分布,而且输入数据与输出结果有着明确的关系。该方法能用于那些可将不同输入数据之间相互作用计算确定的具体模型。根据输入数据所代表的不确定性的特征,输入数据可以基于各种分布类型。风险评估中常用的是三角或贝塔分布
生命周期分析法	生命周期分析法是运用生命周期分析矩阵,根据企业的实力和产业的发展阶段来分析评价战略的适宜性的一种方法。横坐标代表产业发展的阶段——幼稚、成长、成熟、衰退。纵坐标代表企业的实力,分为五类:主导、较强、有利、维持、脆弱
在险值法(VAR)	基于统计分析基础上的风险度量技术,可有效描述资产组合的整体市场风险状况
风险矩阵法	风险矩阵是一种将后果分级与风险可能性相结合的方式

四、风险管理审计实务

(一) 美国安然公司为什么会出事

2000 年,安然是美国最大的石油和天然气企业之一,当年的营业收入超过 1 000 亿美元,雇佣员工 2 万人,是美国《财富》500 强中的第七大企业。但就在 2001 年年末,安然宣布第三季度 6.4 亿美元的亏损,美国证交会进行调查,发现安然以表外(投资合伙)形式,隐瞒了 5 亿美元的债务,亦发现该公司在 1997 年以来虚报利润 5.8 亿美元。

与此同时,安然的股价暴跌,由 2001 年年初时的 80 美元跌至 80 美分。同年 12 月,安然申请破产保护令,但在之前 10 个月内,公司却因为股票价格超过预期目标而向董事及高级管理人员发放了 3.2 亿美元的红利。

安然事件发生后,对其的分析调查发现:安然的董事会及审计委员会均采取了不干预(hands-off)监控模式,没有对安然的管理层实施有效的监督,包括没有查问他们所采用"投资合伙"的创新的会计方法。事件发生之后,部分董事表示不太了解安然的财务状况,也不太了解他们的期货及期权的业务。

由于安然重视短期的业绩指标,管理层的薪酬亦与股票表现挂钩,这诱发了管理层利用创新的会计方法和做假,以赢取丰厚的奖金和红利。虽然安然引用了非常先进的风险量化方法监控期货风险,但是营运风险的内部控制形同虚设,管理高层常常藐视或推翻公司制定的内控制度,这是最终导致安然倒闭的重要因素。

(二) 美国世通公司为什么会倒闭

世通是美国第二大电信公司,事发前在美国《财富》500 强中排名前 100 位。然而就在 2002 年,世通被发现利用把营运性开支反映为资本性开支等弄虚作假的方法,在 1998 年至

2002年期间,虚报利润110亿美元。

事发之后,世通的股价从最高的96美元暴跌至90美分。世通于2002年年末申请破产保护令,成为美国历史上最大的破产个案,该公司于2003年年末完成重组。世通的四名主管(包括公司的CEO和CFO)承认串谋讹诈,被联邦法院刑事起诉。

这是美国最大的个案,美国证交会和法院在调查中发现:世通的董事会持续赋予公司的CEO(Bermard Ebber)绝对的权力,让他一人独揽大权,而Ebber却缺乏足够的经验和能力领导世通。美国证监会的调查报告指出:世通并非制衡机制薄弱,而是完全没有制衡机制。世通的董事会并没有负起监督管理层的责任,该公司的审计委员会每年召开会议仅花3～5小时,会议记录草草了事,每年只审阅内审部门的最终审计报告或报告摘要,多年来从未对内审工作计划提出过任何修改建议。

由于世通为公司的高级管理层提供的丰厚薪酬和奖金远多于他们对公司的贡献,这使得他们形成了一个既得利益的小圈子。这种恶性循环最终导致世通倒闭。

(三) 拥有200年历史的英国巴林银行为何破产

巴林银行在20世纪90年代前是英国最大的银行之一,有超过200年的历史,1992—1994年期间,巴林银行新加坡分行总经理里森(Nick Lesson)从事日本大阪及新加坡交易所之间的日经指数期货套期对冲和债券买卖活动,累计亏损超过10亿美元,导致巴林银行于1995年2月破产,最终被荷兰ING收购。

调意中发现:巴林银行的高层对里森在新加坡的业务并不了解,事发三年内居然无人看出里森的问题,其实,巴林银行1994年就已经发现里森在账上有5 000多万英镑的差额,并对此进行了几次调查,但都被里森非常轻易地解释蒙骗过去。

造成巴林银行灾难性厄运的原因是,巴林银行缺乏职责划分的机制,里森身兼巴林新加坡分行的交易员和结算员,这使他有机会伪造存款和其他文件,把期货交易带来的损失瞒天过海,最终造成了不可收拾的局面。

另外一个致命问题是,巴林银行的高层对财务报告不重视。巴林银行董事长曾在1994年说:若以为审视更多资产负债表的数据就可以增加对一个集团的了解,那真是幼稚无知。但如果有人在1995年2月之前,认真看一下巴林银行任何一天的资产负债表,通过里面的明显记录,就可以看出里森的问题。遗憾的是,巴林银行高层对财务报表不重视,使之付出了高昂的代价。

新加坡政府在巴林银行调查报告结论中有这样一段话:"如果巴林集团在1995年2月之前能够及时采取行动,那么他们还有可能避免崩溃。截至1995年1月底,即使已发生重大损失,这些损失毕竟也只是最终损失的四分之一。如果说巴林的管理层直到破产之前还对这件事情一无所知,我们只能说他们一直在逃避事实。"

里森在自传中也说:"有一群人本来可以揭穿并阻止我的把戏,但他们没有这么做。我不知道他们在监督上的疏忽与犯罪的疏忽之间的界限何在,也不清楚他们是否对我负有什么责任。"

(四)日本八佰伴惨败在哪儿

八佰伴是日本最大的百货公司之一,在 20 世纪 90 年代全球鼎盛时期,八佰伴在全球 16 个国家拥有 400 多家百货公司,以雄霸世界零售业第一把交椅而扬名。

1997 年 9 月,八佰伴宣布破产,向法院申请"公司更生法"保护,当时八佰伴的负债额达到 1 613 亿日元,八佰伴破产案是日本战后最大的一宗企业破产案。

在调查中发现,导致八佰伴破产的致命原因有三个:第一,八佰伴低估经营非核心业务的风险,在急速成长过程中,八佰伴逐渐背离了百货和超市的主业,集团的这些辅助变成了负资产,这些辅助都为八佰伴带来了沉重的负担。

第二,八佰伴低估了扩张业务的风险,1990 年至 1996 年的短短六年间,八佰伴在中国内地的零售点由零扩张到 50 多家,在扩张过程中,它明显低估了扩张业务的风险,加上八佰伴当时遇到国家宏观调控,为了实现集团主席的梦想,只好通过信贷维持扩张。面对比预期差的回报及不断扩大的资金需求,八佰伴最终陷入难以自拔的困境。

第三,八佰伴也低估了开发海外新兴市场的风险。由于日本市场零售业饱和,强大竞争对手林立,八佰伴采取了积极开发海外市场的战略,却低估了开发新兴市场的风险。1972 年八佰伴将巴西视为第一海外市场,但由于当时巴西经济动荡,最后只有惨淡收场。20 世纪 90 年代初,八佰伴开始进军中国市场,甚至将总部迁至上海。但当时中国消费者还未能完全接受超市和百货公司的销售模式,消费能力还处于比较低的水平,加上遇到中国宏观调控和国内合资伙伴已核准资金不能如期到位等问题,引致资金回报率不断下落,辛苦经营了十多年的八佰伴终于以清盘结束业务。

(五)中国香港百富勤公司为什么突然入不敷出

百富勤原来只是一家有 3 亿港元资本的本地小型投资银行,由于业务进展迅速,短短 10 年间,发展成了一家拥有 240 亿港元资产的跨国金融集团,成为亚洲除日本外的最大投资银行。

可是,这个金融奇迹却同样在金融风暴冲击下遭遇了灭顶之灾,百富勤在短短一年内出现入不敷出现象,致使它在 1999 年 1 月宣布破产。消息传出当天,中国香港恒生指数下挫 8.7%。

中国香港政府在调查百富勤的报告中表示,没有证据显示百富勤倒闭涉及任何欺诈行为,它倒闭的原因主要是由于缺乏有效风险管理、内控体制和完善的财会报告系统。

百富勤虽然设立了信贷委员会和风险管理部门,却未能制衡业务部门强大的权力,特别是在经济不景气的时候,追求业绩的目标完全盖过了防范风险的意识,这种脆弱的企业风险管理文化,最终使百富勤的股东和员工付出了沉重的代价。调查还发现,百富勤没有控制好金融市场的风险,它在亚太区发展业务,主要针对的是印尼和泰国市场,其在这两个市场营业额占集团营业额的五成多,但百富勤却忽略了发展新兴市场的风险。在金融风暴下,泰国首当其冲,泰铢大幅贬值,期间,印尼盾也大幅下跌了 70%,另外,由于利息飙升,百富勤在该区内投资的债券及股票价格暴跌,在短短的数月内,百富勤在该区内业务损失了好几亿元。为了争取业务,百富勤为印尼 STEADY SAFE 出租车公司提供了港币 2.6 亿元的过渡性短期贷款,这笔贷款的金额相当于百富勤资本金的15%,但STEADY SAFE公司的收入全为印尼盾,随着印尼盾汇价大跌和政府实施外汇管制,STEADY SAFE根本无法偿还这笔贷款,加上债券股票的损失,百富勤的财务状况在短时间内急转直下,这反映了百富勤低估了利率和汇价波动的风险,最终导致倒闭收场。

(六) 投资与出售股权权益引致的重创

某家中国国有控股(主营业务为非汽车制造)的上市企业(以下简称国企A)于19×4年以约4.2亿元人民币收购了某汽车制造公司95%的权益,两年后,国企A以3.2亿元人民币向一家马来西亚公司出售它在汽车公司中50%的权益,国企A也因而在19×6年记录了一笔4 000万元人民币的营业外收入。但其后,那家马来西亚公司并没有按协议支付交易金额,交易被迫中断。19×7年,国企A又重新与三家公司签约,以3.2亿元人民币的同样金额将汽车公司的50%权益转售给这三家公司,但这三家公司最终都没有向国企A支付任何款项。

国企A因投资与出售股权权益引致重创,问题究竟出在哪儿? 调查中发现了如下问题:第一,国企A没有就对外投资建立完善的风险管理,投资前既没有清楚地考虑其高级管理层缺乏汽车制造业的经验,也没有做好可行性研究的各种分析。第二,在将投资权益出售给马来西亚公司时,国企A并未充分考虑对方的信誉和偿付能力,也没有利用买卖协议为可能出现的违约事件提供保障。第三,国企A在后来将投资权益转售给三家公司时,并未披露这三家公司均为关联的"空壳公司"。第四,国企A实质上一直没有出售汽车公司的股权,但财务系统却错误地把应收三家关联公司的款项列示为长期应收款(而不提坏账准备),还错误地把余下的45%投资列示为"联营公司"。第五,国企A从成立至19×9年的五年间,一直未能调试投产,也没有竣工验收,最终,该国企以大幅度低于成本的价钱,将汽车公司出售出去,造成严重亏损。这是典型的投资失误案例。

要求:分析以上内部审计人员在实施风险管理审计时应该注意哪些问题。

第七节 合同管理审计

一、合同管理审计概念

(一) 合同管理审计的概念

合同管理审计是指内部审计机构和人员依据合同管理规定,对合同的签订、履行、变更、终止过程及合同管理进行独立客观的监督和评价活动。

(二) 合同管理审计的意义

开展合同管理审计工作具有很重要意义。

(1) 通过管理合同审计有助于完善合同条款;
(2) 通过管理合同审计有助于强化企业内部控制机制,加强相关业务部门责任;
(3) 通过管理合同审计有助于确保合同合法合规,避免或减少经济纠纷,防范合同风险;
(4) 通过管理合同审计有助于依法维护合同当事人的合法权益。

(三) 合同管理审计的方法

1. 询问法

询问法包括问卷调查法、面谈法、专题讨论法等。实际工作中合同管理人员多采取问卷调查法。调查问卷可以从以下方面进行设计:①合同管理机构设置及人员配备情况。②岗位职责制定及履行情况。③合同管理流程情况。④合同管理基础工作,如相关合同管理制度、合同管理台账、合同档案管理是否建立健全等。

2. 流程图法

流程图法主要是将招投标、委托授权、合同签订、合同履行、终结及售后服务全过程,以流程图的形式绘制出来,从而识别合同风险。这种方法比较简洁和直观,易于发现关键控制点的风险因素。

3. 测试表法

测试表法主要是将合同各关键控制环节以测试表的形式进行测试,以查找合同管理的风险点和控制缺陷,分析其潜在的影响和重要程度,提出规避和防范风险的措施。测试表主要包括:

(1) 市场准入控制测试表。主要测试当事人的资质、市场准入情况以及合同转包、分包情况。

(2) 招投标和授权批准控制测试表。主要测试经济业务是否按规定进行投标、投标过程是否规范、招投标收入是否纳入统一财务管理、合同签订程序是否到位、甲方代理人是否持有委托授权书等。

(3) 合同条款内容及履行情况测试表。主要测试合同的标的、数量、质量、价格、履行期限、地点、方式、违约金和赔偿金是否明确具体,履行情况如何,付款凭证的数据是否与物资验收单、发票、合同履行结算单相一致等。

4. 现场观察

现场观察是指审计人员深入合同相关方现场,了解合同双方的资质资信情况,观察工艺流程,获得第一手资料。其客观性较强,是保证审计质量的有效途径。

5. 历史分析法

历史分析法是指审查与合同相关的财务、统计和企业管理历史资料,如通过检查车辆索赔记录及其他风险信息,确定已投保车辆发生的修理费是否计入有关项目中。

6. 环境分析法

环境分析法主要是对相关方社会环境变化趋势,可能变更的法律法规等进行深入分析,查找风险因素和潜在影响。

二、合同管理审计内容

(一) 合同签订前审计

合同签订前审计是合同审计的重点和关键,因为合同签订过程中的任何疏漏或失误,都有可能给企业造成损失或带来风险。对于重要的合同,内部审计机构应当及时掌握情况,加强全过程监督。合同签订前审计的主要内容包括:

(1) 审查签订合同的必要性。主要审查合同内容是否符合企业目标,合同项目是否列入企业的计划,是否已安排了相应的财务预算。

(2) 审查合同的合法性、合规性和合理性。主要审查合同是否符合国家法律法规和规范性文件的规定,是否违反国家利益或者社会公共利益;审查合同是否符合本企业的规章制度要求,履行该合同是否给本企业带来预期利益;审查对方的主体资格是否合法,签订合同的当事人是否有签订该合同的权利,对方是否有履行该合同的能力和诚意,选择对方签订合同的理由是否充分。

(3) 审查合同条款的真实性和完整性。合同条款的完整性,主要审查是否符合合同法的规定(具体内容包括当事人的名称或姓名和住所、标的名称、标的数量质量、价款或者报酬、履行期限地点方式、违约责任、解决争议方法等是否完整);合同条款是否规范、用词是否准确。合同条款的真实性,主要审查对标的数量、质量、价款等重要条款,除了审查形式上的完整性还要审查其真实性、合理性,如合同当事人的信誉、经营范围、履约能力、售后服务;合同的内容是否可行,是否经过单位相关部门的论证。

(4) 审查合同在企业内部是否经过相关部门的会签,拟签订合同的人是否得到适当的授权,合同拟盖公章是否符合企业的规定。

(二) 合同履行过程审计

合同履行过程审计主要审查合同归口管理部门、合同的执行部门等是否严格按照合同内容履行职责。主要审查内容包括:

(1) 履行合同的主体是否是合同当事人,有无由他人代为履行合同的行为。

(2) 合同当事人在履行合同时,是否严格按照合同约定行使自己的权利和履行应尽的义务。

(3) 所交付的合同标的是否经过验收,数量、质量、履行期限、履行地点和方式等是否与合同约定一致。

(4) 合同价款、履行费用(如运输费、税费等)、结算方式、优惠承诺等是否符合合同约定。

(5) 合同执行过程中产生的问题和纠纷,处理是否及时、合法、合理。

(6) 合同的内容、条款必须合法、完整、明确、具体、严谨,必须如实、准确地反映合同各方的真实意思表示。

(三) 终止合同审计

终止合同的审计主要包括以下几个方面。

(1) 合同解除条件是否符合法律规定。
(2) 合同解除是否进行责任追究,处理方式是否恰当。
(3) 合同在执行过程中是否存在变更。
(4) 合同是否得到了执行,是否存在违约或者延期的情况,处理是否恰当。

(四) 合同变更和违约审计

1. 变更

(1) 审查合同变更内容(仅限于合同中权利与义务关系的变更)。
(2) 审查合同变更是否经双方当事人协商一致。
(3) 审查合同变更是否损害国家利益和社会公共利益,有无对一方当事人不合理、不公正的变更。
(4) 审查合同变更对合同价款的影响评价和处理方式是否合理。
(5) 审查合同变更的相关支撑材料是否合法、完备,当事人是否履行法定程序。

2. 违约

(1) 审查合同违约行为是否符合法定要求或合同约定。
(2) 审查合同违约责任是否按照法律规定或合同约定进行及时、合法、合理的处理。

(五) 合同日常管理审计

合同日常管理审计主要审查企业有无设置专门的合同管理机构,合同管理人员是否具有具备相应的资格,合同管理制度是否完善,有无重大合同变更的风险防范措施;审查合同的归档和保管是否完整。

(六) 合同管理制度审计

内部审计师应检查组织是否设置专门的合同管理机构以及专职或兼职合同管理人员是否具备合同管理资格;检查组织是否建立了恰当的合同管理制度;检查合同管理机构是否建立健全应对重大设计变更、不可抗力、政策变动等的风险管理体系。

(七) 专项合同通用内容的审计

内部审计师应检查:①合同当事人的法人资质、合同内容是否符合相关法律和法规的要求。②检查合同双方是否具有从资金、技术及管理等方面履行合同的能力。③检查合同的内容是否与招标文件的要求相符合。④检查合同条款是否全面、合理,有无遗漏关键性内容,有无不合理的限制性条件,法律手续是否完备。⑤检查合同是否明确规定双方的权利和义务。⑥检查合同是否存在由损害国家、集体或第三人利益等导致合同无效的风险。⑦检查合同是否有过错方承担缔约过失责任的规定。⑧检查合同是否有按优先解释顺序执行合同的规定。

1. 委托监理合同的审计

委托监理合同审计应检查:①监理公司的监理资质与建设项目的建设规模是否相符。②检查合同是否明确所监理建设项目的名称、规模、投资额、建设地点。③检查监理的业务范围和责任是否明确。④检查所提供的工程资料及时间要求是否明确。⑤检查监理报酬的计算方法和支付方式是否符合有关规定。⑥检查合同有无规定违约责任的追究条款。

2. 合同变更的审计

合同变更审计应检查：①合同变更的原因，以及是否存在合同变更的相关内部控制制度。②检查合同变更程序执行的有效性及索赔处理的真实性、合理性。③检查合同变更的原因以及变更对成本、工期及其他合同条款的影响的处理是否合理。④检查合同变更后的文件处理工作有无影响合同继续生效的漏洞。

3. 合同履行的审计

合同履行审计应检查：①合同履行是否全面真实。②检查合同履行中的差异及产生差异的原因。③检查有无违约及其处理结果是否符合有关规定。

4. 终止合同的审计

终止合同的审计应检查：①终止合同的报告和验收情况。②检查最终合同费用及其支付情况。③检查索赔及反索赔的合规性和合理性。④检查合同资料的归档和保管，包括合同签订、履行分析、跟踪监督以及合同变更、索赔等一系列的收集和保管是否完整。

三、合同管理审计要素

(一) 合同存在的风险

1. 业务风险

(1) 企业是否有履约能力：资金、人员、技术等。

(2) 标的物、交付方式。

(3) 到货地点，到货验收。

(4) 质量条款。

(5) 是否有项目风险、经营风险(安装、集成、服务)。

(6) 原材料采购的采购数量、时间、品质、保修、退还是否符合计划等。

(7) 销售业务中的销售价格、保修、数量、交货时间、信用条款、销售激励措施、品质规定。

2. 财务风险

(1) 会计及税务风险：会计核算、税务问题(发票)、会计核算和准则的应用是否恰当。

(2) 资金风险：资金的结算方式是否会给企业现金流带来风险以及解决办法。

(3) 信用及其他风险：合同主体的资质、注册资本、公司实力、信用记录，客户信用分析跟踪管理，是否有商业风险—欺诈、以前有未结清的官司，是否为第一次交易，是否为经常交易，其他风险因素分析。

3. 法律风险

(1) 合同合法有效：合同主体是否有效、合同条款是否有效、合同签订是否有效。

(2) 合同内容表述完整：形成自己公司的合同模板、关键内容是否已涵盖、无关问题一律不提。

(3) 合同表述准确无歧义：重要条款表述清晰、前后逻辑顺序清楚。

(二) 合同管理审计的要点

合同管理审计的要点有八个。

(1) 审计合同的当事人双方主体资格合法性。

(2) 审计合同的主要内容即合同权利、义务和责任。

(3) 审计合同的意思表示是否真实。

(4) 审计合同文字表述的规范性,用词的确切性。

(5) 审计合同签订手续是否合法,授权人签名、授权书是否齐全。

(6) 审计合同条款是否完备,未尽事宜是否有解决办法。

(7) 审计合同条款中是否有风险防范措施。

(8) 审计合同纠纷有无解决条款。

(三) 合同审核的要求

1. 内控的要求,有很多潜在风险

合同涉及很多内容,公司与公司的业务往来、融资投资合同包括劳动合同都有很多争议点,所谓争议就是风险点。

2. 合规性要求,也是公司管理要求

合同的签订既要满足国家法律,也要服从公司内部制度。

3. 审核合同流程的要求,也是财务核算的要求

每个合同的签订,各个部门要有流程,按顺序签字。

4. 资金风险管控的要求,也是税务风险管控的要求

若是发票开早了,货物仅仅交付一半或是还未进行交付,然而100%的发票已经开出去了,销项税提前一个月、半年都不止,加速了资金的流出,都是没有必要的,占用资金流属于内部失控的现象。

5. 预算的要求

在册的合同比较好预测,但尚未发生的合同也是我们预算的组成部分。如果一个合同中,收入永远大于支出,是可以的,如果收入小于支出,流入太慢,就会发生我们需要垫资大于利润的情况,合同的表象是盈利的,实际却是亏损的。

6. 供应商管理的要求

无论是作为客户还是供应商,都应该对合作商进行评级、归纳整理,履约历史较好的合作者继续合作、履约历史不好、之前没有按时履约的合作者,及时上报管理层进行处理。

四、合同管理审计实务

重大合同管理专项审计案例。

(一) 案例背景

案例公司目前正处在快速成长和扩张阶段,投资和建设项目需要签订大量的经济合同,涉及合同合作单位资信背景的复杂性和履约能力的不确定性。审计部门为了进一步了解重大经济合同的订立情况、履约情况、合同变更的合规性、合同归档管理等情况,开展了重大合同专项审计。

该审计项目采用了访谈、抽样、穿行测试等多种审计方法,通过对重大合同招投标、谈判、会审等程序的合规性、合同签署的合法性、合同的执行和履约情况、合同归档管理、统计分析及改进等情况的审计,基本掌握了集团各业务部门和各分、子公司重大经济合同的管理流程和现状,发现了一些存在的法律风险事项和合同管理中的不足,提出了审计意见和建议,得到了领导的高度重视,涉及问题的各业务部门和单位能认真整改落实,达到了审计目的。

(二) 案例内容

1. 审计范围

审计范围为集团公司本部和相关二级单位,主要包含系统工程、物资采购、对外投资合作、融资等方面的重大经济合同(以正在履约的合同为主)。采取就地审计的方式,并明确了被抽查审计的集团公司××部门等 12 个单位和分、子公司。

2. 审计内容

审计内容包括经济合同的管理制度、合同签约程序、合同条款及内容、合同履约执行情况、合同档案管理等,为了全面评价经济合同订立、执行、管理、归档等过程情况,为进一步完善合同管理提出合理化建议,防范上述过程中的法律风险。

(三) 审计过程

按照审计计划的时间安排,审计部一行 8 人分两个审计组,于 2022 年 3 月 15 日到 4 月 15 日,历时一个月,完成了重大经济合同专项的现场审计。

1. 审计前

做了充分的准备工作,编制了较为详尽统一的审计内容测试表,针对审计人员对合同管理的了解水平,做了具体的分工。

2. 审计中

采用相应的符合性测试和实质性测试方法,对各被审计单位提供的有关制度和重大经济合同文本及相关资料进行了审核和查阅,就具体抽查的合同情况与有关人员进行了交流,还到合同项目现场查看合同执行履约情况。在合同项目内容上,把审计抽查重点放在重大工程项目相关合同、采购合同、投资项目以及融资合同等方面。审计复核结果表明,审计工作审查的内容基本全面,未发现遗漏。

3. 审计后

现场审计结束后,审计项目主审汇总审计事项,并在出具审计报告前,就审计发现的问题和相关部门及公司骨干进行了充分的沟通。

(四) 总体评价

从总体情况看,集团各相关业务单位和分、子公司都设立了合同管理职能部门,对合同档案设有专人管理;集团公司及部分分子公司根据自身管理实际情况,制定了本单位的《合同管理办法》,未建立《合同管理办法》的公司,其合同管理遵照或参照集团公司的《合同管理办法》执行;对于重大合同的订立,除使用格式合同外,其他非经常性合同都履行了招投标、重大合同会审、法律顾问审核、签约审批等程序;对特别重大合同都进行了谈判,确保了合同订立的合法、谨慎、平等、公正的原则。

各公司都建立了归档合同台账,个别公司对合同台账和合同文本的保存、查阅建立了信息化管理手段。持有集团合同章的各单位,对合同章的使用情况都能够按集团《合同章使用规定》要求进行管理,未发现越权使用情况。

通过审计,除部分公司未按合同规定及时支付工程项目进度款存在法律风险,签订的采购合同涉及其他竞标单位投诉而终止履行外,本次审计范围内,集团各业务单位正在生效的合同中未见终止履约或投诉、诉讼等情况。

(五) 审计发现

鉴于《企业内部控制基本规范》和"应用指引、评价指引和审计指引这三个配套指引"的要求,根据《企业内部控制应用指引第16号——合同管理》有关规定,集团合同管理制度的部分内容和条款尚需改进和完善。

审计发现,集团公司及二级公司部分合同档案资料中缺少对方提供的法人证明资料或授权委托人证明资料,也没有保存或取得对方合同单位收到我方法人证明资料或授权委托人证明资料的收取证明,为合同的合法性、有效性埋下了隐患。

招标文件与签订的合同有不相符之处,存在控制漏洞。审计抽查A工程合同及招投标情况,发现了两个问题:一是招投标文件中"项目单价计价方法"和"竣工结算"的部分条款未写入合同。二是招投标文件中"工程担保"约定的内容未在合同中体现。

集团公司甲管理部招投标文件存档管理不规范。招投标文件没有建立台账,也没有关联合同号,给查询造成困难;近期归档文件资料缺少安全合理的临时存放场所,采用堆放在办公室的方式不利于文件的查找使用;负责项目招投标管理的人员,将年度汇总招投标文件(电子版)转发给乙部档案管理人员统一归档,没有复核程序,无法保证招投标资料的完整性。

投资公司项目合同签订前的项目立项、评估论证和决策审批等环节存在与《投资管理暂行规定》不符的情况,不利于合同签订的风险管控。

丙部门项目归档内容不规范。归档目录未按投资项目全部文件资料的内容进行编排,如未按项目立项、评估论证、决策审批等类别进行划分,导致在审计过程中发现部分资料未归档而散落在经办人处或其他地方。另经检查,丁公司签订的法律顾问协议,档案中保留的是复印件,管理员不清楚原件的存放地点,也未将原件保存位置作备注或以其他方式作出说明。

戊分公司部分工程标段采用主合同加补充协议(实际是分项合同)的做法,存在风险。原则上项目的主合同和补充合同构成项目的合同总额,上述合同的主合同和补充协议都是经双方法人签订的正式有效合同,具有履约效力,如果管理不善,控制不严,容易产生漏洞,造成损失。

己公司公章使用登记表中盖章的合同数量与合同统计表中登记的合同数量存在差异。经审计,己公司3月公章使用登记表中记录的盖公章的合同份数与合同统计表中登记的合同份数不同;5月的公章使用登记表中记录的盖公章的合同12份,而合同统计表中登记的合同5份,存在较大差异。差异的主要原因,是己公司的合同由各业务部门自行保管,各部门报送的统计数据不完整,导致部门统计的合同统计表中相关数据不完整。

庚公司采购合同中部分条款值得商榷。一是采购合同中卖方的违约责任未在合同中具体规范。审计抽查的采购合同中,对于我方各种违约责任有详细的规定,但未见合同条款关于供应商违约需要承担的责任。二是目前双方的合同规定,解决纠纷的方式是遵循国际商会法律在伦敦申请仲裁,而按照集团公司《合同管理办法》要求,应具备"或可以向中国国际经济贸易仲裁委员会申请仲裁"的条款。

部分二级公司的合同没有签署签约日期,存在合同的时效性隐患。

(六) 审计意见和建议

(1) 完善合同管理相关制度。集团公司可参照《企业内部控制应用指引第16号——合同管理》及其他有关规定,完善合同管理制度,改进相关条款内容,明确合同管理责任,制定管理责任奖惩机制,使合同管理符合《企业内部控制基本规范》及内部控制"三个配套指引"的要求。

(2) 严格执行集团公司《合同管理办法》规定的重大合同会审制度。各分、子公司订立的符合《合同管理办法》规定标准的重大合同,应严格按规定执行会审制度;对于采购、供应合同等因价格不确定无法明确合同金额的,可按合同采购量和历史价格估算合同金额,符合重大合同标准的按规定执行会审程序,并按照审批权限签署。

(3) 建议集团公司合同管理机构加强合同报表统计工作,充分利用报表信息。如对合同情况进行统计分析、管理控制、风险评估,尤其对重大合同的订立、履约等情况进行重点分析和评估等,防范履约风险,改进并持续完善合同管理。

(4) 加强对合同签约人资格证明资料的归档管理,防范法律风险。集团公司各相关部门及各二级公司的合同管理职能部门,应加强对合同签约人资格证明资料的收集归档工作;在没有第三方公证情况下,还应取得对方合同单位收到我方法人证明资料(或授权委托人证明资料)的收取证明一并归档保存,以防范法律风险。

(5) 中标文件相关条款约定事项与合同条款应统一。订立经招标确定的项目合同,应充分体现中标文件承诺条款内容,确保合同内容符合招标条件,保障合同履约结果与中标约定一致,避免合同纠纷,防范相关风险。

(6) 建议集团公司××管理部建立招投标项目台账,登记关联合同的订立单位和合同号等事项;临时归档的招投标文件资料的存放地点应符合档案管理要求,做到全面完整、排放有序、查找方便、场所安全。

(7) 集团对外投资项目的决策流程应严格按《投资管理暂行规定》执行。下属公司对于对外投资项目的立项、评估论证和决策审批等环节程序,以及应制定的程序文件、纪要、记录、与会人员签名等相关事项应全面完整,减少决策遗漏和盲点;对于上述程序文件等记录,应按规范的程序文件目录收集整理、编排归档,确保完整无缺。

(8) 建议下属公司关注采用主合同加补充协议(实际是分项合同)做法的风险;对补充协议增加金额达到向工程造价管理机构备案的合同应及早备案,保证工程决算工作顺利完成。对采用主合同加补充协议施工标段的项目付款要加强审核,防止重复支付合同进度款,同时应防止重复性合同遭非法利用造成资产流失。

(9) 建议各公司加强合同保管业务部门与具体合同统计人员的沟通,具体合同统计人员日常应加强公章使用登记表中资料的核对与检查,确保公章有效管理。

(10) 合约签订的前提是公正、平等、互惠。建议各公司涉外采购合同应充分体现平等的合作关系,尽量保护公司的权益。

(11) 合同签约时间是合同的要素之一,是合同有效的条件。建议合同管理职能部门和签署人高度重视,完善签约时间要素,确保合同的合法时点和生效时长。

(七) 案例启示

重大经济合同管理专项审计,不完全是一般的流程专项审计,虽然包含了合同制定、履行、变更等流程的审计,更注重合同订立过程的机制是否完善、合同的内容是否经过严格的审核、订立的条款是否符合有关法律的规定,合同的关键措词是否准确等,稍有不当极有可能给集团带来法律风险和重大经济损失,在风险管控中属高风险领域。审计小组本着谨慎严谨的工作态度,审计前做了较为细致的准备工作,开展多次审计内容和审计要点的讨论,制订了统一详细的审计内容测试稿;在了解重大合同所在公司比例和重点合同所在部门后制定了审计范围和具体抽查审计单位。

审计结果表明,该公司合同管理基本是规范的,相关管理制度也比较健全,主要问题是部分管理要求在执行上有偏差、部分合同在具体执行上也有所偏差、部分公司的相关管理人员缺少法律意识、部分合同受外来客观因素影响履约受阻、部分合同受国际市场影响合同条款不平等。上述具体问题审计小组在取得确凿证据后给出审计结论。事关集团经营风险,审计报告受到集团领导高度重视,批示存在问题的相关单位及时整改、按时完善。目前集团《合同管理办法》已经完善发布执行,涉及各职能部门和各经营单位的审计问题,除个别问题因客观原因有待完善外,其他审计问题都得到有效整改落实。本次专项审计为该公司进一步做好合同规范化管理,降低经营风险和法律风险发挥了一定的作用。

五、印章管理规定

印章是代表机关、组织或个人权力的标志,由专人负责管理和使用,非经领导批准,不得委任他人代管和代盖印章。

(一) 国家政策规定

2020年上半年,电子签章凭借安全、便捷、无纸化的签署优势,在远程办公、协作中发挥了重大作用。国家各部委、各级地方政府高度关注和积极地推广,让电子印章具备了充分的法律保障,电子印章持续从政府、国企单位渗透到各个行业的企事业单位,成为组织业务文件签署的必备工具。

(二) 印章种类及用途

印章一般分为五类：行政公章、印鉴章、部门章、业务章以及其他印章等。

常用印章主要有：

1. 行政公章

单位效力最大的一枚章,是法人权利的象征。除法律有特殊规定外(如发票的盖章),均可以公章代表法人意志,对外签订合同及其他法律文件。

使用范围：凡是以单位名义发出的信函、公文、合同、介绍信、证明或其他公司材料均可使用公章。

保管者：一般来说,公章的掌管者应该是单位创业者或其最信任的人,例如：董事长或总经理。

2. 财务专用章

用于单位票据的出具,支票等在出具时需要加盖,通常称为银行大印鉴(属于印鉴章,类似还有法定代表人印鉴章、财务负责人印鉴章)。

使用范围：通常与银行打交道的时候会用到,比如银行的各种凭据、汇款单、支票的用印。另外,也会用于财务往来的结算等。

保管者：一般由企业的财务人员管理,可以是财务主管或出纳等。

3. 合同专用章

顾名思义,通常在单位签订合同时需要加盖(属于业务章)。

使用范围：单位对外签订合同时使用,可以在签约的范围内代表单位,在合同上加盖合同专用章,单位需承受由此导致的权利义务。

一般来说,创业初期可以直接用公章盖合同,减少一支公章可以减少风险(比如遗失、公章私用等)。

保管者：可以是单位法务人员、合作律师或行政部门等。

4. 法定代表人章

用于特定的用途,单位出具票据时也要加盖此印章,通常称为银行小印鉴。

使用范围：法人章主要用于单位有关决议,以及银行有关事务办理的时候用。印章印模里含有其公司单位名称、发票专用章字样、税务登记号。通常用在注册公司、企业基本户开户、支票背书的用印。

保管者：一般是法人自己,也有让单位财务部门出纳人员管理的情况。

5. 发票专用章

企业、单位和个体工商户在购买和开发票时,需要加盖发票章。印章印模里含有其公司单位名称、发票专用章字样、税务登记号。

根据《发票管理办法实施细则》的规定,通常需要在发票联和抵扣联加盖发票专用章。

注：盖在发票上,或盖在发票领用簿才有效。

保管者：一般由财务部门的发票管理员保管。

在上述五种印章中，行政公章、财务专用章、合同专用章需要在工商登记部门备案。

(三) 印章的刻制规定

通常来说，单位需要拿着税务登记证副本、营业执照副本、法人身份证、公章先到公安局登记备案，公安局开出证明后，再到指定的地点刻章，一般需携带以上材料的原件及复印件。

《国务院关于国家行政机关和企业事业单位社会团体印章管理的规定》对单位印章的管理提出了具体的要求：

(1) 圆形。

(2) 直径不得大于4.5厘米，中央刊五角星，五角星外刊单位名称，自左而右环行。

(3) 所刊名称，应为法定名称。如名称字数过多不易刻制，可以采用规范化简称。

(4) 印章所刊汉字，应当使用国务院公布的简化字，字体为宋体。

(5) 其他专用印章(包括经济合同章、财务专用章等)，在名称、式样上应与单位正式印章有所区别，经本单位领导批准后可以刻制。

(6) 应到当地公安机关指定的刻章单位刻制。

(四) 印章的保管与使用

1. 领取印章

印章管理部门统一负责印章的刻制以及必要的备案，印章刻制完成后，申请印章的部门应当落实印章保管人，印章保管人应当完整填写"印章保管人登记表"，签署"印章使用、保管责任书"，领取印章，妥善保管，印章管理部门将"印章保管人登记表"以及"印章使用、保管责任书"整理存档。

"印章保管人登记表"中须填写的内容主要为：①保管人姓名。②所在部门。③用印用途。④领用时间等。最后需要加盖领取印章。

"印章使用、保管责任书"须明确印章保管人的权利与义务，列明更为具体的操作规范或者行为准则，但不应该与单位颁布的印章管理办法相冲突。"印章使用、保管责任书"的主要内容为：①明确印章使用范围。②所保管印章使用流程。③保管和使用规范。④违规使用之责任承担等。

2. 保管措施

各类印章应当实行专人保管，严格执行"随用随盖、人在章在、人离章收"的操作要求。保管印章的地方要装配牢固的锁，印章最好放入保险柜存管，并时刻处于监控范围内。

印章保管人必须严格按照印章管理办法以及"印章使用、保管责任书"保管和使用印章，每次用印后均应当填写"用印台账"。

"用印台账"主要登记事项为：①用印日期。②用印部门。③用印经办人。④所用印章。⑤用印事由等。

3. 保管交接

印章不得随意交给他人代管，如需要交由他人保管，无论是临时短期的，还是长期的，都应填写"印章交接/回收登记表"，将印章交由按照单位流程重新指定的人员，最后需要将"印章交接/回收登记表"交印章管理部门存档。

"印章交接/回收登记表"主要填写的信息是：①原使用部门、原保管人。②现使用部门、现保管人。③交接原因。④最后应当加盖交接印章以确认交接时印章的状态、磨损情况以及是否为替换印章。

4. 定期检查

印章较多且分布分散时，单位应当定期安排两名以上人员前往保管现场排查用印风险，排查内容包括但不限于：①印章是否保管妥当，保存环境是否符合"安全、固定、带锁"等要求。②"用印申请单""用印台账""印章交接/回收登记表"填写是否合规、完整，是否存在后补迹象（例如，"用印登记表"中多项不相关记录字迹相似、笔迹颜色相同）。③应当存留的用印文件是否保存完好。④是否存在未经许可私自刻制的印章。⑤是否存在应当停用甚至应当销毁的印章等。

5. 印章被盗、抢或丢失的补救

如果单位印章被盗（抢），则因该印章的使用而发生的纠纷，单位不承担责任。

因为公章在公安机关有备案，所以丢失后第一步应该由法人代表带身份证原件及复印件、工商营业执照副本原件及复印件到丢失地点所属派出所报案，领取报案证明。

接着要让公众知晓丢失的公章已经作废，所以公章丢失后的第二个步骤就是持报案证明原件及复印件、工商营业执照副本原件及复印件在市级以上每日公开发行的报纸上做登报声明，声明公章作废。报纸会在第二天刊登。在哪个报纸刊登声明可询问当地工商局，各地规定不同。需要提醒大家注意的是，大部分报社都会要求单位领导到场签署同意登报声明才许可予以登报，这也为许多单位的公章遗失补办设置了一定障碍。

第三个步骤是持以下文件到公安局治安科办理新刻印章备案：①营业执照副本复印件、法定代表人身份证复印件2份，单位出具的刻章证明、法人委托授权书、班子成员身份证复印件各一份，派出所报案回执及登报声明的复印件。

第四个步骤，办理好新刻印章登记后就可以在公安局治安科的指导下新刻印章了，新刻的印章需要与之前丢失的印章有所不同。

最后一步就是持以上材料到印章店刻一个新的印章。

6. 印章的使用

1) 用印范围

用印混乱体现在没有明确的用印范围，没有清晰界定印章的权限等。应对这种用印混乱，一方面可以清楚划分印章使用界限，另一方面可以在各部门职责范围内更高效地处理用印事宜，提高工作效率。

2) 用印申请表

申请用印应当填写"用印申请单"，用印申请提出人应当是职能部门等，不得是个人，经办人为该职能部门员工,不得是部门外部人员。

所需用印申请应当经过有权限的主管人员签字同意后,经办人方可持"用印申请单"与相对应的用印材料向用印保管人申请用印。

"用印申请表"应当清楚记载:①申请部门或单位用印印章名称。②用印文件名称及份数。③经办人姓名。④审批人姓名。⑤批准人审批意见。⑥申请用印日期。经办人、批准人须在登记栏或审批意见栏内亲笔签名。

3) 申请文件核对

印章保管人应当仔细核对申请用印文件与"用印申请单"所列清单在名称、数量上是否保持一致,文件的内容与文件名称是否存在明显不对应的情况,并避免盖印文件中夹带其他材料或空白纸张。

4) "快速用印清单"

为了平衡业务效率和法律风险,单位可以将某些用印申请列入"快速用印清单"。例如,业务部门申请营业执照复印件加盖公司公章、法务部门申请诉讼材料加盖公司公章等。对于那些对风险影响较小但对时效要求较高的用印行为,可以将其列为快速用印,即不需要通过审批而直接盖印。

"用印登记表"应当清楚记载:①申请用印部门。②经办人姓名。③用印印章名称。④用印材料名称。⑤用印数量。⑥经办人签字等。印章保管人应核实该用印事项是否符合快速用印条件和要求,"用印登记表"是否真实、完整、清晰填写,并仔细核对"用印登记表"内容与实际用印情况是否一致。

5) 用印盖章

印章保管人盖章时,应当确认所盖印章与所申请印章是否一致(尤其是印章保管人同时保管多枚印章时)。盖章时,印章保管人须加盖印章在用印文件之单位名称上,覆盖单位名称,不得在空白处盖章。印章保管人在面对多页文件盖章时,须加盖骑缝章,且确保每一页都盖有印痕。

印章保管人应当明确了解印章使用范围和要求,并拒绝超越用印范围和权限的用印要求。

出现下列情形的,不得用印:①未经审批、审批手续不全或超越审批权限的。②"用印申请单"填写错误或填写信息不全的。③用印材料和"用印申请单"内容不符的。④用印材料存在多处或关键字涂改及字迹不清的。⑤用印材料落款名称与印章名称不符的。⑥用印材料的内容与实际情况不符或需要进行核实的。⑦涂改、复印"用印申请单"或批准人签名的。⑧用铅笔书写用印材料或填写"用印申请单"的。⑨在空白介绍信、空白证件、空白授权书或其他空白材料上盖章的。⑩在未注明用途的单位负责人证照、证件复印件上盖章的。⑪在非本企业员工的劳动关系证明、社保关系证明、工资支付证明、工伤鉴定申请等材料上盖章的。⑫未经特别授权,用于订立经济合同、担保、承诺或确认结算单、对账单等其他与经济有关的事项。

7. 用印不合规表现

1) 印章使用范围模糊

在印章使用范围模糊的情况下,如发生纠纷,印章单位主张该印章无权用于所盖合同的难度增加。

2）文件用印夹杂其他资料

印章保管人未仔细核对所需盖章的文件,容易给经办人夹杂其他文件进而浑水摸鱼提供机会。

(五) 公章和其他印章区别

1. 法律规定

法律对某些情况下该用何种印章有强制性规定。如《中华人民共和国发票管理办法》明确发票只能加盖发票专用章。

2. 不同印章的法律效力

印章没有严格意义上法律效力大小高低的区别,只要是符合法律规定的盖章要求并且意思表示真实,印章均为有效。但是,印章的使用范围大小不同,导致人们以为印章有效力大小之分。

公章在所有印章中具有最广的使用范围,是法人权利的象征,在现行的立法和司法实践中,审查是否盖有法人公章成为判断民事活动是否成立和生效的重要标准。除法律有特殊规定外(如发票的盖章),均可以公章代表法人意志,对外签订合同及其他法律文件,具有极高的法律效力,凡是以单位名义发出的信函、公文、合同、介绍信、证明或其他材料均可使用公章。

3. 公章可以代替合同专用章

在合同、协议的签订中,公章和合同专用章具有同等法律效力。《最高人民法院关于在审理经济纠纷案件中涉及经济犯罪嫌疑若干问题的规定》第四条将公章与合同专用章并列使用,也足以说明公章与合同专用章在合同签订方面的效力是一样的。

4. 公章与法定代表人章替代规定

公章能否替代法定代表人章,视具体情况而定,如委托授权书上应有法定代表人签字或盖章,此时仅有公章是不能代替法定代表人的章的。

5. 电子印章

自《电子签名法》实施后,电子印章(签名)具有了合法地位。所谓电子印章(签名)并不是实体印章的图像化,而是数据电文中以电子形式所含、所附用于识别签名人身份并表明签名人认可其中内容的数据。通俗点说,电子印章(签名)就是一个能够识别出具体盖章人(签名人)的电子数据密钥。

除了法律法规规定不适用电子文书的情况,都可以约定使用电子印章。

电子印章不适用于以下情形:

(1) 涉及婚姻、收养、继承等人身关系的。

(2) 涉及土地、房屋等不动产权益转让的。

(3) 涉及停止供水、供热、供气、供电等公用事业服务的。

(4) 法律、行政法规规定的不适用电子文书的其他情形。

6. 合同盖章与合同有效性

合同上没有加盖合法有效的公章但有法定代表人签字,合同依然有效,除非约定合同生效需签字并盖章。

《合同法》第三十二条规定:"当事人采用合同书形式订立合同的,自双方当事人签字或者盖章时合同成立。"因为法定代表人以单位名义从事民事活动时代表单位,因此仅有法定代表人签字也能使合同成立生效。

同理,虽然没有加盖公章,但如果在合同上签字的人得到了单位相应的授权,那么合同也是有效的。

如果合同所盖印章并非合同专用章,而是采购专用章、项目部专用章、财务专用章、公章等印章,除非有证据证明相反事实,否则一般认定为有效。

即使合同上加盖的印章并非合同专用章,不符合签订合同的一般原则和规定,但这是该单位自身管理方面存在的漏洞,如果该单位不能提交相应的证据,证明合同所涉印章与单位无关或为他人私盖,即应认定单位承认合同的效力。

另一方面,《公司法》第三十七条规定:"采用合同书形式订立合同,在签字或者盖章之前,当事人一方已经履行主要义务,对方接受的,该合同成立。"因此,如果对方已按合同履行主要义务而该单位接受的,则合同无须签字、盖章也已经成立生效。

《民法典》法条链接:第四百九十条规定:当事人采用合同书形式订立合同的,自当事人均签名、盖章或者按指印时合同成立。在签名、盖章或者按指印之前,当事人一方已经履行主要义务,对方接受时,该合同成立;法律、行政法规规定或者当事人约定合同应当采用书面形式订立,当事人未采用书面形式但是一方已经履行主要义务,对方接受时,该合同成立。

(六) 印章管理规定

1. 公章外借后果

公章外借他人使用,他人私下签订的担保合同是有效的。单位作为独立的法人,印章是其对外进行活动的有形代表和法律凭证,单位负责人或其他管理人员经过单位授权后只是印章暂时的持有者和保管者,其行使单位印章所产生的权利义务,应由单位承担责任,而不应由持有者或保管者承担。单位自愿将印章外借他人使用,应视为单位授权他人使用单位印章,该印章所产生的权利义务关系应由该单位承担。因此,公章外借他人使用并私下签订的担保合同有效,单位需要承担担保责任。

2. 单位规章制度可以约定印章的使用规则

单位规章制度可以约定印章的使用规则,但由于规章制度仅对内有约束力,如果相对人是善意的,即使印章的使用违反制度,合同也有效。但是,违反规章制度使用公章损害单位利益的人需要对单位承担赔偿责任。

3. 单位更改名称后已使用新印章,盖有原印章的合同仍有效力

单位名称的变更并不影响变更后的单位承担原单位的债务,盖有原单位印章的文件对变更后的单位依然具有法律效力,因此原单位名称印章应当妥善保管,可以明确保管人,必要时可以对该印章进行销毁并登记备案,以降低法律风险。

4. 印章停用与回收

发生以下情形时,印章应当停用:

(1) 有关单位、部门或机构被撤销。

(2) 有关单位、部门或机构名称发生变更。

(3) 印章发生损坏。

(4) 印章遗失或失窃,声明作废。

5. 回收后的印章处置

回收的印章应当由单位专门人员进行保管。印章可由单位自行销毁的,该印章被保管两年之后,经确认不再使用,根据印章的性质和用途,保管人员报请负责人员同意后,予以销毁。

销毁须制作"销毁报告","销毁报告"上应记载:

(1) 印章名称。

(2) 销毁人。

(3) 见证人。

(4) 批准人。

(5) 销毁时间等。

印章销毁完毕后,保管人员编制"印章销毁清单",将其与"销毁报告"一同备存于单位档案室。

六、印章管理实务

(一) 印章真伪识别技巧

1. 看字体

根据前述规定,印章必须要用宋体字,如果对方加盖的印章并非宋体字,应该就是假冒的印章了。

2. 看颜色

由于质材和力度差异,真正加盖公章的颜色往往不均匀,而电脑制作的印章则颜色一致,而且也更加鲜明。

3. 看形状

看形状包括看字的形状和周围圆圈的形状。

首先,无论是圆形还是椭圆形的印章,虽然字都不是横平竖直的,但是每个字单独看都是规规矩矩的长方形,不可能扭曲,或者上面胖下面瘦看起来呈梯形。

其次,看印章周围圆圈的形状,这个圆圈是有一定宽度的,并且仔细看边缘(包括印章上字的边缘),不可能非常平滑,经常有一些小缺口、小棱角或者小空白,这也是由沾油墨和盖印的过程中油墨的密度和盖印的力度不一致造成的。电脑直接制作的印章就没有这些问题,完美得只能用假来形容了。

4. 看角度

虽然绝大多数人盖章的时候都希望把章盖得很正,但是总会出现一点点偏差,特别是圆形的印章更不好把握。但是电脑制作印章时默认情况下肯定 100% 是正的。

5. 看位置

看公章是盖在协议的空白处，还是盖在文字上。一般而言，真印章都盖在单位名称上，而制作粗劣的假印章都喜欢盖在空白处，因为假印章是用电脑制作的，如果盖在文字上就会挡住后面的文字。但是制作水平高一些的假印章为了看起来更真，也会盖在文字上，这个时候你需要仔细看一下，印章上的字和纸上印刷的字重合的地方，如果是真印章即使重合了，后面的文字还是可以透过油墨显示出来；而电脑制作的假印章，就会完全挡住下面的文字。

（二）印章管理常见问题

（1）印章刻制的业务流程不清晰，没有审批程序，只要业务需要，领导或部门就可随便刻制印章，刻制后没有下发正式启用文件，没有明确印章使用范围和使用时间。

（2）印章刻制不在公安部门指定的单位进行，不在公安机关备案，随便找一家单位刻制公章，刻完就用，为以后发生印章使用风险埋下了隐患。

（3）个别单位没有印章管理方面的规章制度，使用印章未经过严格审批。印章管理人员对使用印章材料不严格审查，更有甚者在空白介绍信或空白纸张上用印。印章保管者让印章离开自己的视线或因自己没时间让他人代为盖章，在没有监管人的情况下允许他人携带印章外出。

（4）个别单位没有统一的印章使用台账。采用一页纸请示的方式，请示完成后，领导审批用印的签批单由经理办公室保存，时间长了很容易丢失，无法追溯。个别单位虽有统一的用印台账，但对领导在材料上签字直接上报的文件没有登记用印事项和用印人，以后涉及此类文件的问题同样无法追溯，形成法律风险。

（5）个别单位印章保管制度不健全，未设专人保管，印章丢失或被盗后不及时报告，不及时报案，也不主动在报纸上发布公告声明作废，从而留下了潜在的用印风险。

（6）个别单位为追求收益，允许不具备资质的单位挂靠、施工，个别情况下甚至允许挂靠单位使用自己的印章，一旦挂靠单位出现问题，印章单位就要承担相应责任。

（7）个别单位印章被仿冒后，未采取正确的应对措施，放任风险发生，给单位带来了不可挽回的损失。

（8）个别单位在下属单位、部门、项目部被撤销和关闭后，没有及时收回和销毁这些单位的印章，造成印章的流失，形成了潜在的法律风险。

（三）印章安全保管措施

1. 建立日常保管制度

（1）印章采取分级保管的制度，各类印章由各岗位专人依职权需要领取并保管。

（2）印章必须由专门保管人妥善保管，不得擅自委托他人保管并在其岗位职责中予以明确。

（3）公章应妥善保管，注意安全，防止损毁、遗失和被盗。

2. 明确保管人责任

（1）印章保管人必须妥善保管印章，不得遗失。如遗失，必须及时向单位办公室报告。

(2) 必须严格依照单位印章使用规定使用印章,未经规定的程序,不得擅自使用。

(3) 在使用中,保管人对文件和印章使用单位签署情况予以审核,同意的用印,否决的退回。

(4) 检查印章使用是否与所盖章的文件内容相符,如不符则不予盖章。

(5) 在印章使用中违反规定,给单位造成损失的,由单位对违规违纪者予以处分,造成严重损失或情节严重的,移送有关机关处理。

(四) 公章需要专人管理

专人管理即由单位安排专属的部门或者专职人员管理公章的使用、加印以及登记,该类事项可以通过制定相应的单位内部制度加以完善。

公章一般由法定代表人掌控,从风险防控上由于单位利益与法人代表利益原则上的一致性,所以公章对外加印,法定代表人会比较慎重。

公章由专人管理便于公章使用不当时单位内部责任的追查,同时专管公章的人建议仅限于行政职能部门或者行政人员,避免公章管理人员与具有对外负责销售或者采购的人员身份相同,因为后者对外从事商务活动容易使权利的行使不透明,难以监控其用章的正当性或合理性。

(五) 印章正确管理措施

(1) 企业要建立岗位法律风险防控体系,印章管理岗位人员要签订法律风险岗位承诺书,明确印章管理岗位的法律风险防控职责;同时,要加强对印章管理岗位人员法律风险防范的教育,使其认识到印章对单位管理的重要意义,不断提高印章管理的技能和法律风险防范意识。

(2) 单位要制定印章管理规定,指定印章归口管理部门,明确单位各部门印章管理职责,明晰印章刻制、使用的业务流程,做到有规可依、有章可循。

(3) 新注册设立的单位在领取营业执照后,应直接到行政服务中心公安机关刻制印章并备案。单位临时刻制印章,必须由印章管理部门统一提出,经过法律部门、专业部门审查,报单位主要领导审批。经批准后,由印章管理部门统一在公安机关指定的单位刻制并备案。印章管理部门在印章交付使用前,应下发印章启用文件,未经启用的印章不能使用。

(4) 单位应当建立统一的印章使用台账,制定印章使用申请表。

申请使用印章的单位必须按印章管理规定履行审批程序,经过有权部门和单位领导批准。经单位领导批准后,印章使用单位应填写统一的用印登记表,单位文书人员对用印文件要认真审查,审核与申请用印内容、用印次数是否一致,然后才能在相关文件上用印。

用印时必须由印章保管人员亲自用印,不能让他人代为用印,同时不能让印章离开印章保管人员的视线。

(5) 印章保管人员必须加强对印章的保管,未经单位主要领导批准,不允许将印章携带外出,特殊情况下需携带外出时,必须指定监印人随同。

印章遗失必须在第一时间向公安机关报案,并取得报案证明,同时在当地或项目所在地报纸上刊登遗失声明。

（6）禁止在空白介绍信、空白纸张、空白单据等空白文件上盖公章。

如遇特殊情况，必须经单位负责人同意，而且公章使用人应在《公章使用登记表》上写明文件份数，在文件内容实施后，应再次进行核准登记。

公章使用人因故不再使用预先盖章的空白文件、资料时，应将文件、资料退回行政部门（或办公室），办理登记手续。在使用预先盖章的空白文件、资料过程中，公章使用人应承担相应的工作责任。

（7）单位必须定期检查印章使用情况。

单位印章管理部门应按照印章管理规定组织法律、监察等部门对所属单位印章使用情况进行检查，发现问题及时采取相应措施。

（8）单位应加强对其他印章的使用管理，限定其用途和使用审批程序，严格按单位行政公章的使用程序要求其他印章保管和使用单位。

其他印章要严格限定使用范围，不能用于对外签订合同，不能在对外承诺、证明等材料上使用，必要时要将使用权限通知利益相关方。

单位内部的部门（如财务部、法务部）要指定印章用印和保管人，建立使用台账，绝不允许外单位使用本单位印章。

（9）单位所属部门发生变更或被撤销后，印章统一管理部门必须收缴部门印章及用印记录；所属下属单位注销，并在工商注销手续完成后，单位必须收缴下属单位包括行政印章、合同专用章、财务专用章、负责人名章等在内的全部印章及用印记录；单位印章管理部门会同法律部门将收缴的印章统一销毁，用印记录由印章管理部门按档案管理规定存档。

（10）在遇到仿冒本单位印章的情况时，单位印章管理部门要及时将有关情况通报法律管理部门，由法律管理部门按法律规定解决。基本做法如下：

首先，及时向公安机关报案，追究仿冒人的法律责任；

其次，在相关报纸上发布澄清声明，及时知会潜在客户；

最后，及时通知仿冒合同的相对人，陈述相关事实，解除相关合同，如果相对人不予配合，要及时向当地法院申请，通过法律途径认定合同无效，解除相关合同。

第八节　工程项目审计

一、工程项目审计概述

（一）工程项目审计的定义

工程项目审计是"基本建设工程项目审计"的简称。工程项目审计指组织内部审计机构和人员对建设项目实施全过程的真实、合法、效益性所进行的独立监督和评价活动。

(二) 工程项目审计的内容和方法

在开展建设项目内部审计时,各企业可根据企业实际要求,参照中国内部审计协会颁布的《第3201号内部审计实务指南——建设项目审计》的规定,结合本组织内部审计资源和实际情况,考虑成本效益原则,确定建设项目审计的方式,既可以进行项目全过程的审计,也可以进行项目部分环节的专项审计。工程项目内部审计的目的是促进工程项目实现"质量、速度、效益"三项目标。其中,质量目标是指工程实体质量和工作质量达到要求,速度目标是指工程进度和工作效率达到要求,效益目标是指工程成本及项目效益达到要求。

1. 审计重点

针对企业的业务状况,主要对招投标、合同管理、工程管理、工程造价、竣工验收等内容进行审计,大中型建设工程项目也可以委托具有相应资质的中介机构进行审计。

2. 主要方法

审计实施过程中,应围绕提高监督实效,根据项目的具体情况综合运用各种审计手段。主要包括:①限时告知。②召开例会。③应邀参会。④现场检查。⑤资料审查。⑥数据核查账务核查。⑦账务核查。⑧资金审查。⑨驻场办公。⑩其他手段。

(三) 工程项目审计所需资料

(1) 项目批文。

(2) 招投标资料。

(3) 建设项目咨询、设计、监理、施工、安装等相关单位的资质文件、专业人员资质证书等。

(4) 经济合同。

(5) 验收月报(计量报告)及竣工验收资料等。

(6) 竣工图。

(7) 工程结算资料。

(8) "基本建设项目概况表""竣工财务决算表""交付使用财产总表""交付使用资产明细表""竣工财务决算说明书"等。

(9) 项目财务收支账册、凭证、报表及交付使用财产、项目结余物资清单、未完工程项目资料等。

二、开工前招投标审计

工程项目招投标审计是对工程新建项目的招投标流程、管理工作、合同文件等方面进行的审查监督,是工程工程项目全过程审计的重要内容。根据项目招投标的环节,相关审计工作主要从招投标条件、招投标范围、招标方式、招标代理机构、开标工作、评标工作、定标工作以及工程合同等方面展开。

(一) 招投标审计的定义

招投标审计是指对工程项目的勘察设计、施工等各方面的招标和工程承发包的质量及绩效进行的审查和评价。

(二) 招投标审计的目标

审查和评价招投标环节的内部控制及风险管理的适当性、合法性和有效性。审查和评价招投标资料依据的充分性和可靠性。审查和评价招投标程序及其结果的真实性、合法性和公正性,以及工程发包的合法性和有效性等。

(三) 招投标审计的内容

招标审计主要审查符合公开招投标要求的项目是否组织了公开招投标,招投标程序是否合规。审查有无肢解项目规避公开招投标的情况。审查邀请招标或单一来源采购程序是否合规,是否经主管部门批准和备案。审查招投标文件是否按照规定编制等。具体来说:

1. 招投标前准备工作的审计

(1) 检查是否建立、健全招投标的内部控制,看其执行是否有效。

(2) 检查招标项目是否具备相关法规和制度中规定的必要条件。

(3) 检查是否存在人为肢解工程项目、规避招投标等违规操作风险。

(4) 检查招投标的程序和方式是否符合有关法规和制度的规定,采用邀请招投标方式时,是否有三个以上投标人参加投标。

(5) 检查标段的划分是否适当,是否符合专业要求和施工界面衔接需要,是否存在标段划分过细,增加工程成本和管理成本的问题。

(6) 检查是否公开发布招标公告、招标公告中的信息是否全面、准确。

(7) 检查是否存在因有意违反招投标程序的时间规定而导致的串标风险。

2. 资格预审文件、招标文件及标底(或招标控制价)的审计

(1) 检查招标文件的内容是否合法、合规,是否全面、准确地表述招标项目的实际状况。

(2) 检查招标文件是否全面、准确地表述招标人的实质性要求。

(3) 检查采取工程量清单报价方式招标时,其标底是否按"建设工程工程量清单计价规范"的规定填制。

(4) 检查施工现场的实际状况是否符合招标文件的规定。

(5) 检查投标保函的额度和送达时间是否符合招标文件的规定。

(6) 检查投标文件的送达时间是否符合招标文件的规定,法人代表签章是否齐全,有无存在将废标作为有效标的问题。

3. 开标、评标、定标的审计

(1) 检查是否建立、健全违规行为处罚制度,是否按制度对违规行为进行处罚。

(2) 检查开标的程序是否符合相关法规的规定。

(3) 检查评标标准是否公正,是否存在对某一投标人有利而对其他投标人不利的条款。

(4) 检查是否对投标策略进行评估,是否考虑投标人在类似项目及其他项目上的投标报价水平。

(5) 检查各投标人的投标文件,对低于标底的报价的合理性进行评价。

(6) 检查中标人承诺采用的新材料、新技术、新工艺是否先进,是否有利于保证质量、加快速度和降低投资水平。

(7) 检查对于投标价低于标底的标书是否进行答辩和澄清,以及答辩和澄清的内容是否真实、合理。

(8) 检查定标的程序及结果是否符合规定。

(9) 检查中标价是否异常接近标底,是否有可能发生泄漏标底的情况。

(10) 检查与中标人签订的合同是否有悖于招标文件的实质性内容。

(四) 招投标审计所依据的主要资料

(1) 招标管理制度。

(2) 招标文件。

(3) 招标答疑文件。

(4) 标底文件。

(5) 投标保函。

(6) 投标人资质证明文件。

(7) 投标文件。

(8) 投标澄清文件。

(9) 开标记录。

(10) 开标鉴证文件。

(11) 评标记录。

(12) 定标记录。

(13) 中标通知书。

(14) 专项合同等。

三、在建项目过程审计

在建项目过程审计是在项目开工后至竣工决算前的施工建设阶段,审计人员对尚未交付使用的固定资产建筑工程和安装工程进行的审查、监督活动。在建项目过程审计主要包括建设工程的财务审计、设备和材料采购审计、工程管理审计以及工程造价审计。

(一) 财务审计

基本建设工程项目财务审计是指审计人员依据相关政策、法律法规和技术标准,运用审计技术对建设项目财务核算全过程进行的审查、监督。财务审计在基本建设工程项目中的工作包括资金来源审计、收入审计、支出审计、资产交付及往来情况审计。

1. 资金来源审计

关于资金来源的审查,具体到财务审计方面,审计人员首先应取得与资金来源审计有关的资料,包括汇总资金平衡表、资金来源明细表、项目资本金政策、政府拨款文件、年度投资计划、各种借款合同,反映资金来源的账簿及原始凭证等,在实施审计时重点关注以下方面:

(1) 资金的拨付是否及时到位。
(2) 有无转移、侵占和挪用建设资金的问题。
(3) 各项建设资金来源中形成的建设资金是否完整地进行记录。
(4) 与建设资金来源有关的会计核算是否正确。
(5) 所有资金来源是否在正确的会计期间记录。
(6) 是否存在虚报项目、骗取财政资金的现象。
(7) 各项资金来源是否进行了正确分类,并在会计报表中予以充分披露。

2. 收入审计

基本建设工程项目收入是指建设单位在基本建设过程中所取得的各项工程建设副产品的收入、试运行收入以及其他收入,比如油田钻井建设中的原油收入、电站建设中移交生产前的电费收入、铁路监管期间的运营净收入、为检验设备安装质量进行负荷联合试车的销售收入等。为了发挥建设单位利用这项资源的积极性,国家规定基本建设工程项目收入一部分上缴财政,一部分留给建设单位及其主管部门。

审计人员在审查基本建设工程项目收入时,需要关注以下方面。

1) 合法性

审查基本建设工程项目的相关收入是否符合财务制度规定的基本建设工程项目收入范围;建设单位所取得的收入是否符合国家有关法律、法规规定,并按规定缴纳有关税费,留成收入的分配使用是否符合国家财务制度规定。

2) 真实性

审查基本建设工程项目收入是否真实发生,与收入有关的成本费用是否真实发生,是否存在虚增收入、少计成本费用的问题。

3) 完整性

审查基本建设工程项目取得的收入是否全部入账,是否存在隐匿收入的行为。

4) 准确性

核对收入的原始凭证、记账凭证、明细账、总账以及报表,检查所反映的内容是否一致、数字是否正确、与收入有关的税费计算是否正确等。

3. 支出审计

支出主要包括建筑安装工程投资、设备投资、待摊投资和其他投资。

1) 建筑安装工程投资审计

建筑安装工程投资是指已经发生的构成基本建设实际支出的建筑工程和安装工程的实际支出,以及为项目配套而建造专用设施所发生的投资支出。审计人员应关注以下方面:

(1) "建筑安装工程投资"科目核算是否正确,投资额是否与合同规定支付的工程进度结算审批数额一致。

(2) 是否存在将预付备料款、预付工程款等未形成工程进度的支出计入投资完成额的情况。

(3) 施工单位编制的工程进度结算表(书)是否经工程项目经理、监理、财务部门以及建设单位负责人审核、签字。

(4) 同一机构管理的不同项目之间以及扩建、技改项目生产成本与建设成本之间是否存在费用混淆的情况。

(5) 是否存在将工期奖、质量奖、竣工奖等应从投资包干节余或投资后效益中支出的项目列入建筑安装工程投资额中。

(6) 采用招投标方式发包的工程，中标价与建筑安装工程投资额是否一致。

2) 设备投资审计

设备投资是指建设单位按照项目概算内容发生的各种设备的实际成本，包括需要安装的设备、不需要安装的设备和为生产准备的不够固定资产标准的工器具的实际成本。其中，需要安装的设备和工器具只有开始安装后，才能列支为设备投资完成额；不需要安装的设备和工器具经验收合格后可直接计入设备投资完成额。审计人员在审查设备投资时，要重点关注以下方面：

(1) 购入的设备、工器具是否在采购计划范围内，规模、型号、数量是否一致。

(2) 工程设备在采购过程中是否遵守结算规定，结算方式是否合规，有无不合法、不合理的预付定金和超标费用支出现象。

(3) 需要安装的设备、工器具是否在达到开始安装条件后计入设备投资完成额，不需要安装的设备、工器具是否经过验收并入库。

(4) 支出原始凭证是否真实、合法，原始凭证、记账凭证、总账及明细账反映的设备名称、型号、数量、金额等是否一致。

(5) 签字审批手续是否齐全。

3) 待摊投资审计

待摊投资是指建设单位发生的基本建设实际支出，按照规定应当分摊计入交付使用资产成本的各项费用支出，包括建设单位管理费、土地征用及迁移补偿费、勘察设计费、研究试验费、可行性研究费、设备检验费、负荷联合试车费、合同公证及工程质量监理费等。

对于能够确定应由某项交付使用资产负担的待摊投资，应直接计入该项交付使用资产成本；对于不能确定负担对象的待摊投资，则应采用科学、合理的方法分配计入受益的各项交付使用资产成本。待摊投资的分摊通常分为按概算数的比例分摊和按实际数的比例分摊两种方法。按概算数的比例分摊即按照设计概算中所列的建筑安装工程投资、需要安装设备投资和其他投资中应负担的待摊投资的部分以及应分摊的待摊投资计算出预定分配率进行分摊；按实际数的比例分摊即按照上期结转和本期发生的建筑安装工程投资、需要安装设备投资和其他投资中应负担待摊投资的部分以及应分摊的待摊投资计算出实际分配率进行分摊。

由于待摊投资相对于投资总额而言金额小，但种类多、范围广，核算方法较烦琐，舞弊风险较高，审计人员应当加强这部分支出的检查，重点关注以下方面：

(1) 建设单位待摊投资的费用内容列支是否正确,是否夹带了无关的费用支出项目。

(2) 建设单位管理费应是建设单位为进行建设项目筹建、建设、联合试运转、验收总结等工作所发生的管理性质的开支,只有经过批准单独设置管理机构的建设单位才能列支。

(3) 费用的支付是否经过严格的审批、签字,结算方式是否合规。各项费用支出的范围是否正确、合理,超过控制标准的,是否报经批准,有无擅自提高标准的现象。

4) 其他投资审计

其他投资是指建设单位发生的构成投资完成额并单独形成交付使用财产的各项其他投资支出,主要包括房屋购置、基本畜禽支出、林木支出、办公和生活用家具器具购置等。审计时重点关注以下方面:

(1) 各项购置费用是否在已批准概算的范围内。

(2) 各项购置费用支出的原始凭证是否真实、合法。

(3) 所购置的房屋是否为现成房屋,若是自行建设的房屋,则应计入建筑安装工程投资。

(4) 各项购置资产的种类和数量是否与设计文件规定相符。

4. 资产交付及往来情况审计

1) 资产交付使用审计

交付使用资产是指建设单位已完成购置、建造过程,并已交付或结转给生产、使用单位的资产,包括固定资产、为生产准备的不够固定资产标准的工器具、家具等流动资产、无形资产等。相关审计重点主要包括:

(1) 交付的固定资产是否真实存在,是否办理了验收手续。

(2) 已竣工的单项工程是否属于批准的设计文件规定的工程内容,是否超计划、超标准采购设备,是否擅自提高建筑标准。

(3) 完工固定资产是否及时组织移交,移交手续是否齐全。

(4) 交付使用资产的成本核算是否正确。

(5) 审核交付使用资产明细表与交付使用资产账户反映的内容是否一致。

2) 各项应收、应付账款审计

对于基本建设项目建设期间发生的往来款项,审计人员应重点审查以下方面:

(1) 往来单位是否真实存在。

(2) 各项应收、应付款项的发生是否真实、合理。

(3) 各项往来款的形成有无合法依据,若有供销合同,合同中的各项条款是否符合《合同法》的有关规定,违约责任是否明确。

(4) 预付工程款是否符合合同规定。

(5) 有无将基本建设资金挪作他用、擅自对外借款等问题。

(二) 设备和材料采购审计

1. 设备和材料采购审计的定义及目标

设备和材料采购审计是指对项目建设过程中设备和材料采购环节各项管理工作质量及绩效进行的审查和评价。设备和材料采购审计的目标主要包括:①审查和评价采购环节的内部控制及风险管理的适当性、合法性和有效性。②采购资料依据的充分性与可靠性。③采购环节各项经营管理活动的真实性、合法性和有效性等。

2. 设备和材料采购审计的内容

1) 设备和材料采购环节的审计

(1) 设备和材料采购计划的审计。即检查建设单位采购计划所订购的各种设备、材料是否符合已报经批准的设计文件和基本建设计划,检查所拟定的采购地点是否合理,检查采购程序是否规范,检查采购的批准权与采购权等不相容职务分离及相关内部控制是否健全、有效。

(2) 设备和材料采购合同的审计。即检查采购是否按照公平竞争、择优择廉的原则来确定供应方,检查设备和材料的规格、品种、质量、数量、单价、包装方式、结算方式、运输方式、交货地点、期限、总价和违约责任等条款规定是否齐全,检查对新型设备、新材料的采购是否进行实地考察、资质审查、价格合理性分析及专利权真实性审查,检查采购合同与财务结算、计划、设计、施工、工程造价等各个环节衔接部位的管理情况,是否存在因脱节而造成的资产流失问题。

(3) 设备和材料验收、入库、保管及维护制度的审计。即检查购进设备和材料是否按合同签订的质量进行验收,是否有健全的验收、入库和保管制度,检查验收记录的真实性、完整性和有效性;检查验收合格的设备和材料是否全部入库,有无少收、漏收、错收以及涂改凭证等问题;检查设备和材料的存放、保管工作是否规范,安全保卫工作是否得力,保管措施是否有效。

(4) 各项采购费用及会计核算的审计。即检查货款的支付是否按照合同的有关条款执行,检查代理采购中代理费用的计算和提取方法是否合理,检查有无任意提高采购费用和开支标准的问题,检查会计核算资料是否真实可靠,检查会计科目设置是否合规及其是否满足管理需要,检查采购成本计算是否准确、合理。

2) 设备和材料领用的审计

(1) 检查设备和材料领用的内部控制是否健全,领用手续是否完备。

(2) 检查设备和材料的质量、数量、规格型号是否正确,有无擅自挪用、以次充好等问题。

3) 其他相关业务的审计

(1) 设备和材料出售的审计。即检查建设项目剩余或不适用的设备和材料以及废料的销售情况。

(2) 盘盈盘亏的审计。即检查盘点制度及其执行情况、盈亏状况以及对盘点结果的处理措施。

3. 设备和材料采购审计所依据的主要资料

(1) 采购计划。

(2) 采购计划批准书。

(3) 采购招投标文件。

(4) 中标通知书。

(5) 专项合同书。

(6) 采购、收发和保管等的内部控制制度。

(7) 相关会计凭证和会计账簿等。

4. 设备和材料采购审计主要采用的方法

设备、材料采购审计主要采用审阅法、网上比价审计法、跟踪审计法、分析性复核法、现场观察法、实地清查法等方法。

(三) 工程管理审计

1. 工程管理审计的定义及目标

工程管理审计是指对建设项目实施过程中的工作进度、施工质量、工程监理和投资控制所进行的审查和评价。工程管理审计的目标主要包括：①审查和评价建设项目工程管理环节内部控制及风险管理的适当性、合法性和有效性。②工程管理资料依据的充分性和可靠性。③建设项目工程进度、质量和投资控制的真实性、合法性和有效性等。

2. 工程管理审计的内容

(1) 工程进度控制的审计。即检查施工许可证、建设及临时占用许可证的办理是否及时，是否影响工程按时开工；检查现场的原建筑物拆除、场地平整、文物保护、相邻建筑物保护、降水措施及道路疏通是否影响工程的正常开工；检查是否有对设计变更、材料和设备等因素影响施工进度采取控制措施；检查进度计划（网络计划）的制定、批准和执行情况，网络动态管理的批准是否及时、适当，网络计划是否能保证工程总进度；检查是否建立了进度拖延的原因分析和处理程序，对进度拖延的责任划分是否明确、合理（是否符合合同约定），处理措施是否适当；检查有无因不当管理造成的返工、窝工情况；检查对索赔的确认是否依据网络图排除了对非关键线路延迟时间的索赔。

(2) 工程质量控制的审计。即检查有无工程质量保证体系；检查是否组织设计交底和图纸会审工作，对会审所提出的问题是否严格进行落实；检查是否按规范组织了隐蔽工程的验收，对不合格项的处理是否适当；检查是否对进入现场的成品、半成品进行验收，对不合格品的控制是否有效，对不合格工程和工程质量事故的原因是否进行分析，其责任划分是否明确、适当，是否进行返工或加固修补。检查工程资料是否与工程同步，资料的管理是否规范；检查评定的优良品、合格品是否符合施工验收规范，有无不实情况；检查中标人的往来账目或通过核实现场施工人员的身份，分析、判断中标人是否存在转包、分包及再分包的行为；检查工程监理执行情况是否受项目法人委托对施工承包合同的执行、工程质量、进度费用等方面进行监督与管理，是否按照有关法律、法规、规章、技术规范设计文件的要求进行工程监理。

(3) 工程投资控制的审计。即检查是否建立健全设计变更管理程序、工程计量程序、资金计划及支付程序、索赔管理程序和合同管理程序，看其执行是否有效；检查支付预付备料款、进度款是否符合施工合同的规定，金额是否准确，手续是否齐全；检查设计变更对投资的影响；检查是否建立现场签证和隐蔽工程管理制度，看其执行是否有效。

3. 工程管理审计所依据的主要资料

(1) 施工图纸。

(2) 与工程相关的专项合同。

(3) 网络图。

(4) 业主指令。

(5) 设计变更通知单。

(6) 相关会议纪要等。

4. 工程管理审计主要采用的方法

工程管理审计主要采用关键线路跟踪审计法、技术经济分析法、质量鉴定法、现场核定法等方法。

(四) 工程造价审计

1. 工程造价审计的定义及目标

工程造价审计是指对建设项目全部成本的真实性、合法性进行的审查和评价。工程造价审计的目标主要包括：①检查工程价格结算与实际完成的投资额的真实性、合法性。②检查是否存在虚列工程、套取资金、弄虚作假、高估冒算的行为等。

2. 工程造价审计的内容

(1) 设计概算的审计。即检查工程造价管理部门向设计单位提供的计价依据的合规性；检查建设项目管理部门组织的初步设计及概算审查情况，包括概算文件、概算的项目与初步设计方案的一致性、项目总概算与单项工程综合概算的费用构成的正确性；检查概算编制依据的合法性等；检查概算具体内容。包括设计单位向工程造价管理部门提供的总概算表、综合概算表、单位工程概算表和有关初步设计图纸的完整性；组织概算会审的情况，重点检查总概算中各项综合指标和单项指标与同类工程技术经济指标对比是否合理。

(2) 施工图预算的审计。施工图预算审计主要检查施工图预算的量、价、费计算是否正确，计算依据是否合理。施工图预算审计包括直接费用审计、间接费用审计、计划利润和税金审计等内容；直接费用审计包括工程量计算、单价套用的正确性等方面的审查和评价(工程量计算审计是指采用工程量清单报价的，要检查其符合性。在设计变更、发生新增工程量时，应检查工程造价管理部门与工程管理部门的确认情况。单价套用审计是指检查是否套用规定的预算定额、有无高套和重套现象；检查定额换算的合法性和准确性；检查新技术、新材料、新工艺出现后的材料和设备价格的调整情况，检查市场价的采用情况)；其他直接费用审计包括检查预算定额、取费基数、费率计取是否正确；间接费用审计包括检查各项取费基数、取费标准的计取套用的正确性；计划利润和税金计取的合理性的审计。

(3) 合同价的审计。即检查合同价的合法性与合理性，包括固定总价合同的审计、可调和同价的审计、成本加酬金合同的审计。检查合同价的开口范围是否合适，若实际发生开口部分，应检查其真实性和计取的正确性。

(4) 工程量清单计价的审计。即检查实行清单计价工程的合规性;检查招标过程中,对招标人或其委托的中介机构编制的工程实体消耗和措施消耗的工程量清单的准确性、完整性;检查工程量清单计价是否符合国家清单计价规范要求的"四统一",即统一项目编码、统一项目名称、统一计量单位和统一工程量计算规则;检查由投标人编制的工程量清单报价目文件是否响应招标文件;检查标底的编制是否符合国家清单计价规范。

(5) 工程结算的审计。即检查与合同价不同的部分,其工程量、单价、取费标准是否与现场、施工图和合同相符;检查工程量清单项目中的清单费用与清单外费用是否合理;检查前期、中期、后期结算的方式是否能合理地控制工程造价。

3. 工程造价审计所依据的主要资料

(1) 经工程造价管理部门(或咨询部门)审核过的概算(含修正概算)和预算。

(2) 有关设计图纸和设备清单。

(3) 工程招投标文件。

(4) 合同文本。

(5) 工程价款支付文件。

(6) 工作变更文件。

(7) 工程索赔文件等。

4. 工程造价审计主要采用的方法

工程造价审计主要采用重点审计法、现场检查法、对比审计法等方法。

(1) 重点审计法即选择建设项目中工程量大、单价高,对造价有较大影响的单位工程、分部工程进行重点审查的方法。该方法主要用于审查材料用量、单价是否正确、工资单价、机械台班是否合理。

(2) 现场检查法是指对施工现场直接考察的方法,以观察现场工作人员及管理活动,检查工程量、工程进度,所用材料质量是否与设计相符。

(3) 对比审查法是指当工程条件相同时,用已完工程的预算或未完但已经过审查修正的工程预算对比审查拟建工程的同类工程预算的一种方法。

四、竣工决算阶段审计

工程项目竣工决算是指在工程项目竣工验收交付使用阶段,由建设单位编制的建设项目从筹建到竣工验收、交付使用全过程中实际支付的全部建设费用,是整个建设工程的最终价格,作为建设单位财务部门汇总固定资产的主要依据。竣工决算一方面能够正确反映建设工程的实际造价和投资结果,另一方面可以与概算、预算对比分析,考核投资控制的工作成效,总结经验教训,提高未来建设工程的投资效益。

(一) 竣工验收审计的定义

竣工验收审计是指对已完工建设项目的验收情况、试运行情况及合同履行情况进行的检查和评价活动。

(二) 竣工验收审计的内容

1. 验收审计

验收审计包括：①检查竣工验收小组的人员组成、专业结构和分工。②检查建设项目验收过程是否符合现行规范，包括环境验收规范、防火验收规范等。③对于委托工程监理的建设项目，应检查监理机构对工程质量进行监理的有关资料。④检查承包商是否按照规定提供齐全有效的施工技术资料。⑤检查对隐蔽工程和特殊环节的验收是否按规定作了严格的检验。⑥检查建设项目验收的手续和资料是否齐全有效。⑦检查保修费用是否按合同和有关规定合理确定和控制。⑧检查验收过程有无弄虚作假行为。

2. 试运行情况的审计

试运行情况的审计包括：①检查建设项目完工后所进行的试运行情况，对运行中暴露出的问题是否采取了补救措施。②检查试生产产品收入是否冲减了建设成本。

3. 合同履行结果的审计

合同履行结果的审计，即检查业主、承包商因对方未履行合同条款或建设期间发生意外而产生的索赔与反索赔问题，核查其是否合法、合理，是否存在串通作弊现象，赔偿的法律依据是否充分。

(三) 竣工验收审计所依据的主要资料

(1) 经批准的可行性研究报告。

(2) 竣工图。

(3) 施工图设计及变更洽谈记录。

(4) 国家颁发的各种标准和现行的施工验收规范。

(5) 有关管理部门审批、修改、调整的文件。

(6) 施工合同。

(7) 技术资料和技术设备说明书。

(8) 竣工决算财务资料。

(9) 现场签证。

(10) 隐蔽工程记录。

(11) 设计变更通知单。

(12) 会议纪要。

(13) 工程档案结算资料清单等。

(四) 竣工验收审计主要采用的方法

竣工验收审计主要采用现场检查法、设计图与竣工图循环审查法等方法。设计图与竣工图循环审查法是指通过分析设计图与竣工图之间的差异来分析评价相关变更、签证等的真实性与合理性的方法。

五、项目投资效益审计

工程项目投资效益审计是指审计人员对项目本身耗用的投资与取得的成果进行比较

分析，对项目的投入产出进行全面评价的活动。投资效益审计工作可以从建设速度、建设质量、建设成本以及投产后效益等方面开展。

(一) 建设速度审计

建设速度是反映项目投资效益的一项指标，通常认为，在保证项目质量的前提下。加快项目建设速度，快速形成生产能力，能够加快资金周转速度，从而提高投资效益。对建设速度进行审计，主要关注的是建设工期与达到设计生产能力的年限两个指标，具体审计要点如下：

1. 审查建设工期

建设工期一般指建设项目中构成固定资产的单项工程从正式施工到按设计文件全部建成，再经过竣工验收、交付使用所需的全部时间。建设工期是建设项目管理的目标之一，相关指标包括建设项目定额工期率和单项工程定额工期率，计算公式如下：

$$建设项目定额工期率 = \frac{竣工建设项目实际工期}{竣工建设项目设计定额工期} \times 100\%$$

$$单项工程定额工期率 = \frac{竣工各单项工程实际工期}{竣工各单项工程设计定额工期} \times 100\%$$

审计人员可通过以上两项指标的计算结果，审查实际建设工期与计划或工期定额规定的时间是否一致，是否存在拖延工期的现象，进而分析原因，提出审计建议。除此之外，对建设工期审计时审计人员还主要关注以下几点：

(1) 检查施工合同中是否明确了整体工程及各分工程的开工日期、计划总工期和计划竣工日期。

(2) 核实工期拖延造成的损失计算是否合理、准确。

(3) 是否具备保证计划工期落实的措施，相关的措施是否具备可行性、合理性。

2. 审查达到设计生产能力的年限

达到设计生产能力的年限是指生产性建设项目或单项工程从投产之日起到实际生产能力达到设计能力时所需的全部时间，反映了建设项目的投资效果及管理水平。对达到设计生产能力的年限进行审计时，审计人员主要关注以下两点：

(1) 审查达到设计生产能力年限的计算是否准确，即建成投产时间与实际产量达到设计能力时间的确定是否准确。

(2) 核实超过达产期造成的经济损失的计算是否合理、准确。

(二) 建设质量审计

建设质量主要指项目的设计、勘察、施工、监理的工作质量以及项目本身的性能、寿命、安全性、可靠性等。因此，建设质量审计通常是从管理工作质量和项目质量两个角度分别开展工程质量管理审计和工作质量审计。

1. 工程质量管理审计

工程质量管理审计属于程序性审计，主要审查建设、勘察、设计、施工、监理等各个部门是否建立了相应的质量保证制度以及这些制度是否得到有效执行。具体包括以下要点：

(1) 工程发包承包制度是否健全,承包单位资质的审核是否严格。

(2) 招标投标制度是否坚持公平、公开、公正原则。

(3) 施工文件审查制度是否严格。

(4) 是否对工程施工材料、配件检验试验设有质量检查和管理制度。

(5) 工程监理制度是否规范、明确。

(6) 工程竣工验收制度是否对工程质量要求、质量标准及验收程序做出详细说明。

(7) 工程质量保修制度是否合理合规,承包单位的责任是否明晰。

(8) 工程档案制度是否健全规范等。

2. 工程质量审计

在工程质量管理审计的基础上,审计人员需要进行工程本身的质量审计。工程质量审计包括实体检测和工程计算两种不同层次的审计。

1) 实体检测

实体检测主要审查建设工程的结构、构造、建筑材料甚至施工方法是否满足国家标准或设计要求、工程质量是否存在缺陷。审计人员可要求建设单位提供完整的工程质量检验、建设项目竣工验收资料,根据国家对建设工程质量检验制度的相关规定,对工程质量做出初步判断,对于不符合规定的项目进行实体检测。

实体检测分为有损检测和无损检测,前者也称破坏性检测,会对构筑物整体性产生一定的破坏;后者则利用了专业设备、专业技术检测,包括超声波法、雷达法、钻芯法等。实体检测对审计来讲难度很大,并且审计成本较高,特别是涉及隐蔽工程等时。

2) 工程计算

工程计算也称工程验算,是为了判断质量缺陷是否对工程质量产生实质性的影响及其影响程度,而对相关项目进行的工程结构荷载计算及各种荷载作用下结构的内力分析。在建设项目审计过程中,当工程质量管理审计、实体检测不能准确认定质量缺陷的严重程度,并且缺少量化的数据支持作为审计证据时,审计人员需要更进一个层次,进行工程计算以确定缺陷对工程质量影响的量化程度。

(三) 建设成本审计

建设成本审计主要是对基本建设项目的消耗水平和效益进行审查、核实,相关指标涉及建设总成本、单位生产能力投资、报废工程支出率。

1. 建设总成本

建设总成本的审查,通常以总投资概算为依据,对投资概算与投资完成情况、建设成本进行对比分析,评价建设过程中人、财、物的消耗水平是否合理,来确定建设项目是超支还是节约,进而分析原因,明确责任方。

审计人员可以通过计算工程成本降低率,确定实际建设总成本与设计成本相比是降低还是超支,进一步考察分析建设成本管理的有效性。

$$工程成本降低率 = \frac{投资预算 - 实际成本}{各单位工程预算成本之和} \times 100\%$$

2. 单位生产能力投资

单位生产能力投资是指基本建设投资额与新增生产能力的比值,即每增加一个单位的生产能力所消耗的基本建设投资额。其计算公式如下:

$$单位生产能力投资 = \frac{基本建设投资额}{新增生产能力} \times 100\%$$

该指标越小,说明建设费用越低,投资效果越好。审计人员可以将被审计项目的单位生产能力投资与同类项目或历史水平进行比较,找出产生差距的原因。

3. 报废工程支出率

报废工程支出率是指在项目建设过程中因主客观原因发生的报废工程支出与建设总成本之间的比率:

$$报废工程支出率 = \frac{报废工程支出}{建设总成本} \times 100\%$$

通过计算这个指标,审计人员可以考察分析这类报废支出的比重,查找主客观原因,提出防止损失浪费的建议。

(四) 投产后效益审计

投资一项基本建设项目的出发点往往是希望该项目能够推动经济的发展,提高人们的生活水平。但是,投资活动的开展还需要满足可持续发展的原则,不仅要考虑该项目对经济和社会的推动作用,还要关注建设项目对生态环境的影响。因而,开展投产后效益审计,需要从经济效益、社会效益以及环境效益三方面对建设项目进行综合评价。

1. 经济效益

基本建设项目的经济效益,是指基本建设项目投入与产出的比较,即建设项目取得的成果与消耗、占用之间的比例关系,主要包括财务效益和国民经济效益。

1) 财务效益

工程项目财务效益审计是从财务的角度出发,审查项目的财务效益状况,是建设项目国民经济效益审计的基础。审计人员主要关注以下几点:①财务数据及财务报表的准确性,这是财务效益审计的基础。②项目资金的筹措方式和数额是否满足项目的实际需要。③流动资金占用量和周转期是否合理。④是否能够按计划收回投资成本等。此外,审计人员一般采用项目投资净现值(FNPV)和项目投资回收期这两项财务指标对项目的财务效益进行定量分析。

(1) 项目投资净现值。项目投资净现值是指项目按行业的基准收益率或设定的目标收益率,将项目计算期内各年的财务净现金流量折算到建设初期的现值之和。它是反映项目盈利能力的动态评价指标,其计算公式如下:

$$项目投资净现值 = \sum_{t=0}^{n} \frac{(现金流入量 - 现金流出量)_t}{(1 + 折现率)^t}$$

一般情况下,项目投资净现值的评审标准是投资净现值大于等于零。

(2) 项目投资回收期。项目投资回收期是指建设项目从投资到全部收回这些投资所需要的时间期限。其计算公式如下：

$$项目投资回收期 = \frac{建设项目投资总额}{项目投产后年平均收益率}$$

式中，项目投产后年平均收益额是计算期内利润、税收和折旧的总和。在基本条件相同的情况下，投资回收期越短，说明建设项目的经济效益越好。审计人员可以比较被审计项目与同类项目的投资回收期，找出差异并分析原因。

2) 国民经济效益

工程项目国民经济效益审计是从整个国民经济的发展目标出发，确定项目的宏观经济效果，评价项目投资对国家和社会的贡献大小，从国民经济整体的角度评价投资决策的正确性。通常采用以下指标对国民经济效益进行评价：

(1) 经济内部收益率（EIRR）。经济内部收益率是指在项目寿命期（或计算期）内各年累计的经济净现值等于零时的折现率，是反映项目对国民经济净贡献的相对指标。一般情况下，项目的经济内部收益率等于或大于社会折现率，表明项目对国民经济的贡献达到或超过了要求的水平。

(2) 经济净现值（ENPV）。经济净现值是指用社会折现率将项目计算期内各年的净效益流量折算到建设初期的现值之和，是反映项目对国民经济净贡献的绝对指标。评价标准是该指标大于或等于零。

(3) 投资净增值率（DVR）。投资净增值率是指项目达到正常生产能力规模年份所带来的国民收入净增值与项目的总投资额之比，用来衡量项目单位投资所能获取的国民收入净增值，是一种静态评价指标。计算出来的投资净增值率应该高于国家规定的有关标准，且越高越好。

(4) 投资净收益率（TVR）。投资净收益率又称投资利税率，是指项目达到正常生产规模的年份所获得的社会净收益（包括利润与税费）与项目的经济总投资额之比。其计算公式如下：

$$投资净收益率 = \frac{项目正常年份的净收益}{项目的经济总投资} \times 100\%$$

2. 社会效益

审查工程项目的投资效益不应仅停留在经济效益层面，还应当站在整个社会的角度，评审其带来的社会效益。一般来说，一项工程项目的投资应当满足以下要求：①建设项目能够顺应国家的产业政策。②建设项目符合经济规模要求。③建设项目有助于推动社会经济的发展。

具体到不同类型的工程项目的社会效益，还应从不同的角度进行评价。比如，对于农业投资项目，一般关注农业生产效率是否提高，是否适应当地的需要，项目的收入分配是否有利于贫困户等；对于教育、医疗、文化、体育等社会事业项目，一般关注该项目是否提高了社会公共生活服务水平，当地居民的满意度如何；对于能源，交通和大中型工业项目,通常采用有无对比法,即对比实施该项目与不实施该项目两种情况下对社会的影响有何不同。

社会效益的定量审查,通常采用收入分配效果、劳动就业效果和综合能耗三大指标。

1) 收入分配效果指标

收入分配效果是指项目建成后所带来的国民收入净增值在企业、个人、地区以及国家等各利益主体之间的分配情况。包括以下具体指标:

(1) 职工分配指数。职工分配指数是指项目在正常生产年份,职工所获得的工资及附加福利的增值在项目年度国民收入净增值中所占的比率。其计算公式如下:

$$职工分配指数 = \frac{正常生产年份职工的工资收入+福利}{年国民收入净增值} \times 100\%$$

(2) 企业分配指数。企业分配指数是指正常生产规模年份企业所留存的利润、折旧及其他收益总额在项目国民收入净增值中所占的比率。其计算公式如下:

$$企业分配指数 = \frac{年净利润+折旧+其他收益}{年国民收入净增值} \times 100\%$$

(3) 国家(包括地区)分配指数。国家(包括地区)分配指数是指正常生产规模年份项目上缴国家的税费(流转税和所得税)、利润、折旧、利息、保险费等国家收益在项目国民收入净增值中所占的比率。其计算公式如下:

$$国家分配指数 = \frac{年净利润+年税费+年折旧+年其他上缴国家收益}{年国民收入净增值} \times 100\%$$

2) 劳动就业效果指标

劳动就业效果指标主要指项目建成后能为社会提供或创造的新的就业机会,评价指标为总就业效果。其计算公式如下:

$$总就业效果 = \frac{总就业人数}{项目总投资} (人/万元)$$

或

$$总就业效果 = \frac{项目总投资}{总就业人数} (万元/人)$$

前者计算出的总就业效果指标表示每万元投资所提供的就业人数,通常认为该指标越大越好;后者计算出的总就业效果指标表示创造每个新的就业机会所需的投资,通常认为该指标越小越好。

3) 综合能耗指标

综合能耗指标一般以国民收入综合能耗来表示,即指投资项目在正常生产年份为获得单位国民收入净增值所需消耗的能源,一般认为该指标越小越好。其计算公式如下:

$$国民收入综合能耗 = \frac{能源消耗量}{年国民收入净增值}$$

3. 环境效益

环境效益审计应从国家宏观角度出发,检查环境保护措施与主体工程建设的同步性以及实施的有效性。具体包括:①测评与被审计项目有关的环境保护的内控制度是否健全有效、建设项目防治环境污染的措施是否及时有效。②审查建设项目投产或交付使用对自然环境和人文环境的影响,如建设项目对当地水质的影响。③对周围地区大气环境主要污染物及大气环境质量的影响。④对土壤污染、水土流失的影响。⑤对动物、植物资源的影响。⑥对周围环境的噪声影响。⑦建设项目污染物、辐射等对人体健康状况的影响等。

对环境效益的评价可以采用有无对比法、环境目标对比法以及成本效益分析法。

1) 有无对比法

采用有无对比法评价环境效益,是指对比分析项目实施前后对环境的影响。在评价环境效益时,有无对比法通常采用国家标准和行业标准作为目标值,与实际值进行比较,确定项目对环境的影响。评价过程及内容按评价重点内容确定环境评价因子,根据有项目与无项目来分析环境评价因子,比较有无项目对环境造成的正面和负面影响,并对照有关国家和地方分布的环境影响指标,评价项目对环境的影响程度,最终归纳计算出环境影响对环境的损益情况。

2) 环境目标对比法

环境目标对比法是在项目前期已做过环境影响评估报告并确定环境保护目标的前提下,对比项目实施后的环境评价指标值与事前确定的目标值,评价项目的环保措施是否实现预期目标,最终确定环境损益情况,并对环保措施的有效性和经济性做出评价。

3) 成本效益分析法

成本效益分析法是通过比较环保措施的费用支出与环保措施带来的直接经济效益,对项目的环境效益做出评价的方法。此法将环境影响因子的损益情况、费用与效益比较用净效益的现值来评价,计算公式如下:

$$经济损益值 = 各项环保措施的直接经济效益 - 各项环保措施的费用$$
$$PVNB = PVDB + PVEB - PVC - PVEC$$

式中,PVNB 为环保措施净效益的现值,PVDB 为环保措施直接经济效益的现值,PVEB 为环保措施使环境改善效益的现值,PVC 为环保措施费用的现值,PVEC 为污染损失的现值。

审计人员可以采用定性和定量相结合的方法,以我国现有的环境保护法律、法规、标准为依据,对工程项目的环境效益做出全面评价,针对建设项目对环境的影响提出审计意见。

六、工程项目审计实务

严谨细致出成效——某道路工程竣工结算审计案例

(一)项目简介

玉林市某道路是玉林市玉东新区第一条开工建设的主干路。该道路工程项目是玉林市的重点建设项目。该项目的建成拉开了玉东新区基础设施建设的序幕,为玉东新区的开发建设奠定了基础。

该道路全长约3 046米,规划道路红线宽度55米。该项目的主要建设内容包括路基、路面工程,交通工程,排水工程,照明工程,绿化工程,电力电信工程等。该项目总投资22 400万元,资金来源为政府投资性质BT项目招商融资。

该项目采用BT(代建一回购)方式进行建设,共分为四个标段。该项目于2018年10月开工,计划于2019年10月竣工。该项目的两个标段于2021年8月通过竣工验收,另两个标段于2022年6月通过竣工验收。

玉林市审计局自2021年4月起开始进点对该道路工程进行审计。审计人员全面深入地审查了该工程项目履行建设程序、进行招投标、签订和履行合同、管理工程施工、编报工程造价等的情况,核减工程造价1 380多万元,核减率将近13%,在促进建设单位完善制度、规范管理、提高投资效益等方面发挥了积极作用。

(二) 发现线索

审计人员在审计中,发现了以下一些问题的线索:一是在履行建设程序方面,建设单位未能提供初步设计、设计概算报批的资料。二是在进行招投标方面,建设单位未能按审计要求及时提供项目招投标的档案资料,经审计人员多次催促后才补充提供,但仍未能提供电力管线基础工程设计、第一标段监理的招投标资料,而且提供的招投标资料存在部分资料签字不全、中标单位的原件送检清单与招投标的档案资料不一致等问题。三是在进行签订和履行合同方面,监理合同约定的人员少于投标文件承诺派出的现场监理人员,而且监理合同约定的人员中有一部分不是投标文件承诺派出的人员。四是在管理工程施工方面,该项目于2018年10月开工,按合同规定本应于2019年10月竣工,但直到2021年4月审计人员进点审计时仍未竣工。当时建设单位承诺4个标段均能在2021年6月前完成竣工验收,但实际上该项目其中两个标段于2021年8月通过竣工验收,另两个标段于2022年6月通过竣工验收,实际工期远远超过合同工期,而且没有工程延期的相关资料。另外,工程竣工图、质量保证资料、收方签证资料在项目竣工验收后较长时间内仍未能完善。审计人员确实需要进一步核实工期延误是否全部是施工单位的责任,审查建设单位、施工单位、监理单位在资料管理和签证管理方面的工作是否完全到位。五是在编报工程造价方面,项目招投标中的供水、供气等建设内容尚未实施,项目设计的变更不多,对工程造价的影响本应不大,但建设单位初审后提交给审计组的工程结算价还是大大超出了投标价。审计人员判断施工单位多计工程造价的可能性极大,需要全面审核工程造价。

(三) 采取措施

审计人员采取有针对性的措施对上述疑点问题进行审查核实,分析问题产生的原因,提出审计的合理化建议,促进建设单位加强管理、提高投资效益。

一是审查建设程序的履行情况,即审查项目在建设过程中是否按规定的程序办理、是否在权限范围内办理、办理的手续是否完备等。审计人员经审查发现,建设单位未履行初步设计、设计概算的报批程序,在一定程度上影响了项目决策的科学性,但由于审计实施时项目已基本建设完毕,无法进行整改,故审计人员口头向建设单位反馈,督促建设单位在今后的项目中加强管理。

二是以专题研究的形式审查项目招投标的开展情况,即审计组组织人员对项目招投标的开展情况进行专题研究,在了解项目的基本情况后,根据招投标涉及的主要工作内容,确定招投标审计的主要环节及各环节的审计目的(表 5-6),然后对各环节进行深入的分析研究。

表 5-6　招投标审计的主要环节及审计目的

审计主要环节	审计目的
审查招投标程序的履行情况	审查项目招投标程序的履行情况(该招标的是否已招标,招标形式是否符合要求;招标代理单位、投标单位的资质是否符合要求)
审查招标文件、招标控制价	审查招标文件、招标控制价、评标办法,审查合同条款的合法性、合理性
审查开标、评标和定标的情况	审查开标、评标和定标的过程,审查招标代理人、监督部门和专家评委职责的履行情况

审计人员通过查阅资料、对比分析资料、找人谈话等方式查出了以下问题:

(1) 电力管线基础工程的设计、第一标段监理单位的选择均未按规定履行公开招投标的程序。

(2) 设计服务的招标代理机构的资质范围不符合要求。

(3) 设计招标文件预留给投标人编制投标文件的时间少于 20 天。

(4) 监理招标的评分条件不合理。

(5) 部分专家评委毫无依据地给予投标单位相应人员满分的评分。

(6) 监督部门代表未及时签认相应表格。以上问题贯穿于选择招标代理单位、制定招标文件、开标评标定标等招投标的各个环节。其不仅涉及招标人,而且涉及招标代理人、专家评委、中标单位,几乎覆盖招投标的各个主体。

三是审查合同的签订和履行情况。审计人员决定对合同的签订和履行这两个环节一查到底,彻底揭露存在的问题。审计人员在对照检查招投标文件与合同是否一致后发现,监理中标单位在投标文件中承诺配备大量的高资历人员,但在合同中约定的人员数量不到投标文件承诺的一半,相应的持证人员数量不到投标文件承诺的三分之一;监理中标单位通过偷梁换柱的手法轻松地打败竞标对手,将工程的监理业务拿到手。审计人员在审查监理机构人员配置表、监理日记、监理工程师通知单等资料后发现,监理单位在签订合同时已减少监理人员数量、降低监理人员资质,在实际实施监理时再次减少监理人员数量、降低监理人员资质,监理工作中出现未完整记录监理过程,未及时核实签认部分质检资料和签证资料等问题。出现以上问题,是监理单位处心积虑地不顾监理质量企图以低投入谋取最大利益的必然结果,同时也与建设单位未严格按招投标文件与监理单位签订合同、签订合同后未采取有力措施监督监理单位切实履行合同有很大关系。

四是审查工程施工的管理情况。审计人员针对初步审计中发现的工期延误,工程竣工、签证、监理等资料不完善,工程质量存疑等问题分类进行处理。

(1) 关于工期拖延的问题。该项目于2018年10月开工，本应于2019年10月竣工，但实际上该项目的两个标段于2021年8月通过竣工验收，另两个标段于2022年6月通过竣工验收，实际工期远远超过合同工期。2021年4月审计人员进点审计后发现工程虽已基本完工，并已通车使用，但存在部分路面积水、部分路缘石缺损，人行道垃圾未及时清理等问题，就及时要求建设单位督促施工单位进行整改，促使其中两个标段于2021年8月通过竣工验收。之后，审计人员及时进行结算审计，出具第一阶段审计报告，为建设单位与施工单位进行结算提供依据，也使施工单位与材料供应商、劳务队伍的款项能尽早支付，减少可能导致的社会矛盾。接着，审计人员继续督促建设单位协调解决另外两个标段存在的遗留问题，促使其于2022年6月通过竣工验收。至于工期拖延的原因，审计人员没有因当时工期拖延资料不完善而贸然下结论，而是组织建设单位、施工单位、监理单位一起进行分析讨论，在尊重事实的基础上，确定了工期拖延的原因，分清了各自的责任。

(2) 关于工程竣工、签证、监理等资料不完善的问题。审计人员通过现场踏勘发现，竣工图未能如实反映工程竣工的实际情况，如公交车站调整、小区出入口调整后竣工图未做相应调整，排水管管径变更后竣工图反映的管径与实际的管径不一致。于是，审计人员就要求建设单位督促施工单位及时如实绘制竣工图，督促监理单位严格进行核实，确保竣工图与实际一致。至于施工单位、监理单位已签认但建设单位未及时签署意见的部分收方签证单，审计人员要求建设单位及时严格核实收方签证的内容，及时签署明确的意见，为工程造价结算审计打下基础。

(3) 关于工程质量存疑的问题。在监理单位未切实履行职责、监督不到位的情况下，工程质量到底是否可靠，审计人员存在很大的疑惑。为如实反映工程质量情况，审计组决定聘请有资质的检测单位对沥青路面厚度、人行道水稳层厚度、人行道透水砖强度进行抽检。为确保质量检测的科学、公正、合理，检测前由审计人员、建设单位人员、施工单位人员共同在图纸上确定检测位置，到现场后不允许改变检测位置，检测过程由审计、建设、监理、施工四方面人员共同见证，检测结束由检测单位出具正式检验报告。之后查出部分的沥青路面厚度、人行道水稳层厚度、人行道透水砖强度达不到设计要求的问题，于是审计人员要求建设单位督促施工单位进行质量整改，确保了工程质量。

五是审查工程造价的计量情况。审计人员针对施工单位在编报工程造价方面存在的问题，分不同情况核定工程造价。

(1) 剔除虚假计量。审计人员组织建设、施工、监理等单位的人员进行现场核查，查出部分路段未按设计宽度施工但已按设计宽度计价，部分道路交叉口已由其他工程项目施工但计价时未扣除，部分道路交通标志、电力电信设施并未施工但已计价，水渠渠顶已伸入路面结构层但计价时未扣除相应结构层等计量不实的问题，由此核减工程造价650.29万元。

(2) 审查计量依据的充分性。审计人员注重核查计量依据的资料，审查计量依据的充分性。比如，审计人员对施工单位结算送审文件中沟槽石方爆破的石料等级按特坚石计价的情况，根据试验资料将石料等级确定为普坚石，由此核减工程造价144.42万元；合理界定抽水台班费用，对由施工单位引起的或虽不由施工单位引起但由其在投标时应综合考虑的风险引起的抽水台班费用不予计量,由此核减工程造价39.31万元。

(3) 根据合同的约定调整材料价差和工程取费。施工单位在结算送审文件中,对所有材料的施工期间信息价均按整个工程施工的期间进行笼统的平均,未能如实反映各种材料真正施工期间的信息价。审计人员根据竣工资料确定各单位工程的实际施工期间,按各单位工程的实际施工期间计算材料信息价的平均值,并与基准价对比,对变化幅度超过合同约定的15%的材料信息价才予以调差。根据合同的约定调整材料价差,由此核减材料价差199.17万元;根据合同和相关计费文件审查工程取费,由此核减不合理的工程取费120.56万元。

(4) 根据Excel表格快速计算法提高工程量计算的精度。审计人员勇于探索,敢于创新,将传统的Excel表格+CAD图计算排水工程土方量的方法不断改进,形成了Excel表格快速计算法,不需要绘制CAD图就可以直接利用Excel表格完成排水工程土方量的深度计算、面积计算、体积计算等全部功能。仅排水工程土方量计算一项就核减工程造价225.85万元。

(四) 彰显成效

玉林市审计局对某道路工程竣工结算审计的质量得到了市领导、相关部门和被审计单位的高度认可。施工单位编报结算的工程造价为11 746.12万元;建设单位初步审定的工程造价为10 969.15万元,核减工程造价776.97万元,初步核减率为6.61%;玉林市审计局审计核定的工程造价为9 581.62万元,在建设单位核减的基础上再次核减工程造价1 387.53万元,审计核减率高达12.65%。

该局及时向市委、市政府领导汇报工程项目招投标过程中出现的具体问题及其问题产生的原因,并向建设单位、招标代理单位、监督部门等提出合理的审计意见和建议,促使相关单位和人员高度重视工程项目招投标和合同的管理工作,促使建设单位落实该项目的质量整改并对其建设的其他道路工程项目进行大规模的质量检查,促使建设单位完善制度、规范管理。

该案例提供以下一些启示:一是审计人员在注重发挥审计的监督职能的同时,还必须注重发挥审计的服务功能,根据审计发现的问题,全面剖析存在问题的原因,寻找解决问题的方法,及时向政府和参建单位提出合理的审计意见和建议。二是审计人员必须高度重视工程质量的审计,不能认为监督工程质量是与己无关的事情,而是应本着对国家负责、对人民负责的态度,实事求是地评价工程质量,促进工程质量的提高。三是审计人员应强化对招投标工作的审计,抓住招投标工作的重点环节进行深入的分析研究,采取各种措施强化对招投标工作的监督力度,促进招投标工作的公开、公平、公正。

思考与启发

1. 什么是工程项目审计?其主要目标是什么?
2. 合同审计、招投标审计、工程管理审计以及工程造价审计各有什么特点?其主要内容有什么区别?

3. 竣工验收审计与后评价审计有什么区别?
4. 项目投资效益审计是否还有别的评价指标?
5. 简述内部控制审计的目标、内容、程序、方法?
6. 经济责任审计的目标和内容是什么?如何综合评价一项经济责任审计项目?
7. 信息系统审计的目标、内容、主要业务流程?
8. 如何应对信息系统审计这样一种发展趋势?
9. 如何开展舞弊审计?
10. 比较风险管理审计与内部控制审计、风险导向审计的异同。

第六章

内部审计管理

● 思维导图

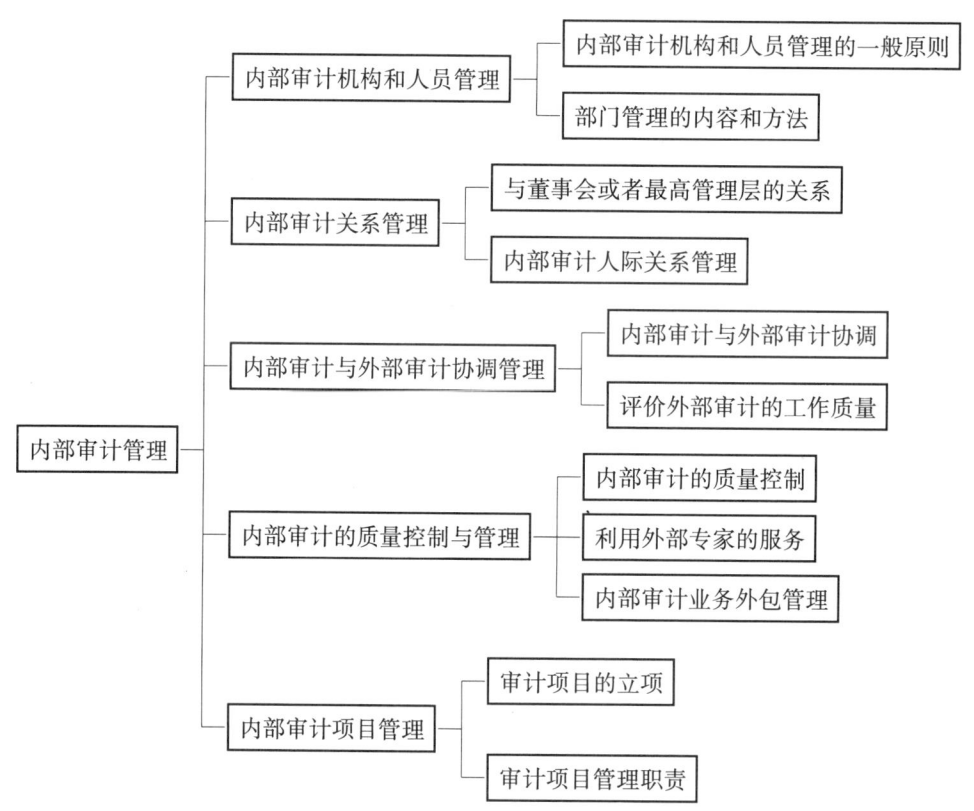

● 思政元素

(1) 本章内容涉及人际关系管理,如何处理与高管的关系、与外部审计师的协调、与外部专家关系等。学生可以将本章内容与大学生活和人生发展结合,保持身心健康,建立和谐的人际关系,创造有价值的精彩人生,弘扬民族精神和爱国主义传统,加强自我道德修养,遵守社会公德、家庭美德和职业道德,增强法律意识和树立法治精神。

(2) 本章把社会主义核心价值观,人类命运共同体,文化冲突,文化自信,不忘初心、牢记使命等思政教育元素融入教学。培养学生对文化传承有生动的体会和担当,培养学生用社会科学方法审视国际与国内社会,引导学生坚定"四个自信",明确构建人类命运共同体。提高大学生思想道德修养、人文素质、科学精神、国家安全意识,是内部审计的职能所在。

（3）本章内容贯彻了"四个全面"战略思想和以习近平同志为核心的党中央治国理政战略思想，闪耀着马克思主义与中国实际相结合的思想光辉，将马克思主义的立场观点方法融入教学进行内部审计管理内容讲授。

第一节　内部审计机构和人员管理

根据中国内部审计协会发布的《第 2301 号内部审计具体准则——内部审计机构的管理》的相关规定，内部审计机构和内部审计人员管理主要指对内部审计活动实施的计划、组织、领导、控制和协调而开展的相应工作。

一、内部审计机构和人员管理的一般原则

（一）管理目的

内部审计机构管理的主要目的包括实现内部审计目标，促使内部审计资源得到充分和有效的利用，提高内部审计质量，更好地履行内部审计职责，同时，还能促使内部审计活动符合内部审计准则的要求。

（二）管理责任

根据中国内部审计协会《第 2301 号内部审计具体准则——内部审计机构的管理》第五条的相关规定，内部审计机构应当接受组织董事会或者最高管理层的领导和监督，内部审计机构负责人应当对内部审计机构管理的适当性和有效性负主要责任。

（三）章程及其主要内容

内部审计机构应当制定内部审计章程，对内部审计的目标、职责和权限进行规范，并报经董事会或者最高管理层批准。

内部审计章程应当包括下列主要内容：

（1）内部审计目标。

（2）内部审计机构的职责和权限。

（3）内部审计范围。

（4）内部审计标准。

（5）其他需要明确的事项。

（四）审计机构的组织结构及管理要求

内部审计机构应当建立合理、有效的组织结构，多层级组织的内部审计机构可以实行集中管理或者分级管理。实行集中管理的内部审计机构可以对下级组织实行内部审计派驻制或者委派制。实行分级管理的内部审计机构应当通过适当的组织形式和方式对下级内部审计机构进行指导和监督。

(五) 审计机构管理的内容

内部审计机构管理的内容主要包括下列方面：

(1) 审计计划。

(2) 人力资源。

(3) 财务预算。

(4) 组织协调。

(5) 审计质量。

(6) 其他事项。

二、部门管理的内容和方法

(一) 审计计划的编制

内部审计机构应当根据组织的风险状况、管理需要及审计资源的配置情况，编制年度审计计划。

年度计划是一种在长期计划(3~5年计划)的基础上，对计划年度审计业务做出安排的最为常见的期间计划。年度计划应该比长期计划更为详细具体，并且为每一项目的项目计划制定总体的目标。对于每个入选年度计划的项目，都应该说明：

(1) 选择该项目的原因。

(2) 总体的审计目标。

(3) 审计业务进行的地点。

(4) 负责审计的单位。

(5) 预计审计天数和所需其他财力保证。

(6) 通过审计所带来的收益。

在制订年度计划的过程中，除了考虑长期计划所确定的长期目标，还应充分考虑内部审计机构的现有条件。例如，在计划年度中可供使用的全部人力和时间，审计业务的重点领域及其作业难度，差旅费数量，审计进行的地点等。在计划制订过程，除了安排审计业务，同时应对政治思想工作、基础管理工作、辅助性工作和其他临时性任务等因素进行综合考虑。影响年度计划安排的主要因素包括：

(1) 政治学习和其他政治活动，如党员评议。

(2) 业务培训，包括主管部门组织机构安排的各类培训班、研讨班、电大课程或自学课程等。

(3) 基础建设，如编写审计手册、开发审计业务程序、制定审计规范、总结案例等。

(4) 经验交流，如审计机构内部和审计机构之间的经验交流会或专题研讨会。

(5) 休假，包括所有的公共假日和工作人员按照规定享受的探亲假和年假。

(6) 临时任务，包括本单位领导和管理部门布置的或本机构临时安排的各项任务。

将上述因素加以充分考虑后，再结合审计业务工作进行综合安排，就能够拟订出一份比较周密的年度计划。拟订的年度计划通常还要经过一定的审批手续才能付诸实行。

(二) 审计人员的管理

内部审计机构应当根据内部审计目标和管理需要,加强人力资源管理,保证人力资源利用的充分性和有效性,主要包括下列内容:

(1) 内部审计人员的聘用。

(2) 内部审计人员的培训。

(3) 内部审计人员的工作任务安排。

(4) 内部审计人员专业胜任能力分析。

(5) 内部审计人员的业绩考核与激励机制。

(6) 其他有关事项。

(三) 财务预算的编制

内部审计机构负责人应当根据年度审计计划和人力资源计划编制财务预算。编制财务预算时应当考虑下列因素:

(1) 内部审计人员的数量。

(2) 内部审计工作的安排。

(3) 内部审计机构的行政管理活动。

(4) 内部审计人员的教育及培训要求。

(5) 内部审计工作的研究和发展。

(6) 其他有关事项。

(四) 审计工作手册

内部审计机构应当根据组织的性质、规模和特点,编制内部审计工作手册,以指导内部审计人员的工作。内部审计工作手册主要包括下列内容:

(1) 内部审计机构的目标、权限和职责的说明。

(2) 内部审计机构的组织、管理及工作说明。

(3) 内部审计机构的岗位设置及岗位职责说明。

(4) 主要审计工作流程。

(5) 内部审计质量控制制度、程序和方法。

(6) 内部审计人员职业道德规范和奖惩措施。

(7) 内部审计工作中应当注意的事项。

(五) 外部协调

内部审计机构和内部审计人员应当在组织董事会或者最高管理层的支持和监督下,做好与组织其他机构和外部审计的协调工作。

(六) 审计工作的监督与报告

内部审计机构应当接受组织董事会或者最高管理层的领导和监督,在日常工作中保持有效的沟通,向其定期提交工作报告,适时提交审计报告。

(七) 内部控制

内部审计机构应当制定内部审计质量控制制度，通过实施督导、分级复核、审计质量内部评估、接受审计质量外部评估等，保证审计质量。

第二节　内部审计关系管理

一、与董事会或者最高管理层的关系

内部审计与董事会或者最高管理层的关系，是指内部审计机构因其隶属于董事会或者最高管理层所形成的接受其领导并向其报告的组织关系。

内部审计机构应当接受董事会或者最高管理层的领导，保持与董事会或最高管理层的良好关系，实现董事会、最高管理层与内部审计在组织治理中的协同作用。

(一) 对内部审计机构有管理权限的董事会或者类似的机构

1. 董事会

董事会是经营决策机构，根据《中华人民共和国公司法》第四章第三节的相关规定，董事会是由董事组成的、对内掌管公司事务、对外代表公司的经营决策和业务执行机构，公司设董事会，由股东（大）会选举。

董事会设董事长一人，副董事长，董事长、副董事长的产生办法由公司章程规定，一般由董事会选举产生。董事任期由章程规定，最长三年，任期届满，可连选连任，董事在任期届满前，股东会不得无故解除其职务。

2. 董事会下属的审计委员会

审计委员会是公司董事会中的专门委员会。主要负责公司有关财务报表披露和内部控制过程的监督。在公司董事会内部对公司的信息披露、会计信息质量、内部审计及外部独立审计等方面，执行控制和监督的职能。

3. 非营利组织的理事会

理事会是为协商、征求意见或讨论问题而设立的组织，经选举或任命构成或咨询机构或拥有一定权利的组织。

(二) 对内部审计机构有管理权限的最高管理层

对内部审计机构有管理权限的最高管理层是总经理，当然还包括与总经理职务相当的人员。

董事总经理既是董事会成员之一的董事，又是负责经营的总经理；若仅仅只是总经理职位，至多只能列席董事会，无法参与表决。简而言之，总经理只是一个组织内的职位名称。总经理的权力有多大，要参考其雇佣合约条款及工作范围。总经理位置有多高，要研

究其组织架构图,有不少企业其内部有不少于一个总经理。

总经理传统意义上是一个公司的最高领导人或该公司的创始人。但实际上,总经理所在的层级,还是会因公司的规模而有所不同。例如在一般的中小企业,总经理通常就是整个组织里职务最高的管理者与负责人。而若是在规模较大的组织里(如跨国企业),总经理所扮演的角色,通常是旗下某个事业体或分支机构的最高负责人。

股份公司的总经理是由董事会聘任的,对董事会负责,在董事会的授权下,执行董事会的战略决策,实现董事会制定的企业经营目标。并通过组建必要的职能部门,组聘管理人员,形成一个以总经理为中心的组织、管理、领导体系,实施对公司的有效管理。总经理的主要职责是负责公司日常业务的经营管理,经董事会授权,对外签订合同和处理业务;组织经营管理班子,提出任免副总经理、总经济师、总工程师及部门经理等高级职员的人选,并报董事会批准;定期向董事会报告业务情况,向董事会提交年度报告及各种报表、计划、方案,包括经营计划、利润分配方案、弥补亏损方案等。

(三) 审计机构与管理层的关系

内部审计机构与董事会或者最高管理层的关系主要包括接受董事会或者最高管理层的领导或向董事会或者最高管理层报告工作。

内部审计机构负责人应当积极寻求董事会或者最高管理层对内部审计工作的理解与支持。在设立监事会的组织中,内部审计机构应当在授权范围内配合监事会的工作。

内部审计机构接受董事会或者最高管理层领导的方式主要包括报请董事会或者最高管理层批准审计工作事项,接受并完成董事会或者最高管理层的业务委派。内部审计机构应当向董事会或者最高管理层报请批准的事项主要包括:

(1) 内部审计章程。
(2) 年度审计计划。
(3) 人力资源计划。
(4) 财务预算。
(5) 内部审计政策的制定及变动。

(四) 内部审计机构的业务范围

内部审计机构除实施常规审计业务外,还可以接受董事会或者最高管理层委派的下列事项:进行舞弊检查、实施专项审计、开展经济责任审计、评价社会审计组织的工作质量、其他。

(五) 内部审计工作报告

内部审计机构应当与董事会或者最高管理层保持有效的沟通,除向董事会或者最高管理层提交审计报告之外,还应当定期提交工作报告,频率一般为每年至少一次。

内部审计机构的工作报告应当概括、清晰地说明内部审计工作的开展以及内部审计资源的使用情况,主要包括下列内容:

(1) 年度审计计划的执行情况。
(2) 审计项目涉及范围及审计意见的总括说明。

(3) 对组织业务活动、内部控制和风险管理的总体评价。

(4) 审计中发现的差异和缺陷的汇总及其原因分析。

(5) 审计发现的重要问题和建议。

(6) 财务预算的执行情况。

(7) 人力资源计划的执行情况。

(8) 内部审计工作的效率和效果。

(9) 董事会或者最高管理层要求或关注的其他内容。

内部审计机构提交工作报告时,还应当对年度审计计划、财务预算和人力资源计划执行中出现的重大偏差及原因做出说明,并提出改进措施。

同时,内部审计机构应当及时向董事会或者最高管理层提交审计报告,审计报告应当清晰反映审计发现的重要问题、审计结论、意见和建议。

日常工作中,内部审计机构还应当与董事会或者最高管理层就下列事项进行交流：

(1) 董事会或者最高管理层关注的领域。

(2) 内部审计活动满足董事会或者最高管理层信息需求的程度。

(3) 内部审计的新趋势和最佳实务。

(4) 内部审计与外部审计之间的协调。

二、内部审计人际关系管理

人际关系是指内部审计人员与组织内外相关机构和人员之间的相互交往与联系。内部审计人际关系管理能够规范内部审计人员与组织内、外部相关机构和人员建立和保持良好的人际关系,保证内部审计工作顺利而有效地进行,提高审计效率和效果。

(一) 内部审计人际关系管理的一般原则

1. 人际关系的主体

内部审计人员在从事内部审计活动中,需要与下列机构和人员建立人际关系：

(1) 组织适当管理层和相关人员。

(2) 被审计单位和相关人员。

(3) 组织内部各职能部门和相关人员。

(4) 组织外部相关机构和人员。

(5) 内部审计机构中的其他成员。

2. 人际关系的目的与对审计人员的要求

1) 目的

内部审计人员应当与组织内外相关机构和人员进行必要的沟通,保持良好的人际关系,以实现下列目的：

(1) 在内部审计工作中与相关机构和人员建立相互信任的关系,促进彼此的交流与沟通。

(2) 在内部审计工作中取得相关机构和人员的理解和配合,及时获得相关、可靠和充分的信息,提高内部审计效率。

(3) 保证内部审计意见得到有效落实,实现内部审计目标。

2) 对审计人员的要求

内部审计人员应当具备建立良好人际关系的意识和能力。同时,内部审计人员在人际关系的处理中应当注意保持独立性和客观性。内部审计人员应当在遵循有关法律、法规的情况下灵活、妥善地处理人际关系。内部审计机构负责人应当定期对内部审计人员的人际关系进行评价,并根据评价结果及时采取措施改进人际关系。

(二) 内部审计人际沟通与冲突化解

1. 内部审计人员的沟通

内部审计人员在处理人际关系时,应当主动、及时、有效地进行沟通,以保证信息的快捷传递和充分交流。

内部审计人员处理人际关系时采用的沟通类型包括:①人员沟通,即内部审计人员与相关人员之间的沟通。②组织沟通,即内部审计机构在特定组织环境下的沟通,主要包括与上下级部门之间的信息交流,与组织内各平行部门之间的信息交流,信息在非平行、非隶属部门之间的交流。

内部审计人员处理人际关系时采用的主要沟通方式有口头沟通和书面沟通两种。

2. 人际关系产生冲突的原因及解决方式

1) 产生冲突的原因

内部审计人员产生人际关系冲突的原因主要包括:缺乏必要、及时的信息沟通;对同一事物的认识存在分歧,导致不同的评价;各自的价值观、利益观不一致;职业道德信念的差异。

2) 解决方式

内部审计人员应当及时、妥善地化解人际冲突,可以采取的方法主要包括:

(1) 暂时回避,寻找适当的时机再进行协调。

(2) 说服、劝导。

(3) 适当的妥协。

(4) 互相协作。

(5) 向适当管理层报告,寻求协调。

(6) 其他。

3) 与管理层沟通的途径

内部审计人员应当积极、主动地与对内部审计工作负有领导责任的组织适当管理层进行沟通,可以采取的沟通途径主要包括:

(1) 与组织适当管理层就审计计划进行沟通,以达成共识;

(2) 咨询组织适当管理层,了解内部控制环境;

(3) 根据审计发现的问题和作出的审计结论,及时向组织适当管理层提出审计意见和建议;

(4) 出具书面审计报告之前,利用各种沟通方式征求组织适当管理层对审计结论、意见和建议的意见。

4) 与被审计单位沟通的途径

内部审计人员应当与被审计单位建立并保持良好的人际关系,可以采取下列沟通途径获得被审计单位的理解、配合和支持:

(1) 在了解被审计单位基本情况时,应当进行及时、有效的沟通和协调;

(2) 通过询问、会谈、会议、问卷调查等沟通方式,了解被审计单位业务活动、内部控制和风险管理的情况;

(3) 通过口头方式或者其他非正式方式,与被审计单位交流审计中发现的问题;

(4) 在审计报告提交之前,以书面方式与被审计单位进行结果沟通。

内部审计人员应当与组织内其他职能部门建立并保持良好的人际关系,确保在下列方面得到支持与配合:

(1) 了解组织及相关职能部门的情况。

(2) 寻求审计中发现问题的解决方法。

(3) 落实审计结论、意见和建议。

(4) 有效利用审计成果。

(5) 其他。

内部审计人员应当与组织外部相关机构和人员之间建立并保持良好的人际关系,以获得更多的认同、支持及协助。内部审计人员应当重视内部审计机构成员间的人际关系,相互协作,相互包容。

第三节 内部审计与外部审计协调管理

内部审计与外部审计的协调,是指内部审计机构与社会审计组织、国家审计机关在审计工作中的沟通与合作。

一、内部审计与外部审计协调

(一) 协调的目的

内部审计应当做好与外部审计的协调工作,以实现下列目的:

(1) 保证充分、适当的审计范围。

(2) 减少重复审计,提高审计效率。

(3) 共享审计成果,降低审计成本。

(4) 持续改进内部审计机构工作。

内部审计与外部审计的协调工作,应当在组织董事会或者最高管理层的支持和监督下,由内部审计机构负责人具体组织实施。内部审计机构负责人应当定期对内外部审计的协调工作进行评估,并根据评估结果及时调整、改进内外部审计协调工作。内部审计机构应当在外部审计对本组织开展审计时做好协调工作。

(二) 协调的方式和内容

内部审计与外部审计之间的协调,可以通过定期会议、不定期会面或者其他沟通方式进行。内部审计与外部审计的协调工作包括下列方面:

(1) 与外部审计机构和人员的沟通。

(2) 配合外部审计工作。

(3) 评价外部审计工作质量。

(4) 利用外部审计工作成果。

内部审计与外部审计应当在审计范围上进行协调。在编制年度审计计划和项目审计方案时,应当考虑双方的工作,以确保充分、适当的审计范围,最大限度减少重复性工作。在条件允许的情况下,内部审计与外部审计应当在必要的范围内互相交流相关审计工作底稿,以便利用对方的工作成果。同时,内部审计与外部审计应当相互参阅审计报告。

此外,内部审计与外部审计应当在具体审计程序和方法上相互沟通,达成共识,以促进双方的合作。

二、评价外部审计的工作质量

评价外部审计工作质量是指由内部审计机构对外部审计工作过程及结果的质量所进行的评价活动。

内部审计机构应当根据适当的标准对外部审计工作质量进行客观评价,合理利用外部审计成果。评价外部审计工作质量,可以按照评价准备、评价实施和评价报告三个阶段进行。内部审计机构应当挑选具有足够专业胜任能力的人员对外部审计工作质量进行评价。

(一) 评价准备

1. 决定评价实施前应当考虑的因素

在评价外部审计工作质量之前,内部审计机构应当考虑下列因素:

(1) 评价活动的必要性。

(2) 评价活动的可行性。

(3) 评价活动预期结果的有效性。

2. 决定评价实施后应当考虑的因素

在决定对外部审计工作质量进行评价后,内部审计机构应当编制适当的评价方案。评价方案应当包括下列主要内容:

(1) 评价目的。

(2) 评价的主要内容与步骤。

(3) 评价的依据。

(4) 评价工作的主要方法。

(5) 评价工作的时间安排。

(6) 评价人员的分工。

内部审计机构应当取得反映外部审计工作质量的审计报告及其他相关资料。内部审计机构应当详细了解外部审计所采用的审计依据、实施的审计过程及其在审计过程中与组织之间进行协调的情况。如有必要,内部审计机构可以与外部审计机构就评价事项进行适当的沟通。

(二) 评价实施

内部审计机构在评价外部审计工作质量时,应当重点关注下列内容:

(1) 外部审计机构和人员的独立性与客观性。
(2) 外部审计人员的专业胜任能力。
(3) 外部审计人员的职业谨慎性。
(4) 外部审计机构的信誉。
(5) 外部审计所采用审计程序及方法的适当性。
(6) 外部审计所采用审计依据的有效性。
(7) 外部审计所获取审计证据的相关性、可靠性和充分性。

内部审计机构在评价外部审计工作质量时,应当充分考虑其与内部审计活动的差异。内部审计机构在评价外部审计工作质量时,可以采用审核、观察、询问等常用方法,以及与有关方面进行沟通、协调的方法。内部审计机构应当将评价工作过程及结果记录于审计工作底稿中。

(三) 评价报告

内部审计机构做出外部审计工作质量评价结论之前,应当征求组织内部有关部门和人员的意见。必要时,内部审计人员也可以就评价结论与被评价的外部审计机构进行沟通。

内部审计机构完成外部审计工作质量评价之后,应当编制评价报告。评价报告一般包括下列要素:

(1) 评价报告的名称。
(2) 被评价外部审计机构的名称。
(3) 评价目的。
(4) 评价的主要内容及方法。
(5) 评价结果。
(6) 评价报告编制人员及编制时间。

第四节 内部审计的质量控制与管理

一、内部审计的质量控制

内部审计质量控制是指内部审计机构为保证其审计质量符合内部审计准则的要求而

制定和执行的制度、程序和方法。

(一)内部审计质量控制的一般原则

1. 内部审计质量控制责任

内部审计机构负责人对制定并实施系统、有效的质量控制制度与程序负主要责任。

2. 内部审计质量控制目标

内部审计质量控制主要包括下列目标:

(1)保证内部审计活动遵循内部审计准则和本组织内部审计工作手册的要求。

(2)保证内部审计活动的效率和效果达到既定要求。

(3)保证内部审计活动能够增加组织的价值,促进组织实现目标。

内部审计质量控制分为内部审计机构质量控制和内部审计项目质量控制。内部审计机构负责人和审计项目负责人通过督导、分级复核、质量评估等方式对内部审计质量进行控制。

(二)内部审计机构质量控制

1. 内部审计机构质量控制责任人

内部审计机构负责人对内部审计机构质量负责。

2. 内部审计机构质量控制因素

内部审计机构质量控制需要考虑下列因素:

(1)内部审计机构的组织形式及授权状况。

(2)内部审计人员的素质与专业结构。

(3)内部审计业务的范围与特点。

(4)成本效益原则的要求。

(5)其他。

3. 内部审计机构质量控制措施

内部审计机构质量控制主要包括下列措施:

(1)确保内部审计人员遵守职业道德规范。

(2)保持并不断提升内部审计人员的专业胜任能力。

(3)依据内部审计准则制定内部审计工作手册。

(4)编制年度审计计划及项目审计方案。

(5)合理配置内部审计资源。

(6)建立审计项目督导和复核机制。

(7)开展审计质量评估。

(8)评估审计报告的使用效果。

(9)对审计质量进行考核与评价。

(三)内部审计项目质量控制

1. 内部审计项目质量控制因素

内部审计项目负责人对审计项目质量负责。内部审计项目质量控制应当考虑下列因素：

(1) 审计项目的性质及复杂程度。

(2) 参与项目审计的内部审计人员的专业胜任能力。

(3) 其他。

2. 内部审计项目质量控制措施

内部审计项目质量控制主要包括下列措施：

(1) 指导内部审计人员执行项目审计方案。

(2) 监督审计实施过程。

(3) 检查已实施的审计工作。

3. 告知事项

内部审计项目负责人在指导内部审计人员开展项目审计时，应当告知项目组成员下列事项：

(1) 项目组成员各自的责任。

(2) 被审计项目或者业务的性质。

(3) 与风险相关的事项。

(4) 可能出现的问题。

(5) 其他。

4. 监督内部审计实施的职责

内部审计项目负责人监督内部审计实施过程时，应当履行下列职责：

(1) 追踪业务的过程。

(2) 解决审计过程中出现的重大问题，根据需要修改原项目审计方案。

(3) 识别在审计过程中需要咨询的事项。

(4) 其他。

5. 内部审计项目负责人关注内容

内部审计项目负责人在检查已实施的审计工作时，应当关注下列内容：

(1) 审计工作是否已按照审计准则和职业道德规范的规定执行。

(2) 审计证据是否相关、可靠和充分。

(3) 审计工作是否实现了审计目标。

二、利用外部专家的服务

利用外部专家服务是指内部审计机构聘请在某一领域中具有专门技能、知识和经验的人员或者单位提供专业服务，并在审计活动中利用其工作结果的行为。

（一）一般原则

1. 利用外部专家服务的作用与责任划分

内部审计机构可以根据实际需要利用外部专家服务。利用外部专家服务是为了获取相关、可靠和充分的审计证据，保证审计工作的质量。外部专家应当对其所选用的假设、方法及其工作结果负责。内部审计机构应当对利用外部专家服务结果所形成的审计结论负责。

2. 利用外部专家服务的范围

内部审计机构和内部审计人员可以在下列方面利用外部专家服务：

(1) 特定资产的评估。

(2) 工程项目的评估。

(3) 产品或者服务质量问题。

(4) 信息技术问题。

(5) 衍生金融工具问题。

(6) 舞弊及安全问题。

(7) 法律问题。

(8) 风险管理问题。

(9) 其他。

(二) 专家的来源及聘请

专家可以由内部审计机构从组织外部聘请，也可以在组织内部指派。

1. 对外部专家的聘请

内部审计机构聘请外部专家时，应当对外部专家的独立性、客观性进行评价，评价时应当考虑下列影响因素：

(1) 外部专家与被审计单位之间是否存在重大利益关系。

(2) 外部专家与被审计单位董事会、最高管理层是否存在密切的私人关系。

(3) 外部专家与审计事项之间是否存在专业相关性。

(4) 外部专家是否正在或者即将为组织提供其他服务。

(5) 其他可能影响独立性、客观性的因素。

在聘请外部专家时，内部审计机构应当对外部专家的专业胜任能力进行评价，考虑其专业资格、专业经验与声望等。

2. 书面协议

在利用外部专家服务前，内部审计机构应当与外部专家签订书面协议。书面协议主要包括下列内容：

(1) 外部专家服务的目的、范围及相关责任。

(2) 外部专家服务结果的预定用途。

(3) 在审计报告中可能提及外部专家的情形。

(4) 外部专家利用相关资料的范围。

(5) 报酬及其支付方式。

(6) 对保密性的要求。

(7) 违约责任。

(三)对外部专家服务结果的评价和利用

1. 对外部专家服务结果的评价的内容

内部审计机构在利用外部专家服务结果作为审计证据时,应当评价其相关性、可靠性和充分性。内部审计机构在评价外部专家服务结果时,应当考虑下列影响因素:

(1)外部专家选用的假设和方法的适当性。

(2)外部专家所用资料的相关性、可靠性和充分性。

2. 对外部专家服务评价结果的运用

(1)在利用外部专家服务时,如果有必要,应当在审计报告中提及。

(2)内部审计机构对外部专家服务进行评价后,如果认为其服务的结果无法形成相关、可靠和充分的审计证据,应当通过实施其他替代审计程序补充获取相应的审计证据。

三、内部审计业务外包管理

内部审计业务外包管理是指组织及其内部审计机构将业务委托给本组织外部具有一定资质的中介机构而实施的相关管理活动。

(一)内部审计外包的一般原则

1. 内部审计业务实施外包应当考虑的因素

除涉密事项外,内部审计机构可以根据具体情况,考虑下列因素,对内部审计业务实施外包:

(1)内部审计机构现有的资源无法满足工作目标要求。

(2)内部审计人员缺乏特定的专业知识或技能。

(3)聘请中介机构符合成本效益原则。

(4)其他因素。

同时,内部审计机构需要将内部审计业务外包给中介机构实施的,应当确定外包的具体项目,并经过组织批准。

2. 内部审计业务外包的形式

内部审计业务外包通常包括业务全部外包和业务部分外包两种形式:

(1)业务全部外包是指内部审计机构将一个或多个审计项目委托中介机构实施,并由中介机构编制审计项目的审计报告;

(2)业务部分外包是指一个审计项目中,内部审计机构将部分业务委托给中介机构实施,内部审计机构根据情况利用中介机构的业务成果,编制审计项目的审计报告。

3. 内部审计业务外包管理的关键环节

内部审计业务外包管理的关键环节一般包括:选择中介机构、签订业务外包合同(业务约定书)、审计项目外包的质量控制、评价中介机构的工作质量等。

4. 内部审计机构应承担的工作及责任

内部审计机构应当对中介机构开展的受托业务进行指导、监督、检查和评价,并对采用的审计结果负责。

(二) 中介机构的选择

内部审计机构应当根据外包业务的要求,通过一定的方式,按照一定的标准,遴选一定数量的中介机构,建立中介机构备选库。

内部审计机构确定纳入备选库的中介机构时,应当重点考虑以下条件:

(1) 依法设立,合法经营,无违法、违规记录。

(2) 具备国家承认的相应专业资质。

(3) 从业人员具备相应的专业胜任能力。

(4) 拥有良好的职业声誉。

内部审计机构应当根据实际情况和业务外包需求,以及对中介机构工作质量的评价结果,定期对备选库进行更新。内部审计机构可以根据审计项目需要和实际情况,提出对选择中介机构的具体要求。相关部门按照公开、公正、公平的原则,采取公开招标、邀请招标、询价、定向谈判等形式,确定具体实施审计项目的中介机构。

(三) 签订业务外包合同

按照组织合同管理的权限和程序,内部审计机构可以负责起草或者参与起草业务外包合同(业务约定书),正式签订前应当将合同文本提交组织的法律部门审查,或征求法律顾问或律师的意见,以规避其中的法律风险。

组织应当与选择确定的中介机构签订书面的业务外包合同(业务约定书),主要内容应当包括:

(1) 工作目标。

(2) 工作内容。

(3) 工作质量要求。

(4) 成果形式和提交时间。

(5) 报酬及支付方式。

(6) 双方的权利与义务。

(7) 违约责任和争议解决方式。

(8) 保密事项。

(9) 双方的签字盖章。

如果业务外包过程中涉及主合同之外其他特殊权利义务,组织也可以与中介机构签订单独的补充协议进行约定。内部审计机构应当按照组织合同管理有关规定,严格履行业务外包合同(业务约定书)相关手续。

(四) 审计项目外包的质量控制

内部审计机构应当充分参与、了解中介机构编制的项目审计方案的详细内容,明确审计目标、审计范围、审计内容、审计程序及方法,确保项目审计方案的科学性。在审计项目实施过程中,内部审计机构应当定期或不定期听取中介机构工作汇报、询问了解审计项目实施情况、帮助解决工作中遇到的问题等,确保中介机构业务实施过程的顺利。

内部审计机构应当对中介机构提交的审计报告初稿进行复核并提出意见,确保审计报告的质量。中介机构完成审计项目工作后,内部审计机构应当督促其按照审计档案管理相关规定汇总整理并及时提交审计项目的档案资料。

如果中介机构未能全面有效履行外包合同规定的义务,有下列情形之一的,内部审计机构可以向组织建议终止合同,拒付或酌情扣减审计费用:

(1) 未按合同的要求实施审计,随意简化审计程序。
(2) 审计程序不规范,审计报告严重失实,审计结论不准确,且拒绝进行重新审计或纠正。
(3) 存在应披露而未披露的重大事项等重大错漏。
(4) 违反职业道德,弄虚作假、串通作弊、泄露被审计单位秘密。
(5) 擅自将受托审计业务委托给第三方。
(6) 其他损害委托方或被审计单位的行为。

(五) 评价中介机构的工作质量

内部审计机构可以针对具体的审计项目对中介机构的工作质量进行评价,也可以针对中介机构一定时期的工作质量进行总体评价。

内部审计机构对中介机构工作质量的评价,一般包括:

(1) 履行业务外包合同(业务约定书)承诺的情况。
(2) 审计项目的质量。
(3) 专业胜任能力和职业道德。
(4) 归档资料的完整性。
(5) 其他方面。

内部审计机构可以采用定性、定量或者定性定量相结合的方式对中介机构的工作质量进行评价。

组织及其内部审计机构应当把对中介机构工作质量评价的结果作为建立中介机构备选库、选择和确定中介机构的重要参考。中介机构违背业务外包合同(业务约定书)的,内部审计机构应当根据评价结果,依照合同约定,向组织建议追究中介机构的违约责任。

第五节 内部审计项目管理

一、审计项目的立项

内部审计机构应当根据年度审计计划确定的审计项目,编制项目审计方案并组织实施,在实施过程中做好审计项目管理与控制工作。

二、审计项目管理职责

(一) 内部审计机构负责人的职责

在审计项目管理过程中,内部审计机构负责人与项目负责人应当充分履行职责,以确保审计质量,提高审计效率。

内部审计机构负责人在项目管理中应当履行下列职责:

(1) 选派审计项目负责人并对其进行有效的授权。
(2) 审定项目审计方案。
(3) 督导审计项目的实施。
(4) 协调、沟通审计过程中发现的重大问题。
(5) 审定审计报告。
(6) 督促被审计单位对审计发现问题的整改。
(7) 其他有关事项。

(二) 审计项目负责人的职责

审计项目负责人应当履行的职责包括下列方面:

(1) 编制项目审计方案。
(2) 组织审计项目的实施。
(3) 对项目审计工作进行现场督导。
(4) 向内部审计机构负责人及时汇报审计进展及重大审计发现。
(5) 组织编制审计报告。
(6) 组织实施后续审计。
(7) 其他有关事项。

(三) 辅助管理工具的应用

内部审计机构可以采取下列辅助管理工具,完善和改进项目管理工作,保证审计项目管理与控制的有效性:

(1) 审计工作授权表。
(2) 审计任务清单。
(3) 审计工作底稿检查表。
(4) 审计文书跟踪表。
(5) 其他辅助管理工具。

思考与启发

1. 内部审计机构管理的内容主要包括哪几方面?
2. 年度计划应该说明的项目有哪些?

3. 内部审计人际关系管理对内部审计人员做出了什么要求?
4. 利用外部专家的服务存在的优劣势有哪些?
5. 内部审计机构负责人和审计项目负责人的职责有何异同?
6. 良好的人际关系的基础是什么?
7. 导致审计人员与被审计人员的人际冲突的原因有哪些?
8. 人际冲突的处理方式有哪几种?
9. 设置内部审计机构的基本原则是什么?
10. 阐述内部审计业务外包的利弊。

第七章

内部审计报告

● 思维导图

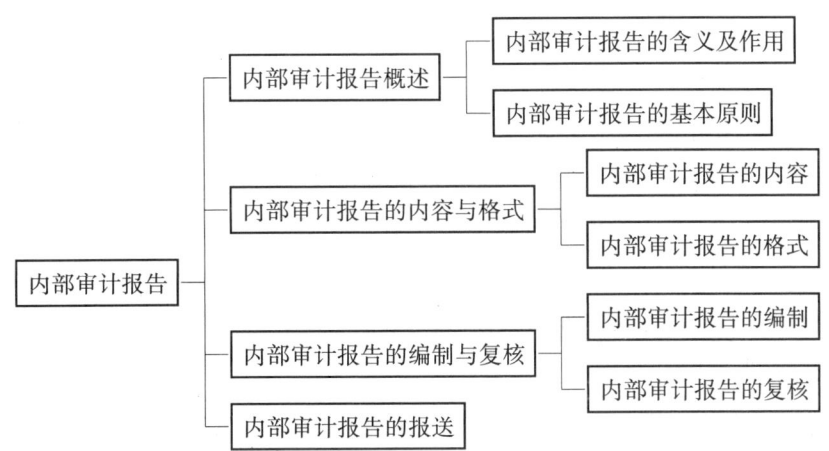

● 思政元素

（1）通过本章内容的学习，学生可以掌握内部审计报告的基本要素、学会编制内部审计报告，并且具备在审计实务中发现审计报告问题的能力。在德育素质目标中，从审计报告的变革背景入手，引导学生理解"文化自信"的内涵；从审计报告的内容变革入手，注重培养学生的社会责任感和使命感。

（2）内部审计报告作为内部审计工作的最终成果，一定要客观真实。出具恰当的审计报告要求审计人员履行社会责任，体现责任担当，实事求是，诚信为本。高质量的内部审计报告可以保障资本市场安全、维护经济活动秩序。负责撰写内部审计报告并在审计报告上签字的审计师的职业道德尤为重要。本章着重引导学生要具有诚信、公正的品质和强烈社会责任感。

第一节 内部审计报告概述

一、内部审计报告的含义及作用

内部审计报告是内部审计人员对被审计单位实施必要的审计程序后，就被审计单位经营活动和内部控制的适当性、合法性和有效性出具的书面文件。作为内部审计活动的最终的结果,内部审计报告对被审计对象的经营活动和内部控制进行评价,并且提出改进建议,是内部审计活动成果的体现,是内部审计人员与被审计单位、组织管理层和其他相关机构沟通、交流的媒介,也是内部审计活动增加组织价值、促进组织目标实现的一个重要工具。

(一) 向报告的阅读者传递信息

收集、整理和记录组织管理当局控制下各类活动的真实可靠信息是内部审计人员日常工作的一个重要方面。内部审计报告就是汇集这些信息(包括令人满意的状况和不能令人满意的状况两个方面)并对之表述审计意见和建议的一种主要方式。一份真实情况良好写照的审计报告是赢得组织管理当局或董事会、审计委员会对内部审计工作的信任并依赖其工作成果的一种有效工具。一份成功的审计报告必须能够准确地传递有关被审计活动的真实可靠信息,向使用者表明内部审计完成了哪些工作,还能够完成什么,管理部门应该关心而未能关心的是什么。管理人员,尤其是最高管理人员之所以能够对审计报告给予必要的关注,是因为他们认为作为组织内部一种相对独立职能工作结果的内部审计报告,其所收集的信息是在系统的检查和评价过程中产生的,能够较客观公正地反映事实,揭示事物的本来面目;通过审阅审计报告他们能够从不同角度来进一步熟悉和掌握在实现组织目标过程中各种活动的效率和效果。

(二) 说服报告的阅读者接受并采纳审计意见和建议

任何一份内部审计报告都应该表述内部审计人员对被审查活动所持的观点和看法,其中包括针对一些有害于组织目标实现的错误、缺陷或不良管理方式下产生的不规范行为所提出的改进意见。只有这些审计意见取得报告阅读者,尤其是那些有权对之采取纠正行动的管理人员(包括对存在问题负直接责任的)支持,内部审计报告才能真正发挥其潜在的效用,成为推动实现组织目标的有效工具。事实上,审计意见,即便是正确的审计意见也未必都能得到应有的关注,其中,审计报告不具说服力或说服力不强是其重要原因之一。因此,一份良好的审计报告在准确反映事实、传递信息的同时,还必须具有足够的说服力,能使报告的阅读者,甚至那些熟悉实情,做事谨慎的使用者也能够通过阅读报告得出与审计人员相同的审计结论和建议,并充分意识到采纳审计意见的好处。只有这样才能使审计工作真正达到协助组织内成员有效地履行其职责,改进和提高工作质量的目标,才能赢得其应有的组织地位和良好声誉。

二、内部审计报告的基本原则

为了提高审计报告质量,有效地发挥内部审计的作用,内部审计报告应当体现以下原则。

(一) 客观性原则

"内部审计人员应在审计实施结束后,以经过核实的审计证据为依据,形成审计结论与建议,出具审计报告"。即审计报告应实事求是,不偏不倚地反映审计事项。审计依据、标准不明确的事项,以及由各种原因导致模棱两可、事实不清的问题都不应该在审计报告中评价。

(二) 重要性原则

审计报告应突出重点,以点带面,充分考虑审计风险水平,不遗漏审计中发现的重大事项。审计评价要围绕预定的审计目标开展,不可盲目扩大审计范围。

(三) 简洁易懂原则

审计报告文字措辞要明确、简练。从内部审计报告的利用来看,明确是指写出的报告要让大多数人能看懂,所提出的审计意见或建议具有可操作性,被审计单位一看就知道怎么做;简练是指内部审计报告一定要主次分明,繁简得体,能短则短,把主要方面讲清楚则可。以说明审计立项依据、审计目的和范围、审计重点和审计标准等内容。

第二节　内部审计报告的内容与格式

一、内部审计报告的内容

内部审计报告应当包括的基本要素有:标题、收件人、正文、附件、签章和报告日期。现对内部审计报告的正文展开介绍,内部审计报告的正文部分主要包括审计概况,审计依据、审计结论、审计决定和审计建议。

(一) 审计概况

为说明审计立项依据、审计目的和范围,审计重点和审计标准等内容。审计概况应说明确定本次审计项目的原因,是属于内部审计机构年度审计计划安排的审计项目还是属于出自管理需要临时补充修订年度审计计划的项目等。审计概况应清楚、详细地陈述本次审计的目的,以帮助报告的使用者了解可以从报告中所获得的内容,且能够帮助他们很容易地找到所需要的信息。审计概况应对审计项目的审计范围进行说明,如存在未进行审计的领域,应在报告中指出,特别是某些受到限制无法进行核查的项目,应说明受限制无法审查的原因。同时应结合审计目的和被审计对象的实际情况,就此次审计项目的重点、难点进行说明,并说明针对这些困难采取了何种措施及其效果如何。

(二) 审计依据

审计依据用来说明在审计过程中遵守的国家制定的相关法律、法规、上级单位制定的制度等外部依据,应声明内部审计是按照内部审计准则的规定实施的。内部审计准则是内部审计人员在实施内部审计活动时必须遵循的执业规范,是保证内部审计工作质量的重要保障,因此审计报告应声明这个重要的审计依据。

(三) 审计结论

审计结论是指内部审计人员根据审计过程查明的事实或问题,对其可能产生的影响做出的评价。审计结论是审计报告中的重要组成部分。在做出审计结论时,审计人员应针对本次审计的目的、原因,根据已掌握证据和已查明事实,列示有证明力的事实作为结论的支持,对被审计单位的经营活动和内部控制做出评价,并就审计最终是否达成预期的目标做出说明。

(四) 审计决定

内部审计人员在审计报告中可能会针对审计发现的主要问题提出处理、处罚意见,供组织管理层参考。该审计决定的权威性取决于组织适当管理层对内部审计机构的授权。

(五) 审计建议

审计建议是指内部审计人员根据组织的实际情况,针对审计过程中发现的问题提出的一些解决方案、措施等。审计建议的基础是内部审计人员的审计发现和审计结论。审计建议的目的在于帮助组织的管理层对审计发现的问题做出改进或纠正。但是审计建议的采纳与否,取决于管理层对综合情况的理解和判断。

二、内部审计报告的格式

由于审计活动的性质和报告方式的不同,内部审计报告可以有以下多种不同的类型:财务审计报告和经营审计报告,最终审计报告和中期审计报告,正式审计报告和非正式审计报告,书面审计报告和口头审计报告,综合审计报告和专题审计报告等。审计报告的结构和格式取决于报告的类型。如中期审计报告是对现场审计某一方面或具体领域审计发现的说明,最终审计报告则是整个审计过程工作的最终成果。现以中期审计报告为例,对内部审计报告的格式进行说明。

(一) 中期内部审计报告

中期内部审计报告一般应用于以下情况:审计项目的实施周期比较长,需要进行阶段的总结或汇报;审计人员在审计过程中发现了一些重大问题,有必要马上进行报告;组织的管理层需要马上了解某些情况。与最终的审计报告相比,中期审计报告能够及时反馈信息,导致快速的行动,并且由于被审计单位可能因此采取了纠正措施,在所有审计程序结束后的最终报告的审计意见将会更令人满意。内部审计机构可以根据实际情况,自行确定中期审计报告的形式,书面报告可以采取简单的报告形式,也可以采取备忘录的形式等。口头中期审计报告可以直接向相关人员汇报,也可以以会议、座谈等内部审计人员认为可行的方式进行。

(二) 中期内部审计报告实务

参考范例一: 中期审计报告格式

关于"出纳付款程序"的中期审计报告(标题)

公司总经理:(收件人)

从正在进行的公司××年度财务收支审计中,我们发现公司财务部付款内部控制程序存在严重缺陷。出纳员××保管着公司财务专用章及财务经理私章,可随时支取公司款项,经过初步审核,我们已经发现未经审批的付款××笔,共计××万元,如果不采取紧急措施,将可能导致更大的舞弊风险。(审计发现)

根据上述情况,我们建议财务经理收回相关印鉴,对每一笔公司款项的支付严格审核后才能签发,同时责成出纳员说清××万元款项的去向,采取各种手段追回款项,并建议临时停止出纳员的职务工作。(审计建议)

附件:1. ××
      2. ××
      3. ××(附件)

审计项目负责人:××

审计小组成员:××、××

××审计机构(签章)

××年××月××日(报告日期)

参考范例二:中期审计报告备忘格式

资本性支出授权的中期报告(标题)

供销部经理:(收件人)

在审计资单位资本性项目的过程中,我们发现目前所发生的资本性支出没有取得相应的批准文件。在××个资本性项目中,我们抽取了××个进行检查。累计支出××万元人民币。在档案资料中,均没有发现取得相应的批准文件。(审计发现)

造成这种结果的原因是:最近改组重建的会计部门还没有在项目建设之前授权专门的人员负责批准;另外,采购订单的复核、批准还没有建立相应的程序。(审计发现的原因)

为了确保按照企业管理当局的意图对资本性支出业务进行有效的控制,我们建议单位应该授权专门人员负责采购业务的批准;另外,在实施采购之前,采购订单应该与经过批准的文件进行核对验证。(审计建议)

审计员:×××

×××(签章)

××年××月××日(报告日期)

(三) 最终内部审计报告

中期内部审计报告并不能取代最终的正式内部审计报告,在所有审计程序执行完毕后,内部审计人员需要按要求出具正式的最终内部审计报告。最终内部审计报告的格式应包括内部审计部分的主要内容,一般采取书面形式。最终内部审计报告是指在审计实施阶段的工作完成之后,依据中期审计报告的内容和与被审计单位适当层次的管理人员之间的讨论结果,并由经授权的内部审计人员(一般是项目审计主管)签字确认的,反映审计工作最终成果的正式书面文件。

《内部审计专业实务标准》指出，虽然内部审计报告的结构和内容可以依据组织和审计类别变化，但至少应该说明审计的目标、范围和结果，并可以包括适当的背景信息。根据该标准的一般准则和细则的一般要求，大多数最终内部审计报告应包括五个组成部分：背景介绍，审计目标和范围，审计意见和结果，被审计单位对审计结果的意见，其他事项。这些组成部分构成了现行最终内部审计报告的总体结构和内容要求。它们是综合性报告的提纲，可以有弹性。

1. 背景介绍

这一部分是报告的序言或前言，篇幅一般不应太长，其主要目的在于为读者了解审计主题提供必要的解释性资料。背景介绍可以简明扼要地说明所审计的组织单位和活动，描述其主要特征；说明在报告之前有关审计发现、意见（结论）和建议的情况，还可以说明报告是否包括了审计的日程和所要求的答复。如果是管理当局或董事会审计委员会所要求完成的特殊任务，背景介绍应该首先指明这一点，并简明说明被审查者的目标，权力和责任范围。

2. 审计目标和范围

审计目标旨在阐述审计的意图，必要时还可以申述审计的理由和预期的目标。准确地说明审计的目的并按照适当的逻辑顺序来说明达到目标的活动及其结果，能够给读者清晰地展示一条贯穿整个报告的中心主线，为读者了解报告其余部分的内容提供符合逻辑的思维。审计目标的说明应该准确，并可适当具体一点。

审计范围要明确指出所审计的活动和所包含的期间。由于审计范围受到审计目的、目标和准备工作结果的共同影响和制约，可能与年度审计计划或最初拟定的范围不一致。因此，在必要的情况下，审计范围应该清楚地指明所审查的具体领域及其原因，还可以适当地指出每一个审计领域的工作深度。

报告中的范围和目标说明往往结合在一起，成为一个部分，并应致力于使读者明确该项审计。如审查了什么、为什么审查这些活动而没有审查另外一些活动。但是，这一部分应该避免将达到目标、目的具体审计步骤和方法列示在内，因为高层管理人员想知道的往往是内部审计人员做了些什么及其原因和结果，而不是怎么做。

3. 审计意见和结果

审计意见和结果是内部审计人员对审计发现所做的职业判断和评价结果，它表明了审计人员对被审查活动所持的态度和看法。尽管不是所有的内部审计组织都要求对审计发现的事实进行全面综合评价，但是，阅读报告的高层管理人员往往需要这种意见，询问审计人员对所审查活动的意见是一件很自然的事。因此，一些先进的内部审计组织都要求在审计人员审计报告中表述审计意见。这时，审计活动才开始真正步入现代内部审计的进程，上升成一种有高度和深度的管理活动。《内部审计专业实务标准》指出，在适当的情况下，审计报告应该包括审计人员的意见，这种意见应该包括审计范围内的所有方面。通常，意见可以包括令人满意的和不令人满意的两个方面，但更多的是后者。如果审计人员感觉到不能或难以准确地表述审计意见，应该在报告中说明原因。

审计意见和结果是审计检查和评价活动的最终成果,一般包括审计发现、结论(意见)和建议三部分。

审计发现是通过对被审计活动"应该怎样"与"实际怎样"的分析比较而揭示的事实。审计发现是审计结果的核心内容,意见(结论)和建议都是针对审计发现提出来的。审计发现有好有坏,它可能表明一种令人满意的情况,也可能是一些令人忧虑的问题或缺陷。

一般而言,揭示被审计活动良好状况的审计发现(积极审计发现)不需要审计人员与被审计单位进行广泛深入的讨论。因为当呈送给高层管理人员的审计报告中写到"该单位的经营活动得到了有效地控制且富有效果"时,对此提出异议的被审计单位几乎不存在,可以在报告中适当地予以说明。同样,这种陈述必须有充分的审计证据支持,并完整地记录于审计工作底稿中,否则,不符合实际的赞美之词会损害内部审计的独立性和声誉。尽管报告积极的审计发现表明了内部审计人员实事求是的工作态度,也有助于审计人员与业务人员建立良好的合作关系,但是报告的篇幅不宜太长,语言应求精练。尽管高层管理人员也希望听到他们所关心和忧虑的领域的实际状况是令人满意的,但在绝大多数情况下,他们更希望知道这些领域存在哪些问题和缺陷,哪些方面还需要或可以得到改进。

可见,说明不良状况的审计发现(消极审计发现)应该成为审计报告的核心部分。这些发现可能是控制或程序的效果不好、工作效率不高、资源使用不经济或财务会计控制不严、核算不规范等。但是,并非所有的消极审计发现都要写入审计报告,因为只有那些对组织有重大危害的问题才会引起高层管理人员的关注,才值得报告。至于一般意义上的细小缺陷只需写进审计备忘录或采用其他方式提醒被审计单位注意,并督促其改正便可。在撰写审计报告之前,内部审计人员应该将所有的消极审计发现与适当层次管理人员进行讨论,取得一致意见,以确认其真实性和合理性。消极审计发现往往是业务人员所不愿意接受的,甚至可能遭到申辩和驳斥。这要求内部审计人员对所报告的问题或缺陷的真实性有充分的信心,所收集的证据有足够的证明力并能够合理地解释其前因后果。

因此在审计报告中,客观准确地说明消极审计发现是非常重要的。一份好的审计报告应该准确地说明审计发现的特征及其前因后果,并能够反映"审计概念"的运用过程,使报告的阅读者认同所反映的事实和意见。这需要审计发现的写作具有符合逻辑的思维。所有的审计发现都应该包括,并在报告中阐明以下几个方面:

(1) 说明情况——目前的实际状况是什么,即"实际怎样"。
(2) 标准——所审计活动适用的评判或审计标准,即"应该怎样"。
(3) 影响或后果——目前状况有何不良影响,或造成了什么样的结果。
(4) 原因——导致目前状况的真实原因,即"为什么"。

审计建议是内部审计人员根据审计发现和意见(结论)提出的改进不良状况的措施或纠正行动。审计报告所提出的审计建议应该与审计发现存在必然的联系。确切地讲,建议必须针对所存在的问题或缺陷,否则,就成了"无的放矢"的无稽之谈。例如,如果报告的消极审计发现是废旧物资或设备的清理、报废、降价出售等缺乏必要的控制程序,那么,与之相联系的建议则应该包括建立一项控制制度,并贯彻之。报告中的建议可以是概括性的,也可以是具体的,但任何一条建议都应该有利于组织目标的实现,符合成本效益原则,并应该是切实可行的。这样才使有权对之采取行动的管理人员接受建议并将其付诸实施。

4. 被审计单位对审计结果的意见

《内部审计专业实务标准》要求,内部审计人员应当与被审计单位适当层次的管理人员或经理反馈审计的意见和建议,并将被审计者的意见写入审计报告。这部分主要说明被审查者对审计中发现的问题和缺陷所表述的与审计人员不同的意见和看法。如果双方对报告的所有方面都达成了共识,则不必将被审查者的每项具体观点都写入审计报告,如果双方对有关重要事项存在严重分歧且讨论没有达成一致性意见,则该分歧应该如实地反映在审计报告中,供上级管理者评判。但是,对审计发现所揭示的事实,双方不应该存在分歧。

准确地表达被审查者所持的不同意见或观点不是一件容易的事情。为避免不应有的争执,内部审计人员通常根据实际需要将被审查者对审计备忘录的书面答复作为报告的一部分。这既可以避免因争执带来的感情伤害,又迫使被审查者认真考虑并证实审计人员所认定的问题和建议中所提出的改进措施。

5. 其他事项

其他事项主要指与本次审计任务没有直接关系或关系不重要的某些方面的情况。它可能是一些不重要但应该引起关注的不良倾向,也可能是被审计单位要求审计人员向企业管理当局反映的一些实际困难,等等。有时,高层管理人员临时要求关心的一些事项或后续审计结果的有关情况也包括在这一部分中。

(四) 最终内部审计报告实务

参考范例:最终内部审计报告

一、封面

×××公司机密内部审计报告

报告名称:关于 ABC 的审计报告

报告编号:ABC 集团内审字[200×]第 0×× 号出具

报告时间:200× 年 ×× 月 ×× 日

报告抄送:董事长、各副总裁、董事长助理、财务总监、×× 部门

二、报告正文

关于 ABC 分公司的审计报告

ABE 集团内审字[200×]第 0×× 号

我们于 200× 年 ×× 月 ×× 日至 ×× 月 ×× 日对 ABC 分公司进行了审计。ABC 分公司资料的提供和编制、建立健全内部控制制度、保护资产的安全完整是分公司财务及 ×× 管理部门的责任,我们的责任是在实施审计工作的基础上发表审计意见。

我们按照《内部审计准则》有关规定计划和实施审计工作,通过审计目的在于掌握分公司经营情况、内部控制制度执行情况,以便进行分析,从中评价出经营中存在的差距及揭示

主要问题,针对重大缺陷提出审计意见。本审计报告中提出的问题及审计意见,请各分公司及公司相关部门在此基础上认真进行自查、完善、整改,后续审计中再发现此类问题按ABC规定及本次审计意见进行处罚。

ABC分公司的基本情况……

审计中发现的问题及审计意见:

(一) ABC分公司资金管理不规范

(1) 职工借款随意性,借款金额大期限长,有的借款理由不充分,甚至有的旧账不结又填新账,截至审计日借款金额情况……借款超3个月的有……借款超1年的有……

(2) 现金存款不能及时上缴公司账户的现象,如ABE分公司200×年××月××日的××金×××元,截至200×年××月××日尚未上缴,时间长达近××个月。

审计意见:严格财务控制制度,对不执行财务规定的分公司经理、会计各承担违规金额25%的处罚。

(二) 存货管理、库龄、结构存在不足

1. 业务员借货现象普遍存在,数量之大日期之长令人费解

截至审计日借出存货××件,折算成金额××元,为库存金额的××%。时间超3个月的有××件,折算金额××元,其中超1年的有××件套,折算金额××元。而且有些业务员已离职,如××借货××件折算金额为××元,已于去年辞职。

审计意见:现有不超1个月无损的借货加强催收力度尽快收回;超1个月及损坏的借货落实责任人按售价的7折收回现金,没有责任人的分公司经理(或原经理)、会计、保管人员按3∶3∶4的比例扣款。通过本次清理,以后借货理由要充分,分公司经理要审批,分公司会计随时监督,不准出现一个月以上借货,职工辞职要清理借货。否则分公司经理、会计、保管人员分别按零售价承担3∶3∶4的责任。

2. 存货盘点账实不符严重

存货盘点的目的在于查找错误指出问题,以便管理控制的改进与提高。根据重要性原则,考虑成本效益,本次审计差错的定义为:只要同种类成品,实盘与账面不符即为账实不符,核对中并不进行合并调整。具体的财务操作必须根据本次审计盘点情况另行仔细盘点,该合并的合并,该调整的进行调整。

(1) 盘点对账具体情况:

按总数种类差错相抵后计算的差错率为××%。

账实核对不符情况:品种/盘盈/盘亏/盈亏绝对值合计××元。

(2) 我们通过调查了解,分析具体原因如下……

3. 按库龄分析

根据最后一次进货测算,超3个月的库存,占全部库存的××%;超6个月的库存,占全部库存的××%;超1年的库存,占全部库存的××%。超龄库存不但每年耗费较大的资金成本,更重要的是已成为困扰资金周转的桎梏。

库龄种类明细:品种合计/分析原因……

4. 按存货结构周转情况分析

全部××存货去年同期销售××件,今年上半年的销量为××件,ABC分公司库存××件,测算需××个月销完。

审计意见:在以上盘点的基础上,公司对现有库存进行库龄的统一排查,在查清库龄的基础上,完善财务软件或××系统对存货的实时监控,为公司库存管理,经营决策提供信息。同时为盘活库存,加强资金流转,节约财务费用,缓解公司资金紧张的压力,请公司决策层针对公司库存目前的库龄,销售前景预测情况,在消化调整库存结构的基础上,制定有效的清仓利库管理制度,并作为一个长期的策略贯彻下去。

(三)费用合理性难以界定

费用单据报销不规范,如招待费有的未注明为何事招待何人;有的经办人、分公司审签人仅经理一人,审计无法界定是否合理合法。

审计意见:……

(四)低值易耗品管理存在差距

ABC分公司的低值易耗品台账记录无规格型号、无产地、无购入日期或调入日期等,不详细、不及时、不全面、不规范;分公司低值易耗品管理存在缺陷,有的随处乱放,有的损坏不及时修理,如有两张办公桌抽屉、柜门损坏无修理,一台转椅损坏放在四楼迎门处。

审计意见:对丢失、损坏的要落实原因,是责任人原因的要追究责任,加强日常维护、维修工作,分管领导承担管理责任。

(五)销售审计情况分析

1. ×～×月销售额构成分析

20××年×～×月ABC分公司××销售金额同比增长××%。从构成情况看……

2. ×～×月销售量分析

从销量及增长幅度可以看出××、××、××增长较快,××销售增长缓慢,具体分析……

审计意见:……

(六)1～6月销售费用构成及销售费用率分析

分公司费用构成及销费用率对比情况……

(七)店面门头形象、店内布局,专卖店管理制度不健全

分公司出现……

审计意见:……

(八)存货进销存、财务收支明细账记录不规范、不全面

ABC分公司的存货进销存明细账没有月结,累计;用红字记录出库,商场与专卖店调货不经仓库调账;财务收支明细账无月结、累计,有的不按财务记账规则涂改……

审计意见:……

(九)礼品卡管理存在漏洞

1. 借支礼品卡时间较长,截至××年××月××日,借支礼品卡如下……

2. 有效期问题……

3. 礼品卡注明一次消费,但实际中存在分次消费或变相分次消费(换卡)的现象……

4. 面值、有效日期标注不规范,有的用电脑打印纸条粘贴在卡上,有的在卡上直接圆珠笔或碳素笔书写,有损害于一个知名品牌的形象。

审计意见:规范礼品卡及消费的管理,面值、有效日期标注直接印刷在卡上或统一用电脑打印纸条粘贴;礼品卡有效期问题严格按卡面上标注执行,个别卡超期一律到总公司核验后处理或折价后换卡消费,分公司无权接受自行处理;如同有效期一样,在维护公司形象及严肃性前提下,严格按礼品卡标注使用;除了特殊情况经总公司财务部长批准外不准借出,对私自借出的一律按面值追究分公司经理及会计各50%的责任。本次审计查出的借卡,请相关部门与人员及时与有关部门联系,尽快进行财务账务或收款处理。

(十) 分公司财务基础薄弱,不能适应财务管理的要求

库龄分析是一项很重要的基础管理工作,但分公司不能提供出存货的库龄,也从未进行过库龄、库存结构的分析,更无从谈起为公司存货决策提供信息……合同签订、跟踪管理……

审计意见:以集团公司财务部牵头,组织××部、××部共同对存货管理、合同管理等基础性的财务管理工作……

(十一) 分公司财务核算架构不合理

财务收支控制的高度集中并不等于核算的集中。目前分公司大多有独立的营业执照且为独立的纳税主体,从财税制度上应为独立经营,独立纳税的独立核算单位,但结合分公司的审计情况看,分公司并未形成独立核算的经营实体,分公司会计行使的职责相当于部门核算员,并不是真正意义上的会计……

审计意见:……

附注:①ABC分公司基本情况表。②ABC分公司职工借款情况表。③ABC分公司借贷明细表。④ABC分公司销售分析表。⑤ABC分公司费用分析表。

ABC集团有限公司总审计师:××
助理审计员:××
审计部20××年××月××日

第三节 内部审计报告的编制与复核

一、内部审计报告的编制

内部审计报告是对被审计单位经营活动及内部控制的适当性、合法性和有效性所做出的相对保证。

内部审计报告编制主要包括以下四个过程。

（一）整理分析工作底稿

审计工作底稿是分散的、不系统的，审计人员要在审阅底稿的基础上，去粗取精，选择符合审计目的、有价值的证据资料作为撰写审计报告的基础。

（二）拟定审计报告提纲

在对审计工作底稿进行分析整理归类的基础上，审计人员按审计报告结构和主要内容，逐项列出编写提纲。

（三）撰写审计报告初稿

审计报告初稿应实事求是，不偏不倚地反映审计事项，可以由一个人执笔，也可以多人分工撰写。

（四）征求被审计单位意见

为确保审计的客观性和公正性，审计报告完稿后，应征求被审计单位的意见。被审计单位对审计报告持有异议的，审计项目负责人及相关人员应进行研究、核实，必要时应修改审计报告。

二、内部审计报告的复核

审计报告经过必要的修改后，应连同被审计单位的反馈意见及时送内部审计机构负责人复核。内部审计机构应该建立健全审计报告分级复核制度，明确规定各级复核的要求和责任。审计现场结束后，内部审计机构详细复核底稿中做出的结论或反映的问题，以确定审计发现问题的重要程度。重点复核报告内容的真实性、合理性，措辞表达的恰当性、建议的实用性和可操作性等。

第四节 内部审计报告的报送

在内部审计报告完成之后，内部审计人员应将审计报告送交相关人员，主要包括被审计单位和组织适当的管理层等。将审计报告送交被审计单位时，应要求被审计单位及时采取纠正措施，解决审计中发现的问题，即内部审计整改。

所谓组织适当的管理层主要是指主管内部审计机构的管理层、主管被审计机构的管理层，以及有权对审计发现问题采取纠正措施或能对采取纠正措施做出指示的管理层。必要时也可以将报告呈送给董事，监事等相关人员。

另外可能对审计报告有需求的则是组织外部的一些机构和人员。如国家审计机关或独立审计组织出于利用内部审计成果的目的，也可能会向组织的内部审计机构提出要求。在决定对外报送内部审计报告时，内部审计报告须经内部审计机构负责人或组织适当管理层的批准程序后才能送出,但是法院、检察院或其他有权部门依照法律进行查阅的除外。

内部审计报告是重要的审计资料,应当按照内部审计机构制定的审计档案管理制度加以妥善保存,限制未经批准的人员随便接近内部审计报告。内部审计机构可以考虑对审计报告进行编号存档,以便于管理与查找。单位应建立审计报告的借用登记制度,防止借出的内部审计报告遗失。

思考与启发

1. 什么是内部审计报告?内部审计报告的作用有哪些?
2. 内部审计报告的基本原则是什么?
3. 内部审计报告的基本要素有哪些内容?
4. 内部审计报告正文的主要内容是什么?
5. 内部审计报告有哪几种分类?
6. 内部审计报告的编制过程包括哪些方法?
7. 内部审计报告应如何进行复核?
8. 内部审计报告的报送对象有哪些?
9. 在什么情况下需要编制中期内部审计报告?
10. 编制内部审计报告的主要依据有哪些?

第八章

国际内部审计

思维导图

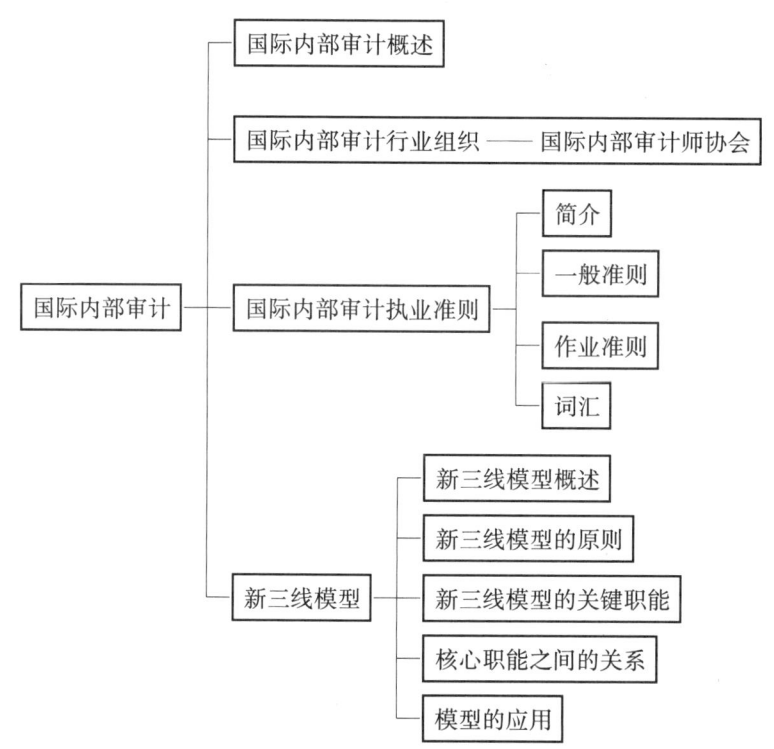

思政元素

（1）通过对本章的学习，学生能充分了解到国际内部审计发展的现状，明确新形势、新环境、新要求为审计工作带来的机遇与挑战。此外，国际内部审计对中国内部审计有着深远影响，在审计教学中，教师既要鼓励学生吸取国际内部审计的工作经验，更要引导学生立足本国实际，创造性地开展审计工作，激励和增强青年学生的使命感和社会责任感。

（2）树立公正意识。审计作为独立第三方，和被审计单位的管理人员没有联系，因而能公正地进行审计事项，在整个审计过程中都保持独立性。

（3）树立法治意识。审计的核心就是要依照相关政府审计准则，对被审计单位出具审计意见。在依法治国的大环境下，依法审计尤为重要。

（4）树立敬业意识。审计作为一项监督活动，要求审计人员需要具备敬业精神，用敬业精神保证审计的独立性、权威性。

（5）树立诚信意识。诚信是个人的立身之本，被审计单位有责任如实报出自身的财务报表，如实反映企业的财务状况、经营成果和现金流量。审计要合理保证财务报表等所有重大方面都公允。

第一节　国际内部审计概述

"现代内部审计之父"劳伦斯·索耶在《索耶内部审计学》中指出："内部审计在古代就有其起源，但是，到近代这棵大树才开始根深叶茂，内部审计的历史从古至今。经历了一个缓慢而艰难的过程。"内部审计发展至今，国内外诸多学者在此领域已积累深厚的学术成果。内部审计逐步从独立审计服务的附属品发展成为一个独立的专业和学科，了解和研究内部审计的历史演进过程有助于我们探寻内部审计未来发展趋势，进一步理解内部审计精髓，为内部审计的自身建设提供方向。国际内部审计的发展概述详见本书第一章第一节：内部审计的发展历程的第一部分。此处不再赘述。

第二节　国际内部审计行业组织——国际内部审计师协会

国际内部审计师协会（IIA）亦简称内部审计师协会，是内部审计的国际性民间学术团体，其前身是美国的内部审计师协会，于1941年在美国纽约成立，是美国的一个全国性民间学术团体。1941年后，英国、加拿大、澳大利亚、法国、日本等国家的内部审计师先后加入，使该组织逐渐成为世界性的组织。截至2019年4月，共有170多个国家和地区加入该组织，会员人数超过20万人。协会总部目前设在美国得克萨斯州，下设六个分部，分别负责培训、科研、出版、宣传通讯、内部审计师签证和协会财经事务等工作。

（一）协会概述

1987年12月，中国内部审计学会加入了国际内部审计师协会（IIA），成为国际内部审计师协会（IIA）的国家分会，当时，由中国内部审计学会推荐的国际内部审计师协会（IIA）会员人数为200多名，2002年5月，中国内部审计学会更名为中国内部审计协会。

（二）协会机构

国际内部审计协会（IIA）的组织机构主要有理事会、执行委员会、国际委员会和总部。

1. 理事会

理事会是协会的最高领导机构。由执行委员会委员、大区组织和地区组织的主任和一般主任组成。他们来自各行各业的内部审计师,作为志愿者为协会无偿服务,任期一年。理事会的主要职责是审批协会工作计划,预算,受理各委员会提出的建议,指导协会的工作。

2. 执行委员会

执行委员会由理事会主席、第一副主席、3位副主席、国际秘书、国际司库、3名近期前任理事会主席组成,负责监督协会日常工作。

3. 国际委员会

国际委员会是下列各机构的总称,在组织体系上属于执行委员会领导。各国际委员会的成员全部是由志愿者担任。

(1) 专业实务部,负责发表《内部审计实务标准》(注:以下简称《标准》。"标准"一词亦译为"准则")。

(2) 高级技术委员会,负责发表《内部审计实务标准公告》。

(3) 专业标准委员会,负责发表《内部审计实务标准说明》(注:中文版没有译出)。

(4) 专业问题委员会,就一些专业性问题向协会提出建议。

4. 总部

总部负责处理协会的日常事务工作,由协会常任主席领导,设在美国佛罗里达州。总部下设与执行委员的各国际委员会对口的机构以为其服务。总部还设有财务部,以处理协会日常财务收支。

第三节 国际内部审计执业准则

一、简介

内部审计专案的执行面临多元的法律及文化环境,其所涉及机构的目的、大小、复杂性及结构有别,并可由机构内部或外部人员执行。虽然上述差异可能影响每一种环境下内部审计实务,但若要善尽内部审计人员之职责,则遵循国际内部审计执业准则(以下简称执业准则)是非常重要的。若内部审计人员受到法规的限制,而无法遵循执业准则的某些部分,其仍应遵循其他部分之执业准则,并作适当的披露。

若内部审计人员并用本执业准则和其他权威机构发布的准则,亦可于必要时,在审计报告中引述所使用的其他准则,若其他准则更为谨慎,则可遵循该准则。

本执业准则的目的在于:

(1) 描述代表应有之内部审计实务的基本原则。

(2) 提供一个架构,以便于执行及促进广泛的具有附加价值之内部审计活动。

(3) 建立内部审计绩效评估的基础。

(4) 促进机构流程及营运之改善。

本执业准则属于以原则为焦点的强制性规定,其包含:

内部审计专业实务基本规定及其成效评估之各项准则,适用于国际间的各个机构及个人。

各项解释,其阐明各项准则内之名词或观念

本执业准则使用列入词汇内具有特定意义的名词。特别是:本准则使用"须"指无条件的规定,以及"应"说明预期准则被遵循,除非经过专业判断,其情况容许偏离准则。

为了正确了解及适用执业准则,必须同时考量准则及其解释,以及词汇里的特定意义。

本执业准则的架构包含一般准则(attribute standards)、作业准则(performance standards)及实施准则。一般准则探讨执行内部审计活动之机构及个人的特性。作业准则则描述内部审计服务的性质,并提供用以评估内部审计服务执行情形的品质标准。实施准则属于一般准则及作业准则的延伸,提供适用于确认性或咨询服务的规定。

确认性服务包含内部审计人员对于证据的客观评估,以便针对某个体、某项营运、某项职能、某项流程、某个系统或其他主题提出独立的意见或结论。确认性专案之目的与范围由内部审计人员决定。确认性服务通常涉及下列三方面人员:①与该个体、营运、职能、流程、系统或主题直接有关的人员或团体——流程负责人。②进行该项评估的人员或团体——内部审计人员。③使用该项评估的个人或团体——使用者。

咨询服务的性质为提供建议,通常根据专案客户的特定要求进行。咨询专案的性质及范围取决于与专案客户的协议。咨询服务通常涉及双方当事人:①提供该项咨询的人员或个体——内部审计人员以及。②寻求及接受咨询的人员或团体——专案客户。进行咨询服务时,内部审计人员应维持客观性,并不得承担管理阶层的责任。

本执业准则适用于个别审计人员及内部审计单位。所有内部稽核人员应遵守有关个人的客观性、专业性及专业上应有注意之执业准则。此外,内部审计人员应遵循本准则,其攸关审计人员工作职责之履行。内部审计主管应对本准则之全面遵循负责。

执业准则的制定与发布是一项持续的过程。国际内部审计准则委员会在发布执业准则前,会进行广泛的咨询及讨论,其包括透过准则草案向全球公开征询意见。所有的准则草案都公布在国际内部审计协会网址,并寄发给全国的内部审计协会分会。

二、一般准则

(一)目的、职权及责任

内部审计单位之目的、职权及责任,须明订于内部审计规程,其内容须符合内部审计之定义、职业道德规范及本准则之要求。内部审计主管须定期检讨内部审计规程,并将其提报高阶管理阶层及董事会通过。

解释:

内部审计规程系一份正式文件,用以界定内部审计单位之目的、职权及责任。内部审计规程确立内部审计单位在机构内之地位、包括内部审计主管向董事会进行功能性报告之关系的性质;授权其接触与专案执行有关之记录、人员及实体财产,以及界定内部审计业务之范围。内部审计规程之最终核定权属于董事会。

(1) 确认性服务之性质须于内部审计规程明定。若确认性服务系提供给机构外之对象,此等服务之性质亦须于内部审计规程明定。

(2) 咨询服务之性质须于内部审计规程明定。

内部审计定义、职业道德规范及本准则之确认

内部审计定义、职业道德规范及本准则之强制性须于内部审计规程中确认。内部审计主管应与高阶管理阶层及董事会讨论内部审计定义、职业道德规范及本准则。

(二) 独立性与客观性

内部审计单位须具超然独立之地位,内部审计人员执行业务须保持客观。

解释:

独立性系指内部审计单位以无偏袒方式执行内部审计职责的能力,免于受到威胁。为达到有效执行内部审计单位职责所需之独立性程度,内部审计主管可以直接及无限制地与高阶管理阶层及董事会接触。此项需求可透过双重之报告关系予以达成。对于独立性之威胁须从个别审计人员、专案、功能性及机构别等层级加以管理。

客观性系指无偏袒之心,使内部审计人员得以一定方式执行专案,而对其工作结果具有信心,且无品质上之妥协。客观性要求内部审计人员对于稽核事项之判断不受他人影响。对于客观性之威胁须从个别审计人员、专案、功能性及机构别等层级加以管理。

1. 机构之独立性

内部审计主管须向机构内能使内部审计单位完成其责任之层级报告。内部审计主管须至少每年一次向董事会确认内部审计单位在机构内之独立性。

解释:

内部审计在功能上向董事会报告时,即有效达到其机构独立性。向董事会进行功能性报告,例如董事会:

① 核准内部审计规程。

② 核准以风险为基础之内部审计计划。

③ 核准内部审计预算及资源计划。

④ 接受内部审计主管有关内部审计单位执行其计划及其他事项之报告。

⑤ 核准有关内部审计主管聘任及解职之决策。

⑥ 核准内部审计主管薪酬。

⑦ 向管理阶层及内部审计主管进行适当的询问,以确认是否有不当之审计范围或资源限制。

内部审计单位于决定内部审计范围、执行工作及沟通结果时,须能免于受到干扰。

内部审计主管须与董事会直接沟通及互动。

2. 个别人员客观性

内部审计人员须秉持公正无私之心度,并避免任何利害冲突。

解释：

利害冲突系指受到信任之内部审计人员面临专业竞业利益或个人竞业利益之情况。该项竞业利益可能导致内部审计人员难以无偏地履行其职责。即使并未发生违反伦理或不当之行为，仍存在着利害冲突。利害冲突会导致形式上之不当，从而降低他人对于该内部审计人员、内部审计单位，以及内部审计专业之信心。利害冲突可能损害个人客观执行其职责之能力。

3. 独立性或客观性受损

独立性或客观性有形式上或实质上受损时，须向适当对象揭露，揭露之性质视受损情形而定。

解释：

内部审计单位独立性及个人客观性之受损可能包含（但不局限于）个人利害冲突、范围限制、资源受限（例如经费），以及对于记录、人员及财产接触之限制。

独立性或客观性受损细节须揭露之适当对象，取决于内部审计规程记载之内部审计单位及内部审计主管对于高阶管理阶层及董事会应负之责任，以及该项损害之性质。

（1）内部审计人员须避免评估其先前负责之特定业务。若内部审计人员对过去一年所负责之业务提供确认性服务，其客观性视为受损。

（2）确认性服务专案涉及内部审计主管负责之职务时，须由独立于内部审计单位以外之人士督导。

（3）内部审计人员可对其先前负责或查核之业务提供咨询服务。

（4）若内部审计人员对拟提供之咨询服务之独立性或客观性有潜在受损之虞，须于接受专案前向委任客户揭露。

（三）技能专精及专业上应有之注意内部审计工作之执行，须具备熟练之专业技能，并尽专业上应有之注意

1. 技能专精

内部审计人员须具备执行其个别职责所需之知识、技能及其他能力。内部审计单位整体须具备或取得履行其职责所需之知识、技能及其他能力。

解释：

知识、技能及其他能力为一项集合名词，系指内部审计人员有效履行其专业责任所需专业上之精通程度。内部审计人员宜取得适当之专业证照及资格，如国际内部审计协会及其他适当专业机构所提供之内部审计师头衔或其他头衔，以显示其专精。

（1）内部审计人员欠缺执行确认性专案所需之知识、技能或其他能力时，内部审计主管须取得适切之专业建议及协助。

（2）内部审计人员须具备足以评估舞弊风险及机构如何管理舞弊风险之知识，但无须具备与主要负责舞弊侦测及调查者相当之专精能力。

（3）内部审计人员须充分了解资讯科技之主要风险与控制，及以科技为基础之可用审计技术，使执行其被指派之工作。但并非所有内部审计人员皆应具备与主要负责资讯科技审计者相当之专精能力。

(4) 内部审计人员欠缺执行咨询专案所需之知识、技能或其他能力时，内部审计主管须拒绝接受该项委任，或取得适切之专业建议及协助。

2. 专业上应有之注意

内部审计人员须采行合理谨慎及适任之内部审计人员所应有之注意及技能。尽专业上应有之注意，并非意指完全无错误或失败。

(1) 为善尽专业上应有之注意，内部审计人员执行确认性专案时，须考量下列事项：

① 达成专案目的所需工作之程度或范围。

② 所涉及事项之相对复杂性、重大性或重要性。

③ 治理、风险管理及控制过程之适足性与有效性。

④ 重大错误、舞弊或未遵循之可能性。

⑤ 专案成本与潜在效益之关系。

(2) 内部审计人员在善尽专业上应有之注意时，须考虑采用以科技为基础之审计及其他资料分析技术。

(3) 内部审计人员对可能影响机构目标、营运或资源之重大风险，须保持警觉。纵使已善尽专业上应有之注意，确认性程序之执行仍不能保证辨识所有重大风险。

(4) 内部审计人员提供咨询服务时，须考量下列事项，以尽专业上应有之注意：

① 客户之需要及期望，包括专案结果之性质、提出时机及沟通方式。

② 达成专案目的所需工作之复杂性及其程度或范围。

③ 专案成本与潜在效益之关系。

3. 持续专业发展

内部审计人员须持续其专业发展，以增进知识、技能及其他能力。

(四) 品质保证与改善计划

内部审计主管须订定及维持一套涵盖内部审计单位所有层面之品质保证与改善计划。

解释：

品质保证与改善计划系用以促使评估内部审计单位对于内部审计定义及本准则之遵循情形，以及评估内部审计人员是否遵守职业道德规范。该项计划亦评估内部审计单位之效率及效果，并辨识改善之机会。

1. 品质保证与改善计划之要求

品质保证与改善计划须同时包含内部评核及外部评核。

(1) 内部评核。内部评核须包括：对内部审计单位之绩效作持续性监控，以及定期自我评核或由机构内充分了解内部审计实务及本准则之其他人员执行定期评核。

解释：

持续性监控是内部审计单位日常督导、复核及衡量的一部分。持续性监控应并入用于管理内部审计单位之例行政策及实务，并使用必要之流程、工具及资讯，以评估对于内部审计定义、职业道德规范，以及本准则之遵循情形。

定期评核系用以评估内部审计定义、职业道德规范，以及本准则之遵循情形。

充分了解内部审计实务系指至少了解国际专业实务架构之所有组成要素。

（2）外部评核。外部评核须每五年至少进行一次，由机构外适任、独立之评核者或评核团队执行。内部审计主管须与董事会讨论外部评核之形式及频率，外部评核者或评核团队之资格及独立性，包含潜在之利害冲突。

解释：

外部评核之形式可为全面外部评核或经过独立外部验证之自我评核。适任之评核者或评核团队展现其专精于两个领域：内部审计专业实务及外部评核过程。专精可透过经验及理论学习之综合，予以展现。在类似规模、复杂度、部门或产业之机构所获得之经验，优于较不攸关之经验。若使用评核团队，并非该团队所有成员需要具备全部之能力，而是整个团队适任。内部审计主管应用专业判断，以评估评核者或评核团队是否展现适任所需之专精。

独立之评核者或评核团队系指并无实质或明显之利害冲突，且不属于或不受制于受评内部审计单位所属之机构。

2. 品质保证与改善计划之报告

内部审计主管须将品质保证与改善计划之结果向高阶管理阶层及董事会报告。

解释：

品质保证与改善计划结果沟通之形式、内容及频率之决定，系透过与高阶管理阶层及董事会之讨论，并考量内部审计规程有关内部审计单位及内部审计主管之职责。为呈现对于内部审计定义、职业道德规范，以及本准则之遵循，外部评核及定期性内部评核之结果于该项评核完成时进行沟通，持续性监控之结果至少每年沟通一次。上述结果包含评核者或评核团队对于遵循程度之评估。

（1）"遵循国际内部审计执业准则"一词之使用。

只有在品质保证与改善计划之结果证实内部审计单位遵循国际内部审计执业准则时，内部审计主管才能作此声明。

解释：

内部审计单位达到内部审计定义、职业道德规范及执业准则描述之成果时，即为遵循本准则。品质保证与改善计划之结果同时包含内部评核及外部评核之结果。所有内部审计业务皆有内部评核之结果。至少存在五年之内部审计业务亦有外部评核之结果。

（2）未遵循之揭露。

若未能遵循内部审计定义、职业道德规范或本准则，而影响内部审计单位之整体范围或运作时，内部审计主管须向高阶管理阶层及董事会揭露未遵循之事项及其影响。

三、作业准则

（一）内部审计单位之管理

内部审计主管须有效管理内部审计单位，以确保对机构产生价值。

解释：

内部审计单位符合下列情况时，其管理系属有效：

① 内部审计单位工作结果达到内部审计规程所含之目的及责任。

② 内部审计单位遵循内部审计定义及本准则。

③ 内部审计单位成员显示其遵守职业道德规范及本准则。

④ 内部审计单位对于治理、风险管理及控制过程提供客观及攸关的确认，且对其效果及效率做出贡献，即为机构（及其利害关系人）增加价值。

1. 规划

内部审计主管须订定一套以风险为基础的计划，以决定符合机构目标之内部审计业务优先顺序。

解释：

内部审计主管负责制定一套以风险为基础之计划。内部审计主管考量机构之风险管理架构，包含使用管理阶层针对机构之不同作业或层面所设定之风险胃纳水准。若无该项架构，内部审计主管可于考量高阶管理阶层及董事会之意见后，自行判断。内部审计主管须于必要时检讨及调整该单位之计划，以回应机构业务、风险、营运、计划、系统及控制之变动。

（1）内部审计单位之工作计划须基于至少每年一次之风险评估，并须考量高阶管理阶层及董事会提供之意见。

（2）内部审计主管须辨识及考量高阶管理阶层、董事会及其他利害关系人对于内部审计意见及其他结论之期望。

（3）内部审计主管于决定是否接受提议的咨询专案时，应考量该专案对改善风险管理、增加价值及改善机构营运之潜力。已接受的咨询专案须纳入工作计划。

2. 沟通及核准

内部审计主管须将内部审计单位之工作计划、所需资源及后续之重大变更，报请高阶管理阶层及董事会核阅及通过。若审计资源受到限制，须将其影响加以沟通。

3. 资源管理

内部审计主管须确保所需资源之适当、充分及有效配置，以完成既定之工作计划。

解释：

所谓适当，系指执行该项计划所需之知识、技能及其他能力之组合。所谓充分，系指完成该项计划所需资源之数量。若资源使用得以最佳方式完成既定之工作计划，则资源之配置有效。

4. 政策及程序

内部审计主管须建立政策及程序，以作为审计业务之指引。

解释：

政策及程序之形式及内容取决于内部审计单位之规模及架构，以及其工作之复杂度。

5. 协调

内部审计主管应与审计业务之其他内部及外部服务提供者分享资讯及协调作业，以确保工作范围之适当及减少工作之重复。

6. 向高阶管理阶层及董事会报告

内部审计主管须将内部审计单位之目的、职权、责任及工作计划执行情形,定期向高阶管理阶层及董事会提出报告。报告内容另须包括重大风险与控制问题(包含舞弊风险)、治理问题及高阶管理阶层与董事会所要求之其他事项。

解释:

报告频率及内容之决定,系经由与高阶管理阶层及董事会之讨论,并取决于所欲沟通资讯之重要性以及高阶管理阶层或董事会所应采取相关行动之急迫性。

7. 外部服务提供者与机构对于内部审计之责任

外部服务提供者扮演内部审计单位之角色时,该服务提供者须让该机构知悉,该机构具有维持有效内部审计单位之责任。

解释:

上述责任之展现,系透过品质保证与改善计划,以评估内部审计定义、职业道德规范及执业准则之遵循情形。

(二) 工作性质

内部审计单位须以有系统、有纪律之方法,评估及协助改善治理、风险管理及控制过程。

1. 治理

内部审计单位须评估机构的治理过程,并提出适当之改善建议,以达成下列目标:

① 提倡机构合宜之伦理与价值观。
② 确保机构有效之绩效管理及责任归属。
③ 对机构内之适当对象沟通风险及控制资讯。
④ 确保董事会、外部审计人员、内部审计人员与管理阶层间作业协调及资讯沟通。
(1) 内部审计单位须对与机构伦理有关之目的、计划及活动,评估其设计、执行及成效。
(2) 内部审计单位须评估机构之资讯科技治理是否支持机构之策略及目标。

2. 风险管理

内部审计单位须评估风险管理过程之有效性,并对其改善作出贡献。

解释:

风险管理过程是否有效之决定,源自内部审计人员针对下列项目的判断:

① 机构之目标支持及符合机构之使命。
② 重大风险业已辨识及评估。
③ 选择适当之风险回应,使得风险符合机构之风险胃纳。
④ 攸关之风险资讯业已及时取得,并与机构内沟通,以便于工作人员、管理阶层及董事会履行其职责。

内部审计单位执行多项专案时,可搜集上述资讯,以支持此项评估。这些专案结果的整体检视,有助于了解机构的风险管理过程及其成效。

风险管理过程系透过持续性管理活动、个别评估，或两者同时采行之方式，予以监控。

(1) 内部审计单位须评估下列与机构之治理、营运及资讯系统有关之暴险：

① 机构策略目标之达成。

② 财务及营运资讯之可靠性及完整性。

③ 营运及计划之效果及效率。

④ 资产之保全。

⑤ 法令、政策、程序及契约之遵循。

(2) 内部审计单位须评估舞弊发生之可能性，以及机构如何管理舞弊风险。

(3) 执行咨询专案时，内部审计人员须着重专案目的之相关风险，并注意其他重大风险。

(4) 内部审计人员须将执行咨询专案所获得之风险知识，运用于评估机构之风险管理过程。

(5) 协助管理阶层建立或改善风险管理过程时，内部审计人员须避免实际管理风险，而承担管理阶层之责任。

3. 控制

内部审计单位须评估各项控制之效果及效率，并促进控制之持续改善，以协助机构维持有效之控制。

(1) 内部审计单位须评估用于回应机构治理、营运及资讯系统下列风险控制措施之适足性与有效性：

① 机构策略目标之达成。

② 财务及营运资讯之可靠性及完整性。

③ 营运及计划之效果及效率。

④ 资产之保全。

⑤ 法令、政策、程序及契约之遵循。

(2) 内部审计人员须将执行咨询专案所获得之控制知识，运用于评估机构之控制流程。

(三) 专案之规划

内部审计人员须就每项专案拟订画面计划，其内容应包含该专案之目的、范围、时程及资源配置。

内部审计人员规划专案时，须考量：

① 专案对象之目的及其控制绩效之方法。

② 专案对象及其目的、资源与营运所面临之重大风险，以及其将风险之潜在影响维持在可接受水准之方法。

③ 专案对象治理、风险管理及控制过程之妥当性及有效性。

④ 专案对象治理、风险管理及控制过程重大改善之可能性。

(1) 为机构外之对象规划确认性专案时，内部审计人员须与该对象就专案目的、范围、相对责任，以及其他期望，包含专案结果分送及记录使用之限制，建立画面共识。

(2) 内部审计人员须与咨询专案客户就专案目的、范围、相对责任及其他期望,建立共识。重大专案之共识,须以画面为之。

1. 专案之目的

每项专案皆须设定其目的。

(1) 内部审计人员须针对专案对象之风险,进行初步评估。专案之目的须反映风险评估之结果。

(2) 内部审计人员拟定专案目的时,须考量发生重大错误、舞弊、未遵循及其他暴险之可能性。

(3) 治理、风险管理及控制之评估需要适当标准。内部审计人员须确认管理阶层或董事会已建立适当标准,以决定目的及目标达成之情形。若标准适当,内部审计人员须使用该标准进行评估;若不适当,内部审计人员须与管理阶层或董事会共同研订合宜之评估标准。

(4) 咨询专案之目的须在客户同意之范围内,检讨治理、风险管理及控制过程。

(5) 咨询专案之目的须与机构之价值、策略及目标一致。

2. 专案之范围

专案范围之设定须足以达成专案目的。

(1) 专案之范围须考量相关制度、记录、人员及实体财产,包括由第三者所掌控者。

(2) 进行确认性专案时,若有重大咨询机会,应就咨询专案之目的、范围、相对责任及其他期望,达成具体共识,作成画面记录,并依照咨询相关准则沟通该项咨询专案之结果。

(3) 执行咨询专案时,内部审计人员须确保专案范围足以达成约定之目的。若内部审计人员在专案执行过程中,对该范围有所保留,须与客户讨论,以决定是否继续进行此项专案。

(4) 执行咨询专案时,内部审计人员应着重与专案目的相关之控制,并留意任何重大的控制缺失。

3. 专案之资源分配

内部审计人员须决定达成专案目的所需之适当及充分之资源。人员之指派应基于对专案性质与复杂度、时间限制及可用资源之评估。

4. 专案之工作程式

内部审计人员须拟订达成专案目的之画面工作程式。

(1) 工作程式须包含执行专案过程中,用以辨识、分析、评估及记录资讯之程序。工作程式执行前须先经核准,其调整亦须迅速取得核准。

(2) 咨询专案工作程式之格式及内容,得视专案之性质而异。

(四) 专案之执行

内部审计人员须辨识、分析、评估及记录充分之资讯,以达成专案之目标。

1. 辨识资讯

内部审计人员须辨识充分、可靠、攸关及有用之资讯,以达成专案之目标。

解释：

充分之资讯系指其符合事实、适切及具说服力，可使审慎、具备相关知识之人士做出与审计人员相同之结论。可靠之资讯系指利用适当之专案技术所取得之最佳资讯。攸关之资讯支持专案之观察与建议，并与专案目的一致。有用之资讯协助机构达成其目标。

2. 分析与评估 内部审计人员作成之结论及专案结果，须基于适当的分析与评估

3. 记录资讯

内部审计人员须记录相关的资讯，以支持其结论及专案结果。

（1）内部审计主管须控制确认性专案记录之使用。内部审计主管于提供此等记录予外部人士前，须视需要征得高阶管理阶层及法律顾问之同意。

（2）内部审计主管须制定确认性专案记录保存之规定，无论其使用何种媒介储存。该项规定须符合机构之相关规范及有关之法令。

（3）内部审计主管须针对咨询专案记录之保管、保存及提供内部及外部人士使用，订定相关政策，并须符合机构之相关规范及有关之法令。

4. 专案之督导

专案之执行须加以适当督导，以确保目的之达成、品质之保证及人员之养成。

解释：

所需之督导程度取决于内部审计人员之专精及经验，以及专案之复杂度。无论专案是否由内部审计单位执行，内部审计主管对于该专案之督导负起全责，但可以指定具备适当经验之内部审计单位成员执行该项复核。适当之督导证据应予记录及保留。

（五）结果之沟通

内部审计人员须与有关人员沟通专案结果。

1. 沟通之标准

沟通内容须包含专案之目的与范围，以及合适之结论、建议与行动计划。

（1）专案结果之最终沟通，须视情况包含内部审计人员之意见或结论。上述沟通须包含符合高阶管理阶层、董事会及其他利害关系人期望之意见或结论，并以充分、可靠、攸关及有用之资讯为佐证。

解释：

专案层级之意见可能为评等、结论、或专案结果之其他描述。此种专案可能与某项特定流程、风险或业务单位的控制有关。此种意见之形成，需考量专案结果及其重大性。

（2）内部审计人员在专案沟通时，对令人满意之绩效给予肯定。

（3）提供专案结果给机构外人士时，须告知其有关转送及使用之限制。

（4）咨询专案进度及结果之沟通，其形式及内容视专案性质及客户之需求而异。

2. 沟通之品质

沟通须正确、客观、明确、简洁、具建设性、完整与及时。

解释：

正确之沟通为无错误及扭曲，并忠于相关之事实。客观之沟通为公平、无私及不偏，且

为公正及平衡地评估所有攸关事实及情况之结果。明确之沟通为易于了解且合乎逻辑,避免不必要之专业术语及提供所有重要及攸关资讯。简洁之沟通为切题及避免不必要之阐述、过度琐碎、冗辞及赘语。具建设性之沟通可以帮助专案客户及机构,并促成必要之改善。完整之沟通应未遗漏对沟通对象重要之资讯,且包含所有支持建议及结论之重大与攸关之资讯与观察。及时之沟通就议题之重要性而言,系属时机恰当及适时,便于管理阶层采取适当之改正行动。

若原专案报告含有重大错误或遗漏,内部审计主管须将更正之资讯与原报告收受者沟通。

3. "依照国际内部审计执准则执行"一词之使用

只有在品质保证与改善计划之结果证实本准则已被遵循时,内部审计人员才能声明其专案系"依照国际内部审计执业准则执行"。

未遵循职业道德规范或本准则而影响特定专案时,专案结果之沟通须揭露:

① 未能完全遵循之职业道德规范之原则或行为准则或本准则。

② 未遵循之理由。

③ 未遵循对于该专案及已沟通专案结果之影响。

4. 结果之传送

内部审计主管须将专案报告传送适当对象。

解释:

内部审计主管在专案报告发送前,负责复核及核准,并决定该报告之传送对象及方式。内部审计主管将此授权他人时,仍保留所有责任。

(1) 内部审计主管须负责将专案报告传送给能适当考量该报告内容之对象。

(2) 若法规未强制要求揭露,内部审计主管向外界揭露专案报告内容前,须:

① 评估其对机构可能产生之风险。

② 于必要时,与高阶管理阶层及法律顾问进行咨商。

③ 限制该专案报告内容之使用,以控制其传送。

(3) 内部审计主管负责向委任客户提出咨询专案报告。

(4) 执行咨询专案时,若发现重大之治理、风险管理及控制问题,内部审计主管须向高阶管理阶层及董事会报告。

5. 整体意见

提出整体意见时,须考量高阶管理阶层、董事会及其他利害关系人之期望,并以充分、可靠、攸关及有用之资讯为佐证。

解释:

上述沟通会指出:

① 该项意见之范围,包含与该意见有关之期间。

② 范围之限制。

③ 所有相关专案的考量,包含对于其他确认性服务提供者之依赖。

④ 该项整体意见所依据之风险或控制架构,或其他标准。
⑤ 达成的整体意见、判断或结论。
⑥ 不利的整体意见须陈述其原因。

(六) 进度之监控

内部审计主管须建立并维持监控制度,以追踪管理阶层收受专案报告后之处理情形。

(1) 内部审计主管须建立一套追踪程序,以监控及确保管理阶层业已采取有效之行动或高阶管理阶层业已接受不采取行动之风险。

(2) 内部审计单位须在委任客户同意之范围内,监控咨询专案报告之处理情形。

(七) 承受风险之沟通

内部审计主管若认定高阶管理阶层决定承担之风险水准超过机构可承受之水准,须就此事项与高阶管理阶层讨论。若内部审计主管认为该事项未能获得解决,须向董事会报告此事项。

解释:

内部审计主管可透过确认性专案或咨询专案、监控管理阶层针对先前专案结果采取之行动进展,或其他方式,辨识管理阶层所承担之风险。内部审计主管并不负责处理该风险。

四、词汇

1. 增加价值(add value)

内部审计单位对于治理、风险管理及控制过程提供客观及攸关的确认,且对其效果及效率做出贡献,即为机构(及其利害关系人)增加价值。

2. 适当之控制(adequate control)

如果管理阶层对于控制之规划及设计,足以合理保证机构之风险得以有效管理,且机构之目的及目标会有效率及经济之达成,则控制是适当的。

3. 确认性服务(assurance services)

为独立评估机构之治理、风险管理及控制过程,而对证据加以客观检查,可能包括财务、绩效、遵循、系统安全及审慎性检查等专案。

4. 董事会(board)

董事会为机构治理单位之最高层级(例如董事会、监事会,或理事会或信托人会议),负责指示及督导机构的业务及管理,通常包含一群独立的董监事。若未设置此种群体,则"董事会"系指该机构之负责人。"董事会"亦可能指机构最高治理单位授予某些功能的审计委员会。

5. 规程(charter)

内部审计规程系用以界定内部审计单位之目的、职权及责任之正式文件。内部审计规程确立内部审计单位在机构内之地位,授权其接触与专案执行有关之记录、人员及实体财产,以及界定内部审计业务之范围。

6. 内部审计主管(chief audit executive)

内部审计主管用于描述一位高阶人员,其负责遵照内部审计规程与内部审计定义、职业道德规范及执业准则,有效管理内部审计单位。内部审计主管或向内部审计主管报告之其他人员通常具备适当之专业证照及资格。各个机构之内部审计主管职称可能不同。

7. 职业道德规范(code of ethics)

国际内部审计协会职业道德规范系指与内部审计专业及实务相关之原则,以及内部审计人员应有之行为规范。职业道德规范适用之对象包括提供内部稽核服务之个人及团体,其目的在于增进全球内部稽核专业之道德文化。

8. 遵循(compliance)

遵守各项政策、计划、程序、契约、法令规章或其他要求。

9. 利害冲突(conflict of interest)

不符合或可能不符合机构最佳利益之任何关系。利害冲突会损害个人客观履行其职责之能力。

10. 咨询服务(consulting services)

系指咨询及相关之客户服务活动,其性质及范围业经委任者同意,并在内部审计人员不致承担管理阶层责任之情形下,增加价值及改善机构之治理、风险管理及控制过程。咨询服务包含咨商、顾问、协助推展及训练等。

11. 控制(control)

管理阶层、董事会及其他人士为管理风险及增加达成既定目的及目标之可能性,而采取之任何行动。管理阶层负责规划、组织及指挥执行足够之行动,以合理保证目的及目标之达成。

12. 控制环境(control environment)

董事会及管理阶层对机构内部控制重要性之心度及行动。控制环境提供规范及架构,以达成内部控制制度之主要目的。控制环境包括下列要素:

(1) 诚正及道德价值观。

(2) 管理哲学及经营风格。

(3) 组织结构。

(4) 权利及责任之分派。

(5) 人力资源政策及实务。

(6) 人员之适任。

13. 控制流程(control processes)

控制流程属于控制架构一部分之政策、程序(人工及自动化)及活动,其设计及运作系用以确保风险被控制在机构愿意承受之范围内。

14. 专案(engagement)

一项内部审计任务、工作或复核活动,包含内部查核、内控自评复核、舞弊查核、咨询等。一件专案可能包括多项工作或活动,用以达成一组特定、相关之目的。

15. 专案目的(engagement objectives)

内部审计人员为界定专案预期达成之事项,所作之广泛性陈述。

16. 专案意见(engagement opinion)

与个别内部审计专案目的及范围有关结果之评等、结论或其他描述。

17. 专案工作程式(engagement work program)

列举专案执行过程中所应采行程序之文件,借以完成专案计划。

18. 外部服务提供者(external service provider)

机构以外之个人或组织,其具有特定领域之特殊知识、技能及经验。

19. 舞弊(fraud)

任何具有欺骗、隐瞒或背信特征之不法行为。这些行为并不依赖胁迫或暴力。舞弊系由个人或机构行之,以获取金钱、财产或劳务、规避付款或提供劳务、或获得个人或商业上之利益。

20. 治理(governance)

董事会所采行之各种流程及架构,用以告知、指引、管理及监督机构之活动,以达成机构之目标。

21. 受损(impairments)

内部审计单位独立性及内部审计人员客观性之受损,可能包括个人之利害冲突,业务范围之限制,记录、人员及财产接触之限制,以及资源(经费)之受限。

22. 独立性(independence)

系指内部审计单位以无偏袒方式执行内部审计职责之能力,免于受到威胁。

23. 资讯科技控制(information technology controls)

支援业务管理及治理,以及针对资讯科技基础设施(例如应用系统、资讯、基础设施及人员)提供一般及技术性控制之各项控制。

24. 资讯科技治理(information technology governance)

包含用以确保企业资讯科技支持机构之策略及目的之领导统御、组织架构及流程。

25. 内部审计单位(internal audit activity)

系指一个部门、处(室)、顾问团队或其他专业人士,其提供独立客观之确认性服务及咨询服务,借以增加价值及改善机构营运。内部审计单位系利用有系统、有纪律之方法,评估及改善治理、风险管理及控制过程之效果,以协助机构达成目标。

(注:若内部审计单位的业务全部外包,则本名词可译为"内部审计业务",亦即机构内不再设置正式的内部审计单位,而由外部之顾问团队或其他专业人士负责提供内部审计服务。不过,为确保外部服务提供者符合机构之预期及要求,机构应设置专责人员督导外部服务提供者所提供之服务。)

26. 国际专业实务架构(international professional practices framework)

用以整合国际内部审计师协会(IIA)所发布的权威性指引的观念性架构。权威性指引包含两种类别:①强制性。②支持并强力推荐。须(MUST)本准则使用"必须"或"须"一词,系要求无条件遵循该项准则。

27. 客观性(objectivity)

系指公正无偏之心,可使内部审计人员执行业务时,相信其工作结果,而不在品质上妥协。内部审计人员对于审计事项之判断,不得屈服于他人,以符合客观性要求。

28. 整体意见(overall opinion)

内部审计主管针对机构之治理、风险管理及控制过程之结果,所提出之广泛性评等、结论或其他描述。整体意见系指内部审计主管根据特定期间内之多项个别专案及其他作业之结果,所做成的专业判断。

29. 风险(risk)

某项足以影响目标达成之事件发生之可能性。风险系以影响程度及发生概率加以衡量。

30. 风险胃纳(risk appetite)

机构愿意承受之风险水准。

31. 风险管理(risk management)

用以辨识、评估、管理及控制潜在事件或状况之过程,借以合理保证机构目标之达成。

32. 应(should)

本准则使用"应"一词,系指某项准则预期被遵循,除非经过专业之判断,其情况容许偏离该准则。

(注:此项名词翻译为"应",与国内各项法规关于"应"字之用法并不相同。一般法规条文使用"应"时,即具有强制规范的意思,亦即"须"遵守该项规定,否则可能遭受处罚。本准则使用"应"时,仍容许在经过专业判断的特定情况下,偏离该项准则,其强制性低于本准则使用的"须"一词。)

33. 重大性(significance)

某个事项在其考量范围内之相对重要性,包含量化及质化之因素,例如,幅度、性质、效果、攸关性,以及影响。专业判断有助于内部审计人员评估各种事项对于其相关目的之重大性。

34. 准则(standard)

内部审计准则委员会发布之专业声明,用以描述有关执行广泛之内部审计活动及评估内部审计绩效之要求。

35. 科技为基础之审计技术(technology-based audit techniques)

任何自动化之审计工具,例如通用审计软件、测试资料产生器、电脑化审计程式、特殊之审计工具程式,以及电脑辅助审计技术(caats)。

第四节 新三线模型

一、新三线模型概述

组织是一项人类的事业,其运行环境充满了不确定性,越来越复杂多变且相互关联。

通常情况下,组织会有多个利益相关方,他们之间存在着复杂多样、不断变化、有时甚至会相互冲突的利益关系。利益相关方将组织监督权授予组织治理机构,治理机构将资源和权力分配给管理层,再由管理层执行具体的措施,如对风险进行管理。

由于这一系列的原因,组织在加强治理和风险管理的能力的同时,还要建立有效的组织结构和流程来完成组织的目标。当治理机构收到来自管理层有关组织活动、成果和未来发展预测的报告时,治理机构和管理层都依赖内部审计部门为其提供有关上述事项的独立、客观的确认和咨询,从而推动和协助组织创新和发展。治理机构对治理活动承担最终责任,而组织治理是通过治理机构、管理层和内部审计共同努力达成的结果。

新三线模型帮助组织对结构和流程是否能够发挥最大效用、协助完成组织目标并改善组织治理和风险管理的能力进行确认。该模型适用于所有类型的组织,需要做到以下几点来确保其发挥充分的效用:

(1) 采用基于原则的工作方法,并根据组织的具体目标和环境对模型进行调整。

(2) 重点关注风险管理在完成组织目标、创造价值以及在"防御风险"和保护价值方面做出的贡献。

(3) 对模型中的各个职能、各项职责以及彼此之间的关系有清晰的理解。

(4) 采取措施确保活动和目标与利益相关方的首要利益保持一致。

二、新三线模型的原则

(一) 组织治理

组织治理需要恰当的结构和流程,从而:

(1) 使利益相关方信任组织治理机构,并能够从诚信、领导能力和透明公开等方面对治理机构进行问责。

(2) 使管理层能够采取行动(含风险管理措施),通过基于风险的决策机制和对资源的应用来实现组织的目标。

(3) 使独立的内部审计职能部门能够提供确认和咨询,通过严格的询问和深度的沟通,为组织提供鉴证和树立信心,同时推动和协助组织实现不断进步。

(二) 组织治理机构的职责

(1) 确保为有效的组织治理建立合理的结构和流程。

(2) 确保组织的目标和活动与利益相关方的首要利益保持一致。

(3) 向管理层分配职责,提供完成组织目标所需的资源,同时确保管理层遵守法律法规和道德要求。

(4) 建立并监督独立、客观且可靠的内部审计职能部门,使其在组织实现目标过程中针对工作流程提供明确的信息和确认可信度。

(三) 管理层和第一、第二线的职责

管理层肩负实现组织目标的职责,包含第一、第二线的职能要求。第一线是组织为客

户提供产品和/或服务的前沿职能,包含支持性部门。第二线的职能部门负责协助开展风险管理工作。

第一、第二线的职责可能会存在相互交叉,也有可能彼此独立。第二线的一些职责可能会被分配给一些能够提供补充性专业知识、发挥支持或监督作用、并对第一线工作提出合理质疑的专业人员。第二线的相关职能部门可能会将工作重心放在风险管理的具体目标上,如对法律法规的遵循、可接受的职业道德行为、内部控制、信息和技术安全、业务可持续性以及质量确认。第二线的职责还可能会包含更广泛的风险管理,例如全面风险管理(ERM)。当然,第一线仍然需要承担风险管理的职责,并将其作为管理工作的一部分。

(四) 第三线的职责

内部审计负责为组织治理和风险管理工作的适当性和有效性提供独立且客观的确认和咨询。内部审计部门为了履行这一职责,需要充分应用系统且规范的工作流程、专业知识和观点。内部审计将审计发现报告给管理层和组织治理机构,从而推动和协助组织实现可持续的进步。在这一过程中,内部审计可能需要将其他内部和外部的部门或机构提供的确认成果一并纳入考虑。

(五) 第三线的独立性

内部审计保持相对于管理层的独立性对于确保内部审计的客观性、权威性和可信度至关重要。内部审计的独立性是通过以下几种方式实现的:①对组织治理机构负责。②在完成其工作的过程中,可以不受限制地接触相关人员,获取资源和数据。③在制定计划和提供审计服务的过程中避免偏见和免遭干涉。

(六) 创造和保护价值

各项职能之间相互配合,并把利益相关方的利益放在首位,才能共同努力为组织创造价值并加以保护。只有充分沟通、配合和协作,才能实现各部门之间的协同,也只有这样才能为基于风险的决策机制提供值得信赖、相关、透明的信息。

三线模型图如图 8-1 所示。

三、新三线模型的关键职能

各个组织在职责分配方面可能存在较大差异。然而,按以下方式对相关职责进行划分可以满足三线模型各项原则的要求。

(一) 组织治理机构

(1) 受利益相关方的委托,监督组织运行情况。

(2) 与利益相关方一道监督其利益,并就实现组织目标与利益相关方保持公开透明的沟通。

(3) 建立一个鼓励职业道德行为和问责的组织文化。

(4) 建立组织治理的结构和流程,其中还包含根据需要建立辅助性委员会。

(5) 将职责分配给管理层,并为其提供完成组织目标所需的各种资源。

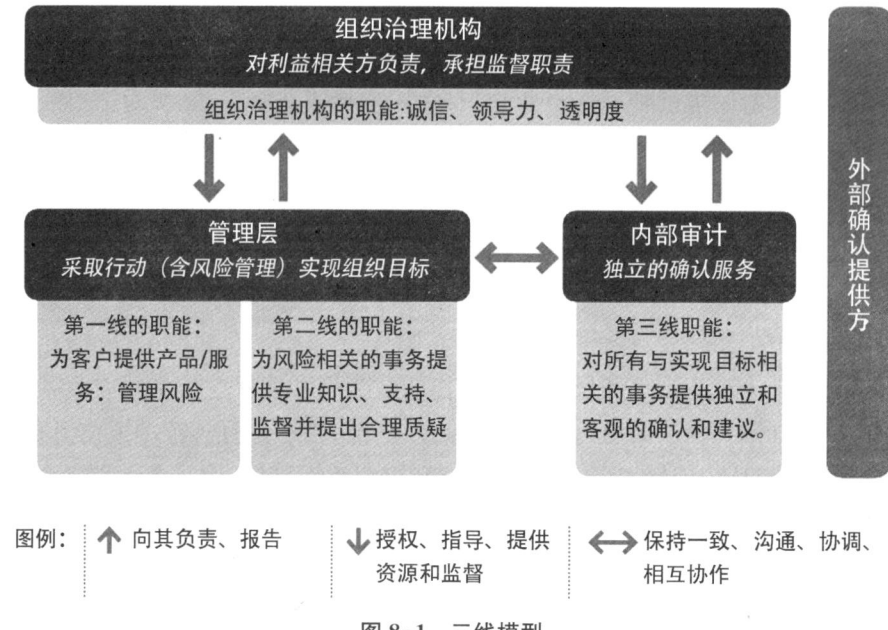

图 8-1 三线模型

(6) 确定组织的风险偏好,并监督组织风险管理工作(包括内部控制)。

(7) 保持对合规工作的监督,确保各项工作符合法律、法规和道德规范的要求。

(8) 建立一个独立、客观、胜任的内部审计部门,并对其进行监督。

(二) 管理层

1) 第一线的职责

(1) 领导并指挥各项业务(包括相关的管理风险),运用各种资源,完成组织目标。

(2) 与组织治理机构之间保持沟通,并向其报告与实现组织目标相关的计划、实际情况和预期,以及相关风险。

(3) 为组织的运营和风险管理(含内部控制)工作搭建适当的结构和流程,并对其进行维护。

(4) 确保各项工作符合法律、法规和道德规范的要求。

2) 第二线的职责

(1) 提供补充性的专业知识,发挥支持或监督作用,并对风险管理相关工作提出合理质疑。

(2) 在工作流程、系统和整个组织层面上部署、实施并持续改进风险管理工作(含内部控制)。

(3) 实现风险管理目标,如遵循法律法规和职业道德规范的要求、内部控制、信息技术安全、可持续性以及质量确认。

(4) 对风险管理(含内部控制)的准确性和有效性进行分析和报告。

(三) 内部审计

(1) 保持主要对组织治理机构负责的状态，独立于管理层的各项职能之外。

(2) 为管理层和治理机构就组织治理和风险管理工作（含内部控制）的准确性和有效性提供独立客观的确认和咨询，支持组织实现目标，推动并协助组织不断完善。

(3) 将有损内部审计独立性和客观性的情况报告给治理机构，并根据要求采取保护措施。

(四) 外部确认提供方

提供额外的确认服务，从而：

(1) 满足有关保护利益相关方权益的法律和法规要求。

(2) 作为内部确认服务的补充，满足管理层和组织治理机构的需求。

四、核心职能之间的关系

(一) 组织治理机构和管理层（第一、二线职能）的关系

一般情况下，组织治理机构会通过确定组织发展愿景、使命、价值以及风险偏好来为组织明确发展方向。确定发展方向之后，治理机构会将实现组织目标的各项职责和必要的资源分配给管理层。治理机构还要接受管理层关于计划、实际情况和预期结果的报告，以及关于风险和风险管理的报告。

对于不同的组织而言，治理机构和管理层之间可能会存在职能交叉或相互独立的情况，其程度也各不相同。治理机构或多或少都会"插手"组织战略和运营方面的事务。治理机构或管理层都有可能领导或共同承担组织战略规划制定工作。在一些地区，首席执行官（CEO）可能是治理机构的成员，甚至是治理机构的领导。无论在何种情况下，管理层和治理机构之间都需要保持充分的沟通。CEO一般会是两者之间沟通的聚焦点，但其他的高级管理人员也会与治理机构保持频繁的互动。组织可能会希望分管第二线职能的领导，如首席风险官（CRO）和首席合规官（CCO）能够直接向治理机构报告，监管机构可能也会提出类似的要求。这一点与三线模型的原则是完全一致的。

(二) 管理层（第一、二线职能）和内部审计的关系

内部审计相对于管理层的独立性，能够防止其在制定计划和开展工作时受到阻挠或偏听偏信，并能够根据工作需要不受限制地接触相关人员，获取资源和信息。内部审计对组织治理机构负责。但是，独立性不意味着完全孤立。内部审计与管理层之间必须保持定期互动，从而确保内部审计工作的相关性，且能够与组织战略和运营需求保持一致。作为组织值得信赖的顾问和战略伙伴，内部审计通过以上所有活动来建立对组织的理解和认识，并据此提供确认和咨询服务。管理层的第一、第二线职能部门和内部审计之间需要相互协作，保持沟通，从而避免不必要的职能交叉、重复和空白。

(三) 内部审计和组织治理机构的关系

内部审计对组织治理机构负责，有时也被称为组织治理机构的眼睛和耳朵。组织治理

机构负责对内部审计进行监督,这就要求治理机构履行以下职责:确保内部审计部门的独立性,包括:①负责首席审计执行官(CAE)的任免。②作为CAE的主要汇报对象。③审批审计计划并提供资源。④接收并考量CAE的报告。⑤保证CAE能够不受限制地接触治理机构,其中就包括创造没有管理层出席的单独对话机会。

(四) 所有职能之间的关系

组织治理机构、管理层和内部审计各自具有明确的职责,但是所有的活动都必须与组织的目标保持一致。保持一致的基础是各职能之间定期进行有效的协调、合作和沟通。

五、模型的应用

(一) 结构、职能和职责

只有在符合组织目标和所处环境要求时,三线模型才能发挥最大的功效。管理层和组织治理机构负责确定组织结构和各项职责的分配。治理机构可以通过建立委员会来对特定领域的职责进行额外的监督,如审计、风险、财务、规划和薪酬委员会等。管理层可能会发生具体的职责和等级分化,而且随着组织的规模扩大和复杂程度提高,管理层也会不断向专业化方向发展。

各职能部门、团队,甚至是个人都可能承担第一、第二线的相关职责。然而,对第二线职能的指导和监督一定程度上也是为了确保第二线不受第一线(乃至高级管理层)的过度影响,保持一定的独立性。为此,组织需要建立一个第二线职能直接通向治理机构负责和汇报的通道。三线模型对管理层和治理机构之间搭建报告路径的数量没有限制,组织可以根据需求自行决定。一些组织,尤其是受监管的金融机构,会针对此类安排提出强制性的要求,从而确保具备充分的独立性。即便在这种情况下,那些属于第一线的管理部门依然要承担与其业务相关的风险管理职责。

第二线的职能可能会包含对风险管理相关的事务进行监督,提供建议、指导、测试、分析和报告。只要这些部门能够为第一线相关职能提供支持,提出合理质疑,并参与了管理层的决策及其实施,那么第二线的各项职能就属于管理层职能的一部分,无论报告和负责对象是谁,都不可能完全独立于管理层之外。

第三线的显著特征就是保持相对于管理层的独立性。三线模型的各项原则对内部审计独立性的重要性和本质特征进行了描述,将内部审计与其他职责进行了区分,明确提出了内部审计具备提供确认和咨询服务的独特价值。内部审计的独立性要求内部审计不能参与管理层职能(含风险管理)的决策和具体行动,也不能为内部审计目前或近期曾经承担过的职责或工作提供确认。例如,一些组织要求CAE承担额外的职责,为一些要求具备与审计类似的能力的活动(如强制性合规工作或全面风险管理)作决策。在这种情况下,内部审计无法保持相对于这些活动或者活动结果的独立性,因此当治理机构需要获得对这些领域提供独立客观的确认和咨询服务时,就有必要将这项工作交给具备相应资质的第三方机构。

(二) 监督和确认

组织治理机构依靠管理层(由第一、第二线职能部门组成)、内部审计和其他部门的报告来履行监督职责,并实现既定目标,从而履行对利益相关方所负的责任。管理层利用第一手的实务经验和专业知识,针对工作计划、实际情况和预计结果、风险、风险管理提供有价值的确认(也可以视为其开展工作情况的证明)。属于第二线的部门负责对风险相关的事务提供额外的确认服务。由于内部审计独立于管理层之外,与第一、第二线部门相比,内部审计提供给治理机构的确认具有最高水平的客观性和可信度。组织可以通过外部确认提供方获得进一步的确认服务。

(三) 相互配合并保持一致

高效的组织治理要求对职责进行合理的分配,并通过相互合作和沟通,保持各项活动高度一致。治理机构希望通过内部审计的确认,能够了解组织治理结构和流程的设计和运行是否符合期待。

思考与启发

1. 国际内部审计师如何提高在组织内部的话语权来体现自己对组织的贡献?
2. 国际内部审计师如何提高内部审计关键胜任能力?
3. 在内部审计实务中内审人员应如何进行舞弊检测与预防?
4. 内部审计师应如何贯彻 IIA 协会提出的职业道德规范的四项原则?
5. 有效风险管理和控制中的新三道防线分别是什么?并通过对职能部门、职责、独立性、报告关系的比较进一步明确三道防线间的联系与区别?

附录一

内部审计热点选题

一、新时代内部审计基础理论研究

党的十九大提出中国特色社会主义进入了新时代,并对新时代党和国家各项事业的发展进行了全面部署。近年来,党和国家高度重视审计监督工作,出台了一系列加强审计监督的政策措施,对充分发挥内部审计作用也提出了明确要求。2018年,审计署修订出台了《审计署关于内部审计工作的规定》(审计署令第11号),召开了全国内部审计工作座谈会。与此同时,近年来,内部审计实践也得到了长足发展,内部审计的职能目标在深化、业务范围在拓展、技术方法在更新。为此,有必要对新时代内部审计新使命、新目标和新职责等加以研究,以推动新时代内部审计的新发展。本课题应在分析研究新时代内部审计面临的新形势、新任务和新要求的基础上,重点研究新时代内部审计的概念体系、职能定位、职责边界、法律责任等基础理论问题。

二、深化国有企业和国有资本内部审计研究

2017年3月,中共中央办公厅、国务院办公厅印发《关于深化国有企业和国有资本审计监督的若干意见》,指出要围绕国有企业、国有资本、境外投资以及企业领导人履行经济责任情况,做到应审尽审、有审必严。内部审计在实现国企国资审计监督全覆盖中发挥着重要作用。本课题的研究内容包括:实现国企国资内部审计监督全覆盖的意义;当前需要解决的重点难点问题;全覆盖的实现路径;监督的重点内容等。

三、企业总审计师制度研究

《审计署关于内部审计工作的规定》(审计署令第11号)规定"国有企业应当按照有关规定建立总审计师制度。"本课题主要研究建立总审计师制度的重要性、必要性和可行性,总结国内外建立总审计师制度的法规制度、实践经验和需要解决的问题,研究提出建立总审计师制度的指导思想、总体目标,总审计师制度的模式类型,总审计师的职能定位、职责权限等,为企业建立总审计师制度提供理论指导。

四、自然资源和生态环境审计研究

《审计署关于内部审计工作的规定》(审计署令第11号)规定的内部审计职责中包括"对本单位及所属单位的自然资源资产管理和生态环境保护责任的履行情况进行审计",这是

内部审计推动所在单位贯彻落实国家环境保护重大方针政策、贯彻新发展理念、推进生态文明建设、履行社会责任的重要体现。主课题主要研究自然资源和生态环境审计的重要意义,总结以往经验做法和存在的问题,探索开展该项审计的目标、内容、组织方式、实施方法、结果运用等。

五、内部审计相关热点问题研究

该重大研究领域包括的重点研究问题有:①国家审计对内部审计的指导与监督问题研究。②内部审计在公司治理中的关键作用研究。③增值型内部审计体系的构建与运行方式问题研究。④财务共享与内部审计研究。⑤内部审计与合规管理的关系研究。⑥内部审计与隐私保护问题研究。⑦内部审计对强化内部控制与风险管理体系的作用研究。⑧内部审计与企业文化建设研究。⑨内部审计服务外包问题研究。⑩区块链视角下的内部审计方法研究等。

六、内部审计在公司治理中的作用研究

本课题应在全面深化改革迫切需要完善现代企业制度、健全公司法人治理结构的背景下,调查了解国内外企业内部审计和公司治理现状,重点研究内部审计在公司法人治理结构中的定位,内部审计与企业发展走势的内在关系,探索内部审计如何对推动公司法人治理结构的完善发挥有效作用,提出改进和加强内部审计工作的对策和建议。

七、国有企业境外业务审计研究

本课题主要针对大量国有企业在实施"走出去"发展战略的过程中,经营风险和投资风险不断增加的现状,在分析国有企业境外业务特点的基础上,研究开展内部审计对维护境外资产安全、防范投资风险发挥的作用。从审计内容、审计重点、审计组织方式、存在的问题和困难等方面,探索国有企业境外业务审计的制度设计和方式方法,为维护国有企业境外资产安全完整、推动国有企业稳健开展国际化经营提出参考意见和建议。

八、审计服务重大风险防范与化解的问题研究

该重大研究领域包括的重点研究问题有:①经济高风险领域的审计监控机制研究。②审计监控经济运行风险的机制与路径研究。③审计对社会风险的监控与促进完善社会治理的机制与路径研究。④系统性金融风险与系统重要性机构的审计监控机制研究。⑤审计维护金融安全的作用与方式研究。⑥国有企业境外投资风险审计研究。⑦地方政府隐形债务风险的审计问题研究。⑧在重大风险防范与化解机制中嵌入审计机制的问题研究。⑨探讨构建全国和省级(部省二级)双层经济安全/金融风险审计监测与预警体系问题的研究等。

九、审计服务经济高质量发展问题研究

该重大研究领域包括的重点研究问题有:①审计促进经济高质量发展提升的内在机理

与路径研究。②经济高质量发展的衡量与审计评价研究。③政策执行效果审计促进经济高质量发展提升的作用研究。④审计方式方法创新对促进经济高质量发展的作用研究。⑤审计服务区域协调发展战略实施问题研究。⑥粤港澳大湾区建设与审计功能发挥问题研究。⑦审计如何促进市场在资源配置中发挥决定性作用问题研究。⑧审计服务供给侧结构性改革问题研究。⑨审计促进创新能力提升的机制与路径研究。⑩审计在构建完善的资本市场中的重要作用研究。⑪科创板审计问题研究等。

十、内部审计确认和咨询良好实务研究

新修订的内部审计准则确定内部审计职能为确认和咨询,体现了内部审计理论与实务的最新发展。本课题要求梳理和归纳内部审计确认职能和咨询职能的相关理论,重点立足于提炼和总结具有典型性的良好实务案例,对选项思路、组织方式、具体实施方法等进行深入分析,探讨内部审计如何更好地履行职能,服务于组织的需要,为各类组织内部审计的科学发展提供参考和借鉴。

十一、舞弊审计研究

本课题主要研究内部审计在揭示舞弊、防范风险中的定位和职责,通过调查开展舞弊审计的必要性、内容、方法、报告机制等,研究舞弊审计在组织治理和全面风险管理中的重要作用,为内部审计在健全内部控制、减少舞弊风险方面更好地发挥作用提供指导和借鉴。

十二、内部审计质量控制体系研究

本课题主要研究内部审计质量控制体系的目标和内容,内部审计质量控制方法,目前内部审计质量控制存在的主要问题、影响因素,如何建立科学合理的质量控制指标体系,加强内部审计质量控制的对策措施等,对内部审计质量控制的实践提供指导。

十三、内部审计从业资格研究

本课题主要通过分析我国相关领域的职业资格要求,借鉴国外(CIA)内部审计准入资格的设置、发展和作用,论证我国建立内部审计从业资格制度的必要性和可行性,研究从业资格的取得方式、管理模式和后续教育内容,为建立我国内部审计从业资格提供理论依据和实现路径。

十四、境外企业内部审计问题研究

本课题主要研究我国境外企业的特点、境外企业的治理结构与经营风险,境外企业内部审计监督的制度设计与方式方法,探讨内部审计监督的重点与难点,提出相关的政策和建议,促进境外企业的健康发展。

十五、上市公司内部审计运行机制及效果研究

本课题主要研究上市公司内部审计机构设置、人员配备、法规制度制定和执行状况,分

析上市公司内部审计的运行效果,探寻上市公司管理内部审计工作的路径,为企业科学、合理地组织内部审计工作,充分发挥内部审计作用提供参考。

十六、内部审计人员职业胜任能力框架研究

本课题旨在总结分析当前我国内部审计人员职业胜任能力内容和结构的基础上,根据内部审计转型与发展的要求,研究提出符合企业发展内在需求和内部审计发展实际需要的内审人员职业胜任能力框架,为内部审计人员能力素质建设和职业发展提供方向性指引,为各类组织针对内审人员进行的评价、考核、培训、后续教育等工作提供参考依据。

十七、国有企业领导人员经济责任审计理论与实务研究

中共中央办公厅、国务院办公厅发布的《党政领导干部和国有企业领导人员经济责任审计规定》(中办发〔2019〕45号)中,关于经济责任审计的对象涵盖了部门和单位内部管理干部,并明确其经济责任审计应当由部门、单位的内部审计机构组织实施。本课题以分析经济责任审计理论和实务发展历程为基础,主要研究国有企业内审部门开展内管干部经济责任审计的目标、内容、重点、程序、组织方式、评价指标以及结果应用等问题,论证经济责任审计在保障企业完善内部控制、建立问责机制等方面发挥的作用。

十八、内部控制体系监督理论与内部控制评价实务研究

本课题旨在分析论证内部控制体系监督的相关基础理论,研究内部审计部门开展内部控制评价的具体内容、方法、结果运用等,探索控制自我评估法的运用,为相关部门制定操作指南或手册提供理论依据,推动企业内部审计有效开展内部控制评价。

十九、企业集团公司内部审计管理体系研究

针对国有及国有控股企业在改制进程中规模不断扩张,投资主体和主营业务趋于多元化,因而面临的不确定性因素有所增加的情况,内部审计工作需要适时转型升级才能满足内部管理和外部监管的要求。本课题旨在研究企业集团公司内部审计在组织治理中的定位,内部审计管理体系的基本架构和运行机制,构建内部审计综合评价机制,探讨集团公司内部审计转型升级的战略目标和保障措施,为相关决策提供咨询和参考。

二十、审计机关履行指导和监督内部审计职责的工作模式研究

修订后的审计法实施条例明确"审计机关可以通过内部审计自律组织,加强对内部审计工作的业务指导和监督"。本课题旨在探讨审计机关如何建立适当的工作机制,通过行之有效的方式或途径加强对内部审计的业务指导和监督,构建国家审计与内部审计合作互补、协调发展的模式,充分发挥内部审计协会的职能,促进内部审计发挥"免疫系统"功能作用。

二十一、发挥内部审计在促进企业转变发展方式中的作用研究

"十四五"是我国加快转变经济发展方式的关键时期,在此期间,企业转变发展方式的

现实要求对内部审计工作提出新的挑战。本课题主要研究企业转变发展方式对内部审计理念、目标、内容、重点、方式等方面的需求和期望,探索内部审计在企业发展方式转变中发挥作用的方式,为企业内部审计转型和发展提供前瞻性思路。

二十二、内部审计其他热点研究选题

(1) 习近平新时代中国特色社会主义思想和内部审计创新研究。

(2) 内部审计在国家治理中的作用研究。

(3) 内部审计与经济发展研究。

(4) 中央审计委员会和内部审计研究。

(5) 国家审计对内部审计的监督指导研究。

(6) 内部审计与法律规制整合研究。

(7) 内部审计和监察、纪检等的整合研究。

(8) 司法内部审计研究。

(9) 人本内部审计研究。

(10) 知识经济下的内部审计创新研究。

(11) 新常态下的内部审计创新研究。

(12) 内部审计在公司治理中的作用研究。

(13) 内部审计对强化内部控制和风险管理体系的作用研究。

(14) 内部控制审计研究。

(15) 内部经济责任审计研究。

(16) 绩效审计研究。

(17) 舞弊审计研究。

(18) 资源环境保护内部审计研究。

(19) 战略导向内部审计研究。

(20) 风险导向内部审计研究。

(21) 治理导向内部审计研究。

(22) 增值内部审计体系的构建和运行研究。

(23) 社会责任内部审计研究。

(24) 内部审计与企业文化建设研究。

(25) 核心竞争能力内部审计研究。

(26) 云内部审计研究。

(27) 内部审计信息化实施框架研究。

(28) 人工智能内部审计技术方法研究。

(29) 云会计环境下的内部审计研究。

(30) 大数据和信息系统内部审计研究。

(31) 财务共享与内部审计研究。

（32）内部审计概念框架研究。

（33）内部审计基础理论研究。

（34）内部审计与隐私保护研究。

（35）内部审计道德与商业伦理研究。

（36）内部审计独立性研究。

（37）内部审计人员职业胜任能力研究。

（38）内部审计项目管理研究。

（39）内部审计外包研究。

（40）内部审计人员和薪酬研究。

（41）内部审计质量控制研究。

（42）内部审计绩效评价研究。

（43）内部审计制度研究。

（44）内部审计准则研究。

（45）内部审计报告研究。

（46）内部审计问责研究。

（47）内部审计计划研究。

（48）内部审计证据研究。

（49）内部审计工作底稿研究。

（50）内部审计流程优化研究。

（51）内部跟踪审计和后续审计研究。

（52）现场审计和非现场审计结合研究。

（53）内部审计人际关系研究。

（54）内部审计沟通研究。

（55）内部审计营销研究。

（56）业审融合的内部审计研究。

（57）内部审计发展现状研究。

（58）分行业内部审计研究。

（59）国有及上市公司内部审计研究。

（60）民营企业内部审计研究。

（61）小微企业内部审计研究。

（62）混合所有制与内部审计研究。

（63）内部审计职业发展研究。

（64）内部审计体制机制模式研究。

（65）首席审计官制度研究。

（66）内部审计文化研究。

（67）内部审计和管理会计耦合研究。

(68) 内部审计信息化管理系统构建研究。

(69) 国家审计、民间审计和内部审计整合研究。

(70) 内部审计评价指标体系研究。

(71) 内部审计指数研究。

(72) 专门方法和内部审计的结合研究。

(73) 内部审计教育教学研究。

(74) 内部审计人才培养研究。

(75) 内部审计资源配置和运用研究。

(76) 内部审计理论比较研究。

(77) 内部审计国际化研究。

(78) 内部审计哲学研究。

(79) 内部审计国学研究。

(80) 内部审计美学研究。

(81) 内部审计史研究。

(82) 国家审计对内部审计的指导与监督问题研究。

(83) 内部审计在公司治理中的关键作用研究。

(84) 增值型内部审计体系的构建与运行方式问题研究。

(85) 财务共享与内部审计研究。

(86) 内部审计与合规管理的关系研究。

(87) 内部审计与隐私保护问题研究。

附录二

内部审计政策法规

附录1 审计署关于内部审计工作的规定

(2018年1月12日审计署令第11号公布 自2018年3月1日起施行)

第一章 总　　则

第一条 为了加强内部审计工作，建立健全内部审计制度，提升内部审计工作质量，充分发挥内部审计作用，根据《中华人民共和国审计法》《中华人民共和国审计法实施条例》以及国家其他有关规定，制定本规定。

第二条 依法属于审计机关审计监督对象的单位(以下统称单位)的内部审计工作，以及审计机关对单位内部审计工作的业务指导和监督，适用本规定。

第三条 本规定所称内部审计，是指对本单位及所属单位财政财务收支、经济活动、内部控制、风险管理实施独立、客观的监督、评价和建议，以促进单位完善治理、实现目标的活动。

第四条 单位应当依照有关法律法规、本规定和内部审计职业规范，结合本单位实际情况，建立健全内部审计制度，明确内部审计工作的领导体制、职责权限、人员配备、经费保障、审计结果运用和责任追究等。

第五条 内部审计机构和内部审计人员从事内部审计工作，应当严格遵守有关法律法规、本规定和内部审计职业规范，忠于职守，做到独立、客观、公正、保密。

内部审计机构和内部审计人员不得参与可能影响独立、客观履行审计职责的工作。

第二章 内部审计机构和人员管理

第六条 国家机关、事业单位、社会团体等单位的内部审计机构或者履行内部审计职责的内设机构，应当在本单位党组织、主要负责人的直接领导下开展内部审计工作，向其负责并报告工作。

国有企业内部审计机构或者履行内部审计职责的内设机构应当在企业党组织、董事会(或者主要负责人)直接领导下开展内部审计工作，向其负责并报告工作。国有企业应当按照有关规定建立总审计师制度。总审计师协助党组织、董事会(或者主要负责人)管理内部审计工作。

第七条 内部审计人员应当具备从事审计工作所需要的专业能力。单位应当严格内部审计人员录用标准,支持和保障内部审计机构通过多种途径开展继续教育,提高内部审计人员的职业胜任能力。

内部审计机构负责人应当具备审计、会计、经济、法律或者管理等工作背景。

第八条 内部审计机构应当根据工作需要,合理配备内部审计人员。除涉密事项外,可以根据内部审计工作需要向社会购买审计服务,并对采用的审计结果负责。

第九条 单位应当保障内部审计机构和内部审计人员依法依规独立履行职责,任何单位和个人不得打击报复。

第十条 内部审计机构履行内部审计职责所需经费,应当列入本单位预算。

第十一条 对忠于职守、坚持原则、认真履职、成绩显著的内部审计人员,由所在单位予以表彰。

第三章 内部审计职责权限和程序

第十二条 内部审计机构或者履行内部审计职责的内设机构应当按照国家有关规定和本单位的要求,履行下列职责:

(一)对本单位及所属单位贯彻落实国家重大政策措施情况进行审计;

(二)对本单位及所属单位发展规划、战略决策、重大措施以及年度业务计划执行情况进行审计;

(三)对本单位及所属单位财政财务收支进行审计;

(四)对本单位及所属单位固定资产投资项目进行审计;

(五)对本单位及所属单位的自然资源资产管理和生态环境保护责任的履行情况进行审计;

(六)对本单位及所属单位的境外机构、境外资产和境外经济活动进行审计;

(七)对本单位及所属单位经济管理和效益情况进行审计;

(八)对本单位及所属单位内部控制及风险管理情况进行审计;

(九)对本单位内部管理的领导人员履行经济责任情况进行审计;

(十)协助本单位主要负责人督促落实审计发现问题的整改工作;

(十一)对本单位所属单位的内部审计工作进行指导、监督和管理;

(十二)国家有关规定和本单位要求办理的其他事项。

第十三条 内部审计机构或者履行内部审计职责的内设机构应有下列权限:

(一)要求被审计单位按时报送发展规划、战略决策、重大措施、内部控制、风险管理、财政财务收支等有关资料(含相关电子数据,下同),以及必要的计算机技术文档;

(二)参加单位有关会议,召开与审计事项有关的会议;

(三)参与研究制定有关的规章制度,提出制定内部审计规章制度的建议;

(四)检查有关财政财务收支、经济活动、内部控制、风险管理的资料、文件和现场勘察实物；

（五）检查有关计算机系统及其电子数据和资料；

（六）就审计事项中的有关问题，向有关单位和个人开展调查和询问，取得相关证明材料；

（七）对正在进行的严重违法违规、严重损失浪费行为及时向单位主要负责人报告，经同意作出临时制止决定；

（八）对可能转移、隐匿、篡改、毁弃会计凭证、会计账簿、会计报表以及与经济活动有关的资料，经批准，有权予以暂时封存；

（九）提出纠正、处理违法违规行为的意见和改进管理、提高绩效的建议；

（十）对违法违规和造成损失浪费的被审计单位和人员，给予通报批评或者提出追究责任的建议；

（十一）对严格遵守财经法规、经济效益显著、贡献突出的被审计单位和个人，可以向单位党组织、董事会（或者主要负责人）提出表彰建议。

第十四条　单位党组织、董事会（或者主要负责人）应当定期听取内部审计工作汇报，加强对内部审计工作规划、年度审计计划、审计质量控制、问题整改和队伍建设等重要事项的管理。

第十五条　下属单位、分支机构较多或者实行系统垂直管理的单位，其内部审计机构应当对全系统的内部审计工作进行指导和监督。系统内各单位的内部审计结果和发现的重大违纪违法问题线索，在向本单位党组织、董事会（或者主要负责人）报告的同时，应当及时向上一级单位的内部审计机构报告。

单位应当将内部审计工作计划、工作总结、审计报告、整改情况以及审计中发现的重大违纪违法问题线索等资料报送同级审计机关备案。

第十六条　内部审计的实施程序，应当依照内部审计职业规范和本单位的相关规定执行。

第十七条　内部审计机构或者履行内部审计职责的内设机构，对本单位内部管理的领导人员实施经济责任审计时，可以参照执行国家有关经济责任审计的规定。

第四章　审计结果运用

第十八条　单位应当建立健全审计发现问题整改机制，明确被审计单位主要负责人为整改第一责任人。对审计发现的问题和提出的建议，被审计单位应当及时整改，并将整改结果书面告知内部审计机构。

第十九条　单位对内部审计发现的典型性、普遍性、倾向性问题，应当及时分析研究，制定和完善相关管理制度，建立健全内部控制措施。

第二十条　内部审计机构应当加强与内部纪检监察、巡视巡察、组织人事等其他内部监督力量的协作配合，建立信息共享、结果共用、重要事项共同实施、问题整改问责共同落实等工作机制。

内部审计结果及整改情况应当作为考核、任免、奖惩干部和相关决策的重要依据。

第二十一条 单位对内部审计发现的重大违纪违法问题线索,应当按照管辖权限依法依规及时移送纪检监察机关、司法机关。

第二十二条 审计机关在审计中,特别是在国家机关、事业单位和国有企业三级以下单位审计中,应当有效利用内部审计力量和成果。对内部审计发现且已经纠正的问题不再在审计报告中反映。

第五章 对内部审计工作的指导和监督

第二十三条 审计机关应当依法对内部审计工作进行业务指导和监督,明确内部职能机构和专职人员,并履行下列职责:

（一）起草有关内部审计工作的法规草案;

（二）制定有关内部审计工作的规章制度和规划;

（三）推动单位建立健全内部审计制度;

（四）指导内部审计统筹安排审计计划,突出审计重点;

（五）监督内部审计职责履行情况,检查内部审计业务质量;

（六）指导内部审计自律组织开展工作;

（七）法律、法规规定的其他职责。

第二十四条 审计机关可以通过业务培训、交流研讨等方式,加强对内部审计人员的业务指导。

第二十五条 审计机关应当对单位报送的备案资料进行分析,将其作为编制年度审计项目计划的参考依据。

第二十六条 审计机关可以采取日常监督、结合审计项目监督、专项检查等方式,对单位的内部审计制度建立健全情况、内部审计工作质量情况等进行指导和监督。

对内部审计制度建设和内部审计工作质量存在问题的,审计机关应当督促单位内部审计机构及时进行整改并书面报告整改情况;情节严重的,应当通报批评并视情况抄送有关主管部门。

第二十七条 审计机关应当按照国家有关规定对内部审计自律组织进行政策和业务指导,推动内部审计自律组织按照法律法规和章程开展活动。必要时,可以向内部审计自律组织购买服务。

第六章 责任追究

第二十八条 被审计单位有下列情形之一的,由单位党组织、董事会(或者主要负责人)责令改正,并对直接负责的主管人员和其他直接责任人员进行处理:

（一）拒绝接受或者不配合内部审计工作的;

（二）拒绝、拖延提供与内部审计事项有关的资料,或者提供资料不真实、不完整的;

（三）拒不纠正审计发现问题的;

(四)整改不力、屡审屡犯的;

(五)违反国家规定或者本单位内部规定的其他情形。

第二十九条 内部审计机构或者履行内部审计职责的内设机构和内部审计人员有下列情形之一的,由单位对直接负责的主管人员和其他直接责任人员进行处理;涉嫌犯罪的,移送司法机关依法追究刑事责任:

(一)未按有关法律法规、本规定和内部审计职业规范实施审计导致应当发现的问题未被发现并造成严重后果的;

(二)隐瞒审计查出的问题或者提供虚假审计报告的;

(三)泄露国家秘密或者商业秘密的;

(四)利用职权谋取私利的;

(五)违反国家规定或者本单位内部规定的其他情形。

第三十条 内部审计人员因履行职责受到打击、报复、陷害的,单位党组织、董事会(或者主要负责人)应当及时采取保护措施,并对相关责任人员进行处理;涉嫌犯罪的,移送司法机关依法追究刑事责任。

第七章 附 则

第三十一条 本规定所称国有企业是指国有和国有资本占控股地位或者主导地位的企业、金融机构。

第三十二条 不属于审计机关审计监督对象的单位的内部审计工作,可以参照本规定执行。

第三十三条 本规定由审计署负责解释。

第三十四条 本规定自 2018 年 3 月 1 日起施行。审计署于 2003 年 3 月 4 日发布的《审计署关于内部审计工作的规定》(2003 年审计署第 4 号令)同时废止。

附录2 关于印发《关于深化中央企业内部审计监督工作的实施意见》的通知

(国资发监督规〔2020〕60 号)

各中央企业:

《关于深化中央企业内部审计监督工作的实施意见》已经国资委第 325 次党委会议、第 40 次委务会议审议通过,现印发给你们,请遵照执行。

国资委
2020 年 9 月 28 日

关于深化中央企业内部审计监督工作的实施意见

为有效推动中央企业构建集中统一、全面覆盖、权威高效的审计监督体系,贯彻落实党中央、国务院关于深化国有企业和国有资本审计监督的工作部署,根据《中华人民共和国企业国有资产法》《中华人民共和国审计法》,按照《中共中央 国务院关于深化国有企业改革的指导意见》(中发〔2015〕22号)、《国务院办公厅关于加强和改进企业国有资产监督防止国有资产流失的意见》(国办发〔2015〕79号)、《审计署关于内部审计工作的规定》(审计署令第11号)等有关要求,制定本意见。

一、总体要求

深入贯彻落实党中央、国务院关于加快建立健全国有企业、国有资本审计监督体系和制度的工作部署,围绕形成以管资本为主的国有资产监管体制,推动中央企业建立符合中国特色现代企业制度要求的内部审计领导和管理体制机制,做到应审尽审、凡审必严,促进中央企业落实党和国家方针政策以及国有资产监管各项政策制度。深化企业改革,服务企业发展战略,提升公司治理水平和风险防范能力,助力中央企业加快实现转型升级、高质量发展和做强做优做大。

二、强化统一管控能力,进一步完善内部审计领导和管理体制机制

(一)建立健全内部审计领导体制。建立健全党委(党组)、董事会(或主要负责人)直接领导下的内部审计领导体制。党委(党组)要加强对内部审计工作的领导,不断健全和完善党委(党组)领导内部审计工作的制度和工作机制,强化对内部审计重大工作的顶层设计、统筹协调和督促落实。董事会负责审议内部审计基本制度、审计计划、重要审计报告,决定内部审计机构设置及其负责人,加强对内部审计重要事项的管理。董事长具体分管内部审计,是内部审计工作第一责任人。加快建立总审计师制度,协助党组织、董事会(或主要负责人)管理内部审计工作。经理层接受并积极配合内部审计监督,落实对内部审计发现问题的整改。内部审计机构向党委(党组)、董事会(或主要负责人)负责并报告工作。

(二)切实发挥董事会审计委员会管理和指导作用。落实董事会审计委员会作为董事会专门工作机构的职责,审计委员会要定期或不定期召开有关会议并形成会议记录、纪要,加强对审计计划、重点任务、整改落实等重要事项的管理和指导,督促年度审计计划及任务组织实施,研究重大审计结论和整改落实工作,评价内部审计机构工作成效,及时将有关情况报告董事会或提请董事会审议。

(三)不断完善集团统一管控的内部审计管理体制。强化集团总部对内部审计工作统一管控,统一制定审计计划、确定审计标准、调配审计资源,加快形成"上审下"的内部审计管理体制。推动所属二级子企业及二级以下重要子企业设置内部审计机构,未设置内部审计机构的子企业内部审计工作由上一级审计机构负责。所属子企业户数多、分布广或人员力量薄弱的企业,需设立审计中心或区域审计中心,规范开展集中审计或区域集中审计。各级内部审计机构审计计划、审计报告、审计发现问题、整改落实情况以及违规违纪违法问题线索移送等事项,在向本级党委(党组)及董事会报告的同时,应向上一级内部审计机构

报告,审计发现的重大损失、重要事件和重大风险应及时向集团总部报告。

（四）健全内部审计制度体系。在不断完善内部审计各项制度规定基础上,对落实党和国家方针政策、国企改革重点任务、国有资产监管政策以及境外国有资产监管、内控体系建设等重要事项、重点领域和关键环节,补短板、填空白,持续构建符合国有资产监管要求和公司治理需要的企业内部审计制度体系。

（五）强化激励约束机制。落实审计工作结果签字背书责任制度,明确审计项目负责人及相关审计人员对审计结论和审计程序分别承担相应的审计责任。研究制定本企业审计质量考评标准,推动审计人员绩效考核结果与薪酬兑现、职业晋升、任职交流等挂钩,探索建立与其他业务部门差异化的内部审计考核体系,作为被审计对象的同级业务部门不参与对内部审计机构及其负责人的绩效测评。对审计工作中存在失职、渎职的要严肃追责问责,涉嫌违纪违法的,按程序移送纪检监察机构处理。下一级内部审计机构负责人任免和年度绩效考核结果需报上一级内部审计机构备案。

三、有效履行工作职责,全面提升内部审计监督效能

（六）积极推动内部审计监督无死角、全覆盖。坚持应审尽审、凡审必严,在贯彻执行党和国家重大方针政策、国资监管工作要求、完成国企改革重点任务、领导人员履行经济责任以及管理、使用和运营国有资本情况等方面全面规范开展各类审计监督,重点关注深化国有企业改革进程中的苗头性、倾向性、典型性问题。对所属子企业确保每5年至少轮审1次;对重大投资项目、重大风险领域和重要子企业实施重点审计,确保每年至少1次。企业可以根据审计工作需要,规范购买社会审计服务开展相关工作。

（七）加快推动内部审计信息化建设与应用。按照国有资产监管信息化建设要求,落实经费和技术保障措施,构建与"三重一大"决策、投资、财务、资金、运营、内控等业务信息系统相融合的"业审一体"信息化平台。及时准确提供审计所需电子数据,并根据审计人员层级赋予相应的数据查询权限。信息化基础较好的企业要积极运用大数据、云计算、人工智能等方式,探索建立审计实时监督平台,对重要子企业实施联网审计,提高审计监督时效性和审计质量。

（八）加强企业内部监督协同配合。加强与企业监事会、纪检监察、巡视以及法律、财务、违规责任追究等部门的沟通协调,将各方面集中反映的问题领域作为重点关注事项。通过联席会议、联合检查等方式,加强信息通报与交流、问题线索移送与协查等工作协同,对内部监督发现的共性问题或警示性问题在一定范围内进行通报,提高企业内部监督透明度和影响力。

（九）提升审计队伍专业化、职业化水平。选拔政治过硬、德才兼备、具备专业技能和业务知识的复合型人才充实审计队伍,鼓励审计人员参加相关执业资格考试。加大与财务、内控、运营、采购、销售、企业管理等业务部门之间的人员交流力度,拓宽内部审计人员职业发展通道,将内部审计岗位打造成企业内部人才培养和选拔任用的重要平台。落实审计专项经费预算,配备与企业规模、审计业务量等相适应的审计人员,打造专业化、职业化的内部审计工作队伍。

四、聚焦经济责任,促进权力规范运行和责任有效落实

(十)深化和改善经济责任审计工作。贯彻落实党中央、国务院关于深化和改善经济责任审计工作要求,围绕权力运行和责任落实,坚持以对领导人员任职期间审计为主,对所属二级子企业主要领导人员履行经济责任情况任期内至少审计1次,对掌握重要资金决策权、分配权、管理权、执行权和监督权等关键岗位的主要领导人员加大审计力度。完善定性评价与定量评价相结合的审计评价体系,落实"三个区分开来"要求,审慎作出评价和结论,鼓励探索创新,激励担当作为,保护企业领导人员干事创业的积极性、主动性、创造性。

(十一)规范有效开展经济责任审计。聚焦经济责任,突出对党和国家重大方针政策、国资监管工作要求、企业改革发展目标任务等落实情况,企业法人治理结构的健全完善、投资经营、风险管控、内控体系建设与运行、整改落实等方面以及领导人员廉洁从业和贯彻落实中央八项规定精神情况的监督检查。研究确定经济责任审计中长期规划,制定年度审计计划,强化审计计划刚性约束,不断完善企业内部经济责任审计组织协调、审计程序、审计评价、审计结果运用等工作机制。建立健全经济责任审计情况通报、责任追究、整改落实、结果公告等制度,有效落实企业领导人员经济责任。

五、突出关键环节,强化对重点领域的监督力度

(十二)围绕提质增效稳增长开展全面监督。适应常态化疫情防控和国际形势变化,结合经营业绩考核指标,重点关注会计政策和会计估计变更、合并报表范围调整、期初数大额调整、收入确认、减值计提等会计核算事项,保障会计信息真实性。加大对成本费用管控目标实现情况、应收账款和存货"两金"管控目标完成情况、资金集中管控情况、人工成本管控情况以及降杠杆减负债等工作的审计力度。

(十三)突出主责主业专项监督。围绕持续推动国有资本布局优化,聚焦主责主业发展实体经济等工作要求,加大对非主业、非优势业务的"两非"剥离和无效资产、低效资产的"两资"处置情况的审计力度。将打通供应链、稳住产业链等工作落实情况以及投资项目负面清单执行、长期不分红甚至亏损的参股股权清理、通过股权代持或虚假合资等方式被民营企业挂靠等情况纳入内部审计重要任务。对国有资产监管机构政策措施和监管要求落实情况进行跟踪审计,推动各项工作要求落实到位。

(十四)对混合所有制改革全过程进行审计监督。将混合所有制改革过程中的决策审批、资产评估、交易定价、职工安置等环节纳入内部审计重点工作任务,及时纠正混合所有制改革过程中出现的问题和偏差。规范开展混合所有制改革中参股企业的审计,通过公司章程、参股协议等保障国有股东审计监督权限,对参股企业财务信息和经营情况进行审计监督,坚决杜绝"只投不管"现象。

(十五)强化大额资金管控监督。针对近年来电子支付、网络交易等新兴资金结算手段的普遍使用等资金管理新形态,重点关注关键岗位授权、不相容岗位分离等内控环节的健全完善及执行情况,深入揭示资金审批、结算、对账等各日常业务环节的薄弱点。对资金中心等资金管理机构每年至少应当审计1次,对负责资金审批和具体操作的关键岗位和重要环节应进行常态化监督。

（十六）加强对赌模式并购投资监督。将使用对赌模式开展的并购投资项目纳入内部审计重点工作任务，对对赌期内的被并购企业开展跟踪审计，对赌期结束后开展专项审计。重点关注对赌指标完成情况的真实性、完整性以及作为分期支付投资款或限售股份解禁、收取对赌补偿等程序重要依据的合规性，及时揭示问题，防止国有资产流失。

（十七）加大对高风险金融业务的监督力度。加大对金融业务领域贯彻中央重大决策部署、执行国家宏观调控和经济金融政策等方面审计力度，重点关注脱离主业盲目发展金融业务、脱实向虚、风险隐患较大业务清理整顿，以及投机开展金融衍生业务、"一把手"越权操作、超授权交易等内容。对重点金融子企业和信托、债券、金融衍生品等高风险金融业务每年至少开展1次专项审计，切实防止风险交叉传导。

（十八）落实对"三重一大"事项的跟踪审计。对重大决策、重要项目安排和大额资金使用情况进行全过程跟踪审计。加强对可行性研究论证、尽职调查、资产评估、风险评估等对重大决策、重要项目具有重要影响环节的监督力度，强化对决策规范性、科学性的监督，促进企业提高投资经营决策水平。

六、强化境外内部审计，有力保障境外国有资产安全完整

（十九）加大境外企业内部审计监督力度。结合境外企业所在国家或地区的法律法规及政治、经济、文化特点，研究制定境外内部审计制度规定，在与外方签订的投资协议（合同）或公司章程等法定文件中推动落实中方审计权限。切实推进境外审计全覆盖、常态化，对重点境外经营投资项目（投资额1亿美元以上）或重要境外企业（机构），每年至少应审计1次。完善审计方式方法，配备具备外语能力、熟悉国际法律的复合型审计人员，探索开展向重要境外企业（机构）和重大境外项目派驻审计人员，根据工作需要可聘请境内外中介机构提供服务支持。

（二十）突出境外内部审计重点关注领域。聚焦境外经营投资立项、决策、签约、风险管理等关键环节，围绕境外经营投资重点领域以及境外大额资金使用、大额采购等重要事项，对重大决策机制、重要管控制度和内控体系有效性进行监督，保障境外国有资产安全，提升国际化经营水平。

七、加强内控体系审计，促进提升企业内控体系有效性

（二十一）规范有效开展内控审计。将企业内控体系审计纳入内部审计重点工作任务，围绕企业内部权力运行和责任落实、制度制定和执行、授权审批控制和不相容职务分离控制等开展监督，倒查企业内控体系设计和运行缺陷。突出重大风险防控审计，重点检查企业重大风险评估、监测、预警和重大风险事件及时报告和应急处置等工作开展情况，以及企业合规建设、合规审查、合规事件应对等情况。规范开展对投资决策、资金管理、招投标、物资采购、担保、委托贷款、高风险贸易业务、金融衍生业务、PPP业务等重点环节、重要事项以及行业监管机构发现的风险和问题的专项内控审计，切实促进提升内控体系有效性。

八、压实整改落实责任，促进审计整改与结果运用

（二十二）压实整改落实责任。内部审计机构对审计发现问题整改落实负有监督检查责任，被审计单位对问题整改落实负有主体责任，单位主要负责人是整改第一责任人，相关

业务职能部门对业务领域内相关问题负有整改落实责任。加快建立完善审计整改工作制度,完善整改落实工作规范和流程,强化内部审计机构监督检查职责,积极构建各司其职、各负其责的整改工作机制,促进整改落实工作有效落地。

(二十三)强化整改跟踪审计及审计结果运用。密切结合国家审计、巡视巡察、国资监管等各类监督发现问题的整改落实,建立和完善问题整改台账管理及"销号"制度,由内部审计机构制定统一标准并对已整改问题进行审核认定、验收销号。对长期未完成整改、屡审屡犯的问题开展跟踪审计和整改"回头看"等,细化普遍共性问题举一反三整改机制,确保真抓实改、落实到位。建立审计通报制度,将审计发现问题及整改成效依法依规在企业一定范围内进行通报。将内部审计结果及整改情况作为干部考核、任免、奖惩的重要依据之一,对审计发现的违规违纪违法问题线索,按程序及时移送相关部门或纪检监察机构处理。

九、加强出资人对内部审计工作的监管,组织开展检查评价和责任追究

(二十四)强化对内部审计工作的监管。国资委指导中央企业按照国家审计机关对内部审计工作有关要求,围绕国资监管重点任务研究制订本企业年度内部审计工作计划,有效开展内部审计各项工作。加强对内部审计工作的统筹谋划和资源整合,充分发挥内部审计力量在国资监管工作中的专业优势。各中央企业要定期向国资委报送年度审计计划、年度工作报告等情况,及时报送审计发现的重大资产损失、重要事件和重大风险等情况。认真做好对企业报送的年度内部审计工作报告审核工作,持续加强企业内部审计工作情况的汇总、分析和评价。

(二十五)建立健全出资人检查评估工作机制。国资委探索研究制定内部审计工作效能评估指标体系,对企业内部审计体系建设、审计监督、整改落实等工作开展抽查,对审计计划执行、审计质量控制、审计结果运用等工作效能进行评估,每5年全部评估1次。对内部审计工作开展不力和存在重大问题的企业印发提示函或通报,压紧压实内部审计监督责任。

(二十六)加大内部审计责任追究力度。中央企业内部审计机构对重大事项应列入审计计划而不列入,或发现重大问题后拖延不查、敷衍不追、隐匿不报等失职渎职行为,要严肃追究直接责任人员的责任及企业相应领导人员的分管或协管责任;对重大问题应当发现而未发现、查办不力或审计程序不到位的,要逐级落实责任,坚决追责问责。

各省、自治区、直辖市及计划单列市和新疆生产建设兵团国资委可以参照本意见,制定本地区所出资企业内部审计工作监督管理相关工作规范。

附录3　教育系统内部审计工作规定

（中华人民共和国教育部令第47号）

第一章　总　　则

第一条　为加强教育系统内部审计工作，提升内部审计工作质量，充分发挥内部审计作用，推动教育事业科学发展，根据《中华人民共和国教育法》《中华人民共和国审计法》《中华人民共和国审计法实施条例》《审计署关于内部审计工作的规定》及其他有关法律法规，制定本规定。

第二条　依法属于审计机关审计监督对象的各级教育行政部门、学校和其他教育事业单位、企业等（以下简称单位）内部审计工作适用本规定。

第三条　本规定所称内部审计，是指对本单位及所属单位财政财务收支、经济活动、内部控制、风险管理等实施独立、客观的监督、评价和建议，以促进单位完善治理、实现目标的活动。

第四条　单位应当依照有关法律法规、本规定和内部审计职业规范，结合本单位实际情况，建立健全内部审计制度，明确内部审计工作的领导体制、职责权限、工作机构、人员配备、经费保障、审计结果运用和责任追究等。

单位应当加强本单位党组织对内部审计工作的领导，健全党领导相关工作的体制机制。

第五条　教育系统内部审计工作应当接受国家审计机关的业务指导和监督。

第二章　内部审计机构和人员

第六条　单位应当根据国家编制管理相关规定和管理需要，设置独立的机构或明确相关内设机构作为内部审计机构，履行内部审计职责。

第七条　内部审计机构应当在本单位主要负责人的直接领导下开展内部审计工作，向其负责并报告工作。

第八条　单位可以根据工作需要成立审计委员会，加强党对审计工作的领导，负责部署内部审计工作，审议年度审计工作报告，研究制定内部审计改革方案、重大政策和发展战略，审议决策内部审计重大事项等。

第九条　单位可以根据工作需要建立总审计师制度。总审计师协助主要负责人管理内部审计工作。

第十条　单位应当保证内部审计工作所需人员编制，严格内部审计人员录用标准，合理配备具有审计、财务、经济、法律、管理、工程、信息技术等专业知识的内部审计人员。总审计师、内部审计机构负责人应当具备审计、财务、经济、法律、管理等专业背景或工作经历。

第十一条　单位应当根据内部审计工作特点,完善内部审计人员考核评价制度和专业技术岗位评聘制度,保障内部审计人员享有相应的晋升、交流、任职、薪酬及相关待遇。

第十二条　单位应当支持和保障内部审计人员通过参加业务培训、考取职业资格、以审代训等多种途径接受继续教育,提高专业胜任能力。

第十三条　内部审计机构的变动和总审计师、内部审计机构负责人的任免或调动,应当向上一级内部审计机构备案。

第十四条　内部审计机构和内部审计人员依法独立履行职责,任何单位和个人不得干涉和打击报复。

第十五条　内部审计机构履行内部审计职责所需经费,应当列入本单位预算。

第十六条　内部审计人员应当严格遵守有关法律法规和内部审计职业规范,独立、客观、公正地履行职责,保守工作秘密。

第十七条　内部审计机构和内部审计人员不得参与可能影响独立、客观履行审计职责的工作,不得参与被审计单位业务活动的决策和执行。

第十八条　在不违反国家保密规定的情况下,内部审计机构可以根据工作需要向社会中介机构购买审计服务。内部审计机构应当对中介机构开展的受托业务进行指导、监督、检查和评价,并对采用的审计结果负责。

第十九条　单位应当对认真履职、成绩显著的内部审计人员予以表彰。

第三章　内部审计职责权限

第二十条　内部审计机构应当按照国家有关规定和本单位的要求,对本单位及所属单位以下事项进行审计:

(一)贯彻落实国家重大政策措施情况;

(二)发展规划、战略决策、重大措施和年度业务计划执行情况;

(三)财政财务收支和预算管理情况;

(四)固定资产投资项目情况;

(五)内部控制及风险管理情况;

(六)资金、资产、资源的管理和效益情况;

(七)办学、科研、后勤保障等主要业务活动的管理和效益情况;

(八)本单位管理的领导人员履行经济责任情况;

(九)自然资源资产管理和生态环境保护责任的履行情况;

(十)境外机构、境外资产和境外经济活动情况;

(十一)国家有关规定和本单位要求办理的其他事项。

第二十一条　内部审计机构应当协助本单位主要负责人督促落实审计发现问题的整改工作。

第二十二条　教育部负责指导和监督全国教育系统内部审计工作。地方各级教育行政部门负责指导和监督本行政区域内教育系统内部审计工作。

教育行政部门指导和监督内部审计工作的主要职责是：

（一）制定内部审计规章制度；

（二）督促建立健全内部审计制度；

（三）指导开展内部审计工作，突出审计重点；

（四）监督内部审计职责履行情况，检查内部审计业务质量；

（五）开展业务培训、组织内部审计工作交流研讨；

（六）指导教育系统内部审计自律组织开展工作；

（七）维护内部审计机构和内部审计人员的合法权益；

（八）法律、法规规定的其他职责。

第二十三条　内部审计机构应当对所属单位内部审计工作进行管理、指导和监督。

第二十四条　内部审计机构具有下列权限：

（一）要求被审计单位按时报送审计所需的有关资料、相关电子数据，以及必要的计算机技术文档；

（二）参加或列席有关会议，召开与审计事项有关的会议；

（三）参与研究有关规章制度，提出制定内部审计规章制度的建议；

（四）检查有关财政财务收支、经济活动、内部控制、风险管理的资料、文件和现场勘察实物；

（五）检查有关计算机系统及其电子数据和资料；

（六）就审计事项中的有关问题，向有关单位和个人开展调查和询问，取得相关证明材料；

（七）对正在进行的严重违法违规、严重损失浪费行为及时向单位主要负责人报告，经同意作出临时制止决定；

（八）对可能被转移、隐匿、篡改、毁弃的会计凭证、会计账簿、会计报表以及与经济活动有关的资料，经本单位主要负责人批准，有权予以暂时封存；

（九）提出纠正、处理违法违规行为的意见和改进管理、提高绩效的建议；

（十）对违法违规和造成损失浪费的被审计单位和人员，给予通报批评或者提出追究责任的建议；

（十一）对严格遵守财经法规、管理规范有效、贡献突出的被审计单位和个人，可以向单位党组织、主要负责人提出表彰建议。

第四章　内部审计管理

第二十五条　单位主要负责人应当定期听取内部审计工作汇报，加强对内部审计发展战略、年度审计计划、审计质量控制、审计发现问题整改和审计队伍建设等重要事项的管理。总审计师、内部审计机构负责人应当及时向本单位主要负责人报告内部审计结果和重大事项。

第二十六条　内部审计机构应当依照审计法律法规、行业准则和实务指南等建立健全内部审计工作规范,并按规范实施审计。

第二十七条　内部审计机构应当根据单位发展目标、治理结构、管理体制、风险状况等,科学合理地确定内部审计发展战略、制定内部审计计划。

第二十八条　内部审计机构应当运用现代审计理念和方法,坚持风险和问题导向,优化审计业务组织方式,加强审计信息化建设,全面提高审计效率。

第二十九条　内部审计机构应当着眼于促进问题解决,立足于促进机制建设,对审计发现问题做到事实清楚、定性准确,并在分析根本原因的基础上提出审计建议,通过与相关单位合作促进单位事业发展。

第三十条　内部审计机构应当加强自身内部控制建设,合理设置审计岗位和职责分工、优化审计业务流程,完善审计全面质量控制。

第三十一条　内部审计机构应当建立健全本单位及所属单位内部审计工作评价制度,促进提升审计业务与审计管理的专业化水平。

第三十二条　内部审计机构实施领导人员经济责任审计时,应当参照执行国家有关经济责任审计的规定。

第五章　内部审计结果运用

第三十三条　单位应当建立健全审计发现问题整改机制,明确被审计单位主要负责人为整改第一责任人,完善审计整改结果报告制度、审计整改情况跟踪检查制度、审计整改约谈制度,推动审计发现问题的整改落实。

第三十四条　单位应当建立健全审计结果及整改情况在一定范围内公开制度。

第三十五条　单位应当对审计发现的典型性、普遍性问题,及时分析研究,制定和完善相关管理制度,建立健全内部控制措施;对审计发现的倾向性问题,开展审计调查,出具审计管理建议书,为科学决策提供建议。

第三十六条　单位应当加强内部审计机构、纪检监察、巡视巡察、组织人事等内部监督力量的协作配合,建立信息共享、结果共用、重要事项共同实施、整改问责共同落实等工作机制。

第三十七条　单位应当将内部审计结果及整改情况作为相关决策、预算安排、干部考核、人事任免和奖惩的重要依据。

第三十八条　单位在对所属单位开展审计时,应当有效利用所属单位内部审计力量和成果。对所属单位内部审计发现且已经纠正的问题不再在审计报告中反映。

第三十九条　对内部审计发现的重大违纪违法问题线索,在向本单位党组织、主要负责人报告的同时,应当及时向上一级内部审计机构报告,并按照管辖权限依法依规及时移送纪检监察机关、司法机关。

第六章　法律责任

第四十条　被审计单位有下列情形之一的,由单位党组织、主要负责人责令改正,并对直接负责的主管人员和其他直接责任人员进行处理：

（一）拒绝接受或者不配合内部审计工作的；

（二）拒绝、拖延提供与内部审计事项有关的资料，或者提供资料不真实、不完整的；

（三）拒不纠正审计发现问题的；

（四）整改不力、屡审屡犯的；

（五）违反国家规定或者本单位内部规定的其他情形。

第四十一条　内部审计机构和内部审计人员有下列情形之一的，由单位对直接负责的主管人员和其他直接责任人员进行处理；涉嫌犯罪的，依法追究刑事责任：

（一）玩忽职守、不认真履行审计职责造成严重后果的；

（二）隐瞒审计查出的问题或者提供虚假审计报告的；

（三）泄露国家秘密或者商业秘密的；

（四）利用职权谋取私利的；

（五）违反国家规定或者本单位内部规定的其他情形。

第四十二条　内部审计人员因履行职责受到打击、报复、陷害的，主要负责人应当及时采取保护措施，并对相关责任人员进行处理；涉嫌犯罪的，移送司法机关依法追究刑事责任。

第七章　附　　则

第四十三条　单位可以根据本规定，制定本地方、本单位内部审计管理规定。民办学校可以根据实际情况参照本规定执行。（参照执行）

第四十四条　本规定所称企业是指教育行政部门、学校及其他教育事业单位管理的国有和国有资本占控股地位或主导地位的企业。（校办企业）

第四十五条　本规定由教育部负责解释。（解释权是教育部不是审计署）

第四十六条　本规定自 2020 年 5 月 1 日起施行。教育部于 2004 年 4 月 13 日发布的《教育系统内部审计工作规定》（教育部令第 17 号）同时废止。

附录4　教育部关于加强直属高等学校内部审计工作的意见

（教财〔2015〕2 号）

部属各高等学校：

根据《中华人民共和国审计法》以及《国务院关于加强审计工作的意见》和《审计署关于内部审计工作的规定》等有关文件，为进一步加强直属高等学校内部审计工作，现提出以下意见：

一、高度重视,切实加强组织领导

1. 进一步提高对内部审计工作重要性的认识。内部审计是规范权力运行的重要手段,是强化过程监管的重要方式,是提高资源绩效的重要保障。加强内部审计工作,是完善学校内部治理结构和健全权力约束机制的重要措施,对促进高校科学发展具有重要意义。要高度重视内部审计工作,切实发挥内部审计"免疫系统"作用,通过内部审计规范学校经济管理,落实领导干部经济责任,提高资源绩效。

2. 健全内部审计工作领导机制。学校主要负责人应直接领导内部审计工作,定期听取审计工作报告,及时研究解决审计工作中遇到的问题和困难,把审计结果作为相关决策的重要依据。要加强内部监督管理部门间的沟通交流,综合利用监督成果。

3. 充分保障内部审计机构独立性。应设置独立内部审计部门,足额配备专职审计人员。要保障内部审计部门依法审计、依法查处问题、依法公告审计结果,不受其他机构和个人的干涉。对拒不接受审计监督,阻挠、干扰和不配合审计工作,或威胁、恐吓、报复审计人员的,要依规查处。

4. 切实加强内部审计队伍专业化建设。要按照加大审计力度、提高审计能力的要求,强化审计队伍专业化建设。内部审计部门负责人应具备经济、管理类专业知识,具有从事财经、审计等方面工作经验。内部审计队伍应由具备经济、管理、法律、建设工程、信息系统等专业背景和专业资格的人员组成。应组织内部审计人员参加后续教育,不断提高审计队伍的专业化水平。

二、强化预算管理审计,促进提高资金使用效益

5. 加强预算编制管理审计。学校预算的编制和调整,应安排内部审计部门提前介入,列席有关决策会议。重点对预算依据充分性、预算编制完整性、预算安排合理性、预算调整规范性等进行审计。通过审计,进一步规范预算编制,提高预算的科学性,优化资源配置。

6. 加强预算执行过程审计。要重点对收支规模大、经济活动频繁的内部机构和下属单位预算执行情况和重点项目预算执行情况进行审计。关注预算执行的真实性、合法性和控制机制的健全性、有效性。通过审计,加大预算执行力度,强化预算刚性约束,推动预算执行更加及时、规范。

7. 开展预算执行绩效审计。在预算年度结束后,应对高校预算执行结果进行审计,评价执行效果,提出改进建议。要对重点项目进行绩效审计,评价项目绩效,促进提高项目资金使用效益。

三、推动内部控制审计,切实加强风险防控

8. 将内部控制纳入内部审计范围。要结合内部控制制度建设工作,逐步建立健全内部控制监督评价制度,将内部控制审计列为内部审计日常工作。通过组织开展内部控制审计,推动内部控制建设,切实防范风险。

9. 组织开展单位层面内部控制审计。应对单位层面内部控制进行全面调查,了解控制环境、风险评估、控制活动、信息与沟通、内部监督等内部控制要素。定期或不定期组织内部审计部门检查单位层面内部控制情况。内部审计部门可以结合学校经济活动风险评估,

根据风险评估情况,对单位层面内部控制进行评价。重点评价内部控制工作的组织情况、内部管理制度和机制的建立与执行情况、内部控制关键岗位及人员的设置情况。要根据内部控制审计评价意见,及时改进,规范运行。

10. 组织开展业务层面内部控制审计。要对学校各业务层面管理制度和机制的建立与执行情况,以及关键岗位及人员的设置情况等进行审计调查,对业务层面内部控制进行审计评价。重点审计预算业务、收支业务、政府采购业务、资产业务、建设项目和合同业务的内部控制情况。

四、深化经济责任审计,推动领导人员履职尽责

11. 建立健全经济责任审计工作联席会议机制。应建立健全纪检监察、组织人事、内部审计等职能部门组成的经济责任审计工作联席会议制度。联席会议要审议经济责任审计工作计划,听取审计结果报告,及时研究审计工作的重大问题,讨论审计处理意见,督促审计意见落实。

12. 健全和完善经济责任审计工作制度体系。要制定和完善学校内部经济责任审计制度,明确审计对象和审计内容,规范审计程序和行为。要建立健全经济责任审计工作联席会议议事规则和工作制度,加强协作配合,形成制度健全、管理规范、运转有序、工作高效的运行机制。

13. 建立任中经济责任审计制度。要坚持任中审计与离任审计相结合,适时开展任中经济责任审计。对承担重要经济责任的领导人员,任期内至少审计一次。

14. 强化经济责任审计结果运用。加强审计整改和责任追究,逐步建立健全经济责任审计情况通报、责任追究、整改落实、结果公告等制度。根据审计内容和审计发现的问题,按照权责一致原则,依法依规对被审计领导人员进行责任认定。对审计发现的重大违法违纪案件线索,要依法移送纪检监察和司法机关。要将审计结果作为考核、任免、奖惩被审计领导人员的重要依据。及时总结研究审计结果反映的典型性、普遍性、倾向性问题,作为采取有关措施、完善有关制度规定的参考依据。

五、加强重点领域审计,维护资金资产安全

15. 加强公务支出和公款消费审计。严格按照中央八项规定精神,加强公务接待、公务用车配置和使用、因公出国(境)、行政会议和培训支出等公务支出和公款消费的审计监督,推动厉行节约、反对浪费长效机制建设。

16. 加强科研经费管理审计。以规范科研经费预算编制与执行、完善管控机制、提高使用效益、落实管理责任为重点,加强科研经费管理审计。重点关注外协经费划拨、劳务费的发放、经费开支范围和标准等是否合规。对重大科研项目、重要业务环节进行重点审计,促进落实项目负责人的直接责任,项目单位和相关管理部门的管理责任。

17. 加强建设工程管理审计。以促进控制工程造价、规范工程管理、落实管理责任为重点,加强建设工程管理审计。注重审计控制与审计评价相结合,对工程造价管理、财务管理中的控制缺陷及时出具审计报告和审计意见,并督促整改落实。要对重大建设项目的立项、设计、招标、施工、竣工等环节进行全过程跟踪审计。建设工程项目未经审计不得办理

竣工结算。

18. 加强学校资产管理审计。以规范学校资产管理、提高资产使用效益、落实管理责任为重点,加强学校资产管理审计。重点审计资产的配置、使用、处置和对外投资是否合规;校办企业国有资产监管职责是否履行到位;校办企业国有资产清产核资、评估备案和产权登记等程序是否符合规定。通过审计,促进资产管理与预算管理、财务管理有效结合,防范学校资产特别是校办企业国有资产流失。

六、拓宽内部审计范围,更好服务改革发展

19. 探索开展重大项目、重要政策跟踪审计。可组织对教育部和学校的重大改革项目、重要方针政策的落实情况进行跟踪审计,着力监督检查内部机构和下属单位的具体部署、执行进度、实际效果等情况。及时发现和纠正有令不行、有禁不止行为,促进改革目标完成和政策落地生根。

20. 适时开展专项审计调查。可根据改革发展和内部管理需要,配合党风廉政建设工作,适时开展专项审计调查。针对改革发展过程中出现的新情况、内部管理中遇到的新问题,利用审计反映制约发展、阻碍改革的措施规定,揭示内部管理存在的风险漏洞,及时研究解决,推动改进完善。

七、加强审计整改和责任追究,推进结果公开

21. 加强审计整改。被审计单位、项目的主要负责人是审计整改工作的第一责任人,对于审计揭示的问题,提出的意见,应负责组织制定整改方案,督促限期整改落实。内部审计部门应加强对整改工作的检查,对整改情况进行后续审计。

22. 落实责任追究。加强纪检监察、组织人事、内部审计等职能部门的协调配合,切实落实审计问题责任追究。根据审计发现问题,内部审计部门要依法依规认定责任,提出责任追究建议;纪检监察部门和组织人事部门要根据审计结果和案件查处情况,依法依规追究相关责任人责任,并及时向内部审计部门反馈责任追究结果。

23. 推进结果公开。建立经济责任审计结果通报制度。将经济责任审计结果,通过印发经济责任审计情况通报等方式,在学校内部进行公开。其他审计结果和审计调查结果,要按照有利于问题整改和解决的原则,在校内进行通报。在此基础上,要依照法律法规,结合学校实际,逐步向社会公开审计结果。

教育部
2015 年 2 月 9 日

附录5 卫生计生系统内部审计工作规定

(中华人民共和国国家卫生和计划生育委员会令第16号)

《卫生计生系统内部审计工作规定》已于2017年10月16日经国家卫生计生委委主任会议讨论通过,现予公布,自2018年1月1日起施行。

主任 李斌

2017年11月20日

卫生计生系统内部审计工作规定

第一章 总 则

第一条 为进一步加强卫生计生系统内部审计工作,建立健全内部审计工作制度,完善内部监督制约机制,提高卫生计生服务效率,促进事业健康发展,根据《中华人民共和国审计法》《中华人民共和国审计法实施条例》《党政主要领导干部和国有企业领导人员经济责任审计规定》《中国内部审计准则》及有关法律法规,结合实际,制定本规定。

第二条 卫生计生系统内部审计是指卫生计生系统内部审计机构和审计人员对本系统、本单位实施的一种独立客观的监督、评价和咨询活动,通过运用系统、规范的方法,审查和评价业务活动、内部控制和风险管理的适当性和有效性,以促进单位完善治理,提升管理水平和服务能力。

第三条 本规定适用于各级卫生计生行政部门(以下简称各部门)及所属(管)卫生计生单位(以下简称各单位)。

第四条 内部审计工作在国家卫生计生委统一指导下,按照行政隶属关系和预算管理关系实行分级负责管理。各部门、各单位内部审计机构负责本单位及所属(管)单位的内部审计,并指导和监督本系统、本地区及所属(管)单位内部审计工作。

第五条 各部门、各单位主要负责人对本部门、本单位内部审计工作的有效实施负责。

第六条 内部审计工作坚持全面覆盖、应审尽审;实事求是、客观公正;凡审必严、防微杜渐;促进管理、推动改革的工作原则。

第七条 内部审计机构应当依法依规接受国家审计机关的业务指导和监督,并积极支持和配合国家审计机关工作。

第二章 职责与权限

第八条 各部门内部审计机构对本系统内部审计业务指导和监督的主要职责:

(一)制定规章制度;

（二）编制工作发展规划；

（三）建立健全机构设置，加强人员配备；

（四）落实工作职责；

（五）组织质量评估；

（六）开展培训交流；

（七）法律、法规规定的其他职责。

第九条　各部门、各单位内部审计机构主要职责：

（一）制定工作办法和流程；

（二）编制年度工作计划；

（三）重大政策执行、事业发展目标完成情况审计；

（四）预算执行和财务收支、工程建设、采购、国有资产管理及其他所有经济活动事项审计；

（五）领导干部经济责任审计；

（六）内部控制评价及风险管理审计；

（七）其他审计。

第十条　内部审计机构和审计人员主要权限：

（一）查阅经济活动相关资料及电子数据；

（二）参加或者列席与重要经济活动有关的会议；

（三）对有关业务活动进行现场观察、调查和记录；

（四）向有关单位和个人开展调查和询问；

（五）对可能转移、隐匿、篡改、毁弃的货币资金、会计凭证、会计账簿、财务会计报告及与经济活动有关的资料，经本单位主要负责人批准，予以暂时封存；

（六）对违法违规的行为及时予以揭示；

（七）提出问题整改要求和管理改进建议。

第十一条　各部门、各单位内部审计机构应当有计划地开展内部审计工作，实现审计全覆盖。

各部门、各单位对本级和所属重点单位要每年审计，其他审计对象1个周期内至少审计1次。审计周期由各部门、各单位结合工作规划、管理需要和审计力量合理确定。没有能力自行开展审计的单位应当委托具有相应资质的社会中介机构开展。

当年已经接受相同项目外部审计并且审计结果可以充分运用的单位，当年可以不再安排审计。

第十二条　内部审计机构和审计人员发现本单位未及时处理严重违法违规问题、本单位负责人存在严重违法违规问题的，应当及时向上级主管部门反映。

第三章　机构与人员

第十三条　各部门应当根据国家编制管理相关规定和部门管理需要，设置内部审计机构,配备专职内部审计人员。

第十四条 各单位符合下列条件之一的,应当根据国家编制管理相关规定,设置独立的内部审计机构,专职审计人员不少于 2 人:

(一)二级以上医院;
(二)年收入及资产总额均达到 3 000 万元以上;
(三)所属及分支机构较多;
(四)经济活动复杂;
(五)管理工作需要。

第十五条 不设立独立内部审计机构的部门和单位,应当指定内设机构安排专职人员履行内部审计职责。

第十六条 鼓励探索实行总审计师和审计委派等制度,强化内部审计的独立性和权威性,提高监管质量和水平。

第十七条 内部审计机构负责人应当具备中级以上相关专业技术职称或者 5 年以上审计、会计工作经历,其任免应当征求上级主管部门意见。

第十八条 内部审计人员应当具备必需的专业胜任能力,并定期接受后续教育培训。

第四章 审计实施

第十九条 内部审计机构按照单位领导办公会或者党组(党委)会审批后的年度审计工作计划实施。临时增加的专项审计工作按照规定程序审批后实施。

第二十条 内部审计机构实施审计应当遵循内部审计准则及相关规定明确的程序,主要包括:制订工作方案、组建审计项目工作组、下达审计通知书、组织现场审计、制作工作底稿、沟通审计结果、出具审计报告、督促问题整改等。

第二十一条 内部审计机构开展领导干部经济责任审计及其他特定审计事项时,应当遵守国家规定的审计程序和要求。

第二十二条 内部审计机构根据审计业务的需要,除涉密项目外,可以向社会购买审计服务。应当按照法律法规履行程序,委托具有相应资质的社会中介机构开展内部审计工作,并监督检查审计业务质量。

第二十三条 内部审计机构应当采取督导检查、分级复核、质量评估等方式强化审计工作质量控制。

第二十四条 内部审计机构应当加强内部审计信息化建设,提高审计能力、质量和效率。

第二十五条 内部审计机构应当建立健全审计档案管理制度,并按照有关规定保管档案资料。

第二十六条 内部审计人员与被审计单位、被审计单位主要负责人或者审计事项存在利害关系的,应当回避。

第二十七条 内部审计人员办理审计事项,应当严格遵守审计职业道德和审计工作纪律，严格执行廉政纪律，做到独立、客观、公正、保密。不得歪曲事实、隐瞒问题，不得利用职权谋取私利。

第五章 审计整改

第二十八条 被审计单位是审计整改的主体。单位主要负责人作为第一责任人，应当组织单位领导班子集体研究部署审计整改工作，建立职责明确、分工合作的审计整改联席工作机制，明确整改任务与职责。业务直接主管领导负责主管范围内审计整改工作。

第二十九条 对内部审计提出的问题和建议，被审计单位应当立行立改、全面整改，落实自查自纠，完善内部管理。

第三十条 被审计单位应当在规定时间内逐项完成审计报告反映问题的整改落实，并按时报送审计整改报告。

第三十一条 内部审计机构应当对审计整改工作进展、长效机制建设等情况实施指导监督和跟踪检查。

第六章 审计结果运用

第三十二条 各部门、各单位要建立健全审计通报制度。审计结果及审计整改情况应当经主要负责人批准后在适当范围内通报。

第三十三条 各部门、各单位应当将审计结果及其整改落实情况作为开展以下工作的重要参考依据：

（一）党风廉政建设；
（二）被审计单位、领导班子和领导干部年度考核；
（三）被审计单位主要负责人的考核、任免、奖惩；
（四）审计事项相关责任人的个人年度考核；
（五）有关政策规章和制度机制的完善。

第三十四条 领导干部经济责任审计结果报告应当归入被审计领导干部本人档案。

第三十五条 各部门、各单位要建立健全责任追究制度，依法依规对相关责任人严肃问责，给予相应党纪、政纪处分。

第七章 奖励与处理

第三十六条 对审计工作成效显著的内部审计机构和履行职责、忠于职守、坚持原则、作出突出成绩的内部审计人员，所在单位和上级主管部门应当按照规定给予表彰或者奖励。

第三十七条 内部审计人员因履行职责遭受打击、报复、陷害的，有关部门应当及时给予保护，并依法依规对相关责任人员予以处理。

第三十八条 内部审计机构有下列情形之一，由上级部门或者单位责令改正，并依法依规对相关负责人和其他直接责任人员予以处理：

（一）隐瞒审计查出的问题或者提供虚假审计报告的；
（二）泄露国家秘密或者被审计对象商业秘密的；
（三）滥用职权、徇私舞弊、玩忽职守的；
（四）违反国家规定或者单位内部规定的其他情形。

第三十九条　被审计单位和相关人员有下列情形之一的，由上级部门或者单位责令改正，并依法依规对直接负责的主管人员和其他直接责任人员予以处理：
（一）拒绝接受或者不配合内部审计工作的；
（二）拒绝、拖延提供与内部审计事项有关资料的；
（三）提供资料不真实、不完整的；
（四）拒绝执行审计处理意见的。

第八章　附　　则

第四十条　各部门、各单位可以根据本规定，结合本地区和本单位实际情况，制订具体规定或者实施办法，并报上级主管部门或者单位备案。

除本规定外的其他卫生计生单位可以根据实际情况参照本规定执行。

第四十一条　本规定自2018年1月1日起施行。2006年8月16日原卫生部公布的《卫生系统内部审计工作规定》同时废止。

附录6　审计署办公厅关于印发2019年度内部审计工作指导意见的通知

中央有关部门单位，国务院各部门、直属特设机构、直属机构、办事机构、直属事业单位，相关社会团体、民主党派中央委员会，相关中央企业、金融机构内部审计机构：现将《2019年度内部审计工作指导意见》印发给你们。请结合本部门、本单位实际组织好贯彻落实。

审计署办公厅
2019年4月25日

2019年度内部审计工作指导意见

为深入贯彻中央审计委员会第一次会议精神，进一步促进《审计署关于内部审计工作的规定》有效施行，提升内部审计工作质量，更好发挥内部审计作用，现就2019年度内部审计工作提出如下意见：

一、提高政治站位，充分认识加强内部审计工作的重要性

2019年，内部审计工作要以习近平新时代中国特色社会主义思想为指导，全面贯彻党的十九大、十九届二中、三中全会和中央审计委员会第一次会议精神，认真落实习近平总书记和李克强总理对审计工作重要指示批示。各部门各单位要深入学习领会习近平总书记

关于要加强对内部审计工作的指导和监督，调动内部审计和社会审计的力量，增强审计监督合力的重要讲话精神，充分认识到加强内部审计工作是推进国家治理体系和治理能力现代化的需要，是实现审计全覆盖的需要，是推动实现经济高质量发展的需要，切实加强对内部审计工作的领导，更好发挥审计监督作用，着力构建集中统一、全面覆盖、权威高效的审计监督体系。内部审计机构和广大内部审计人员要充分认识到内部审计作为单位经济决策科学化、内部管理规范化、风险防控常态化的一项重要制度设计，既是本部门本单位强化内部控制不可或缺的重要手段，又是国家治理体系的基础环节和重要组成部分。通过整合内部审计资源、统筹内部审计力量、加强内部审计成果运用，实现国家审计与内部审计优势互补，减少审计监督盲区，着力拓展审计监督深度和广度。

二、促进提升管理经营绩效，实现经济高质量发展

2019年，内部审计工作要按照中央经济工作会议精神和政府工作报告要求，紧紧围绕统筹推进"五位一体"总体布局和协调推进"四个全面"战略布局，坚持稳中求进工作总基调，坚持新发展理念，坚持推动高质量发展，坚持以供给侧结构性改革为主线，坚持深化市场化改革、扩大高水平开放，贯彻"六个稳"要求，推动加快建设现代化经济体系，继续打好三大攻坚战，统筹推进稳增长、促改革、调结构、惠民生、防风险、保稳定工作。坚持将推动党中央、国务院重大决策部署在本部门本单位的有效落实作为首要职责，促进本部门本单位工作目标与国家宏观政策目标有机统一。推动积极的财政政策加力提效，稳健的货币政策松紧适度，就业优先政策全面发力，促进经济社会持续健康发展；推动减税降费政策落实到位，促进缓解企业融资难融资贵问题；推动深化"放管服"改革，降低制度性交易成本，促进优化营商环境；推动传统产业改造提升，新兴产业加快发展，科技支撑能力提升，促进培育壮大新动能；推进加强污染防治和生态建设，促进推动绿色发展；推进深化国资国企、农业农村、社会事业等领域改革，促进增强发展活力，更好保障和改善民生。

三、促进完善内部控制，加强风险管理

内部审计工作要进一步坚持问题导向和目标导向，根据本部门本单位完善治理的需要，针对所有业务活动的内部控制，特别是控制环境、风险评估、控制活动、信息与沟通、监督进行内部控制审计，或者针对组织内部控制的某个要素、某项业务活动以及业务活动某个环节开展专项内部控制审计，通过揭示内部控制缺陷，提出健全优化内部控制制度建议并督促执行，推动改善管理，增加价值。做好"经济体检"工作，不仅要"查病"，更要"治已病""防未病"。密切关注本部门本单位财政财务收支和业务开展的合法合规性，服务本部门本单位持续提升合规管理能力，依法依规稳健运营。密切关注本部门本单位改革发展中的不确定因素，服务本部门本单位创新转型。聚焦跨界跨境风险防控，服务本部门本单位提升跨专业、跨市场、跨监管复杂市场环境下的风险管控能力，及时反映国有企业"走出去"过程中的风险隐患，促进国有企业在对外投资、对外承包工程、国际市场开拓等各项业务活动中科学决策，有效防范国内国际市场风险。

四、深入开展经济责任审计，推动公共权力规范运行

内部审计机构应科学合理制定经济责任审计年度计划，进一步增强经济责任审计工作

的计划性和时效性,充分发挥经济责任审计作为规范权力运行、提升组织经营管理水平、有效防范风险的重要举措作用,推动本部门本单位领导干部切实履职尽责。认真贯彻中央关于进一步激励新时代新担当新作为的意见,坚持鼓励改革创新,坚持鼓励干事创业,既要严肃揭示不作为、慢作为等问题,又要严格落实"三个区分开来"的重要要求,紧扣经济责任,突出经济责任审计重点,规范经济责任审计评价,推动建立健全内部激励约束机制和容错纠错机制。聚焦各级党委政府决策部署和重大政策措施贯彻执行,聚焦领导干部守纪、守法、守规和尽责情况,聚焦严格贯彻落实中央八项规定及其实施细则精神,聚焦权力集中、资金密集、资源富集、资产聚集的重点岗位、重点事项和重点环节,推动权力规范运行、党风廉政建设和责任落实。逐步前移监督关口,将任期经济责任审计与离任经济责任审计相结合,推动领导干部增强高质量发展的思想自觉和行动自觉,促进领导干部主动作为、尽责担当。

五、深入推进审计全覆盖,拓展审计监督广度和深度

内部审计机构要进一步加大审计监督力度,按照党中央、国务院对公共资金、国有资产、国有资源和领导干部履行经济责任情况实行审计全覆盖的要求,发挥实现审计全覆盖的生力军作用。通过创新审计方法,优化组织方式,突出审计重点,努力实现审计全覆盖,做到应审尽审,消除审计监督盲区。结合本部门本单位业务特点,积极创新内部审计方式方法,加强审计信息化建设,强化大数据审计思维,增强大数据审计能力,综合运用现场审计和非现场审计方式,提升内部审计监督效能。科学规划,统筹协调,优化审计资源配置,整合开展战略规划、财政财务收支、经济责任等审计项目,积极探索融合式、"1+N"等审计组织方式,努力做到"一审多项""一审多果""一果多用",积极推进跨层级、跨区域审计或专项审计,做好内部审计项目、内部审计组织方式"两统筹",进一步提升内部审计成果质量和层次。

六、强化内部审计结果运用,推动完善制度和加强管理

各部门各单位应加强内部审计发现问题整改工作,及时研究分析审计建议,注重建立健全内部审计查出问题整改长效机制,堵塞管理漏洞,提高管理绩效。明确被审计单位主要负责人为整改第一责任人,建立审计发现问题整改台账,推行审计整改结果内部通报或公告等方式,对纠正不及时、不到位的问题,应当建立责任追究机制。加强内部审计结果的运用,加强内部审计与内部纪检、巡视巡察、组织人事等部门的沟通协作,建立信息共享、结果共用等机制。推动将内部审计结果及整改情况作为考核、任免、奖惩干部和相关决策的重要参考,将经济责任审计结果及整改情况纳入领导班子民主生活会及党风廉政建设责任制检查考核的范围。对内部审计发现的违纪违法问题线索,应按照管理权限和法定程序依法依规移送相关主管机关,努力提升内部审计工作成效。

七、加强对内部审计工作的领导和指导,增强审计监督合力

各部门各单位要认真落实坚持党对审计工作领导的工作要求,部门单位党组织、董事会(或者主要负责人)应当定期听取内部审计工作汇报,加强对内部审计重要事项的管理。内部审计工作要自觉在本部门本单位党委(党组)的领导下开展,严格执行重大事项报告制

度,凡是涉及审计计划确定、审计情况报告、违规事项处理、违法问题移送等重大事项的,都要向党委(党组)报告。各部门各单位应积极支持配合审计机关依法履行对内部审计工作的指导和监督责任。各行业主管部门应加强对行业内部审计工作的指导,加强与同级审计机关的沟通联系,根据行业属性、业务特点、资金规模等因素,完善本行业内部审计规章制度,推动制定行业性内部审计指导意见、内部审计工作指引等,促进本行业内部审计工作规范化开展。

八、适应新时代需要,建设高素质专业化内部审计队伍

各部门各单位要充分认识新时代内部审计工作以及内部审计人员面临的新要求新挑战,按照习近平总书记提出的"以审计精神立身、以创新规范立业、以自身建设立信"要求,建设"信念坚定、业务精通、作风务实、清正廉洁"的高素质专业化内部审计队伍。选好配强内部审计人员,将思想和作风过硬、专业能力较强、综合素质较好的优秀人才充实到内部审计队伍。激励内部审计机构和内部审计人员忠于职守、坚持原则、认真履职。支持和保障内部审计机构开展教育培训,通过"以审代训"、参加有关培训交流等方式,尽快构建起多形式、多层次、多渠道的审计培训体系,不断完善内部审计人员知识结构,提升政治能力、专业能力、宏观政策研究能力和审计信息化能力。